2015 인 도 여 행 기

(2015. 6. 21 – 7. 12)

뭄바이·코친·알레피·문나르·마두라이
첸나이·델리·우다이푸르·조드푸르
자이푸르·아그라·잔시·카주라호·바라나시

인도여행기

초판인쇄 2016년 7월 1일
초판발행 2016년 7월 10일

글 쓴 이 진 영 서
펴 낸 이 이 석 환
펴 낸 곳 서우출판사
등 록 제8-159호
주 소 서울시 은평구 대조동 188-8
전 화 (02)383-1696, 1697
팩 스 (02)387-9578
정 가 20,000원

ISBN 978-89-97153-90-9 93910

● 2015년 여름, 인도 여행

□ 길

길이 낭만적인 건
저쪽 끝에 무엇이 있는지 모르기 때문이다.
눈은 게으르나 두 발은 부지런하다.
눈으로 바라본 산(山)은
까마득히 멀리 있는 것처럼 보이지만
부지런히 두발을 번갈아 내딛어 걷다보면
어느새 그 산이 가까이에 다가와 있다.
묵직한 산이 고마운 것은
누구에게나 공평(公平)하게 길을
내주기 때문이다

□ 삶

삶이라는 게
그저 그렇고 그런 것 같지만
매일의 지루한 일상이 쌓여가는 것이다.
쌓여가는 일상 어떤 한 날
드라마틱한 순간을 접할 때
그 반전(反轉)의 감동은
낭만적으로 다가온다.

우리 인생도 그 끝에 기보기 진까지는
피안(彼岸)의 이쪽과 저쪽에
무엇이 있는지 모른다.
사람이 할 수 있는 것이라곤
하루하루를 묵묵히 채워가는 것이리라.
삶의 무게에 짓눌러 지내다
일탈(逸脫)의 기회가 오면
숨겨 논 맹수(猛獸)의 발걸음으로 겁내지 않고
나설 수 있으면 된다.

□ 꿈

영화의 한 장면처럼 시작된 지난 여름의
인도(印度)로 가는 길은 처음부터 마칠 때까지
낭만적인 것만은 아니었다.
자연이 그 조건을 허락하지 않으면
가을 단풍의 색이 아름다울 수 없고,

세월이 가도 사람이 때가 타지 않아
그 속마음이 아름답게 물든 단풍 빛깔처럼
고혹적으로 보이려면
얼마나 많은 성찰(省察)이 필요한지
일깨운 시간이었다.

푸른 청춘 시절
대학 캠퍼스의 노란 은행잎
11월 초순의 겨울을 재촉하는
비를 맞은 후
조금은 쌀쌀해 진
청명한 날씨를 만나야
제색을 낸다는 사실도
꽤 늦게야 알게 되었다.

보이는 것,
그것이 다는 아님을
아는 나이로 접어든 지금,
여행이란 게
집 떠나면 고생이고
아무리 준비를 잘해도
하늘이 사람에게 허락지 않으면
아무것도 할 수 없음을
깨달은 시간이었다.

요즘 싼 항공권 찾다가
내가 탄 비행기가
평균 2년에 한번 꼴로 추락한
항공사 소유로
작년에 떨어졌으니 올해는

괜찮을 거라는
어느 여행후기를 보게 된 것도
출발 전이 아니고
인도를 다녀와서
이 책의 서문을 쓰는 지금에야
만나니 더더욱 그러하다.

□ 길과 삶, 그리고 꿈

아내와 나
어떨 결에 먼 길 따라나선
누이와 조카까지

겁 없이 시작된 첫 인도여행
나설 때 가졌던 두려움과 설렘도
이제 모두 접어야 할 시간이다.

누군가를 아끼게 되고
사랑스럽고 소중한 것들은
힘겨움 속에서도
서로 안아주고 보살피며 함께 하여야 한다.

길고 긴 여정 참고 견디어 준
동행(同行)한 사람들
그 인연을 귀하고 소중히 생각하며
이 한 여름의 여행은
살아갈 힘을 준 시간들이었다.

2016, 새해 아침

차 례

● 인도 국가개요

국가명 Republic of India		
수 도	뉴델리	New Delhi (http://www.ndmc.gov.in)
위 치	남부아시아	남부아시아 아라비아 해와 벵골 만 연안, 미얀마와 파키스탄 사이
건국일	1947년 8월 15일	
면 적	3,287,263 ㎢	세계 7위
해안선	7,600 ㎞	세계 14위
인 구	약 12억 명	세계 2위 (중국 13억)
종 족	아리아족(72%)	인도-, 드라비다족(25%), 몽고족 및 기타(3%)
위 치	경도 / 위도	동경 77° 00', 북위 20° 00'
화 폐	루피(Rupee)	현재 환율
언 어	힌두어	그 외 17개의 **공용어** [1], 영어(상용언어)
종 교	힌두교 (80.5%)	이슬람교 (13.4%) 기독교(2.3%) 외 시크교 등
G D P	1,591 $	2012년
시 차	GMT + 5:30	한국보다 3시간 30분 늦음
수 교	1973년 12월	총영사관 설치 1962년
국 기		상단의 오렌지색은 용기와 희생을 상징하며, 가운데 흰색은 진리와 평화를, 아랫부분 초록은 공평과 기사도를 나타낸다. 바퀴 모양의 파란색 문장(紋章)은 '다르마 차크라(법륜)'라고 하는데, 이는 아소카왕(王)의 불전결집(佛典結集)에서 취한 것으로 '법(法)의 윤회'를 뜻하며 24시간을 뜻하는 24개의 바퀴살을 가지고 있다.

〈표 1〉 인도 국가개요 : 남부 아시아에 있는 나라. 정식명칭은 인도 공화국이다.

정식명칭은 인디아 공화국(Republic of India)이며 힌디어(語)로는 바라트(Bharat)라고 한다. 수도는 뉴델리(New Delhi)이고, 행정구역은 29개 주(state)와 7개 연합 주(union territory)로 되어 있다. 위치는 남부아시아 히말라야산맥 남쪽에 위치하고 있어, 서쪽으로는 파키스탄, 북동쪽으로 중국, 네팔, 부탄과 동쪽으로 방글라데시, 미얀마와 국경을 접한다(총 국경길이 21,103 ㎞. 세계 11위) 국토면적은 328만 7,263 ㎢으로 러시아, 중국, 캐나다, 미국, 브라질, 오스트레일리아에 이어 세계 7위이다.

---

1) 인도의 공용어 : 힌디어 (38.7%), 아쌈어(1.6%), 벵갈어(7.5%), 구자라트어(4.5%), 칸나다어(3.8%), 카시미르어(0.5%), 말라얄람어(3.8%), 마라티어(7.2%), 오리야어(3.4%), 펀잡어(2.9%), 산스크리트어(0.1%), 신디어(0.3%), 타밀어(7.0%), 텔루구어(8.2%), 우르두어(5.1%), 네팔어(1.0%), 콘카니어(1.0%), 마니푸르어(1.0%)

1914년 **맥마흔(McMahon) 선언** [2]에 따라 영국령인 인도와 중국의 국경이 히말라야 산맥 분수령에 설정된 이후, 중국과의 국경분쟁이 이어졌고 1962년에는 전쟁까지 치렀다. 이웃한 파키스탄과는 독립 당시부터 카슈미르 지역을 둘러싼 영토분쟁을 벌여왔다.

---

2) 맥마흔선언 [McMahon Declaration] 제1차 세계대전 중인 1915년 10월 이집트 주재 영국 고등판무관 맥마흔 A.H. McMahon 이 전후 아랍인의 독립 국가를 건설하는 것을 지지하기로 약속한 선언으로 메카의 샤리프 무함마드의 자손인 후세인과의 왕복 서신을 통해 시리아의 서부를 제외한 오스만제국의 영토에 독립지지를 약속했지만, 1916년 5월 러시아의 상트페테르부르크에서 영국은 남(南)메소포타미아 지역, 프랑스는 시리아 지역, 러시아는 흑해 남동지역을 각각 차지한다는 터키 분할의 밀약 '사이크스 피코협정'을 체결하였다. 또 1917년 11월에는 팔레스티나에 유대인 국가를 건설하는 것을 지지한다는 '밸푸어 선언'을 발표하였다. 이들은 맥마흔선언과 상호 모순되는 내용이었다. 이와 같이 영국이 모순된 정책을 강행한 것은 그때그때의 전국(戰局)을 유리하게 전개시키면서 전후 중동지역을 지배하려는 의도였으나, 그 결과 아랍인의 많은 희생을 발생시켰다.

사이크스-피코 협정 [Sykes-Picot Agreement] 1916년 프랑스는 시리아·레바논을, 영국은 이라크·요르단을 세력범위로 하고, 러시아에게도 터키의 동부지방을 주며, 팔레스타인은 공동 관리로 한다는 내용이었다. 그러나 영국은 아랍민족의 지도자 후세인에게 독립 약속을 한 뒤였으므로, 이중(二重)외교 · 비밀(祕密)외교라 하여 1917년의 '밸푸어 선언' 과 함께 그 후 많은 문제를 야기한 협정이다.

밸푸어 선언 [Balfour Declaration] 1917년 11월 2일 영국 외무장관 A.J.밸푸어가 유대인이 팔레스타인에서 민족적 고향을 건설하겠다는 것을 지지한 선언으로 유대인의 송환이 이루어져 유럽 각지에 흩어져 있던 유대인들이 밸푸어선언에 따라 팔레스타인으로 향하게 되는데 밸푸어는 그것을 시오니즘운동의 재정적인 후원자인 로스차일드 경(卿)에게 보낸 서한에서 밝혔다. 여기서 영국이 노린 것은, 유대인의 여론을 연합국 측으로 끌어들이고 아울러 유대인의 팔레스타인 입식(入植)을 통하여 중동정책의 유리한 입지를 굳히려는 데 있었다. 이 선언은 1920년 '산레모 회의' 에서 영국의 정식 정책으로 채택되었고, 1922년 국제연맹이 팔레스타인 지방을 영국의 위임통치령으로 결정하였을 때, 그 전문에 이 선언이 포함되었다.

산레모 회의 [Conference of San Remo] 제1차 세계대전 이후 오스만투르크(Osman Turk)와의 강화 조약의 내용을 확정하기 위해 1920년 4월 19일부터 26일까지 이탈리아의 휴양지인 산레모에서 열린 패전국인 오스만투르크와의 강화 조약 내용 확정하고, 베르사유조약의 이행 방안 등에 대한 논의하기 위해 영국, 프랑스, 이탈리아, 일본, 벨기에, 그리스 등이 참가한 연합국 최고회의이다. 영국, 프랑스, 이탈리아의 총리인 로이드조지(David Lloyd George, 1863~1945), 밀랑(Alexandre Millerand, 1859~1943), 니티(Francesco Saverio Nitti, 1868~1953) 등이 중심이 되어 진행되었으며, 1920년 1월 영국 런던에서 열린 연합국 최고회의에서 작성된 오스만투르크와의 강화조약 내용을 주된 의제로 하여, 오스만투르크의 영토 분할을 확정하였다. 산레모 회의의 결과, 오스만투르크는 아라비아(Arabia)와 북아프리카 지역에 대한 지배권을 빼앗기고, 시리아와 레바논은 프랑스가, 팔레스타인과 옛 메소포타미아 지역인 이라크는 영국이 위임 통치하도록 되었다. 또한 1917년 영국의 외무장관인 밸푸어(Arthur Balfour, 1848~1930)가 유태인이 팔레스타인에 민족의 고향을 건설하는 것을 지지한다며 발표한 '밸푸어 선언(Balfour Declaration)'이 영국의 정책으로 승인되어, 팔레스타인에 유태인 국가가 건설되는 계기가 마련되었다. 여기에 아르메니아(Armenia)의 독립과 쿠르디스탄(Kurdistan)의 자치를 인정했으며, 에게 해(Aegean Sea)의 일부 섬들에 대한 그리스의 지배도 승인하였다. 아울러 베르사유조약의 이행에 대한 논의도 이루어졌으며, 다음 연합국 최고회의에 독일대표를 초청해 의견을 청취할 것도 결정하였다. 오스만투르크와의 강화 조약에 대한 산레모 회의의 결정 사항들은 1920년 8월 10일 '세브르 조약' (Treaty of Sèvres)으로 체결되었다. 산레모 회의는 영국과 프랑스의 시리아와 레바논, 이라크 등에 대한 위임 통치와 팔레스타인에서의 유태인 국가 건설 등을 승인하여 아랍인들의 반발에 부딪쳤으며, 이후 '중동(中東) 지역의 정치적 갈등이 확대' 되는 데 커다란 영향을 끼쳤다.

세브르 조약 [Treaty of Sèvres] 제1차 세계대전이 끝난 뒤 1920년 8월 10일, 프랑스의 세브르에서 연합국과 패전국 오스만투르크 제국 사이에 조인된 강화조약. 제1차 세계대전을 끝내고 평화 유지를 위해 연합국, 오스만투르크가 모였으나 그 내용은 터키에게 매우 불리한 것으로, 투르크는 식민지를 연합국의 위임통치 또는 아랍국가의 독립으로 말미암아 잃게 되고, 투르크족(族)이 거주하는 본토도 연합국의 세력범위 등의 명목으로 거의 태반을 할양한다. '다르다넬스 ·보스포루스 양 해협, 마르마라 해(海)를 국제적으로 개방하고 해협지대는 해협위원회의 관리 하에 두며 외국군대가 주둔하며, 투르크의 군비를 제한하여 소규모의 치안병력만을 남기고 치외법권을 부활시키고 다시 연합국 재정위원회가 재정에 간섭 한다'는 내용으로 투르크의 독립을 침해하는 것이어서 투르크 내에는 조약에 반대하는 케말 파샤를 중심으로 하는 민족운동이 일어나 세브르조약 파기를 목표로 그리스 군을 격파하고 투르크 정부를 폐지하여 터키공화국을 수립한다. 1923년 7월 24일 새로이 로잔 조약을 체결하고 세브르 조약은 자동적으로 폐기되었다.

이 원고를 집필 중인 지난 2015.11.13(금) 오후 9시20분 (파리 시각)경, 이슬람 과격집단 IS에 의해 프랑스 파리 도심지에서 자행된, 무고한 시민을 향해 벌어진 무차별적인 끔찍한 테러 사건을 통해, 오랜 구원(舊怨)에 대한 왜곡된 표출을 보면서, 오늘날 중동 문제를 비롯한 국제사회의 정치적, 경제적 입장 차이에서 비롯된 영토분쟁, 국가 간의 첨예한 이권 등 수많은 문제와 종족 간의 얽히고 설켜 피비린내 나는 보복의 반복을 보면서, 제 1, 2차 세계 대전 등 불행한 과거 역사의 회귀로의 우려가 무심하게 다가오지 않는다.

아시아 문명의 원천으로 불교가 발상한 곳이며, 천축(天竺)이란 이름으로 예부터 알려진 곳이다. 국명은 산스크리트 어(語)로 된 인더스 강(江)의 이름에서 유래했다. 인구는 1989년 추계 약 8억743만 명으로 당시 세계 2위였고 이 추세는 계속 이어져 1996년에는 약 9억6000만 명, 2015년 현재 약 12억 명으로 추산하는데 중국에 이어 부동의 세계 2위를 유지하고 있으며 곧 중국을 넘어 설지도 모른다고 한다.

인구의 대부분은 북방의 아리안 족(72%)과 남방의 드라비다 족(25%)으로 구성되어 있으며, 몽고 족 및 기타 소수 종족(3%) 이 그 뒤를 잇고 있다. 언어는 힌디어(연방공용어 32%)와 영어가 널리 사용되고 있다. 종교는 힌두교가 전체의 80% 이상을 차지하고, 나머지는 회교(13.4%) · 기독교(2.3%) · 시크교 · 불교 등을 믿고 있다.

● 인도 국기

상단의 오렌지색은 용기와 희생을 상징하며, 가운데 흰색은 진리와 평화를, 아랫부분 초록은 공평과 기사도를 나타낸다. 바퀴 모양의 파란색 문징(紋章)은 '다르마 차크라(법륜)'라고 하는데, 이는 아소카왕(王)의 불전결집(佛典結集)에서 취한 것으로 '법(法)의 윤회'를 뜻하며 24시간을 뜻하는 24개의 바퀴살을 가지고 있다. 원래 기에는 문장이 들어 있지 않았는데, 국기 제정시 차르카(물레)에 의한 경제적 독립의 필요성을 주장하던 마하트마 간디의 요청으로 넣었다고 전해진다. 하지만 간디는 불교 신사가 아니었고 불가촉 천민출신으로 인도의 입법을 담당했던 암베드카르의 요청에 의해서 수레바퀴 모양을 넣은 것이라는 설이 더욱 설득력을 얻고 있다. 3색 기는 1920년대부터 비공식적으로 국기로 사용되어 왔으며 당시 3색은 힌두교(오렌지색) · 동일(흰색) · 이슬람교(초록색)를 의미하였다. 1942년 독일 함부르크에서 국기로서 처음 사용되었고 1947년 7월 22일 입법회의에서 정식 제정되었다.

〈그림 3〉 상단의 오렌지색은 용기와 희생을 상징하며, 가운데 흰색은 진리와 평화를, 아랫부분 초록은 공평과 기사도를 나타낸다. 바퀴 모양의 파란색 문장(紋章)은 '다르마 차크라(법륜)'라고 하는데, 이는 아소카왕(王)의 불전결집(佛典結集)에서 취한 것으로 '법(法)의 윤회'를 뜻하며 24시간을 뜻하는 24개의 바퀴살을 가지고 있다.

수도 델리 Delhi

수도 델리는 인도 북부 갠지스 강(江)의 지류인 야무나 강의 서쪽 기슭에 있으며, 펀자브 지방과 갠지스 강 유역과의 교통 중심지여서 고대부터 이 지방의 정치·문화·경제의 중심을 이루었다. 남부에는 몇 개의 구 도시유적이 산재한다. 이곳이 정치 • 군사의 중심이 된 것은 대략 이슬람기 델리제 왕조시대(1206~1526) 부터다. 17 ~ 18세기에 이슬람교 무굴 제국의 수도로서 특히 번영하였으며, 그 중에서도 제3의 성시(城市) 투글루카바드(Tughluqabad, 1321)는 성벽이나 기타 유적이 많이 남아 있으며, 1638년 샤자한 제(帝)가 건설한 제7의 도시 샤자하나바드(Shahjahanabad, 1648)는 지금의 올드델리이며 고대 이래 7차례나 다시 건설되었고, 현재의 것은 아직도 샤자하나바드란 별칭으로도 불리 운다. 오늘날의 델리, 즉 흔히 올드 델리로 불리는 지구의 남쪽에 펼쳐진 지구는, 1912년 영국령 인도의 수도가 콜카타에서 델리로 옮겨진 것과 때를 같이하여 신도시 건설이 계획되어, 1927년 건설이 완료되었고 1931년 이래 남쪽 교외에 새로운 도시 뉴델리가 건설되어 정식 수도가 되었다. 인구의 대부분은 올드델리와 뉴델리에 집중해 있다. 델리 직할지구는 올드 델리로 알려진 델리와 새로 생긴 뉴델리와 그 주변지역으로 이루어진다. 올드델리가 전통적 · 인도적인 도시인 것과는 대조적으로 근대적 · 서구적인 외관을 보여준다. 시가지는 서쪽을 북에서 남서방향으로 뻗은 '리지' 라고 부르는 구릉지대와, 동쪽을 남북 방향으로 흐르는 야무나 강에 둘러싸인 해발 고도 218m의 평지에 위치하고 있다. 델리의 기온은 1월 평균 13.8℃, 6월 평균 33.6℃이고, 강수량은 연평균 700mm 정도다.

〈그림 4〉 서쪽으로 파키스탄, 북동쪽으로 중국·네팔·부탄, 동쪽으로 방글라데시·미얀마와 국경을 접한다. 1914년 맥마흔(McMahon) 선언에 따라 영국령인 인도와 중국의 국경이 히말라야 산맥 분수령에 설정된 이후 중국과 국경분쟁이 이어졌고 1962년 전쟁까지 치렀다. 파키스탄과는 독립 당시부터 카슈미르 지역을 둘러싼 영토분쟁을 벌여왔다.

옛 기념물은 다른 곳에서 옮겨온 2기의 아소카 왕주(王柱)와 굽타 성기의 철주(5세기초)를 제외, 대략 이슬람 시대의 건축유적이며 시 내외에 다수 존재한다. 그중 델리제왕조시대 것만도 모스크 61, 묘(廟) 건축 142개가 있으며, 그 외에 많은 유적이 있다. 중요한 이슬람 건축으로는, 미나레트로 유명한 쿠트브 모스크(1200년 전후), 중후한 건축

갸스 위딘 투그르크 묘(14세기 중엽), 건축미가 있는 후마윤 묘(1565), 많은 궁전건축을 옹호하는 빨간 사암(砂岩)으로 쌓은 붉은 성채(Red Fort, Lal-Qila, 1639~48)가 있고, 그 안에는 궁전이 여러 군데 있다. 그 중 특히 보석을 박은 벽이나 대리석기둥이 서 있는 디와니이하스트 궁전은 유명하다. 또 성의 남서에는 인도 최대의 자미 마스지드(JamiMasjid, 1650~58) 사원도 있다. 자미 마스지드성의 카시미리 문(門) 부근은 19세기 중엽의 '세포이 반란'의 격전장으로서 그 기념탑도 있다. 동서로 뻗어나간 큰 거리(찬도니 초크 거리)는 구시가지 중 제일의 번화가로, 상점이나 군중에게서 전통적인 인도 도시의 특색을 볼 수 있다. 또 금 · 은 · 상아 등 전통적인 미술공예품의 생산이 성하다. 델리대학 · 자와하를랄 네루대학 및 농업 · 기술 · 의학 등의 여러 연구소들도 있다. 시가지는 직교(直交) · 사교(斜交)하는 많은 도로에 의해 정연하게 구획되어 있다. 시가지의 중심을 이루는 곳은 서부의 중앙관청지구로, 대통령관저를 둘러싸고 장대한 여러 관공서가 자리 잡고, 원형의 국회의사당이 새로운 인도를 표상하고 있다. 관청 가에서 동쪽의 전승 기념문(인디아 게이트)에 이르는 가로가 라지파드(옛 이름 킹스웨이)이고, 라지파드와 직교하여 남북으로 뻗은 가로가 잔파드(옛 이름 퀸스웨이) 대로이다. 그 북쪽 끝에 있는 동심원형의 코너트 광장은 뉴델리 유일의 상점가로, 고급상품의 쇼핑과 레크리에이션의 중심지가 되고 있다. 그러나 뉴델리 전체의 분위기는 정치 · 외교를 중심으로 한 형식적인 작용이 강하여, 민중의 도시라는 색채는 희박하다. 그런 특색은 인구구성면에도 반영되어, 정부직할지인 델리 전체인구의 90% 이상이 올드델리 지구에 밀집되어 있다.

〈그림 5〉 성의 남서에는 인도 최대의 자미 마스지드(Jami Masjid, 1650~58) 사원도 있다. 자미 마스지드성의 카시미리 문(門) 부근은 19세기 중엽의 '세포이 반란'의 격전장으로서 그 기념탑도 있다. 거리에는 상점이나 군중에게서 전통적인 인도 도시의 특색을 볼 수 있다. 또 금·은·상아 등 전통적인 미술공예품의 생산이 성하다. 자미 마스지드 사원 앞거리의 모습.

● 인도의 주요 도시 : 콜카타 (Kolkata, 구 캘커타)

인도 콜카타(Kolkata, 구 캘커타)는 두 얼굴의 도시다. 영국풍의 정제된 건물과 뒷골목의 삶이 한 공간에 뒤엉켜 있다. 영국 식민지시대 때 수도였던 화려한 경력의 이면에는 서민들의 애환과 생채기도 남아 있다. 갠지스강의 지류인 후글리강과 낡은 트램은 도시의 지난한 세월을 묵묵히 가로지른다. 갠지스강의 지류인 후글리강은 콜카타 서민들에게 삶의 버팀목이자 성스러운 존재다. 콜카타는 색의 대비가 강하다. '이국적인 인도'에 대한 깊은 인상은 색감이 던져주는 화려함 때문인지도 모른다. 콜카타의 첫인상은 노란색 택시로 채워진다. '블랙'이 뒤섞인 델리나 뭄바이의 택시와는 또 다르다. 뜨거운 태양 아래 번쩍이는 택시의 행렬은 이질감을 더욱 증폭시킨다. 마치 런던의 한 골목을 걷고 있다는 착각을 부추기는 것은 영국풍의 단아한 건물들 때문이다. 초우링기(Chowringhee) 거리를 지나치다 보면 영국 식민지 시절의 잔영들과 맞닥뜨린다. 그중에서도 '빅토리아 기념관(빅토리아 메모리얼, Victoria Memorial)'은 콜카타여행의 상징 같은 건축물이다. 빅토리아 여왕을 추모하기 위해 만든 기념관은 도시에 흐르는 면면을 잘 대변한다. 본 건물은 유럽풍으로 지어졌지만 돔은 인도 무굴식이며 내부는 영국 왕실의 역사와 업적을 담아내고 있다. 기념관 앞의 연못과 잔디밭은 젊은 청춘들의 밀애 장소다. 흰색의 뽀얀 건물과 짙은 피부색의 민족이 자연스럽게 어우러지는 것에서 도시의 지난한 과거가 엿보인다. 대영제국의 좀 더 깊은 잔영을 만나고 싶다면 '비비디 박(B. B. D. Bagh)'으로 향한다. 식민지 시대의 건물들은 그 용도를 달리하며 나란히 늘어서 있다. 분명 콜카타의 중심거리가 맞는데 도시를 가로지르는 트램이나 택시, 이탈리아제 피아트 차량들이 눈을 현혹시킨다. 동인도회사가 있던 자리에는 주정부 건물이 들어서 있고 고풍스러운 건물 옆 커다란 연못에서는 주민들은 천연덕스럽게 몸을 씻거나 낮잠을 즐긴다. 콜카타의 트램은 100년 넘는 역사를 자랑하며 도심을 가로지른다. 사람들이 간신히 지나는 좁은 골목으로는 오래된 트램이 달린다. 인도 내에서 트램이 있는 도시는 콜카타가 유일하다. 최근 들어 새롭게 단장했다고 하지만 털털거리는 느린 속도에 투박한 외형은 여전하다. 1870년대에 개통된 트램은 그 역사가 100년을 훌쩍 넘어선다. 식민지 시대 때는 트램이 두 칸으로 나

〈그림 6〉 인도인들은 거친 자연 환경 속에 놓여 진 인간 존재를 자각하였을 뿐, 인간이 자연을 지배한다는 등의 발상은 애초부터 전혀 가져본 적이 없는 듯하다. 바라나시의 갠지즈 강에서 이른 새벽 우리 일행을 태우고 단돈 만원 정도에 힘들게 2시간 가량 노를 젓던 인도 아저씨.

뉘어 운행됐다고 한다. 두 칸짜리 트램은 남아 있어도 그때처럼 계급, 남녀의 자리 구분을 두고 있지는 않다. 후글리 강변을 따라 북쪽으로 향하면 도심의 색채가 변한다. 길은 미로처럼 복잡해지고 정돈되지 않은 서민들의 공간이 속살을 드러낸다. 사람이 직접 끄는 릭샤도 곳곳에서 눈에 띈다. 릭샤 역시 델리, 뭄바이에서는 보기 어렵게 된 교통수단이다. 오랜 콜카타의 거리에는 사람이 직접 끄는 릭샤가 오간다. 콜카타의 아이콘으로 여겨지는 하우라 다리(Howrah bridge)는 흙빛 후글리강을 외롭게 가로지른다. 길이가 705m에 이르는 다리는 '라빈드라 세투'로도 불리는데 2차 대전 때 지어진 뒤 사람들이 가장 많이 오가는 빽빽한 다리가 됐다. 교각이 없는 하우라 다리 동쪽 아래로는

〈그림 7〉 인도의 어느 도시나 뒷골목으로 접어들면 각양각색 복장을 한 친근한 서민들의 모습을 늘 만날 수 있다.

꽃시장 '물리끄 가뜨'가 들어서 있어 뒷골목 서민들의 삶을 떠받친다. 이곳은 유럽에서 만나는 단아한 꽃시장과는 차원이 다르다. 개미 골목 사이로 꽃을 치장하고 파는 사람과 형형색색의 꽃들이 자욱하게 늘어서 있다. 꽃시장을 벗어나 붉은 담벼락을 지나면 후글리 강둑이다. 콜카타 주민들에게 후글리강은 신성한 존재다. 해 질 녘 목욕을 하거나 성물을 바치는 행위가 강둑에서 펼쳐진다. 이국적인 도심풍경과 허상의 꽃향기를 털어내고, 가장 신성하고 아름다운 풍경을 만날 수 있는 곳도 하우라 다리가 배경이 된 이 강둑이다. 콜카타에서 숨 깊은 도시의 진면목은 이렇듯 외딴 어느 강변이나 골목에서 드러난다. 콜카타의 뒷골목으로 접어들면 친근한 서민들의 모습을 만날 수 있다. 자인 페스티벌은 1년에 한 차례 열리는 자인교의 대축제다. 유럽풍이든 서민적 삶이든, 단절된 것들을 담아내는 게 종교다. 콜카타에 흩어져 있는 인도 사원들 중 쉬딸나뜨지

자인교 사원(Sheetalnathji Jain Temple)이나 깔리 힌두교 사원은 도시를 채색하는 화려한 건축물들이다. 인도 동부 사원 중 최고라는 평을 듣는 쉬딸나뜨지는 오밀조밀한 색으로 단장된 섬세한 장식들이 시선을 끈다. 1년마다 한번 보름에 펼쳐진다는 자인 페스티벌 때는 사원 일대가 흥청거린다. 깔리 사원은 동부 벵골(벵갈) 양식의 독특한 외관이 돋보인다. 화려한 장식이 돋보이는 쉬딸나뜨지 사원과 빈민들의 어머니로 노벨평화상을 받은 마더 테레사의 집도 주요 볼거리이다. 콜카타는 노벨상을 받은 위인들의 흔적을 만날 수 있어 더욱 의미 깊다. 빈민을 위해 생애를 바쳤던 마더 테레사의 집과 시인 타고르의 생가도 시내에 남아 있다. 수도가 델리로 옮겨진 이후에도 콜카타를 지성과 문화의 수도로 칭하는 데는 그만한 이유가 있다.

가는 길 : 한국에서 직항편은 없다. 제트 에어웨이즈(Jet Airways) 등을 이용해 방콕을 경유하는 게 편리하다. 델리, 뭄바이 등 인도 각지에서도 연결편이 다수 있다. 인도 입국 때는 비자가 필요한데 비자 받는 과정은 많이 까다로워졌다. 콜카타는 환전소에 따라 환율에 차이가 있는 편이다. 인도관광청(www.incredibleindia.co.kr)을 통해 다양한 현지정보를 얻을 수 있다. 콜카타의 트램은 고풍스런 여행을 위해서라도 한번 타보면 좋다.

● 카스트 제도

인도의 가장 큰 약점이며 병폐인 **카스트제도**[3]는 오늘날 법적으로는 소멸되어 없어졌지만, 여전히 일상 속 관습으로 남아 있어 현지인들은 애써 서로의 신분을 공개하지 않아도 상대방의 계급을 알 수 있다고 한다. 예컨대 각자의 이름만으로도 어느 정도 알 수 있음은 물론, 심지어 피부색과 체격으로도 어느 정도 가늠할 수 있다고 한다. 브라만 등 상위계급은 상대적으로 얼굴색이 밝고 체격이 좋으며, 하층계급인 원주민 부류는 우선 체격이 왜소하고 원주민의 피부색인 검은 색이 많다고 한다. 원천적으로 넓디넓은 국토와 엄청난 인구 등 정부의 관리기능과 행정력이 살필 수 있는 범위가 제한적 일 수 밖에 없지만, 그럼에도 불구하고 많은 인구와 빈부 격차 등 여러 가지 사회문제가 오롯이 드러나지 않는 것은, 아이러니하게도 그 폐해가 인정되어 폐지된 카스트제도로 인해 서로를 인정하며, 만족스런 사회는 아니지만 아마도 태생적인 그들의 원만한 사고와 깊이를 알 수 없는 힌두의 느긋한 종교관 등에 기대어 자신의 현실을 겸허하게 인정하며 세월의 흐름과 자연의 인도대로 그럭저럭 굴러가도록 맡기고 사는 듯, 욕심이라곤 조금도 찾아 볼 수 없는 그리고 호불호가 잘 드러나지 않는 그들만의 묘한 얼굴 표정에서도 일른 찾아내기 어려운 탓인지도 모르겠다. 오늘날 인도의 젊은이들에게 있어서 신분 상승을 할 수 있는 가장 좋은 길은 좋은 대학에 가서 취업하거나 부자가 되는 것이 라고 한다. 또한 현장직과 사무직 급여도 차이가 많이 나고, 직업분야가 상식 밖으로 아주 구체화되고 세분화되어 나눠져 있는 바, 일예로 회사에도 커피만 타는 일을 하는

---

3) 카스트(caste) 제도

카스트 제도의 기원은 아리아인의 인도 침입과 연관되어 있는데, 고대 인도시대 히말라야를 넘어 인도 대륙으로 침입해 간, 서양인의 선조인 아리안들은 처음에는 펀잡(Punjab) 지역에 정착하다가 서서히 갠지스강 유역으로 옮겨 갔다. 전통의 유목생활을 청산하고 농경지 정착생활을 영위하게 된 것이다. 당시 인도의 원주민들도 여러 부족이 있었을 것으로 짐작되지만, 드라비다 인(Dravidian) 등 몇몇 종족만이 확인될 따름이다. 월등한 체격 조건과 전쟁에 능한 유목민의 특성, 청동기 단계의 원주민들에 반해 이미 철기 문명권에 접어들어 모든 면에서 우월했던 아리안들은 원주민과 전쟁에서 손쉽게 승리하고 정복자로서 인도 원주민을 노예화하고, 자신들의 선별적 우위를 강조하는 제도를 정착시키는데 그 우월 의식의 사회화가 바로 카스트(caste) 제도가 된 것이다.

아리안이 서양인의 선조라는 가설을 정형화시킨 이는 비교종교학자인 막스 뮐러(Max Müller)였다. 이 가설은 본시 아리안은 게르만, 앵글로색슨, 나아가 슬라브에 이르기까지 유럽을 지배한 서양인의 선조이지만, 고대 인도인과 그들은 동일한 민족이었고, 신에 대한 견해의 차이 등으로 둘로 갈라져 그 일파는 중동, 터키를 거쳐 유럽으로 들어갔고, 또 다른 일파는 히말라야를 넘어 인도 대륙으로 침입해 갔다는 것이다. 이를 입증하기 위해 막스 뮐러(Max Müller)는 고대 인도의 언어였던 산스크리트(Sanskrit)가 영어의 어원임을 입증하였고, 이는 곧 그리스(Greek), 라틴 등의 어원에 대한 연원을 밝힌 셈이기도 하다. 실제로 고대 인도의 최고신인 천신은 드야우스(Dyaus)이며, 그리스의 제일신인 제우스(Jeus)와 동의어이다. 고고학적으로도 아리안은 피부가 희고 코가 높으며 키가 큰 골격인데, 인도의 원주민인 드라비다 인과의 혼혈 때문에 오늘날과 같은 전형적 인도인의 모습으로 발전되었다고 한다. 또한 현재의 영어 문자에서는 놀랄 만큼 많은 산스크리트어의 영향이 나타나고, 이때문에 언어학자들은 이제 산스크리트가 영어의 어원이라는 사실을 정설로 받아들이고 있다.

1. 브라만(Brahman) : 승려, 사제(司祭)족. 2. 크샤트리야(Kshatriya) : 귀족, 지배계급. 3. 바이샤(Vaisya) : 평민. 4. 수드라(Sudra) : 노예계급(원주민)으로 구분되는 카스트 제도 하에서 제 1, 2 계급인 브라만과 크샤트리야 이외에는 거의 인격적 대접을 받을 수 없고, 특히 수드라의 경우에는 팔고 사거나 죽여도 죄가 안 되는 등 철저한 계급 사회로 고착된다. 이것은 마누(Manu) 법전에 명기된 이래 전통적 관습으로 이어져, 오늘날에 이르기까지 인도의 근대화를 장애하는 악습이 되고 있다. 처음에는 이 카스트가 주로 피부 색깔(Varna)로 구분되었으나, 혼혈이 되면서부터 각자의 직업에 따른 분류가 자리 잡게 되었다. 카스트는 세습화되었고, 서로 다른 계층끼리의 통혼(通婚) 같은 것은 아예 엄격히 규제되었다.

사람 등 우리로서는 이해되기 어려운 문화차이가 존재한다. 아무래도 워낙 인구가 많다 보니 그렇게 해서라도 일자리가 많이 생겨야 하고 오갈 데 없는 하층계급이 먹고 살 수 있는 구조로 발전된 것이 아닐까 생각된다. 또한 일부이지만 식민지 근성이 여전히 남아있어서 스스로 찾아 일을 하거나 하지 못하고 일을 하더라도 열성이 적고 책임감이 약한 부분이 있다고 한다. 이는 인도인구 중 약 2억 명 정도가 빈곤층으로 유엔으로부터 경제지원을 받는 대상 국가 1순위라고 하는 데에서도 엿볼 수 있으며, 보통 평균적인 하루벌이가 우리 돈 천 원 내외라고 하니 짐작하고도 남을 부분이다. 젊은이들의 혼수비용은 관습상 여자 쪽에서 전액 부담해야 해서 자연스레 남아선호사상이 오늘날에도 뚜렷하게 남아 있으며 이렇듯 고착화된 여성비하문화는 일반적으로 도시지역 보다는 주로 외곽지역에서 더 심한 편이라 한다.

● 기후

지역이 넓은 인도는 크게 3가지 기후대로 구성된다. 한대성기후의 히말라야 고산지대와 건조기후(사막기후 포함)를 보이는 서북부 지대 및 콜카타(구 콜카타), 첸나이(구 마드라스), 뭄바이(구 봄베이), 델리, 북부 평야지대의 도시들을 포함한 전 국토의 절반 이상은 열대성 기후대로 분포되어 있는데, 인도는 나라가 넓다 보니 기후대도 다양하지만 그만큼 기상이변과 재해가 많은 나라 중 하나이다. 해마다 많은 사람들이 폭염으로 죽고, 영하의 날씨가 없음에도 불구하고 동사하는 사람도 의외로 많다.기후는 전체적으로 열대몬순기후를 나타내며, 3월에서 5월에 이르는 건조혹서기(乾燥酷暑期), 6월에서 10월 상순에 이르는 습윤고온기(濕潤高溫期), 그리고 10월에서 2월에 이르는 건조한랭기(乾燥寒冷期) 등의 삼계(三季)로 되어 있다. 인도는 지역별로 기후 편차가 매우 심하다. 연평균 기온은 27-34도 정도이며, 1월이 가장 낮고 4-5월이 가장 높다. 또한 국토가 넓어 지역에 따라 다양한 기후가 존재한다. 보통 인도의 여름은 3월말부터 시작하며 5월이 가장 덥다. 수도 델리의 경우 4-5월 최고기온은 50도까지도 올라간다. 남인도의 경우는 연중 평균이 34도이다. 6월 말부터는 몬순이 시작되는 우기로 기온은 35도 전후로 다소 떨어지지만 이때는 습도가 높아 매우 덥다. 우기가 끝나는 9월 말에서 11월까지는 몬순

〈그림 8〉 인도는 기상재해가 매우 많은 나라 중 하나이다. 2005년 하루 강우량으로는 사상 최대 기록인 944mm의 강우로 이재민과 엄청난 재산피해를 입기도 했다. 2007년은 몬순이 6월 초부터 시작하여 많은 비가 내리는 이상 기온을 보였다.

과 기후는 비슷하나 습도가 다소 내려간다. 겨울은 11~2월로 상당히 서늘하여 대표적인 관광시즌이다. 수도 델리의 경우 가장 기온이 낮은 1월 최저기온도 3~5도 정도로 영하의 날씨는 찾아볼 수 없다. 중서부의 뭄바이, 중동부의 첸나이 경우는 평균 29도 정도 된다. 강우량은 북동부 Assam 지방이 연평균 10,870mm로 세계 최고이며, 내륙지방은 연평균 750mm로 상대적으로 건조하나 지역별로는 편차가 매우 심한 특징을 가지고 있다.

〈그림 9〉 인도는 나라가 넓다 보니 기후대도 다양하지만 그만큼 기상이변과 재해가 많은 나라 중 하나이다. 해마다 많은 사람들이 폭염으로 죽고, 영하의 날씨가 없음에도 불구하고 동사하는 사람도 많다. 우리가 여행을 시작한 2015년에도 섭씨 50도에 육박하는 무더위로 하루에 2,500명 이상이 사망하고, 또한 6월 시작된 몬순으로 인해 거의 매일 많은 비가 내리는 기후상황을 보였다. 때마침 델리 시가지도 갑자기 불어난 빗물로 교통상황이 매우 좋지 않았는데 인도여행 중에는 이러한 기후 상황을 일상으로 생각하고 받아들이는 수밖에 다른 뾰족한 대안이 없다.

지난 2005년에는 하루 강우량으로는 사상 최대 기록인 944mm가 내려 많은 수재민과 엄청난 재산 피해를 입기도 했다. 우리가 여행을 시작한 지난 2015년 여름에도 섭씨 50도에 육박하는 무더위로 하루에 2,500명 이상이 사망하였다는 소식을 영국의 BBC 등 주요 외신이 연일 보도하였고, 또한 6월 시작된 몬순으로 인해 거의 매일 많은 비가 내리는 기후상황을 보였다. 때마침 델리 시가지도 갑자기 불어난 빗물로 교통상황이 매우 좋지 않았는데 우기에 겹어든 기긴의 인도여헹 중에는 이러한 기후 상황을 일상으로 생각하고 받아들이는 수밖에 별다른 뾰족한 대안이 없다. 이 때문에 인도는 기상재해가 매우 많은 나라 중 하나이며, 해마다 많은 사람들이 폭염으로 죽고, 영하의 날씨가 없음에도 불구하고 동사하는 사람도 많다. 또한 2005년 하루 강우량으로는 사상 최대 기록인 944mm의 강우로 이재민과 엄청난 재산피해를 입기도 했다. 2007년은 몬순이 6월 초부터 시작하여 많은 비가 내리는 이상 기온을 보였다.

● 지형

인도의 지형은 **히말라야산맥**[4]이 중심이 되는 북부고산지, 인더스강과 갠지스강을 중심으로 펼쳐지는 인도대평원, 인도양 방향으로 삼각형모양의 반도처럼 돌출된 고원지대 등 3개의 특징적인 지역으로 구분된다. 그리고 그 바깥을 둘러싸고 있는 해안과 도서를 별도로 구분하면 4개의 지형구가 된다. 북 부고산지는 크게는 히말라야산맥이라고 지칭하나, 북동부에는 히말라야 중심부의 산맥이 있으며, 북으로는 파미르고원의 남쪽에 위치한 힌두쿠시 산맥, 캐라코럼 산맥과 연결되고, 서쪽으로는 아프카니스탄과 파키스탄 지역의 슬라이만 산맥과 연결되어 있어 인도를 다른 지역으로부터 봉쇄하고 있다. 히말라야 산맥은 파키스탄에서 미얀마 국경에 걸쳐 전체길이 2,400km, 너비 약 20km에 이른다. 대(大)히말라야 · 소(小)히말라야 · 시왈리크 등 3개의 습곡축(褶曲軸)이 나란히 달린다. 대빙하와 만년설로 뒤덮인 대(大)히말라야산맥에는 세계 최고봉인 에베레스트(8,848m), 칸첸충카(8,586m)를 비롯하여 8,000m 내외의 고봉이 인도 쪽에만 14개 봉(峰)이 있다. 히말라야 산맥은 신생대 제3기에 인도판과 유라시아 판의 충돌에 의한 대규모 습곡으로 형성된 것으로 추정되며, 변성된 퇴적물을 주변에 갖는 화강암으로 구성되어 있다. 소 히말라야 산맥은 선캄브리아대(代)에서 에오세(世)에 이르는 각 시기의 암석이 강하게 압축되어 변성된 것으로 이루어졌으며, 봉우리는 약 5,000m, 계곡은 1,000m 정도의 높이를 이룬다. 히말라야산맥의 남쪽에 있는 시왈리크 산맥은 남쪽을 향해 급경사를 이루며 마이오세에서 플라이오세에 이르는 히말라야 조산운동(造山運動)에 의해 융기, 그 후 히말라야의 하천에 의한 침식과 운반으로 퇴적된 지층으로 이루어졌다. 지형적 특성 중에서도 가장 중요한 부분은 바로 히말라야 할 수 있다. 히말라야는 인도인의 정치적 삶의 근원일 뿐만 아니라 경제, 종교, 신화, 예술 그리고 문학의 토대였다. 히말라야는 인도를 이민족의 침입에서 보호하는 방

〈그림 10〉 히말라야산맥 Himalayas,

4) 히말라야 Himalayas 아시아 대륙의 남부를 달리는 산계. 총길이 2,400km. 히말라야는 고대 산스크리트(梵語)의 눈[雪]을 뜻하는 히마(hima)와 거처를 뜻하는 알라야(alaya)의 2개 낱말이 결합된 복합어이다. 처음에는 갠지스 강(江) 연변의 수원(水源)지대를 가리키는 좁은 뜻으로 사용되었으나 시간이 흐름에 따라 넓은 뜻으로 쓰이게 되었다. 히말라야산맥은 북서쪽에서 남동 방향으로 활 모양을 그리며 파키스탄과 인도 북부·네팔·시킴·부탄·티베트 남부를 뻗어 내리면서 몇 갈래의 산계로 나누어진다. 맨 앞쪽의 힌두스탄 평원에 면하면서 비교적 낮은 시왈리크 산맥과 그 뒤쪽에 있는 소(小)히말라야산맥, 산맥의 주축에 해당하는 대(大)히말라야산맥의 3개의 산계로 나눌 수 있다. 대 히말라야 산맥에는 세계의 거의 모든 최고봉이 솟아 있으나, 줄곧 연속되지는 않고 거대한 산괴를 이루면서 군데군데 깊은 계곡으로 단절되어 있다. 이 가운데 카라코람산맥을 히말라야산맥과 구분하여 말하는 경우도 있으나, 함께 포함시키는 것이 일반적이다. 히말라야산맥은 '눈의 거처'라는 뜻에 어긋나지 않는 '세계의 지붕'이라고 할 수 있다.

패 역할 뿐만 아니라 북쪽에서 불어오는 바람을 막아주는 역할을 함으로써 인도의 따뜻한 기후를 유지토록 했으며 인도의 북부지방을 비옥한 땅으로 만들었으며 그곳에서는 풍부한 농산물이 많이 산출되었다. 또한 히말라야로 인하여 영국이 인도에 들어오기 전에 이민족의 침입이 주로 서북지방을 통해서 이루어진 것도 바로 이 지형적인 특성 때문이다. 다른 지역에서 인도로 들어가는 길은 북쪽은 거대한 히말라야 산맥이, 북동쪽은 높은 언덕과 울창한 밀림지역이, 그리고 남쪽은 바다가 가로막고 있기 때문이다. 히말라야의 여러 산들 중에서도 카일라쉬 산이 제일 유명하다. 시바신이 그의 아내와 함께 이곳에 산다고 믿어지는 산으로서 이러한 신화는 예로부터 푸라나를 비롯한 여러 문헌에 그 기록을 남기고 있다. 그래서 시바신의 아내인 파르바티는 히말라야의 딸이라는 뜻으로 히마바띠라고도 한다. 트리슐이라는 이름으로 잘 알려진 산은 그 정상이 꼭 시바신이 항상 손에 들고 다니는 무기인 삼지창과 모양이 비슷한 데서 연유힌 것이다. 따라시 트리슐은 시바의 산인 동시에 시바 그 자체로서 힌두교도들이 숭배하는 것이 되었다. 북부 산맥들은 인도와 중국을 가르는 분수령으로서의 천연 경계선 역할을 한다. 인도와 중국의 문명은 아시아 문화의 선조라고 할 수 있지만, 이 두 문명은 동양문명과 서양문명의 차이만큼이나 여러 가지 면에서 서로 판이한 모습을 보여주고 있다.

그림 11 히말라야의 여러 산들 중에서도 카일라쉬 산이 제일 유명하다. 시바신이 그의 아내와 함께 이곳에 산다고 믿어지는 산으로서 이러한 신화는 예로부터 푸라나를 비롯한 여러 문헌에 그 기록을 남기고 있다. 그래서 시바신의 아내인 파르바티는 히말라야의 딸이라는 뜻으로 히마바띠 라고도 한다. 시바신의 설화가 담긴 마두라이의 스리미낙시 사원 서쪽 타워.

● 인도의 역사

인도는 세계사에서 역사가 가장 일찍이 발달한 나라 중 하나로, 이미 기원전 2500년 무렵에 **인더스(Indus)강 유역을 중심으로 한 청동기 도시문명** 5)이 형성되었다고 보고 되고 있다. 그리고 기원전 7세기 무렵에는 불교와 자이나교가 흥기하는 등 인도의 특색

---

5) 모헨조다로 [mohenjo daro]
세계 4대 문명의 하나인 인더스 문명은 여느 문명과는 크게 구별된다. 메소포타미아·나일·황하 문명은 왕을 정점으로 하는 강력한 통치체제를 기반으로 국가를 유지했고, 그런 절대 권력을 상징하는 웅장한 건축물들을 건설했다. 즉, 확고한 신분제도가 정치를 지탱했던 문명이다. 그러나 인더스 문명에는 왕과 같은 강력한 권력이나 권위를 나타내는 상징물이 존재하지 않는다. 하라파와 함께 인더스 문명을 대표하는 유적인 수수께끼의 도시 모헨조다로는 파키스탄 신드주 인더스강 하류에 위치하며 1920년 R. D. 배너지가 쿠샨 왕조시대의 불탑을 발굴하는 과정에서 처음 발견했다.
현지 언어로 '죽은 자들의 흙무덤'이라는 의미를 가진 모헨조다로의 발굴은 1920년부터 1931년까지 계속되었다. 발굴초반 당시 인도 정부(당시 파키스탄은 영국의 식민 지배를 받는 인도 내의 이슬람 지역이었으며, 1947년에 인도 독립과 함께 분리·독립하여 새로운 이슬람 국가를 건설했다)의 고고학 장관이었던 J. 마셜이, 후반부는 E. 마케이가 담당했다. 모헨조다로의 성립 연대는 발굴 당시 BC 2300년경으로 추정되었고, 이후 더 오랜 층이 발견되어 현재는 BC 4000년경으로 보고 있다. 현재 전체 유적의 10퍼센트 정도 발굴되었고 1965년 지하수 분출로 발굴이 중단되었다. 지금까지 밝혀진 모헨조다로 유적은 크게 서쪽의 성곽요새지구와 동쪽의 시가지구 두 구역으로 나눌 수 있다. 성곽요새 지구에는 성벽을 따라 사방 각 30미터에 이르는 넓은 회랑과 회의장, 학습장, 목욕탕, 곡물창고 등이 있다. 서쪽의 성곽요새 지구는 종교와 행정에 관련된 기관이 모여 있던 지역으로 추정된다. 성곽요새지구의 서쪽에 있는 큰 목욕탕은 모헨조다로에서만 볼 수 있는 대형 유적이다.
인더스 문명권의 다른 도시에서도 작은 목욕탕이 더러 발견되었으나, 모헨조다로처럼 큰 것은 없었다. 길이 10미터, 폭 7미터, 깊이 2.4미터의 수조에 기둥이 있는 공간과 작은 방이 붙어 있다. 또 남쪽과 북쪽으로 계단이 있어 밑으로 내려갈 수 있도록 되어 있다. 큰 목욕탕은 실제 목욕 장소였다기보다는 제례를 행하는 장소로 추정된다. 시가 지구는 포장된 길을 따라 집들이 줄지어 서 있다. 대부분 불에 구운 벽돌을 쌓아올려서 짓고, 가운데 마당을 중심으로 방과 우물, 욕실이 있었으며, 폐수 시설도 갖추었다. 내부 시설은 어느 집이든 동일했으며, 집의 크기가 획일적인 것으로 봐서 주민들 간 빈부격차가 그리 심하지 않았던 것 같다. 모헨조다로는 세 차례의 큰 홍수를 겪었으나 그때마다 도시는 예전처럼 복원되었는데 이는 모헨조다로의 정밀한 도시계획의 결과로 추정한다.
BC 1800년 인더스 문명의 쇠퇴로 모헨조다로도 이제까지의 잘 계획된 도시에서 점차 빈민촌들이 생겨나는 도시로 변해버렸다. 시가지구와 성곽요새 지구에도 허름한 집들이 들어서며 도시의 행정기능은 마비되었다. 모헨조다로의 몰락과 더불어 인더스 문명권의 여러 도시들도 점차 쇠퇴 되었고, 인더스만의 고유한 문화는 성장을 멈추고 지역 문화로 퇴행했다. 결국 인더스 문명권의 도시들은 BC 1500년경 완전히 멸망하는데 그 원인이 아리아인의 침입에 기인한 것이란 설이 있으나 아리아인이 도시를 공격한 흔적이 없다는 것과, 아리아인의 침입과 인더스 문명의 쇠퇴 시기가 수백 년이나 차이가 난다는 것 등이 그 이유로 현재는 점차 설득력을 잃어가고 있다. 또한 인더스강의 범람으로 쇠퇴했다는 설은 강의 범람 후에도 도시가 재건된 흔적이 발견되어 설득력이 적고 오히려 인더스강의 흐름이 바뀌어 모헨조다로 지역이 건조지대가 됨으로써 멸망하지 않았는가 하는 설이 유력하게 대두되고 있다. 즉 토지의 건조화로 염분이 지표에서 나와 농작물 생산에 치명적인 피해를 불러일으켰을 것이라는 주장이다.
인더스강 유역에서부터 오늘날의 인도 펀자브 지방까지 널리 확산되었던 인더스 문명은, 4대 문명 중에서 가장 넓은 지역을 포괄하는 문명이었음에도 그 통치 시스템에 관해서는 알려져 있지 않다. 목욕탕 유적을 통해 신권정치가 이루어졌을 것이라는 설도 있지만 아직 명확한 증거는 발견되고 있지 않고 있다. 또 고도의 도시 계획을 어떻게 수립하고 집행했는가도 수수께끼로 남아 있다. 인더스 문명이 가지고 있는 수많은 의문점에 대한 해명이 늦어지는 이유는 인더스 문자의 해독이 지지부진하다는 데 있다. 동물과 신, 인간 등의 모습이 석판이나 인장에 새겨져 있는 인더스 그림문자는 그 변종만도 400개에 이르지만, 기본적인 문자는 250자 정도로 알려져 있다.
최근에는 컴퓨터를 통한 해독 작업이 다소 성과를 거두어, 인더스 문자는 현재 남인도에서 사용되고 있는 드라비다어 계통에 속하는 문자로 밝혀졌다. 드라비다어는 BC 3500년경 이란고원에서 인도로 이주해온 드라비다 민족이 사용했던 언어로, 현재 사용되고 있는 언어의 조상 언어이다. 이런 성과에도 불구하고 아직 인더스 문자에 대한 결정적인 해독이 이루어지지 않고 있어 연구가 더딘 상태에 있다. (고대유적, 2007, 도서출판 들녘)

있는 문화와 사회형태가 만들어졌다. 그 뒤 마우리아(Maurya) 제국[6]이 인도의 통일제국을 이룩하였다. 마우리아제국은 찬드라굽타(Chandragupta)에 의해서 기원전 317년에 건설되었는데, 3대 1세기에 걸쳐 강대한 상비군과 관료제도를 주축으로 아프가니스탄 남부에서 마이소르(지금의 카르나타카) 북부에 이르는 영토를 지배하였다. 그러나 이 제국이 쇠퇴한 뒤 약 5세기 동안 통일 지배는 무너지고 분열된 상태가 되었다. 이어 4세기 전반에 출현한 굽타(Gupta)제국[7]이 북인도 일대를 지배하고 마우리아제국 이후의 지배체제와 사회구조를 재편하게 되었다. 8~12세기에 걸쳐 무슬림(Muslim) 세력이 서북부지방을 침입하게 되었고, 이들에 의한 무슬림왕조가 계속 이어져 내려왔다. 인도의 정치적 통일과정은 1526년 무굴(Mughal)제국 성립 이후부터 시작되었다.

무굴제국의 건설은 제3대 악바르(Akbar, 재위 1542~1605)[8]에 의해서 행해졌다. 그는 주위의 세력들을 무찌르고 무굴 세력을 확립하는 동시에 황제의 지위와 권력을 구축

---

6) 인도에는 많은 왕조가 존재했다. 대표적으로는 마우리아 왕조, 쿠샨 왕조, 굽타 왕조, 안드라 왕조, 무굴, 마라타 왕조와 그 외에 타밀 왕조(촐라, 체라, 판디아)가 있었고 스리랑카섬은 심할라 드비파라는 명칭의 국가가 있었다. 초기 인도 도시국가시대를 지나서 마가다의 샤이슈나가 왕조 -> 난다 왕조 -> 마우리아 왕조가 성립된다. 마우리아 왕조가 성립되었다가 국력이 약해지면서 군소 왕국으로 분리되고, 이시기에 들이와시 중남부 인도에는 수많은 왕조가 흥망성쇠를 시작한다. 쿠샨 왕조 시기의 북부 및 중부에 규모가 큰 왕조는 서사트라프(서샤카왕국)와 안드라 왕조가 있었다. 쿠샨 왕조가 멸망하면서 영토가 사산 왕조와 에프탈에게 복속되며, 그 후에 굽타 왕조가 등장하면서 새로운 통일 국가 건설에 착수한다. 그 외에 특수 지방으로 최남단의 타밀 왕조(촐라, 체라, 판디아)가 있었으며, 이슬람 시기에는 아프가니스탄 지역에 가즈나 왕조, 고르 왕조가 존재하였고 인도를 침입했다가 고르 왕조의 노예 출신이 델리에 왕조를 열면서 델리 술탄 5왕조 시대가 열린다. 굽타 왕조와 델리 술탄 사이의 공백 시기에는 굽타 왕조 후계국과 라지푸트라는 종족의 왕조들이 난립했다. 델리 술탄이 멸망하고 나서 무굴 제국이 건설되며 남부에는 독립 국가 몇 개가 존속하다가 무굴에게 병합되고 일부 독립 세력은 영국에게 점령당하면서 영국의 침입의 빌미를 제공한다. 그 뒤에 독립된 인도 번왕국들과 마라타계 왕국 등 수많은 왕국이 난립하고 사실 라지푸트나 남단 왕조들은 수 십 개가 넘는다.

7) 굽타 왕조의 성립과 발전 : 마우리아(Maurya)의 인도 지배 이후 수많은 군소 왕국들이 부침(浮沈)하는 혼란스러운 상황에도 불구하고 제국(帝國)을 꿈꾸는 야망은 꺼질 줄을 몰랐으나, 그 어느 누구도 마우리아와 같은 대제국을 세우지는 못했다. 북인도에서의 굽타 왕조(A.D. 4~6세기)는 종종 제국의 면모를 갖춘 나라로 서술되었으나, 이러한 표현은 정확한 기술이 아니다. 제국의 기본 구조인 중앙 집권적 정치 형태가 굽타 왕조에서는 완전히 실행되지 못했기 때문이다. 그러나 굽타 왕조의 세력은 거의 인도 전역에 걸쳐 그 영향권을 행사했다고 해도 과언은 아니다. 굽타 시대는 고대 인도 문화의 부흥기로 자주 언급된다. 이러한 주장은 전에는 결코 꿈꾸어 볼 수 없었던 최고의 생활 수준을 유지한 귀족 계급에 한해서는 타당하다. 20세기 초반의 역사가들은 이 시기에 힌두 문화가 확고히 성립되는 황금기라고 주장한다. 그러나 데칸(Decan)지방과 남부 인도에서는 굽타 시대 이후에 높은 문화 수준을 전개시켰으므로, 굽타 시대의 고전 인도 문화의 부흥은 북인도에서만 타당하다고 할 수 있다. 굽타의 기원은 불명료하다. 아마도 마가다(Magadha)지방에서 차차 정치적 영향력을 행사하게 된 부유한 지주의 가문이었을 것으로 추측된다. 굽타 왕조는 찬드라굽타(Chandragupta) I세의 등극과 더불어 단순한 지방 공화국으로부터 왕조적 성격을 띠게 된다. 찬드라굽타는 석가가 생존했을 당시 바이살리(Vaisali)를 통치한 명문 귀족 리치비(Lichivi)가(家)의 공주 쿠마라데비(Kumaradevi)와 결혼한다. 이 리치비 왕가와의 결혼으로 말미암아 굽타 왕조는 그 계급적 정통성을 확보한다. 이러한 사실은 굽타에 있어서 상당한 정치적 쾌거였다. 그러나 찬드라굽타 I세가 주조한 동전에 이러한 혈통 관계를 자주 강조하고 있는 사실은 굽타가 왕족 출신이 아님을 간접적으로 보여주고 있다고 보아야 할 것이다.

8) 악바르의 군사적 책략은 뛰어났다. 그는 자신에게 주위를 집중시키는 인간적 흡인력과, 책략을 결정하고 상황을 판단하는 능력이 있었으며, 나폴레옹처럼 빠른 기동력을 가지고 있었다. 예를 들어, 구자라트에서 반란이 일어났을 때, 그는 수도인 파테푸르시크리(Fatehpursikri)로부터 아마다바드(Ahmadabad)로 진군하였다. 그 거리는 무려 600마일이나 되었다. 3,000명의 기병대가 9일 만에 그곳에 도착했다. 그는 반란군을 패퇴시켰음은 물론, 더욱 놀라운 일은 출발한 지 11일 만에 반란군과 결전하였다는 점이다.

하였다. 무굴제국은 그 뒤 약 150년 동안 번영을 누렸으나, 18세기가 되면서 모든 지방의 세력들이 독립해서 분립하거나 혼란 상태에 빠지게 되었다. 이와 같은 분립된 상황 속에서 영국의 식민지 침략이 본격화되기 시작하였다. 포르투갈·네덜란드·프랑스·영국의 상인들이 연이어 인도에 건너와서 각지에 상관(商館)을 설치하고 면직물·향료 등의 무역에 종사하였다. 이들은 무역의 패권을 둘러싸고 서로 각축을 벌였는데, 영국이 다른 나라를 제압하고 마침내 프랑스를 격파하여 패권을 장악하였다.

〈그림 12〉 카주라호 사원

1765년 영국은 벵골(Bengal)의 영유권을 획득해서 인도 식민지 지배의 길을 걷기 시작하였다. 그리고 1600년에 설립된 동인도회사가 벵골을 영유하게 되자 인도를 통치할 기관으로 인도 총독을 두었다. 그 무렵부터 19세기 초에 걸쳐 인도의 모든 왕국들을 상대로 한 전쟁을 통하여 영토를 빼앗거나 복속시켜서 북서부를 제외한 모든 지역에 지배권을 확립하였다. 인도는 영국의 산업혁명 이후 급격히 늘어난 상품 시장, 원료 공급지가 되고 말았다. 그러나 1857년 영국군의 인도용병(印度傭兵) 반란이 있었으며, 이는 농민에서 구 지배계급에 이르는 광범한 계층이 참가한 대반란이어서 큰 충격을 가져다 주었다. 영국은 1858년 동인도회사에 의한 통치를 마치고 직접 통치하기 시작하였다. 인도인들은 인도인들대로 힌두교의 종교와 사회를 반성, 개혁하려는 운동이 일어났다. 마침내 1885년 인도 국민의회파(Indian National Congress)가 창설되었다. 국민의회파는 인도 경제가 빈곤한 것은 부(富)가 영국으로 유출되기 때문이라고 하고, 또 인도인들의 정치를 향상시키기 위해 힌두교도의 종교와 사회를 개혁해야 한다고 주장하였다.

한편, 인도의 독립을 요구하는 정치운동도 전개되었다. 그리하여 국민의회파는 스와라지(Swaraj : 자치·독립)·스와데시(Swadeshi : 국산품 사용)·민족교육의 강령을 내걸고 반항하였다. 독립을 위한 투쟁방법을 둘러싼 급진파와 온건파의 대립도 있었으며, 힌두교도와 이슬람교도와의 대립도 깊어져 1906년에는 무슬림연맹(Muslim league)이 발족하였다. 새로운 민족운동이 전개된 것은 제1차 세계대전 후 간디(Gandhi,M.)의 지도하에 비폭력적인 저항운동이 시작되면서부터였다. 젊은 사람들 사이에 사회주의나 공산주의 사상이 퍼져 나갔으며 노동운동이나 농민운동도 활발해졌다. 대공황 후의 제2차 비폭력적인 저항운동에 의해서 독립을 요구하는 열기가 높아졌으며, 마침내 인도 민중의 힘이 결집되었다. 제2차 세계대전이 시작되면서 회의파는 전쟁비협력을 선언하고 영국의 철수를 요구하는 투쟁을 전개하였다. 그러는 동안 1906년에 창설된 무슬림연맹은 파키스탄지역의 분리를 결의하였고, 전후에는 각지에서 힌두교도와 이슬람교도 간의 싸움이 일어나 결국 1947년 8월 15일 인디아공화국과 파키스탄공화국으로 분리해서 각각 독립하였다. 오늘날의 정부형태는 의회민주주의체제하의 연방국가로서 의원내각제를 채택하고 있다. 연방은 22개 주와 9개의 연방 직할지역으로 구성되어 있다. 행정부는 22개의 성(省)으로 구성되고, 대통령은 5년 임기로 상·하 양원 및 주의회 의원으로 구성되는 선거인단에 의해서 선출되며, 상징적인 기능을 수행한다. 실권을 가진 수상은 하원의 다수 의석을 차지한 정당의 지도자로서 대통령이 임명한다.

인도는 비동맹운동 창설을 주도한 이래 주도적인 역할을 수행해 오고 있다. 아울러 인도, 아시아대륙에서의 안정 유지 및 대미·소관계에서 균형주의를 취하고 있다.
인도의 경제는 풍부한 인적·물적 자원을 바탕으로 한 자급자족적인 경제구조, 국민경제의 농업 의존성, 격심한 빈부 격차 등을 특징으로 한다. 독립 이래로 사회주의적인 혼합경제체제를 유지해 오고 있다. 그러나 인종·종교·언어의 다원성과 이질적 문화의 공존, 카스트제도 등으로 인하여 경제발전은 침체되어 있다.
1987년 국민총생산은 2413억 500만 달러이고, 1인당 국민소득은 300달러였으며, 1997년에는 국민총생산은 3966억 달러이고, 1인당 국민소득은 416달러로 여전히 세계 최하위권에 머물고 있었다. 무역은 1988년의 경우 대인도 수출은 153억 1240만 달러(홍차·의류·공업제품)이고, 수입은 243억 1000만 달러(석유·철강·기계류)이던 것이 1997년에는 수출은 365억 달러(홍차·의류·공업제품)이고, 수입은 430억 달러(석유·철강·기계류)를 보이고 있다. 인도는 풍토조건이 상이한 광대한 지역, 지방에 따라 다양한 인종과 180여 종의 복잡한 언어, 종교간의 갈등, 격심한 빈부 격차와 68%의 높은 문맹률, 생활저변에까지 깔려 있는 사회적인 신분제도(카스트제도) 등의 많은 이질성·다양성, 그리고 갈등요소를 가진 복합사회이다. 인도는 외교적으로 한국이나 북한 어느 한쪽을 지지하거나 깊이 관여하지 않으려는 입장을 취해 왔다. 그러나 한국의 국력 신장, 국제적인 지위 상승을 높이 평가해서 한국과의 관계 증진이 실질적으로 유리하다고 인식하고 있다.

● 인도에서의 한국학 연구현황

인도의 네루대학에는 한국어과가 있어서 한국의 언어와 한국학 등이 광범하게 논의되고 있는데, 동국대학교의 서경수(徐景洙)교수(작고)가 기초를 다졌고, 같은 학교 정병조(鄭柄朝)교수가 이어서 발전시켰다. 이 밖에 네루대학에는 국제정치학과에서 우리 나라의 현대정치외교 등을 연구하고 있다. 이와 아울러 한국 유학생들이 수십 명 유학하고 있으며, 교민들도 많아져 한국문화를 전파하는데 크게 기여하고 있다. 우리나라에서도 인도에 대한 연구가 활발하다. 동국대학교에 인도철학과가 있고, 외국어대학교에 인도어과가 있어서 인도학 연구에 직접적으로 관계하는 학자 및 학생들이 상당수 되며, 불교학·불교미술·불교음악 등을 연구하는 간접적인 연구도 매우 활발한 편이다.

● 최근 인도와 한국의 관계

1962년 4월 총영사관을 설치했으며, 1973년 12월 외교관계를 수립하였다. 한국과는 무역협정·문화협정(1974.8.), 과학기술협력협정(1976.3.), 이중과세방지협정(1985.7.), 항공협정(1992.3.), 관광협정(1993.9.), 투자보장협정(1996.5.) 등을 체결하였다. 인도와 한국의 교역은 점차 늘어나는 추세에 있다. 인도는 철강·시멘트 등 중간재를 주로 수입하고 있는데, 이는 인도 내의 중간재 생산 침체와 공업화 추진에 따른 수요 증가에 의한 것이다. 최근에는 인도의 석유개발 장비·전자부품·제강시설·선박 등 고도기술산업 분야의 수요가 늘어나고 있어서 한국의 주요 수출시장이 되고 있다. 한국은 인도에서 주로 철광석 · 원면 · 원피 · 피혁 제품 등을 수입하고 있다. 인도는 한국과의 무역적자에 민감한 반응을 보이면서 철광석 · 원면 · 농산물 · 기계류의 더 많은 수입을 바라고 있다. 1988년 인도의 대한 수출은 1억5400만 달러이고, 수입은 5억1200만 달러로 큰 적자를 나타냈으나, 1997년의 대한 수출은 9억3900만 달러이고, 수입은 11억 5000만 달러로 수입 적자의 폭이 1988년에 비해 상대적으로 줄어들었음을 보여주고 있다. 1974년 8월 문화협정이 체결된 이래 두 나라 사이에는 문화 교류가 이루어지고 있다.

1978년 · 1981년 · 1983년 세 차례에 걸쳐 한국 · 인도 공동위원회를 개최하였다. 1976년 이래 인도 네루대학 한국어과에 담당교수를 파견해 왔으며, 예술단교류도 활발해서 한국민속무용단이 1980년과 1982년 두 차례 인도를 방문했으며, 인도 측에서도 1975년·1981년·1983년에 예술단을 파견하였다. 한국은 1971~1982년 인도 트리에날 국제미술전 4회, 1977년 제6회 인도국제영화제, 1982년 제5회 세계도서전에 참가했으며, 인도는 1976년 제22회 서울아세아영화제에 참석하였다. 또, 한국은 1975년 이래 매년 인도에서 개최되는 DCM 축구대회에 참가하고 있으며, 1981년에는 여자농구단이 인도를 방문, 친선경기를 갖기도 하였다. 인도측은 1977~1982년 대통령컵 국제축구대회, 1982년 아시아아마추어 복싱선수권대회, 남자초청 국제농구대회 및 국제배구대회 등에 참가하였다. 이외에도 각종 국제대회를 통한 두 나라 사이의 교류는 활발하게 진행되고 있다. 인도는 원칙적으로 외국이민이나 거주를 목적으로 하는 장기체류 외국인들을 받아들이지 않는 제도적인 사정으로 인하여 우리 교민은 겨우 3세대에 지나지 않는다. 이들은 6·25전쟁 이후 제3국을 선택한 반공포로 출신으로 인도에 정착한 사람들이다. 그러나 최근 두 나라 사이의 경제협력관계가 증진됨에 따라 상사 주재원이 점차 늘어나는 추세인데, 1988년에는 교민이 17명, 체류자가 270명이었으나

1997년에는 교민은 42명이고, 체류자는 1,072명으로 조금씩 늘어나는 추세였다. 제24회 서울올림픽대회에는 73명의 선수단이 참가하였다. 인도와 북한과의 관계는 인도 대외정책의 기조인 모든 국가와의 우호관계유지 및 남북 등거리외교 정책추구라는 차원에서 유지되고 있다. 1962년 3월 1일 영사관계가 수립된 이후, 1962년 7월 21일 주뉴델리 총영사관 개설, 1968년 10월 주평양 인도총영사관 개설을 거쳐 1973년 12월 외교관계를 수립하였다. 두 나라 사이에는 해운협정(1974.11) · 항공운반협정(1976.6) · 무역협정(1978.2) · 문화협정(1979.2) 등이 체결되었다. 그리고 문화교류협정(1974.8.)에 의거 1978년부터 1989년까지 5차에 걸쳐 한 · 인 문화공동위원회가 개최되었다. 북한은 1980년 1월 간디 수상이 재집권한 이후 간디 수상의 친소 정책에 편승하여 관계를 긴밀하게 하려고 노력했으나, 주재국에서의 이미지 하락으로 정상적인 외교 관계의 위축은 물론, 경제 · 통상 면에서도 발전징후가 보이지 않고 있다.

● 인도의 화폐

인도 최고(最古)의 화페는 각인화폐(刻印貨幣)로서 화폐 양면에 연꽃 ·수복 등 인도의 상징을 새긴 은화이다. BC 3세기경에는 그리스의 영향으로 화폐의 도안을 그리스풍(風)인 왕의 초상이나 올림포스 신들의 입상(立像), 또는 알파벳이나 카로슈티(Kharo 인도의 화폐) 문자로 각인하였다. 쿠샨왕조의 카니시카(Kaniska)왕 때에는 왕조의 전성기로 금화 · 은화가 주조되었다. 화폐의 도안도 주로 왕의 입상과 불상으로 바뀌어 당시의 카니시카왕의 권력을 상징하고 있다. 12세기가 되자 이슬람의 영향을 받아 한때 이슬람교 화폐가 유통되었으나, 이에 대한 반발도 있어 화폐제도는 문란하였다. 16세기의 무굴(Mughul)제국에 이르러 화폐제도의 개혁이 이루어졌으며, 루피 은화의 중량은 180그레인(약 11.7 g)으로 순은 175그레인을 함유하였다. 이 화폐제도는 무굴제국 말기까지 유지되어, 19세기 전기 영국 동인도회사에 의한 화폐개혁 때까지 통용되었다. 또, 이 화폐제도는 오늘날의 인도 화폐제도의 기초가 되어 있다. 현재 통화 단위는 RS(RUPEE, 루피)이며 세부 단위는 PAISA(파이사, 1/100RS) 동전 25, 50 PAISA, 1, 2, 5RS 지폐 2, 5, 10, 50, 100, 500, 1,000RS 고액계산단위(인도에서만 통용) LAKH(랙: 10만 루피), CRORE(크로르: 1,000만 루피) 로 구분된다. 환율은 루피 화가 2007년 상반기부터 달러에 대한 강세로 달러당 39.5~41.2루피 사이에서 움직였으나 2008년 초부터 고유가로 인한 해외 유류 수입금액의 지불 규모가 크게 증가하고, 세계 금융위기로 인한 외자이탈 등으로 현재 달러당 48~50루피로 달러 강세가 이어졌다. 2013년에는 미국발 양적완화 출구전략에 따른 외국인 기관투자(FII)유출 확대와 고질적인 대규모 무역수지적자, 경상수지적자, 고 인플레이션, 단기 달러화 수요 공급 불일치, 글로벌 경기침체 등의 현상이 중첩되며 지난 8월 29일 인도 중앙은행 고시환율 기준 67.71을 기록하였으며 70을 돌파할 것이라는 설도 나오고 있는 등 인도 루피화의 급락은 BRICs 등 주요 신흥국들의 환율 변동치 보다 큰 변동을 보이고 있다.

루피화(Rs)의 환율(RS/US$) / 회계 연도 기준 2006-07 45.5, 2008-09 45.9,

2009-10 47.4, 2010-11, 45.6 2011-12 47.9, 2012-13 54.45 주(註) : 인도의 회계 연도는 당해 연도 4월부터 익년 3월까지임. *(출처 : Reserve Bank of India)*
여행자들의 필수 이용 항목인 환전은 공항 환전소나 시내은행 및 호텔에서도 가능하지만, 호텔의 경우 은행이나 공항 환전소에 비해 다소 불리한 환율을 적용하고 있다. 또한 일정 수준 이상의 레스토랑이나 쇼핑센터의 경우 달러로 지급이 가능하지만 달러가 통용되지 않는 곳도 많아 일정 금액 이상의 경우 환율 면에서 가능한 환전하여 지급하는 것이 유리하다. 국제적인 카드는 일정 규모의 상점이나 호텔, 레스토랑에서 사용하는데 거의 문제가 없다. 신용카드는 주로 호텔, 고급·일반 식당, 쇼핑센터, 공항, 병원 등에서 결제 가능하나, 일반 소매상 및 재래식 시장에서는 결제가 되지 않는 경우가 많다. 신용카드는 비자카드, 마스터 카드 등이 현지에서 사용 가능하다.

● 교통

항공편은 현재 우리나라에서 인도로의 직항은 델리와 뭄바이로 각각 주 3편의 직항이 운행하고 있다. 첸나이 경우는 직항이 없으며, 싱가포르, 방콕, 쿠알라룸푸르를 경유하여 입국할 수 있다. 델리는 아시아나항공이 주 3회 운행하고 있으며 저녁시간에 인천을 출발하여 당일 밤 12시 전후에 델리에 도착하고, 델리에서 서울 편은 새벽 시간에 출발하여 당일 낮 12시 후에 서울에 도착 한다. 뭄바이의 경우 대한항공이 주 3회 운행하고 있고, 첸나이 경우 국내 입국 시 싱가포르항공이 다소 편리하다. 여타 지역을 경유하는 항공편은 방콕(TG), 싱가포르(SQ), 쿠알라룸푸르(KL)를 경유하여 델리 또는 서울로 가는 항공편이 매일 운행되고, 케세이퍼시픽(CX)은 주4회 운행되고 있다. 또한 에어인디아(AI)

〈그림 13〉 인도의 대표적인 국내선 항공은 에어 인디아, 킹피셔, 제트 에어웨이 등 3개 항공사가 있으며, 인도의 국내선 항공 운임은 상대적으로 매우 비싼 편이지만, Air Decan, Spice Jet, Go Air 등 저가 항공도 많이 이용한다. 단 가격이 싼 만큼 잦은 시간 변경과 지연이 있으니 조심하는 것이 좋다. 카주라호 지방공항의 모습.

가 뭄바이-델리-홍콩-서울로 운항하고 있으나, 잦은 시간변경과 지연출발 등으로 낮은 가격에도 불구하고 이용하지 않는 것이 좋다. 첸나이는 케세이퍼시픽이 서울-홍콩-첸나이 구간을 운행 중이다. 항공운임은 아시아나항공, 대한항공, 싱가포르항공이 상대적으로 비싸고, 여타 경유편은 조금 저렴한 편이다. 출입국 일자가 명확할 경우에는 인터넷을 이용해 비교적 저렴한 티켓을 살 수도 있다. 다만 6월초 여름방학 시즌이나 겨울에는 항공권을 미리 예약하지 않으면 티켓을 구하기 어려운 경우도 있다.

지난 2015년 11월 보도에 의하면 인도 정부가 앞으로 10년간 자국 내 50개 공항을 신규 운용할 방침을 밝혔다. 인도 현지 매체인 이코노믹 타임스의 5일(현지시간) 보도에 따르면 인도공항공사(AAI)의 스리바스타바 국장은 이날 "향후 10년간 공항 50개의 운영을 개시할 계획"이라고 말했다. 비행 편수를 늘려 지방이나 산간벽지 주민들의 편의성을 높이겠다는 방침이다. 현재 인도 내에는 약 450개의 공항 및 비행장이 존재한다. 하지만 실제로 운용되고 있는 곳은 125곳에 불과하다. 스리바스타바 국장은 "인도 내 200여 지역에 공항이 필요하다"면서 "새롭게 운용될 공항의 소재지는 중소도시가 중심이 될 것"이라고 설명했다. 하지만 정부의 이러한 정책에 단순히 공항 수만 늘릴 것이라는 비판적인 견해도 나오고 있다. 항공업계의 한 전문가는 "채산이 맞지 않으면 공항 운용할 필요성에 의문을 제기해야 한다"면서 "이와 동시에 정부는 채산을 맞추기 위한 방안도 모색해야 한다"고 지적했다. 이러한 비판에 대해 스리바스타바 국장은 "AAI는 공영기업이며 공항의 정비는 반드시 상업적인 관점으로만 이루어지는 것이 아니다"라고 반박했다.

〈그림 14〉 인도 시내를 떠올리면 경적소리만 기억날 정도로 일반 승용차를 비롯해 버스, 트럭, 택시, 릭샤(오토바이 또는 자전거를 개조한 이동수단) 등이 울리는 그 소음은 엄청나다. 1분만 경적이 울리지 않아도 심심하게 느껴질 정도다.

육상 교통을 살펴보면 현지 인도에서 외국인이 이용할 수 있는 시내 교통수단은 택시가 거의 전부라고 할 수 있다. 버스도 운행하고 있지만 신변 안전 등의 면에서 외국인은 잘 이용하지 않는 편이다. 오히려 인도에서 단거리를 갈 때 가장 일반적으로 이용하는 교통수단은 '오토릭샤' 이다. 오토바이 엔진에 덮개를 씌운 삼륜차로, 약 10분 탈 경우 약 40루피(천 원)를 요구한다. 우리나라의 일반 택시에 해당한다고 볼 수 있다. 길에서 지나가는 것을 세워서 이용할 수 있다. 그러나 출장자의 경우 처음일 경우 다소 불결해 보이기도 해서 잘 이용하기 어려운 것이 사실이다. 또한 오토릭샤를 이용할 경우 반드시 사전에 갈 곳과 요금을 확인하고 타는 것이 좋다. 정부에서는 2007년 2월부터 미터기 사용을 권하고 있지만, 현실상 사용하지 않는다. 또한 미터기 사용 시 나중에 실제 가격보다 높은 요금을 요구하는 경우가 많기 때문이다. 택시에는 우리 식의 미터기를 장착한 택시가 있으며, 이는 공항이나 호텔 등에서 이용할 수 있다. 그러나 일반 거리에서는 지나가는 택시를 세워서 이용할 수 없으며, 호텔이나 특정 지역에서 택시를 불러서 타고 가는 형태이다. 택시 요금은 대표적으로 델리의 국제선 공항(인디라간디 공항)에서 약 25~30분이 소요되는 시내 호텔까지의 요금이 200루피(약 5달러) 전후이다. 뭄바이, 첸나이 경우 공항에서 시내 호텔까지 요금은 300~400루피 수준이다. 인도에서 공항, 호텔 등에서 흔히 볼 수 있는 영업용 택시. 그러나 우리나라처럼 길에서 세워서 타고 가는 것이 아니라 콜택시 개념으로 불러서 이용할 수 있다. 미터기가 부착되어 있기 때문에 반드시 타고나서 미터기로 하라고 운전사에게 확인하는 것이 요금에 대해 분쟁을 없애는 방법이다. 만일 델리, 뭄바이, 첸나이에서 하루 이상 여러 곳을 다닐 경우에는 차를 임차하여 사용한다. 이 경우 반드시 운전사가 포함되어 있으며, 하루 임차료(10시간, 100km이내 사용)는 현대 엑센트급의 차량이 1,200~2,000루피(27~50달러) 정도이다. 인도에서 국내 장거리 이동을 할 경우의 교통수단은 단연 항공이 좋다. 인도는 남북으로 3,300km, 동서로 2,700km에 달하는 매우 넓은 나라이기 때문에, 사실상 어지간히 인접한 거리의 국가간의 이동거리와 맞먹는 탓에 여타 지방도시로 출장을 갈 경우 교통수단은 자연히 비행기를 이용할 수밖에 없다. 물론 수백km 이내의 거리는 기차 또는 승용차를 이용하기도 하지만 대부분의 주요 도시로의 출장은 비행기가 일반적이다. 델리에서 뭄바이까지는 약 1,500km, 델리-첸나이는 2,500km에 이른다. 비행기로 델리에서 뭄바이는 약 1시간 40분, 첸나이까지는 3시간 이상이 걸린다. 델리를 기준으로 뭄바이나 첸나이, 콜카타 등 지방 주요도시

〈그림 15〉 인도에서 단거리를 갈 때 가장 일반적으로 이용하는 교통수단인 '오토릭샤'. 오토바이 엔진에 덮개를 씌운 삼륜차로, 약 10분 탈 경우 약 40루피(천 원)를 요구한다. 우리나라의 일반택시에 해당한다고 볼 수 있다

로는 매일 많은 편수의 국내선 항공기가 운항되고 있다. 인도의 대표적인 국내선 항공은 인디언에어, 킹피셔, 제트 에어웨이 등 3개 항공사가 있으며, 인도의 국내선 항공 운임은 상대적으로 매우 비싼 편이지만, Air Decan, Spice Jet, Go Air등 저가 항공도 많이 이용한다. 단 가격이 싼 만큼 잦은 시간 변경과 지연이 있으니 조심하는 것이 좋다. 그러나 학생들을 중심으로 인도를 장기긴 여행하는 사람들은 기차를 이용하는 경우가 많다. 예를 들어 델리에서 뭄바이까지는 특급열차의 경우에도 만 하루가 걸린다. 인도 사람들만의 교통법규와 그들이 믿는 종교, 생활모습 등을 마주하게 되는 순간 이해하기 어려워 고개를 갸우뚱하게 된다. 하지만 어느새 사람들 사이에 섞여 여행을 하다보면 그들 문화에 깊숙이 젖어들게 되는 곳이 인도다. 델리와 같은 대도시의 교통체증은 서울과 비교가 안 될 정도로 어마어마하다. 그리고 인도사람들에게 무단횡단은 삶 그 자체다. 4차선 도로건 고속도로이건 그들에겐 크게 상관없다. 길 한복판에 앉아 있는 소를 비롯한 염소, 양, 개 등의 동물까지 합세해 요리조리 피해서 가다 보면 목적지까지 도착하는 시간은 예상 보다 배가 걸린다. 여행을 하면서 '참을 인'을 수 없이 그리게 되는 것이 바로 이러한 이유 때문이다. 인도 시내를 떠올리면 경적소리만 기억날 정도로 일반 승용차를 비롯해 버스, 트럭, 택시, 릭샤 등이 울리는 그 소음은 엄청나다. 1분만 경적이 울리지

〈그림 16〉 델리, 뭄바이, 첸나이 등 대도시에서 하루 이상 여러 곳을 다닐 경우에는 차를 임차하여 사용한다. 이 경우 반드시 운전사가 포함되어 있으며, 하루 임차료(10시간, 100km이내 사용)는 현대 엑센트 급의 차량이 1,200~2,000루피(27~50달러) 정도이다. 기동력과 편리함, 안전 문제 등 이런 저런 점을 고려 우리는 6-9인승 밴을 렌트하여 전 일정을 소화하였다.

〈그림 17〉 델리와 같은 대도시의 교통체증은 서울과 비교가 안 될 정도로 어마어마하다. 그리고 인도사람들에게 무단횡단은 삶 그 자체다. 4차선 도로건 고속도로이건 그들에겐 크게 상관없다.

않아도 심심하게 느껴질 정도다. 그러나 이는 사람들이 성미가 급해서는 아니다. '당신 뒤에 내가 있다'라는 방어의 표시일 뿐이다. 그들은 경적소리로 서로의 위치를 확인하고 운전하기 때문에 백미러의 필요성을 느끼지 않는다. 즉, 그들이 경적을 울리는 건 무질서와 도덕관념이 없는 사람들의 행동이 아니다. 달리는 차들 뒤를 유심히 보면 'Horn, Please(경적을 울려 달라)'라는 문구가 쓰여 있다. 'Go to Side'(옆으로 지나가라)라는 뜻이 숨어있는 뜻으로 '나를 앞질러 가고 싶거든 경적을 울려 달라'라는 것이다.

〈그림 18〉 달리는 차들 뒤를 유심히 보면 'Horn, Please(경적을 울려 달라)'라는 문구가 쓰여 있다.

〈그림 19〉 'Go to Side'(옆으로 지나가라)라는 뜻으로 '나를 앞질러 가고 싶거든 경적을 울려달라'라는 것이다.

〈그림 20〉 그러나 이는 사람들이 성미가 급해서는 아니다. '당신 뒤에 내가 있다'라는 방어의 표시일 뿐이다.

〈그림 21〉 그들은 경적소리로 서로의 위치를 확인하고 운전하기 때문에 백미러의 필요성을 느끼지 않는다.

● 우편 / 통신

인도의 우편서비스는 정부가 운영하는 우체국과 민간기업이 운영하는 우편 서비스로 구분된다. 그러나 정부우체국은 시간이 많이 걸릴 뿐만 아니라 서비스의 질에서 민간 업체에 비해 크게 뒤지기 때문에 대부분 민간업체의 우편서비스를 이용한다. 인도의 민간 우편서비스 업체는 수십 개가 존재하며 인도에서는 이를 꾸리에(Courier) 서비스라고 부른다. 대부분의 업체들은 특정 민간 우편업체를 지정해서 우편물이 있으면 해당 업체의 직원이 우편물을 수령하여 배달하게 된다. 비용은 델리, 뭄바이, 첸나이의 경우 시내 배달 비용은 지역에 따라 차이가 있으며 비용은 10-20루피(250원), 인도 최남부의 경우 약 40루피(1,000원) 정도이다. 특히 민간업체의 우편서비스는 인도 어느 지역이라도 이틀 이내에 배달되기 때문에 대부분 이들 민간 우편서비스를 이용하고 있다.

인도에서 한국으로 전화를 걸 때는 '0(국제전화) + 82(한국 국가코드) + 지역 코드(단 앞자리 '0'은 제외) + 전화번호' 이다. 서울 전화인 02-123-4567번으로 전화한다면 00-82-2-123-4567로 한다. 한국과의 국제 전화 비용은 지난 수년간 많이 인하되어 공중전화 기준으로 1분당 약 400원 정도이다. 인도 국내전화는 우리나라와 마찬가지로 첫 자리가 0번으로 시작되는 지역(도시) 번호를 누르고 전화번호를 누르면 된다. 예를 들어 뭄바이에 있는 123-4567번으로 전화할 때는 022-123-4567로 누르면 된다.

인도 시내에서 국제전화를 할 때는 거리에서 STD/ISD라고 적힌 노란 간판이 달린 공중전화 박스에서 할 수 있지만, 우리와 같이 동전이나 카드를 투입하는 것이 아니라 미터기로 사용 내역이 자동기록되고, 공중전화를 관리하는 사람이 청구서에 따라 금액을 청구하게 된다. 호텔 등에서도 당연히 국제전화, 인도 시외전화를 이용할 수 있지만 일반 공중전화보다 몇 배 이상 비싸므로 사용하지 않은 것이 좋다. 또한 최근에는 인도에서도 핸드폰 사용이 일반화되고 있어 출장 시 전화를 사용하고자 할 경우는 핸드폰을 임차하여 사용하는 것이 가장 편리하고, 비용도 싸게 이용할 수 있는 방법이다.

● 시차

그리니치 친문대 표준시긴(GMT)보다 5시긴 30분 빠르며(GMT+5:30), 한국 표준시간보다 3시간 30분이 느리다. 따라서 우리나라 정오 12시일 때 현지 시각은 오전 08:30분으로 한국 시간으로 오후1시 이후에야 인도와 정상적인 통화가 가능하다.

● 서머타임

서머타임은 실시하지 않고 있다.

● 근무시간

공무원들의 근무 시간은 09:00~17:30이며, 매주 토/일요일은 휴무이다. 그러나 대부분의 정부 부처는 10:00시 이후에야 정상적인 업무가 시작된다고 보면 된다. 또한 부서별로 근무 시간이 다소 차이가 있으며, 뭄바이 공무원 근무시간은 10:00~17:00 또는 10:30~17:30으로 이원화되어 있다. 첸나이 공무원 근무시간은10:00~17:00이다. 민간기업은 업체의 사정에 따라 상이하다. 토요일 정상 근무를 하는 기업이 있는가 하면, 격주 휴무 또는 매월 둘째 주 휴무인 기업들도 있다. 은행의 근무시간은 평일 10:00~16:00, 토요일은 10:00~12:00에 정상 영업을 한다. 다만 현금 인출기는 24시간 동안 사용 가능하다.

● 주요 도량형 단위

도량형 단위는 일반 관례대로 Meter법 (거리 meter 중량 gram)을 준용하고 있으나 실제 생활에서는 영국의 식민지 영향 등으로 아직 feet단위가 주요 도량형으로 사용되고 있어 투자업체의 공장구매 및 주택임차의 경우 한국에서 사용하는 평당으로 환산하기 어려워 도량형 환산표를 사전에 준비하는 것이 거리 및 면적을 측정하는 데 도움이 된다.

● 전기 공급

인도는 전력 공급이 수요를 쫓아가지 못해 약 10% 정도의 수급 격차가 상존하여 단전이 일상화되고 있다. 하루에도 몇 번씩 단전이 되는 것을 볼 수 있고, 따라서 일반 가정이나 호텔 등에서 자체 발전기를 보유하고 있는 것을 흔히 볼 수 있다. 또한 불안전한 전기사정으로 일반 생산 공장에서도 외부 전기를 사용하지 않고 자체 발전기를 이용하는 경우가 많다. 전기 규격은 50HZ, 220V가 표준이다. 한국(60HZ)과 헤르츠가 달라 한국에서 반입한 국산 전자제품(특히 모터 부착)의 경우 가동되기는 하지만 100% 효율을 발휘하지 못하고 일정 기간(1~2년) 사용 후 문제가 있는 경우도 있다.

또한 전압의 등락폭이 커 180~280V까지 움직이므로 민간제품은 안정기를 사용하는 것이 필수적이다. 이외에도 컴퓨터 등에는 UPS를 부착하여 전기가 나갈 경우 자동으로 UPS 전원이 연결되도록 하는 것이 일반적이다. 전기 사정은 지역별 편차가 커 뭄바이(구 봄베이) 및 인근 지역이 인도 내에서 가장 양호 하며, 콜카타 등 인도 동부, 첸나이 등 동남부 지역도 상대적으로 양호한 것으로 평가되고 있다. 그러나 뉴델리 중심의 북부 지역은 단전이 일상화(특히 무더운 여름철)되고 있다.

● 주요 한국 기관 및 단체

o 주 인도 한국대사관

- 주소: 9, Chandragupta Marg, Chanakyapuri Ext. New Delhi- 110021 (뉴델리 국제 공항에서 차로 20분, KOTRA 뉴델리 무역관에서 차로 30분 소요 거리)
- 전화 : (91-11) 2688-5374/6, 5412, 5419. - 팩스 : (91-11) 2688-4840

o 뭄바이(구 봄베이) 총영사관

- 주소 : Kanchanjunga Bldg., 9th FL., 72, Peddar Road, Mumbai 400026, India

- 전화 : (91-22) 2388-6743~5.　　- 팩스: (91-22) 2388-6765

o 재인도 한국경제인협의회

- 전화 : (91-124) 4628-500.　　- 한인회장 : 신정수

o 뉴델리 한인회

- 전화 : (91-11) 4165-5061/63.　　- 한인회장 : 김백규

o KOTRA 뉴델리 무역관

- 주소: Korea Trade Center, New Delhi, #2, 12th Floor, DLF Cyber Terraces, Building 5-A, DLF Cyber City Phase-Ⅲ, Gurgaon-122022, Haryana, India (뉴델리 국제공항에서 차로 25분 소요)
- 전화 : (91-124) 4628-500.　　- 팩스 : (91-124) 4628-501

o KOTRA 뭄바이 무역관

- 주소: Korea Trade Center, Mumbai, No.93, 9th Floor, Maker Chamber Ⅵ, Nariman Point, Mumbai-400 021, India(뭄바이 국제공항에서 차로 1시간 소요)
- 전화 : (91-22) 6631-8000.　　- 팩스 : (91-22) 6631-8780

o KOTRA 첸나이 무역관

- 주소 : Korea Trade Center, Chennai, 463 Swami Building(Paravatham Block), Anna Salai, Teynampet, Chennai-600018, India(첸나이 국제공항에서 차로 30분)
- 전화 : (91-44) 2433-7280.　　- 팩스 : (91-44) 2433-7281

o 주 인도 한국 지상사 협의회(재인도 한국경제인협의회 남부지부로 2010년 변경)

- 전화: (91-44) 2433-7280 / 핸드폰(91-98400 25933)

인도에는 한국 종교단체들도 활동하고 있으며, 이들 종교단체는 현지 정착, 여행 등에 대한 조언과 협조에 적극적으로 임하고 있어 초기 부임자 나 여행자들이 많은 도움을 받을 수 있다.

o 천주교 델리 한인성당

- 주소 : Green Avenue Lane, Vasant Kunj, New Delhi
- 전화 : 91-96502-26261(사목회장)

o 베델교회(뉴델리)

- 주소 : C 225, Ladosarai, New Delhi.　　- 전화 : (91-11) 4609-5886

o 임마누엘 교회(뉴델리)

- 주소 : 24, Lodi Road, New Delhi.　　- 전화 : (91-11) 2614-5342

● 기타 유용한 정보

주요 특산물

인도의 경우 대리석 관련 조각제품 등이 세계적으로 유명하며, 다이아몬드, 루비 등 보석 관련 제품도 상당히 발달되어 있다. 또한 낮은 인건비로 스카프, 숄, 카펫 등도 품질에 비해 재질 및 가격이 매우 저렴한 것으로 평가된다. 특히 북부 제문 지역의 카시미는 방문객들의 주요 선물거리로 선호되고 있다.

주요 쇼핑센터

□ 뉴델리

ㅇ 셀렉트 시티워크 : 사켓에 위치한 쇼핑센터로 한국의 백화점과 가장 유사한 쇼핑몰이다.

ㅇ 엠포리엄 : 바산트 쿤지에 위칭한 명품 쇼핑센터로 한국의 명품몰과 유사하다.

ㅇ 안살 플라자 : South Extention 근방에 위치한 쇼핑센터로 한국의 백화점과 근접한 형태의 쇼핑몰이다.

ㅇ 바산트 록 : 프라야 또는 모던바자르로 불리는 곳으로 바샨트 콘티넨탈 호텔 옆에 위치한 상업지구이다. 레스토랑, 대형슈퍼, 카페, 상점 등이 들어서 있다.

ㅇ 코넛 플레이스 : 뉴델리 중심이 되는 광장으로 각종 상점, 사무실, 레스토랑, 특산품점, 영화관 등이 위치해 있다.

ㅇ 앰비언스 몰 : 뉴델리 외곽의 구르가온 신도시에 위치한 대형몰로 한국의 백화점과 유사한 형태로 각종 엔터테인먼트가 밀집해 있다.

〈그림 22〉 화려한 인도 의상

□ 뭄바이

ㅇ 빅바자루/페닉스홀 : 로얼파렐에 위치한 쇼핑몰로 식료품, 생활용품, 의류, 가전, 수입제품 등을 구비한 백화

점식 쇼핑몰로 뭄바이 시내에서 가장 큰 복합 쇼핑단지이다.
o 크로스로드 : 하지알리 사원 교차로에 위치한 쇼핑몰로 생활용품 전반 판매, 뭄바이 최초의 현대식 쇼핑몰로 고급제품 위주로 판매하고 있다.
o 아시아틱 스토어 : Churchgate 맞은편에 위치한 상점으로 각종 생활용품, 의류 등 단일 건물 내 복합용품을 판매하고 있다.

□ 첸나이
o 시티센터: 닥터 암베커로드 마이라퍼 지역에 위치한 약 30만 s/f의 대규모 쇼핑몰로 의류 및 귀금속, 건강식품, 가정용품, 서적 등을 판매하고 있다.
o 스펜서플라자 : 안나 살라이에 위치한 유명 쇼핑센터로 의류, 가전 제품, 컴퓨터, 신발, 가구 등을 판매하고 있다.
o 카난앤손 : 1900년에 문을 연 전통을 지닌 보석점으로 시내 High Road에 위치하고 있으며 고급 금, 은제품을 주로 판매하고 있다.
o 바파랄 : 1910년에 개장한 보석점으로 Cathedral Road에 있으며, 다이아몬드, 금, 은제품을 주로 판매한다.

인도 주요 국가정보 일람 1 India, Republic of India , 印度
코트라(KOTRA) 제공 국가정보 - 인도, 뉴델리 무역관 제공 자료에서 인용
kotra(대한무역투자진흥공사) kotra(대한무역투자진흥공사)
(최종 정보 확인일 2013. 12. 20)
기타 비즈니스 에티켓, 인도의 이주정착 가이드, 인도의 생활여건, 인도의 취항정보, 인도의 출입국 및 비자제도 등도 코트라(KOTRA) 국가정보에 제공 되고 있다.

■ 인도입국 1일차 2015.6.21(일)

〈그림 23〉 조드푸르의 메헤랑가르 요새의 일하는 인도 여인

세계에서 인도만큼 자연이 그렇게 변덕스럽고 무서운 영향을 끼치는 나라는 별로 없다. 예측불가한 자연의 거친 힘에 의해 인간은 한없이 무력해지고 왜소해 진다. 재앙 수준의 큰 지진과 상상할 수 없는 수량의 집중 호우, 그로인한 엄청난 규모의 홍수, 그리고 끔찍한 가뭄 등으로 인해 인도의 일부 지역은 매년 기근과 재난에 허덕인다. 이 때문에 일상의 생업에 종사하는 보통 사람들은 보이지는 않지만, 통제할 수 없는 어떤 힘의 존재를 의식하고 살고 있는 듯하다. 즉 "인간은 자연의 지배자가 아니라, 그것의 대수롭지 않은 일부분에 지나지 않는다."는 생각은 모든 시기의 역사와 생활 속에서 반영되어 나타날 수밖에 없는데, 특히 인도라는 거대한 대륙에서는 태곳적부터 역사와 사회적 관습을 결정지어 왔던 물리적 특징들의 한 부분들이 된 것이다.

역사가 도드웰 (Dodwell, H. H.)은 "왜 힌두이즘이 수많은 다른 고대 문명이 그랬던 것처럼 사라지지 않았던가 하는데 대한 적절한 대답은 없는 것 같다. 정복자의 억압 하에서도 그 영역과 추종자들의 대다수가 보호되어 왔다는 점을 제외하고는 이 부분에 관한한 — 다른 많은 부분에 있어서도 마찬가지이지만 — 인도 개발은 지리적 조건으로 인해 많은 제약이 따랐다. 즉 인도는 너무나도 광활한 지역이어서, 수많은 정복자들이 있었지만 아무도 인도인들의 생활 방식을 바꾸거나 사고방식을 변화시킬 수 없었다. 인도는 대양이 그렇듯이, 무한한 흡인력을 지닌 나라이다. 회교도들이 들어오기 전까지만 해도 인도에는 흉폭하고 호전적인 종족들이 북부 평원을 끊임없이 침범하여 왕정을 뒤엎거나 도시들을 폐허로 만드는 일이 빈번했다. 또, 그 자리에다 새로운 국가를 세우고 수도를 건설하기도 했었다. 그러나 이들은 휴머니티라고 하는 거대한 물결 속으로 곧 빨려 들어가 버렸고, 자신들의 후손들에게 남긴 외국인의 피는 얼마 안 가서 사라져 버렸다. 또, 단편적인 낯선 관습들도 곧 주위 환경과 동화되어 버렸다."

인도인들은 거친 자연 환경 속에 놓여 진 인간 존재를 자각하였을 뿐, 인간이 자연을 지배한다는 등의 발상은 애초부터 전혀 가져본 적이 없는 듯하다.

□ *6월 21일 (일) 주요일정 요약* ***인도입국***
10:15 인천공항 도착 11:15 보딩 14:15 이륙 16:15 홍콩 트랜짓 (한국 표준시 -1) 17:30 홍콩 출발 21:15 델리 도착 (한국 표준시 -3.5) 23:00 델리 출발 01:15 뭄바이 도착 입국 절차 01:35 긴 통로 지나 01:50 입국비자 심사(제출) 보안검사 (기내 반입했던 짐) 외국인 E - VISA 의 경우 . (내국인 분류 심사) 사진 촬영 및 지문 등록 왼손 4개 오른손 4개 양손엄지 동시 3차례 검사. 수하물 찾기. 보안검사 (부치는 짐) 이미 다음날 새벽 01:45 가이드 조인 (미팅가이드) 02:40 코히누르 컨티넨탈 호텔 체크인 03:40 취침

● 뭄바이 공항

〈그림 24〉 뭄바이 공항 내 벽 실내장식으로 꾸며진 인도의 전통 무예

● 영국 지배의 문화적 영향

무굴 제국 지배 시대에 힌두 사회는 이슬람의 영향을 받아, 문화 및 사상, 풍속, 생활 관습 등 여러 방면에 걸쳐 변화가 일어났다. 그런 경향은 북인도의 델리, 아그라 혹은 데칸 지방의 하이데라바드와 같이 무슬림 지배 중심지에서 특히 두드러졌는데, 신앙이나 생활 관습, 풍속 등의 면에서는 일부 농촌의 대중 사회 내에서도 보였다. 도시에는 개종한 무슬림 거주 구획이 생겨났고, 그 신앙의 중심지였던 모스크(Mosque)에는 학교가 세워졌다. 페르시아어는 무굴 제국 및 하이데라바드 등 여러 무슬림 왕국의 공용어가 되었는데, 우르두(Urdu)어도 널리 전파되어 이슬람 문화와 사상이 인도 문화를 풍부하게 만들었다. 이와 같이, 이슬람의 영향에 의해 복잡해진 인도 사회와 문화 및 사상은 18세기 말부터 19세기에 걸쳐, 영국인과의 접촉과 동인도회사에 의한 인도 지배의 확대와 함께 더욱 새로운 요소를 그 안으로 받아들이게 되었다. 그 때까지 유럽과의 교섭은 상업과 교역 면에서 오래 전부터 행해지고 있었고, 서방의 여행자 및 선교사의 활동도 볼 수 있었다. 그러나 인도인 사회에 실질적인 지배자로서 들어온 영국인의 직·간접적인 영향은, 그 때까지 서구인들이 가져온 영향과는 비교가 안 되었다. 그것은 경제면에서도 예전에는 없던 압력을 가지고 있었지만, 문화나 사상의 내용에 있어서도 언어 및 생활 관습에 있어서도 무슬림이 가져온 것과는 전혀 다른 것이었다.

또, 지역적으로도 새로운 변화가 생겼다. 서방의 영향은 영국 지배의 진출 거점이었던 콜카타, 봄베이(뭄바이), 마드라스 등 세 도시를 중심으로 침투되어 갔으며, 차차 지방의 여러 도시로 확산되었다. 그중에서도 벵골은 새로운 움직임의 최대 중심지가 되었다.

〈그림 25〉 인도인들은 거친 자연 환경 속에 놓여 진 인간 존재를 자각하였을 뿐, 인간이 자연을 지배한다는 등의 발상은 애초부터 전혀 가져본 적이 없는 듯하다. 이른 아침 바라나시의 거리에서 꽃을 파는 아주머니.

직접적인 큰 변화는 교육, 종교, 저널리즘 및 사상에 있어서 영국적인 영향이 나타난 것이었다. 이러한 새로운 문화적, 사회적 활동의 발전은 영국 지배의 정치적, 경제적 영향과 더불어 시작된 것이었다. 그 결과, 인도인 사회에는 새로운 변화가 나타났다. 그것은 지금까지 없던 사회 계층, 즉 도시 중간 계층의 성장이었다. 그러한 변화는 우선 콜카타를 중심으로 한 벵골인 사회에서 나타났고, 이어서 봄베이, 마드라스 등에서도 영국인과의 접촉점이 보였으며, 곧이어 다른 지방의 대도시에서도 나타났다. 19세기 인도의 새로운 문화와 사회의 발전을 짊어진 계층은 주로 이들 도시에 사는 새로운 계층에 속한 사람들이었다. 그리고 인도의 일체화 움직임의 핵심이 되고, 후에 민족 운동을 추진하는 주체가 된 것도 이들이었다.

■ 뭄바이 Mumbai 2일차 2015.6.22(월)

〈그림 26〉 옛 명칭은 빅토리아 역(Victoria Terminus)이었으며 1996년 철도청장 이었던 수레쉬 깔마디(Suresh Kalmadi)는 이 역의 명칭을 마라타 왕국을 세운 시바지(Chhatrapati Shivaji)왕을 기념하는 의미에서 차트라바띠 시와지 역으로 공식적으로 변경한 이후 차트라바띠 시와지 역 또는 뭄바이 CST(Mumbai CST) 라고 불린다. 세계에서 가장 규모가 크고 붐비는 기차 역사 중 한 곳으로 꼽히며 뭄바이의 남쪽에 위치한다.

□ 6월 22일 (월) 주요일정 요약 ***뭄바이 관광***

07:00 기상 08:00 호텔 조식 / 옆자리 의 인도에서 기업하시는 한국 분(이번 여행에서 만난 유일한 한국인)과 대화. 환기설비 사업가, 인도에 사업가적 의미의 돈이 보인다는 설명. 한국의 젊은이들이 한번 도전해도 좋다는 덕담으로 마무리. 09:00 호텔 출발하여 복잡한 뭄바이 시내 통과, 간디 기념관. 도비갓트 빨래터. 뭄바이대학. 타지마할 호텔. 인디아 게이트 등을 둘러봄. 몬순 시작으로 6일째 비라고 한다. 1시간 넘기는 느긋한 점심 마치고 오후 잠시 폭풍 쇼핑. 중식당에서 저녁 먹고 호텔에 와 몇 일만에 맥주 한잔. 물 갈아 먹고 꼭 흔들거리는 뱃속은 한국에서 준비해간 소주 2병으로 잠재움. 내일은 새벽 2시 기상이다. 오전 05시30분 발 비행기로 남인도 코친으로 항공이동 예정. 일찍 잠자리에 들다.

● 마하라슈트라(Maharashtra) 주(州)

인도 아라비아해(海)에 면한 주(州). 위치 / 인도 아라비아 해(海)에 면함 경위도 / 동경72°49′ 북위18°58′ 면적(㎢) / 307,762 시간대 / UTC+5.5 행정구분 / 35 district 홈페이지 / http://maharashtra.gov.in 주도 / 뭄바이(Mumbai) 인구(명) / 105,511,000(2007년)

봄베이를 중심으로 서해안에서 배후의 데칸고원 중부까지 펼쳐져 있으며, 구자라트 주(州) · 마디아프라데시 주(州) · 안드라프라데시 주(州) · 카르나타카 주(州) 등의 주에 둘러싸여 있다. 지형적으로는 대부분 데칸고원이 차지하고 있는 데다가 서쪽에 서(西)고츠 산맥이 남북으로 뻗어 있어 아라비아 해안과의 사이에 좁고 긴 해안평야가 발달하였다. 열대 몬순기후를 이루나, 연 강수량은 지역에 따라 차이를 보인다. 주민의 약 70%는 농업에 종사하며, 데칸고원에서는 목화·잡곡을 중심으로 밀·사탕수수 등을 재배하고, 콩칸 평야에서는 쌀 · 망고 · 캐슈너트 · 코코넛 등을 산출한다. 주(州) 면적의 20%를 차지하는 삼림에서는 티크 재(材)가, 광산에서는 망간이 생산된다. 또한 인도 제1의 목화공업지대로 그 생산설비는 인도 전

〈그림 27〉 마하라슈트라 Maharashtra 주(州)

체의 약 1/3을 차지한다. 그밖에 기계 · 화학공업 · 농산가공 · 제지 등이 성하며, 뭄바이 · 푸나 · 나그푸르 · 숄라푸르 등지에 집중되어 있다. 16세기 말에는 델리에 중심을 둔 무굴 제국의 지배에 들어갔으나, 그 세력이 고다바리 강(江) 이남까지 미치지 못하였다. 17세기에 이르러 영국이 인도 서해안의 교역기지로서 봄베이 개발에 힘을 기울이게 되자 이곳에서는 마라타인(人)의 독립운동이 일어났다. 영국령 시대에는 현재의 구자라트 주(州)와 함께 뭄바이 관구(管區)를 이루었으나, 독립과 더불어 봄베이주가 되었다. 그 후 양 지역의 언어문제가 악화되어 1960년 마라티 어권(語圈)이 구자라트 어권과 분리되어 현재의 주를 형성했다.

● 뭄바이 (Maharashtra 주의 주도; 옛 이름 Bombay)

서(西)고츠 산맥으로부터 아라비아 해로 반도 모양으로 뻗어난 인도 최대의 도시이며, 국제무역항과 국제공항이 있다. 1995년 11월에 봄베이(Bombay)를 뭄바이로 개칭하였다. 인도 본토와 좁은 수도(水道)로 분리되어 있는 뭄바이섬의 남단에 위치한 뭄바이도 16세기까지는 어촌에 지나지 않았다. 그때까지 뭄바이섬은 고대 그리스의 톨레미(프톨레마이오스)의 세계지도에 수록되어 있듯이 7개의 작은 섬에서, 토착민들이 어업을 중심으로 생활하고 있었다. 1534년에 이곳을 지배하던 토후(土侯) 바하두르샤가 포르투갈에 권익을 넘겨주었으며, 1662년에는 포르투갈 국왕이 누이동생 캐서린과 영국의 찰스 2세와의 결혼 때, 지참금의 일부로서 이곳을 영국에 양도하였다. 찰스2세는 당시 양항(良港)을 찾고 있던 영국의 동인도회사에 연간 10파운드의 금과 교환하여 7개의 섬을 처분하였다. 이때부터 동인도회사에 의한 해면매립과 항만 건설 및 도시건설이 시작되있다. 1861~1865년 미국 남북 전쟁의 영향으로 인도 목화에 대한 수요가 늘어나, 뭄바이는 목화의 집하지 · 적출항으로서 활기를 띠게 되었다. 1869년 수에즈 운하가 개통됨에 따라 인도에서 유럽에 이르는 최단거리에 위치한 뭄바이 항은 중요성을 더하게 되었다. 인도 전국에 철도망이 완비되자 뭄바이는 인도 서해안 최대 경제중심지로서 발전하였다. 항만기능은 인도 최대

〈그림 28〉 백만(灣)에 면한 '머린 드라이브'는 뭄바이 시민의 자랑인 해안 도로이다. 이곳을 바라보는 야경(夜景)은 '여왕의 다이아몬드 목걸이'라는 별칭이 있듯이 아름다운 근대도시의 경관을 이룬다.

로서 전인도 무역량의 1/3을 취급하며, 목화 · 곡물 · 종자 등의 수출과 공업제품 · 금속 · 기계류 등의 수입으로 인도의 대외무역의 절반 가까이를 차지하고 있다. 공업 면에서는 19세기 중엽부터 창업한 근대 방적업이 발전하여, 아마다바드 시(市) 다음으로 인도 제2의 생산실적을 올리고 있다. 그 밖에 기계 · 조선 · 인쇄 · 식료품 등을 비롯한 각종 공업이 발달하였다. 북쪽 교외에서는 석유 정제기지가 있으며, 원자력 발전소도 가동하고 있다. 반도부의 남동단에는 프린세스(1880 완성) · 빅토리아(1888) · 알렉산드리아(1914) 등의 독(船渠)이 자리 잡고 있다. 주민은 다양하며, 국적이 약 50개에 이른다. 대부분의 서민은 마라티어를 사용하고 있으나 무역 등에서 사용되는 상업용어는 구자라트어와 영어이며, 인도 북부에서 들어온 노동자들은 힌두어를 일상어로서 사용한다. 인도 경제의 주도 그룹의 하나인 파시교도의 본거지이며, 타타 재벌이 뭄바이의 시가지 건설을 했다는 말이 나돌 정도의 세력을 가지고 있다. 시가지는 길이 넓고 반듯하다. 중심은 반도 남동부의 뭄바이 성채에서 서쪽으로 뻗어 있는 처치게이트 로(路) 부근이며, 관공서 · 회사 · 은행 · 학교 · 박물관 등이 늘어서 있다. 근교에는 인도 원자력연구소가 있으며, 백만(灣)에 면한 '머린드라이브'는 뭄바이 시민의 자랑인 해안도로이다. 이곳을 바라보는 야경(夜景)은 '여왕의 다이아몬드 목걸이'라는 별칭이 있듯이 아름다운 근대도시의 경관을 이룬다. 남동부에 바다에 면한 유명한 '인도의 문'이 있는데 이는 1911년 영국국왕 조지5세와 메리여왕의 인도방문을 기념해서 세운 것이다. 석조의 이 문은 힌두교와 이슬람교의 혼합양식으로 16세기 구자라트 지방의 석조 문을 모델로 하였다. 시가지 남서단에 돌출된 말라바르 언덕에 있는 파시교도의 묘지에 솟아 있는 '침

〈그림 29〉 차트라바띠 시와지 역 또는 뭄바이 CST(Mumbai CST) 은 빅토리안 이탈리아 고딕 리바이벌 양식으로 지어졌으며 건물의 스카이라인과 작은 탑, 아치 등은 전통적인 인도 궁전 건축 양식에서 영향을 받아 지어졌다.

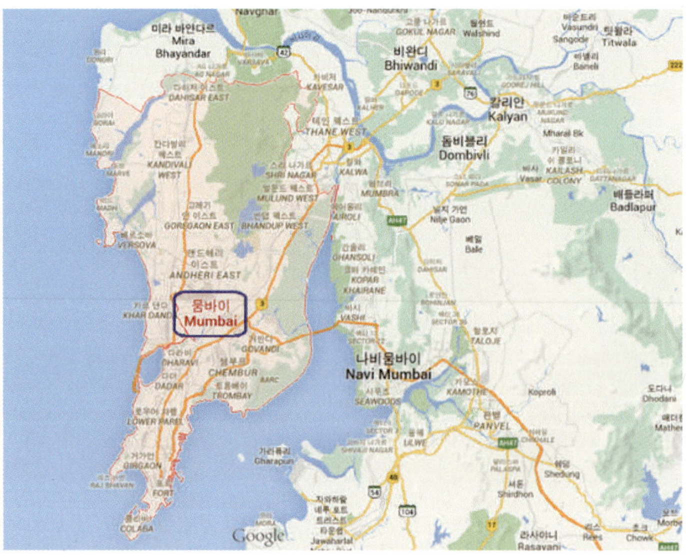

〈그림 30〉 뭄바이 (Maharashtra 주의 주도; 옛 이름 Bombay)

묵의 탑'도 옛날에 조장(鳥葬)이 행해지던 곳이며 명소(名所)로 꼽힌다. 그 밖에 인도의 문에서 유람선으로 1시간(약 10 km) 거리의 만내(灣內)에 있는 코끼리 섬에는 7~8세기의 힌두교 석굴사원이 있고, 3면상(面相)의 시바 신(神)의 석상(石像)이 유명하다. 예전에는 석조(石彫)의 코끼리가 있었으나 1864년에 시내의 빅토리아 정원으로 옮겨졌다.

● 뭄바이 차트라바띠 시와지 역

[Chhatrapati Shivaji Terminus (formerly Victoria Terminus)]

문화유산 2004년 소재지 City of Mumbai, Maharashtra State

옛 명칭은 빅토리아 역(Victoria Terminus)이었으며 1996년 철도청장이었던 수레쉬 깔마디(Suresh Kalmadi)는 이 역의 명칭을 마라타 왕국을 세운 시바지(Chhatrapati Shivaji)왕을 기념하는 의미에서 차트라바띠 시와지역으로 공식적으로 변경한 이후 차트

〈그림 31〉 세계에서 가장 규모가 크고 붐비는 기차 역사 중 한 곳으로 꼽히며 뭄바이의 남쪽에 위치한다. 옛 명칭은 빅토리아 역(Victoria Terminus)이었으며 1996년 철도청장이었던 수레쉬 깔마디(Suresh Kalmadi)는 이 역의 명칭을 마라타 왕국을 세운 시바지(Chhatrapati Shivaji)왕을 기념하는 의미에서 차트라바띠 시와지 역으로 공식적으로 변경한 이후 차트라바띠 시와지 역 또는 뭄바이 CST(Mumbai CST) 라고 불린다.

라바띠 시와지역 또는 뭄바이 CST(Mumbai CST) 라고 불린다. 세계에서 가장 규모가 크고 붐비는 기차 역사 중 한 곳으로 꼽히며 뭄바이의 남쪽에 위치한다. 인도가 영국의 식민지배를 받던 1878년에 빅토리아 여왕의 즉위 50주년을 기념하기 위하여 영국의 건축가인 프레데릭 윌리엄 스티븐스(Frederick William Stevens)의 설계로 뭄바이

의 보리 분데르(Bori Bunder)지역에 지어지기 시작하였으며 1887년에 완공되었다. 스티븐스는 영국 런던의 세인트 판크라스 역(St.-Pancras-Station)에서 영감을 얻어 차트라바띠 시와지 역사를 건축했다. 완공 이후 영국령이었던 당시 인도 제국에서 가장 규모가 크고 상징적인 의미를 가지는 건축물 중 하나가 되었다. 빅토리안 이탈리아 고딕 리바이벌 양식으로 지어졌으며 건물의 스카이라인과 작은 탑, 아치 등은 전통적인 인도 궁전 건축 양식에서 영향을 받아 지어졌다. 건물의 나무 조각 장식과 타일, 철로 된 장식, 황동 난간, 매표소의 창살 등은 인도의 유서 깊은 미술학교인 Sir J.J 미술학교(Sir Jamsetjee Jeejebhoy School of Art) 학생들이 직접 제작했던 작품들이다. 정문 위에는 리브 구조로 지어진 약 100미터 높이의 팔각 돔이 있으며 건물 내부는 수많은 돌 조각 작품과 부조로 장식되어 있다. 1920년대 말에 신관이 덧붙여 지어졌으며 이때부터 주요 광역 노선은 신관을 통과하게 되었고 본래 역사는 오늘날까지 근교 노선을 맡고 있다. 하루에 약 1천 여 대의 기차가 이 역을 통과하며 약 3백만 여 명의 승객들이 역사를 사용하고 있다. 인도 중앙철도의 행정본부가 이 건물에 위치하고 있다. 이 역사는 2008년에 아카데미 감독상을 수상한 영화 '슬럼독 밀리어네어'(Slumdog Millionaire)의 배경으로 등장하기도 했다.

〈그림 32〉 하루에 약 1천 여 대의 기차가 이 역을 통과하며 약 3백만 여 명의 승객들이 역사를 사용하고 있다

● 간디기념관 Mani Bhavan

마하트마 간디박물관은 1917~1934 뭄바이 간디 운동의 본부로 사용된 건물로 비폭력이라는 불멸의 사상으로 인도의 자유를 획득하기 위해 싸운 것을 기념하기 위한 국립기념관으로 1층에는 간디의 생애와 사상 그리고 그것들에 관한 화제를 모은 책들로 만들어진 도서관이 있고 2층에는 간디가 사용했던 방이 그 당시대로 보존되어 있다. 인도인들은 말한다. "뭄바이는 인도지만 인도가 아니다. 오히려 유럽에 가깝다." 어쩌면 당연한 이야기인지도 모르겠다. 봄베이는 동인도회사와 영국의 식민 거점이었다. 초기에는 아라비아 해상무역의 중심지로 본토와는 독립적인 기능을 수행했다. 그러나 영국군이 1818년 마라타 인들을 물리치고 서부 인도의 영토를 합병하면서부터는 본격적으로 인도 식민화의 중심지가 된다. 그러나 동시에 인도 독립운동에 있어 가장 중요한 역할을 한 도시였기도 하다. 뭄바이에는 파시 족이라는 페르시아 계의 소수 민족이 경제계에서 아주 중요한 위치를 차지하고 있다. 밝은 피부를 지니고 있는 그들은 일찍부터 영국인들과 긴밀한 관계를 유지했고, 무굴 제국과의 거래 중계를 통해 영국에 막대한 이익을 안겨주었다. 그런데 인도 식민화가 가속화되자 그 독립 운동을 위해 경제적 지원을 아낌없이 베푼 것도 그들이었다. 덕분에 뭄바이는 인도 독립운동의 중심지로 끝없는 투쟁의 장소가 되었다. 뭄바이에 있는 간디 기념관(Mani Bhavan)은 그를 지지했던 친구의 집으로, 간디가 각 지의 지지자들과 만난 장소였다. 1917~1934년에 독립운동 본부로 사용되었고 1932년 간디가 체포된 장소이기도 하다. 2층에 보존되어 있는 간디의 방에는 그가 실로 잣는법을 배우던 현장과 그가 애용하던 대나무 지팡이 등이 재현되어 있다.

〈그림 33〉 뭄바이에 있는 간디 기념관(Mani Bhavan)은 그를 지지했던 친구의 집으로, 간디가 각지의 지지자들과 만난 장소였다. 1917~1934년에 독립운동 본부로 사용되었고 1932년 간디가 체포된 장소이기도 하다. 2층에 보존되어 있는 간디의 방에는 그가 실 잣는 법을 배우던 현장과 그가 애용하던 대나무 지팡이 등이 재현되어 있다.

● 간디의 생애와 사상

현대 인도의 역사에서 가장 큰 영향력을 끼친 인물은 간디였다. 흔히, 간디는 인도 독립의 아버지라고 불리고, 명실 공히 국부(國父)로서 존경을 받고 있다. 마하트마 간디(Mahatma, Gandhi, 1869~1948)는 위대한 정치가이자 사상가이다. 간디는 아라비아 해에 인접한 인도 서해안의 포르반다르에서 태어났다. 조혼의 지방 관습 때문에 열세 살 때 결혼하였으며, 열아홉 살 때(1888) 영국으로 유학하였다. 엘리트 코스라고 할 수 있는 이너템플 법과대학에 진학하였다. 그곳에서 새로운 문명생활에 접한 그는 오히려 인도인으로서의 깊은 자각을 느꼈다. 그는 영국에서 변호사 자격증을 얻고 다시 본국으로 귀국하였다. 1894년에는 남아프리카에 있는 인도인 상사의 고문 변호사로서 근무하였다. 그곳에서 흑인들이 겪어야 하는 신분상의 불이익, 백인들의 횡포 등에 맞서서 매우 열정적으로 일하였다. 그는 20 여 년 동안을 남아프리카에 머물면서 특히 인권 옹호를 위한 노력을 게을리 하지 않았다. 간디는 늘 '바가바드기타(Bhagavadgita)'를 탐독하였다. 신애(信愛), 보시 등을 강조하는 이 민족시에서 그는 언제나 영감을 얻었다고 한다. 잠잘 때 이외에는 잠시도 '바가바드기타'를 손에서 놓지 않을 정도로 깊은 관심을 보였다. 문학인으로는 톨스토이, 러스킨 등을 특히 좋아하였다. 남아프리카로 건너가던 해인 1894년에 인도인 국민회의를 결성하는 일에 앞장서기도 하였고, 1895년에는 인두세(人頭稅) 반대 투쟁을 지도하기도 하였다. 그는 인도 분열의 원인을 영국의 제국 지배만이라고는 생각하지 않았다. 오히려 인도인들의 지역 감정과 종교적 분쟁에도 간접적 책임이 있다고 생각하였다. 사실 그 때까지만 해도 인도인들에게는 향토에 대한 자부심은 있었지만 조국이라는 개념은 희박하였다. 그는 조국에 대한 관념을 국민들에게 불어넣어 주려고 했던 것이다. 제1차 세계대전이 발발했을 때 간디는 다시 인도로 돌아왔다. 그 당시 영국은, 만약 인도인들이 이 전쟁에 협력해 준다면 자치를 시켜 주겠다고 공언하였다. 간디는 그 약속을 믿고, 진두에서 인도인들의 단합과 영국 지원을 호소하였다. 그러나 대전이 끝난 후 그 약속은 전혀 이행되지 않았다.

〈그림 34〉 1930년 초, 간디는 노령을 이유로 하여 정치 투쟁의 일선에서 물러났다. 젊은 정치 지도자 네루 등에게 그 자리를 맡긴 채 묵상과 헌신 등으로 나날을 보냈다.

오히려 언론이나 결사(結社) 등을 통제하고, 더욱 강압적인 정책을 펴 나갔다. 이것을 계기로 하여 전 인도에는 반영(反英) 운동이 일어났다. 간디는 이 전 인도적 민족 운동의 선두에 섰다. 약소민족의 자결 자주권을 부르짖고, 강대국들의 제국주의적 야욕을 맹렬히 비난하였다. 그가 창간한 기관지 Young India는 그와 같은 비판적 언론의 효시였다. 그는 영국 정부로부터 받은 훈장을 반납하고, 영국 제품 불매 운동, 물레의 장려, 비폭력 무저항주의 등의 범국민적 운동을 전개하였다. 물레의 장려는 산업화를 반대하는 상징이었다. 즉, 비인간화의 길을 걷는 현대 문명에 대한 비판이었던 것이다. 또, 폭력을 없애려고 사용하는 '폭력'에도 그는 반대하였다. 철저한 비폭력으로 무력의 압제를 벗어나게 한다는 주장이었다. 그의 평소 생활은 극도의 금욕과 절제로 일관하였다. 그러나 이웃에 대해서는 매우 관용적인 태도를 취하였다. 종교에 대해서도 매우 융합적인 태도를 보여서, 그가 지은 수도원의 기도문에는 '힌두 성전'을 비롯하여 '코란', '성경', '불경' 등의 문구를 망라할 정도였다. 1930년 초, 간디는 노령을 이유로 하여 정치 투쟁의 일선에서 물러났다. 젊은 정치 지도자 네루 등에게 그 자리를 맡긴 채 묵상과 헌신 등으로 나날을 보냈다. 그러나 제2차 세계대전이 일어나면서 또다시 정국은 구심점을 필요로 하게 되었다. 간디는 다시 민족 운동의 선봉에 서서 나치의 잔학성에 항거할 것을 호소하였다. 동시에 대규모의 반영 투쟁을 전개하면서 명분 없는 싸움의 종식을 주장하였다. 그 때, 의회의 지도자들은 거의 투옥되었으며, 간디도 예외는 아니었다. 옥중에서 간디는 아내를 잃었다 (1944). 1947년 8월 15일, 인도는 평화적으로 독립하였다. 그러나 그 독립은 파키스탄과 인도를 갈라 놓는 반 쪽의 독립이었다. 인도 북부 지역에는 무슬림들이 자리잡고 있었기 때문에, 힌두를 선봉하는 남부 인도와는 마찰이 잦았다. 끝내 무슬림의 파키스탄과 힌두의 인도가 분리 독립되었을 때, 그 독립식에 간디는 참석하지 않았다. 그는 무슬림과 힌두의 융합을 외치면서 인도를 누볐다. 그러나 그의 설교는 회색 분자로 낙인이 찍혀 어느 한쪽으로부터도 절대적 지지를 얻지 못하였다. 간디는 굴하지 않고 유세를 계속하였다. 간디가 콜카타의 빈민가에서 양 종교의 화해를 호소하였을 때, 심한 투석을 만난 적도 있었다.

〈그림 35〉 제1차 세계 대전이 발발했을 때 간디는 다시 인도로 돌아왔다. 그 당시 영국은, 만약 인도인들이 이 전쟁에 협력해 준다면 자치를 시켜 주겠다고 공언하였다. 간디는 그 약속을 믿고, 진두에서 인도인들의 단합과 영국 지원을 호소하였다. 그러나 대전이 끝난 후 그 약속은 전혀 이행되지 않았다. 오히려 언론이나 결사(結社) 등을 통제하고, 더욱 강압적인 정책을 펴나갔다. 이것을 계기로 하여 전 인도에는 반영(反英) 운동이 일어났다.

1948년 1월 30일, 간디는 저녁 기도를 올리던 중 괴한의 저격을 받고 사망하였다. 힌두, 이슬람의 융합을 반대하는 과격 힌두교도의 총탄이었다. 그 때 간디의 나이는 79세였다. 혼란기 인도의 위대한 정신적 지도자였던 간디의 이념은 그 후계자인 네루의 평화 사상으로 계속되었다. 간디의 사상 중 근간을 이루는 것은 비폭력에 의한 무저항주의이다. 아힘사(Ahimsa)라고 부르는 그의 비폭력주의는 많은 인도인들의 호응을 얻었다. 간디는 "비폭력은 인간적으로 가능한 극한의 완벽성을 갖춘 자기 정화이다."라고 말한 적이 있다. 인간은 자신의 무력과 남에의 혐오를 폭력으로 다스리려는 버릇이 있다. 그러나 폭력은 반드시 또 다른 폭력을 불러일으킬 뿐이다. 따라서 정의를 확보하기는커녕 또 다른 피의 복수를 유발시키는 끝없는 윤회일 뿐이다. 간디가 신조로 삼은 비폭력주의는 인간의 상호 신뢰와 사랑을 바탕으로 한다. 그러므로 그의 비폭력주의는 소극적이고 무기력한 투쟁의 테크닉이 아니다. 오히려 인간이 인간으로서의 존엄성을 회복하고 완결하려는 휴머니즘의 전개라고 보아야 할 것이다. 1930년 4월에 인도의 카티아워 해변에서 있었던 **간디의 소금행진**[9]은 소금 소비에 세금을 부과하고 있던 영국에 대한 저항운동으로 시작하였으나 후에는 해방운동으로 발전한 역사는 너무나 유명한 얘기다. 인간에게 중요한 것은 물질적 풍요가 아니라 정신의 안락이다. 오히려 지나친 풍요는 인간 정신을 타락시키기 때문에, 최소한의 생활필수품으로 만족해야 한다고 했다. 바로 그것은 보복하기 위해서 영국인에게 반대함이 아니다. 그렇게 함이 우리들의 책임이기 때문이다. 즉, 자치란 결국 각자의 도덕적 책임의 완수이다. 따라서 참된 민주주의는 폭력적 방법에 의해서 달성되는 것이 아니라, 모든 인간에게 동등한 기회와 편리를 줌으

〈그림 36〉 간디의 비폭력 무저항주의의 상징인 소금의 행진 (사진출처: topic corbis)

9) 단디[Dandi Salt March] 는 인도 서부 해안에 위치한 평범하기 그지없는 어촌이었지만, 1930년 4월 5일부터 6일까지 이곳에서 일어난 일들은 결코 평범하다 할 수 없었다. 영국 식민지하의 인도에서 1930년 3월 12일 마하트마 간디가 인도인들을 인솔하여 소금세의 폐지를 주장하며 아쉬람(Ashram)에서 단디(Dandi)까지 행진한 사건으로서 일명 '소금행진'이라고도 한다. 1930년 당시 영국은 식민지 인도에서 소금의 생산과 판매를 통제하고 과도한 세금을 부여하였다. 이에 대한 저항으로 인도 독립운동가 마하트마 간디가 1930년 3월 12일 사바르마티 아쉬람에서 70명의 동지와 함께 출발, 24일을 걸어서 구자라트주의 단디에 도착하여 바닷가의 소금을 집어 드는 행동을 하였다. 이는 영국 국왕의 전매 사업인 소금에 대하여 인도 바닷가의 소금을 인도인에게로 돌려야 한다는 것을 주장하는 묵시적 비폭력적 행동이었다. 행진이 계속되면서 계속 행진에 참여하는 사람이 늘어 6만 명이 넘는 인도인들이 투옥되었다.
첫째 날, 머리를 수그리고 손에는 지팡이를 쥔 모한다스 카람찬드 간디가 도착했다. 간디는 아메다바드에서 시작된 기나긴 행진으로 퉁퉁 부어 있었던 발에, 구자라트 해안의 진흙은 마치 벨벳과도 같다고 탄성을 질렀다. 더욱 놀라운 것은 그와 함께 온 사람들이었다. 행진을 시작할 때에는 78명이었던 군중이 수천 명으로 늘어나 있었다. 남녀노소 구분이 없었고 자전거와 오토바이로 함께 한 사람들도 있었다. 음유시인, 행상인, 사진작가, 언론의 사진기자도 끼어 있었다. 이들은 이 역사적 사건의 증인이 되기 위해 온 것이었다. 다음날 아침 일찍, 썰물이 개펄에서 빠져나가자 간디는 바닷물에서 자연적으로 생성된 소금 한 알갱이를 집어 들어 공개적으로 영국 총독의 절대 권력에 저항하였다.
1929년 인도 국민회의는 투표를 통해 1년 내에 독립하기로 결정을 내렸으나 이 과업은 결국 간디의 두 어깨에 지워졌다. 간디는 오직 정부에게서만 소금을 살 수 있도록 규정한 법안에 저항하기로 결심하고 그의 지지자들에게도 동참을 독려하였다. 이것이야말로 모든 인도인이 공감할 수 있는 이슈였던 것이다. 간디는 인도인들이 협력을 거부한다면 인도의 협조에 기반을 두고 있는 인도 총독의 권력도 붕괴할 것이라고 보았다. 사티아그라하, 즉 비폭력 불복종 운동은 결국 독립에 결정적 역할을 하게 된다. 간디는 투옥되었으며 곧 감옥이 넘치게 되었다. 소금의 행진이 영국의 식민 통치를 몰아낸 것은 아니었지만, 전 세계 여론이 간디에게 기울자 총독은 이듬해 간디와 개인적으로 회담을 가질 수밖에 없었다. 인도가 독립을 쟁취하는 순간까지, 이 성자와도 같은 독립 운동가는 영국인들에게 손끝의 가시와 다름없는 존재였다

로써 자기완성의 편의를 마련해 주는 데 있는 것이다. 간디는 인도의 독립을 외치면서 '자치'를 다음과 같이 요약하였다.

1) 참된 자치는 자기 지배, 즉 자기 억제이다.
2) 그 길은 무저항, 즉 영력(靈力) 혹은 애력(愛力)이다.
3) 그 힘을 불러일으키는 데는 국산품 애용이 필요하다.
4) 우리가 하려는 바를 행하지 않으면 안 된다.

간디의 이와 같은 자치 이념은 도시나 혹은 몇몇 지식인들 사이에서 거론되는 관념의 유희가 되어서는 안 된다고 역설하였다. 그것은 도시가 아닌 농촌에서, 또 큰 저택이 아니라 초가집 속에서 이루어진다고 보았다. 그는 농촌 생활의 검소, 소박, 자연 속에서 진실과 비폭력이 실현된다고 주장했다. 이 점에서 네루와 간디는 견해를 달리한다. 네루는 합리적인 계획에 의해 공업화, 산업화를 이루어서 빈곤한 농촌을 개발하고 복리를 누리게 하는 것은 당면의 급선무로 생각하였다. 네루는 전근대적이고 낙후한 인도의 농촌을 근대화시켜야 한다고 보았다. 과학과 기술로써 산업을 발전시키는 것만이 인도의 목표라고 생각하였다. 인도 독립 이후 간디와 네루는 사실상 사상적 결별을 이루었다. 당시의 집권당 국민의회당은 네루를 대통령으로 선출하였고, 간디는 네루의 독주에 쐐기를 박는 일종의 압력 정책을 계획하고 있었다. 간디는 네루의 선정권에 가담하지 않는 국민의회당의 몇몇 정치지도자들과 함께 다음과 같은 단체를 결성하려고 했다.

첫째, 불가촉천민(不可觸賤民, Harijan) 제도의 철폐를 위한 단체.
둘째, 기초 교육을 보급시키는 단체.
셋째, 힌디 어를 국어로 보급하려는 운동 단체.
넷째, 물레 생산 보급 단체.
다섯째, 봉사의 단체 등이다.

이것은 네루 정권에 대한 간접적 압력 단체였다. 간디는 네루의 공업화 정책에 따르는 비인간화 현상, 그리고 네루의 일당 독재화 등을 우려하였다. 그러나 이들 단체는 간디 자신이 분명히 밝혔듯이 정권을 장악하기 위한 정치 집단이 아니있다. 오히려 네루의 정책을 올바른 방향으로 이끌기 위한 자문 단체였을 따름이다. 그러나 간디의 이와 같은 사상은 끝내 실현을 보지 못한 채 암살자에 의하여 세상을 떠나게 된 것이다. 만약, 간디의 이상이 실현될 수 있었다면, 인도의 공업화는 지연되었을지 몰라도 오늘날과 같은 서구 지향적 성향은 일어나지 않았을 것이다. 또한 네루 서거 후에 그의 딸 인디라 간디, 그녀의 아들 라지브 간디가 비극적 최후를 맞은 오늘의 시점에서 보면, 긴디의 우려는 결코 기우가 아니었음이 입증되고 있다.

● 자와할랄 네루 Pandit Jawaharlal Nehru

인도의 정치가인 네루(1889.11.14.~1964.5.27)는 간디의 영향을 받아 반영(反英)독립투쟁에 사회주의적 요소를 결합시키는 것이 목표였다. 총리 겸 외무장관을 지내며 비동맹주의를 고수하였다. 북인도 카슈미르의 부유한 브라만 가문 출신으로서 변호사인 P.M.네루의 차남으로 태어났다. 1905년 영국으로 유학, 해로학교를 거쳐서 케임브리지 대학 트리니티 칼리지를 졸업, 자연과학 학위와 변호사 자격을 취득하고 1912년 귀국하였다. 1916년 간디를 만나 그의 행동주의에 영향을 받아 국민회의파에 참가, 1920년 알라하바드에서 농민들과 직접 접촉한 후부터 정치적인 눈이 열리게 되었다. 간디의 비폭력·불복종의 원리에 완전히 심복한 것은 아니지만, 간디가 언제나 빈곤한 인도 농민 대중의 입장에 서서, 유사시에는 '밑바닥을 흔드는 급소 중의 급소를 발견하는 천재'를 가진 점을 높이 평가하였다. 1921년 반영(反英)투쟁에서 처음으로 체포된 이래, 1945년까지 8차례 체포되어 9년간 감옥 생활을 하였다. 간디 지도하의 반영(反英)독립투쟁에 사회주의적 강령을 도입하려는 것이 그의 목적이었다. 1929년 국민회의파 라호르대

〈그림 37〉 간디의 사상 중 근간을 이루는 것은 비폭력에 의한 무저항주의이다. 아힘사(Ahimsa)라고 부르는 그의 비폭력주의는 많은 인도인들의 호응을 얻었다. 간디는 "비폭력은 인간적으로 가능한 극한의 완벽성을 갖춘 자기 정화이다." 라고 말한다.

회 의장으로 선출되어, 이 대회에서 처음으로 인도의 완전 독립이 결의되었다. 1937년 영국 통치하에서 처음으로 주(州)선거가 실시되자 인도 전국을 유세, 마침내 자치 8개주에서 국민회의파 내각의 조각에 성공하였다. 대외적으로는 에스파냐민족전선 · 충칭[重慶]의 항일(抗日)국민정부를 격려하여 동분서주하였으나, 제2차 세계대전 돌발로 국민회의파 내각은 총사퇴하였다. 그 후 1942년 8월 영국에 대하여 인도로부터의 즉시 철퇴를 결의하자, 간디와 함께 체포되고, 인도 전국은 극심한 혼란에 빠졌다. 대전 종료 후인 1947년 8월 25일 인도가 파키스탄과 분리 독립되면서, 총리 겸 외무장관의 자리에 올랐다. 독립 2개월 후인 10월 카슈미르 출병, 이듬해 1948년 1월 간디 암살, 8월 하

이다라바드 출병 등의 곤란한 사건이 잇달았다. 아시아 여러 국가의 연대 강화, 미·소 어느 진영에도 가담하지 않는 비동맹주의는 독립 이래의 외교정책이었다. 6·25전쟁이나 인도차이나전쟁의 조정, 반둥회의를 일관하는 평화공존 5원칙(판치 실라)은 네루 외교의 기치로서 평화지역의 확대에 공헌하고, 그의 명성을 높이기도 하였다. 대내적으로는 국가개발계획, 언어별에 의한 주 재편성(州再編成)을 거쳐 사회주의형 사회의 실현에 노력하였다. 제1차 5개년 계획(1951~1956)은 농업개발과 식량증산에 중점을 두어 성공하였으나, 제2차 계획(1956~1961)은 중공업 건설을 우선적으로 하였기 때문에 국제경제의 변동과 인도 자체의 요인에 의한 자본 및 자재난이라는 중대한 문제에 부딪쳐 미국의 원조를 받아들이게 되었으며, 그 후의 외교정책도 미묘하게 변화해 갔다. 옥중에서 쓴 마지막 저서 《인도의 발견》에 표현된 조국에 대한 이해와 열정, 아시아·아프리카의 내셔널리즘에 대한 올바른 평가, 평화공존에 대한 열의, 혁명을 단절로서가 아니고 지속으로서 생각하는 태도, 적도 친구로 여기는 휴머니티 등이 인도 국내외에서의 네루의 지위를 독자적인 것으로 만들었다. 민주적이고 친숙미 넘치며 솔직한 성격은 인도 국민의 열렬한 지지를 받았다. 저서로는 《인도의 발견》과 옥중에서 1966년 총리가 된 외동딸 인디라 간디에게 주는 형식의 《세계역사 이야기》 등이 있다.

● 인도 공화국의 성립(1947~1950년대)

연합군의 승리로 끝난 제2차 세계대전은, 세계 여러 나라의 피압박 민족들에게 해방이라는 선물을 가져다주었다. 1946년 영국은 인도에 내각 사절단(Cabinet Mission)을 파견하여 연방제를 기본 골자로 하는 인디아 대륙의 독립과 권력 이양을 약속하였다. 당시의 양대 정치 세력이던 인도 국민회의와 무슬림 연맹측은 이를 곧 받아들였으나, 양자는 임시 정부를 비롯한 몇몇 사항에 대해서는 완전한 합의를 보지 못했다. 그 와중에 힌두인과 무슬림 사이에는 엄청난 폭력 사태가 잇따랐고, 마침내 무슬림 연맹의 영향하에 있던 이슬람 문화권은 파키스탄으로, 나머지는 인도로 각각 분리, 독립하자는 쪽으로 뜻을 모으게 되었다. 그러나 이런 어정쩡한 상태는 카슈미르를 비롯한 인도 내의 이슬람 토후 군수국들에 대한 문제를 깨끗하게 해결하지 못하는 한계가 있었다. 이런 문제점에도 불구하고 1947년에 인디아 대륙은 인도와 파키스탄이라는 이름으로 분리, 독립되었다.

인도는 네루(Nehru, Jawaharlal)가 진나(Jinnah, Muhamad Ali)를 동과 서로 나눈 파키스탄의 초대 수상을 맡게 하였다. 이듬해인 1948년에는 인도와 파키스탄의 분리, 독립을 끝까지 반대하던 간디가 힌두 종교 공동체주의자에 의해 암살되고 만다. 인도의 빛이 사라지는 순간이었다. 아무런 정치적 야심도 없이 오직 통일된 하나의 인도를 소리 높여 외쳤던 마하트마 간디(Gandhi, Mahatma)는 새로운 인도에 대한 그의 희망이 무산된데 대해 낙담했지만, 대부분의 인도인들은 오랜 독립 투쟁에 너무 지쳐 있었던 것이 사실이다. 또, 지역에 대한 애착이 국가를 앞질렀기 때문에 인도 통일이라는 대과제는 언제나 홀대를 받을 수밖에 없었다. 정치적 지도자들 또한 어떻게 해서든지 하나의 인도를 유지하겠다는 대승적 신념보다는 정치적 탐욕에 사로잡혀 있었다. 간디는 무슬림의 새지도자 진나에게 가능한 한 모든 것을 양보하면서 심지어 마운트배튼(Mountbatten, Louis) 총독에게도 진나를 통일 인도의 수상에 임명하고, 인도 사회의 안정을 위해서는 영국 군대가 당분간 머물러야 할 필요가 있다고 제의할 정도였다. 하지만 지난날 국민회의당을 마음대로 주무를 수 있었던 간디의 지도력은 이미 크게 약화되어 있었다.

인도의 독립 헌법은 일반적으로 독일 바이마르(Weimar) 공화국의 헌법을 모델로 한 것으로 알려져 있다. 새로운 헌법은 의회 민주주의 형태의 정부를 갖는 연방 국가를 지향하였다. 그러나 중앙 정부의 힘은 막강하여 국방, 외교, 화폐, 철도 등을 정부 단독으로 통제할 수 있게 되었다. 파키스탄과의 대립은 인도의 제헌 의회를 보수 성향으로 탈바꿈하게 만들었다. 이 헌법은 선거를 통하여 지사를 뽑는 것이 아니라, 중앙 정부가 지방 행정 장관을 임명하는 방식을 선택함으로써 민주주의적인 절차와 과정을 무시했다. 대통령은 국가의 형식적인 대표자에 지나지 않았지만, 그에게는 비상 대권이 주어져 있었다. 영국의 지배 아래 있는 동안 국민회의 대표들이 그렇게 반발했던 강력한 중앙 집중 통제 체제가 <대통령 지배>라는 또 다른 이름으로 다시 나타난 것이었다. 대통령은 안보상의 이유를 들어 최고 6개월까지 헌법 질서를 완전히 중단시킬 수 있었으며, 이 비상 대권은 그 후 지방 정부의 기능을 중지시키고, 중앙의 직접 지배권을 확대하는 방편으로 사용하게 되었다. 이 경우 헌법상 대통령의 지휘 통솔권은 한시적이므로 6개월 이내에 선거를 실시하지 않으면 안 된다. 그러나 실제로 국민회의당이 집권하는 동안에는 헌법상 합법적 권력 행사인 대통령의 비상 대권 발동은 사용할 기회가 없었다.

초대 대통령에는 간디의 충직한 제자였던 프라사드(Prasad, Rajendra)가, 부통령에는 저명한 산스크리트 학자이자 철학자인 라다크리슈난(Radhakrishnan, Sarvepalli)이 취임하였다. 인도의 수상은 인도 공화국의 실제적인 지도자로서 하원(Lok Sabha)의 수장이었다. 네루 수상의 국민회의당은 비록 투표율은 저조했지만, 총 489석의 하원 의석 가운데 362석을 차지하는 말 그대로 압승을 거두었다. 하원 의원은 유권자 수 50만~75만 명당 한 사람씩 선출하도록 되어 있었다. 상원(Lajya Sabha)은 미국의 상원과 마찬가지로 각 주(州)의 대표들로 구성되었다.

이후 인도 국민회의(Congress, I)는 1980년대까지 집권당으로서의 위세를 떨쳤다. 그러나 1984년 당시 국무 총리였던 인디라 간디(Gandhi, Indira)가 암살된 후 인도의 정국은 큰 혼란에 휩싸이게 되었다. 1986년 대선에서 패배한 국민회의는 야당으로 변신하였고, 현재는 소냐 간디(Gandhi, Sonya)가 총수를 맡고 있다. 중앙 정부와 지방 정부의 갈등도 심화되었으며, 23개 자치주의 분리 요구도 거세어지고 있다. 이처럼 새 헌법에 기초한 독립국 인도는 의회주의, 세속주의, 사회주의적 민주주의를 국가 이념으로 삼았으며, 그 테두리 안에서 중앙 정부가 국방, 외교, 화폐, 철도 등을 직접 관장하는 연방 국가를 표방했다.

● 타지마할 호텔 (The Taj Mahal Palace Hotel)

" 게이트웨이 오브 인디아 " 반대편으로는 세계에서 유명한 호텔 중 하나인 " 타지마할 호텔 (The Taj Mahal Palace Hotel) "이 자리 잡고 있다. 외관을 통해 그 규모가 큰 성을 연상할 수 있을 정도로 매우 크다는 느낌과, 근대 양식의 멋스러움을 동시에 볼 수 있는 형태이다. 외벽 마감은 짙은 회색빛이 뚜렷한 돌로 장식되어 있으며, 지붕에는 붉은 색의 대형 돔이 얹혀져 있는 구조이다. 1903년 12월 16일 오픈한 이 호텔은 어느덧 100년이 넘는 역사를 자랑하고 있다. 현재 두 개의 타지마할 호텔이 운영되고 있는데, 왼쪽의 건물이 오랜 역사를 간직한 건물이고, 오른쪽의 높은 건물은 "타지마할 타워 (Taj Mahal Tower)"라고 불리는 호텔이며 이후에 지어진 호텔이다. 인도에 세워진 금세기 최고 건축물의 하나인 타지마할 호텔이 세워지게 된 사연 속에는 인도 사람들에게는 가슴 뭉클한, 잊혀질 수 없는 일화가 전해지고 있다. 이 호텔의 설립자이자 인도의 민족 자본가인 잠세티지 나세르완지 타타 (Jamsetji Nusserwanji Tata) 가 식민지 시절, 같은 뭄바이에 있는 특급 호텔에 입장하려 했지만, 인도 사람이라는 이유로 출입을 거절 당했다. 봄베이(뭄바이의 당시 이름)의 한 자본가였던 타타는 영국인 친구와 함께 필케즈 아폴로 호텔로 저녁 식사를 하러 갔다. 그런데 호텔의 도어맨이 "당신의 친구는 문제가 없습니다. 그러나 당신은 입장을 할 수가 없습니다."라고 말하며 타타의 입장을 막은 것이다. 이 사건 이후, 타타는 인도 제일의 호텔을 짓기로 결심하고, 유럽으로 수없이 발길을 옮겨 발전기와 엘레베이터 등 당시로서는 최고급 자재, 최

〈그림 39〉 "게이트웨이 오브 인디아" 반대편으로는 세계에서 유명한 호텔 중 하나인 "타지마할 호텔 (The Taj Mahal Palace Hotel)"이 자리 잡고 있다. 외벽은 짙은 회색 빛이 뚜렷한 돌로 장식되어 있으며, 지붕에는 붉은 색의 대형 돔이 얹혀져 있는 구조이다. 이 호텔은 1903년에 개업하여 어느덧 100년이 넘는 역사를 자랑하고 있다. 현재 두 개의 타지마할 호텔이 운영되고 있는데 왼쪽의 건물이 오랜 역사를 간직한 건물이고, 오른쪽의 높은 건물은 "타지마할 타워 (Taj Mahal Tower)"라고 불리는 호텔이며 이후에 지어진 호텔이다.

〈그림 38〉 실내 장식의 기조는 붉은 색이며, 외관 모양은 인도 사라센 양식과 고딕 양식이 혼합된 형태이다.

신 설비를 구입해서 봄베이로 실어 날랐고 현재의 위치에 호텔을 건축했다는 것이다. 식민지 국가의 뼈저린 아픔과 인도 민족의 자존심을 다시 느낄 수 있는 이야기인데, 현재는 인도 최대의 기업인 타타 그룹의 호텔 리조트 사업부에서 이 호텔을 관리 및 경영하고 있다. 이 호텔의 획기적인 점은 바다 쪽을 정면으로 하여 지었다는 것이다. 당시 이 지역은 단순한 매립지로 부근에는 인도문도 없고 항만도 없었다. 이러한 조건 아래에서는 당연히 현관이 당시의 중심가이던 포트지구로 향해서 설계되는 것이 상식적인 생각이었지만, 이 건물을 설계한 2명의 인도인은 바다를 향해서 현관을 만들었다. 그리고 모든 방 창문으로는 바다를 볼 수 있도록 하여 실내에 있으면 마치 배위에 있는 것 같은 느낌이 들도록 하였다. 이런 독특한 내력을 갖고 인도의 문 옆에 세워진 이 화려한 호텔은 금세기 인도 최대 부호인 타타Tata의 꿈의 실현됨은 물론 인도 민족주의의 상징이 되었다. 실내 장식의 기조는 붉은 색이며, 외관 모양은 인도 사라센 양식과 고딕 양식이 혼합된 형태이다.

<그림 40> 실내 장식의 기조는 붉은 색이며, 외관 모양은 인도 사라센 양식과 고딕 양식이 혼합된 형태이다.

최근까지 뭄바이에서 제일의 호텔이 되어 인도를 방문하는 세계의 정치가 및 왕족과 귀족, 유명 인사들이 이 호텔에서 머물렀다. 1973년, 그린스 호텔 부지에 고층 타워 동을 지어 현재에 이르렀다. 지난 2008년 11월 26일 **뭄바이 테러**[10]에서 테러리스트에게 점령되어 수많은 관광객이 살해되었는데, 특수부대가 투입되어 3일 후에 진압되었지만, 관내가 손상되었고 팰리스동의 최상층과 지붕은 테러 직후에 일어난 화재로 소실되었다.

10) 뭄바이 테러 [2008 Mumbai attacks] 2008년 11월 인도의 뭄바이에서 일어난 일련의 테러 공격이다. 인도의 최대 도시 뭄바이(Mumbai)에서 2008년 11월 26일 자동무기와 수류탄을 무장한 사람들에 의해 테러 공격이 시작되었다. 인도의 안전 유지 병력의 검은 폭풍작전(Operation Black Tornado)으로 11월 29일 테러가 종료되었으나, 최소 188명이 사망하고 293명이 부상한 것으로 집계되었는데 유일하게 생포된 테러리스트는 무장 단체로 지목된 라쉬카 이 토이바(Lashikar-e-Toiba)가 이번 테러를 일으켰다고 밝혔다. 라쉬카 이 토이바는 파키스탄에 기반을 둔 무장 단체로 인도, 미국, 영국 등의 국가에서 테러 단체로 간주하고 있다. 인도와 파키스탄 간에는 오래된 인종 · 종교 · 영토 분쟁이 종종 있어 왔는데 뭄바이 테러는 이러한 분쟁의 한 단면이라고 볼 수 있다.

● 인도의 호텔

호텔 [Hotel] 숙소와 식음료 등 종합적인 서비스를 제공하고 일정한 대가를 받는 서비스 업체. 호텔의 기원은 라틴어의 호스피탈레(Hospitale)로, '순례 또는 참배자를 위한 숙소'를 뜻한다. 이후 '여행자의 숙소 또는 휴식 장소, 병자를 치료하고 고아나 노인들을 쉬게 하는 병원'이라는 뜻의 호스피탈(Hospital)과 호스텔(Hostel)을 거쳐 18세기 중엽 이후에 지금의 뜻으로 바뀌었다. 유럽에서는 산업혁명을 계기로 교통수단이 발달하고 여행자의 수가 증가하면서 현대식 기업형태의 호텔이 등장하였는데, 1850년에 세워진 프랑스의 그랜드 호텔이 유럽의 호화 호텔의 효시로 꼽힌다. 이후 유럽의 호화롭고 사치스러운 경향의 호텔이 대중성을 잃고, 미국을 중심으로 편리함과 쾌적함을 추구하는 새로운 개념의 호텔이 등장해 이것이 오늘날까지 호텔의 대종을 이루고 있다. 호텔의 개념에 대해서는 나라마다 약간씩 다르나, 보통 일정한 지불 능력이 있는 사람에게 숙소와 식음료를 제공할 수 있는 시설을 갖추고, 고객이 원하는 서비스를 제공하는 장소 또는 그러한 서비스 업체를 가리킨다. 한국에서는 관광진흥법에서 '관광객의 숙박에 적합한 구조 및 설비를 갖춘 시설에서 사람을 숙박시키고 음식을 제공하는 업'이라고 규정하고 있는데, 일반적인 정의와 크게 다르지 않다. 기능은 크게 3가지로 나뉘는데, 첫째 서비스 안내 및 판매와 객실 정비 및 접객 등 인적 서비스 기능, 둘째 고객을 위해 호텔시설을 제공하는 물적 서비스 기능, 셋째 인터넷이나 팩시밀리와 같이 고객에게 편의를 제공하는 기타 서비스 기능을 들 수 있다. 또 호텔은 장소에 따라 도시·교외·해변·항구·공항·터미널·컨트리 호텔 등 여러 형태로 분류되며, 기타 목적이나 요금 지불 형식에 따라서도 여러 형태로 분류

〈그림 42〉 RADISSON BLU hotel in Udaipur

〈그림 41〉 엄청난 체구를 가진 뭄바이 KOHINOOR CONTINENTAL 호텔의 벨 맨.

된다. 크기는 보통 객실 수 300개 이상을 대규모 호텔, 객실 수 100~300개를 중규모 호텔이라 하고, 객실 수 100개 이하를 소규모 호텔이라 한다. 등급은 유럽에서는 별(star)로 표시하며, 우리나라에서는 무궁화로 나타낸다. 이에 따르면 특1등급 · 특2등급은 무궁화 5개, 1등급은 무궁화 4개, 2등급은 무궁화 3개, 3등급은 무궁화 2개로 표시한다. 등급 결정은 현관 및 로비, 객실 부문, 식당 및 주방, 부대시설 관리 및 운영, 종사원 복지 및 관광사업에 대한 기여, 주차시설, 건축 및 설비, 전기 및 통신, 소방 및 안전 등 9개 부문의 평가를 통해 이루어진다. 한국 최초의 호텔은 1889년(고종 26) 인천에 세워진 대불호텔이며, 1902년 서울 정동에 세워진 손탁 호텔은 최초의 서구식 호텔로 꼽힌다. 이후 1909년 하남호텔, 1912년 철도호텔(부산·신의주), 1914년 조선호텔, 1936년 반도호텔을 거쳐 1963년 워커힐호텔, 1966년 세종호텔, 1973년 롯데호텔 등 대규모의 현대식 호텔들이 잇따라 생겨났다.

● 인도의 고유 의상

인도 여자는 복장법령에 따라 공적 활동 시 반드시 전통의상인 사리(saree) 또는 사르와르 카미즈(salwar kameez)를 입어야 하며, 일반 대학에서도 여학생들에게 전통의상을

〈그림 44〉 인도 여자는 복장법령에 따라 공적 활동 시 반드시 전통의상인 사리(saree) 또는 사르와르 카미즈(salwar kameez)를 입어야 한다. 마두라이 스리미낙시 사원에서 기도에 참석한 여인들.

〈그림 45〉 사리는 인도의 서북부 일부를 제외하면 대부분 지역에 퍼져있다고 할 수 있다. 다만 서남부의 케랄라나 동부의 앗삼과 같은 지역의 남쪽 끝 고지에는 여러 개의 바느질 하지 않은 천을 두르고 있는 점이 다르다.

강요하는 사례가 있다. 사리는 지역에 따라 매는 방법, 천의 길이, 천의 개수가 다르다.

〈그림 43〉 □ 뭄바이 주요 쇼핑지구
ㅇ 빅바자루 / 페닉스홀 : 로얼파렐에 위치한 쇼핑몰로 식료품, 생활용품, 의류, 가전, 수입 제품 등을 구비한 백화점식 쇼핑몰로 뭄바이 시내에서 가장 큰 복합 쇼핑단지이다.
ㅇ 크로스로드 : 하지알리 사원 교차로에 위치한 쇼핑몰로 생활용품 전반 판매, 뭄바이 최초의 현대식 쇼핑몰로 고급 제품 위주로 판매하고 있다.
ㅇ 아시아틱 스토어 : Churchgate 맞은편에 위치한 상점으로 가종 생활용품, 의류 등 단일 건물 내 복합용품을 판매하고 있다.

천을 허리에 감아 맨 다음 어깨에 걸쳐 밑으로 내려 입는다. 옷에도 음식의 경우와 마찬가지로 정 - 부정의 의식에 의해 나뉘어 지고 있다. 그 기준은 바느질의 유무인데, 바느질하지 않은 옷을 정으로 간주하고 바느질한 옷을 부정의 옷으로 간주한다. 이러한 바느질하지 않은 옷으로는 남성들이 입는 도띠(doti)와 여성들이 입는 사리(sari)를 들 수 있는데 , 이것은 또한 입는 방법에 따라 정-부정의 의미가 달라진다.

또 이러한 바느질하지 않은 옷을 입는 형태로는 매듭으로 거는 형과 허리에 매는 형이 있는데 도티는 매듭으로 거는 형의 의복이고 사리는 허리에 매는 형의 의복이다. 인도남자들의 고유의상으로는 도티(dhoti), 룽기(lungi), 아즈칸(achkan), 파자마(pajamas) 등이 있다. 인도의 대부분의 지역에서 입는 인도 남성의 전통적인 복장인

도티(dhoti)는 특히 동부·남부지방에서 많이 입는데, 도티는 여성 의복인 사리와 마찬가지로 바느질 하지 않은 한 장의 긴 천을 밑으로 늘어뜨린 후 다리 안쪽으로부터 밖으로 걷어 다시 허리춤으로 올려 동여 입는 것인데 대부분, 흰색의 얇은 천으로 만든다.

한편 같은 흰색이지만 타밀나두, 케랄라, 지역에서는 그것을 다리에서 걷어 올리기 전 허리에 두른 대로 헐겁게 아래로 늘어뜨리는 형이 널리 퍼져 있다. 또 벵갈 지방과 방글라데시의 무슬림 사이에는 체크 무늬의 천을 이러한 형식으로 걸쳐 입기도 한다. 그러나 도시에서는 하절기(4월~11월)에 사파리(safari)를 주로 입는다. 룽기는 케랄라(Kerala) 등 해안지방에서 많이 입는데, 좁은 폭의 천을 늘어뜨린 후 허리를 동여 입는다. 아즈칸은 네루(Nehru) 전 총리가 즐겨 입었던 목이 올라온 제복 스타일의 옷이다. 파자마의 경우 우타르 프라데시(Uttar Pradesh) 주에서는 무릎 아랫부분이 꼭 끼는 추리다(churidar) 파자마를 입으며, 펀자브(Punjab) 지방에서는 헐거운 쿠르타(kurta)를 즐겨 입는다. 파자마는 주로 흰색 천으로 만든다. 사파리는 하절기에 많은 도시인들이 즐겨 입는데, 공식적인 모임에서는 점차 양복과 넥타이 차림이 조금씩 늘어가는 추세로 최근에는 많은 남성들이 서양식 바지와 셔츠를 즐겨 입는다. 그러나 이들이 즐겨 입는 셔츠는 서양식과는 달리 목에서부터 가슴 부분까지만 단추를 달아 머리에서 뒤집어쓰면서 입는 쿠르타와 서양식 셔츠가 혼합된 것이 많다. 터번은 보통 펀자브나 라자스탄 등과 같은 서부에 널리 퍼져 있는데 그 중에서도 시크교도는 종교적인 이유로 이 터번을 필수적으로 착용한다. 그리고 시크교도 외에도 정장을 착용하는 제후국의 왕

〈그림 46〉 사리는 지역에 따라 매는 방법, 천의 길이, 천의 개수가 다르다. 천을 허리에 감아 맨 다음 어깨에 걸쳐 밑으로 내려 입는다. 우다이푸르 농촌 지역의 여성들.

이나 그 고용인들이 착용하기도 하지만 인도전역에 나타나는 것은 아니다. 여성도 사리를 입을 때는 원칙적으로 맨살에 입는 것이 정의 방법이다. 따라서 여성이 사리를 입는 경우, 과거에 벵갈 등지에서는 상반신 특히 가슴을 가리는 것을 격이 낮고 실례되는 것으로 생각했고 맨살 위에 두르는 것을 정결스런 것으로 간주했다. 인도사람 특히 여성들은 양장을 착용하는 것을 그리 좋아하지는 않는다. 왜냐하면 양장은 앞가슴과 종아리를 드러내기 때문에 힌두 전통의 예의에서 벗어나기 때문이다. 여성들은 어릴때는 종아리가 밖으로 나오는 것을 개의치 않기 때문에 치마를 많이 입고 다니다가 초경이 시작되는 일정한 나이가 되면 사리나 삐자마로 발목까지 감싸서 입는다.

〈그림 47〉 인도의 여성 하면 떠올리게 되는 이마의 빨간 점 빈디(Bindi)는 산크리스트어로 '행운'을 의미한다. 힌두교 종교 예식에서 신의 보호를 비는 의미에서 승려들이 손가락에 꽃잎 파우더를 묻혀 신부의 이마에 찍어주었던 것에 유래된 것이다. 최근엔 미혼녀나 기혼녀 상관없이 모두 장식의 목적으로 사용돼 붉은색 뿐 아니라 다양한 색상과 보석 등을 덧붙여 치장한다. 따라서 조금만 튀는 색을 입어도 남들의 시선을 신경쓰는 우리와는 달리 좀 더 튀고 눈이 가는 스타일을 추구한다. 우다이푸르 Radisson Blu HOTEL에서 손님들에게 종업원들이 이마에 빈디(Bindi)를 찍어 주고 체크인을 도와주고 있다.

여성들의 의상의 종류

- 사리 : 사리는 인도의 서북부 일부를 제외하면 대부분의 지역에 퍼져있다고 할 수 있다. 다만 서남부의 케랄라나 동부의 아쌈과 같은 지역의 남쪽 끝 고지에는 여러 개의 바느질 하지 않은 천을 두르고 있는 점이 다르다. 이러한 사리는 '바느질하지 않은 한 장의 천을 둘러 입는 인도 고유의 여성의복'이라고 정의할 수 있다. 이 사리는 그 형태나 입는 방식이 지역과 계층에 따라시 차이가 있으며 또한 득정의 색에 관하여서는 특정의 규정이 정해져 있기도 하다. 옷 입는 방식사리는 원래 도티와 같이 단지 허리에 두르는 것으로 도티의 경우와 같이 천의 긴 한쪽 끝을 통해서 감는 형이 원래의 방식이다. 그러나 현재는 길이가 짧은 반소매의 블라우스를 입고서 혹은 나체에 사리를 감아 그 남는 천의 끝을 오른쪽 겨드랑이 아래에서 왼쪽 어깨에 둘러 걸치는 방식이 가장 일반적이다. 사리의 길이가 보통 6-7m나 되기 때문에 앞쪽에 주름을 주고 가슴을 감싼

채 베일처럼 머리를 감싸는 것이 충분히 가능하다.

색상 및 장신구사리는 보통 화려한 색 특히 노란색과 빨간색 계통의 색을 많이 착용한다. 그리고 이 사리 색깔에 맞추어 어울리는 색의 **빈디(bindi)**[11]라는 점을 이마에 찍기도 한다. 빈디는 점의 형태가 일반적이지만 최근에는 다양한 디자인과 색상의 빈디가 유행하고 있다. 이러한 빈디와 어울려 목걸이, 귀걸이, 발지, 팔찌와 같은 장신구로 매우 화려하게 치장하는 것을 좋아한다.결혼한 여성은 신두르(sindhur)라는 붉은 색 가루를 이마와 머리가 맞닿은 곳에서부터 가르마방향으로 칠한다. 그러나 과부의 경우에는 이러한 여러 가지 치장이 일체 허용되지 않는다. 사리도 흰색만 입어야 하고 어떤 종류의 장신구도 차서는 안되며, 신두르도 칠하지 못하게 되어 있다.

- 가그라(ghaghra) : 우타르 프라데시(Uttar Pradesh), 라자스탄(Rajasthan), 구자라트(Gujarat)에서는 가그라(ghaghra)라는 긴 치마를 입는데 이는 라자스탄이나 구자라트의 사막지대와 같이 햇볕이 강하고 바람이 많이 불며 건조한 지대에서 이러한 원색의 화려한 옷이 잘 어울린다. 이 옷은 입는 사람의 몸에 맞추어 재봉하여 만든 복장으로 가그라는 펼치면 둥그런 원통이 되는 일종의 큰 치마로서 많은 주름을 가지고 있고, 밝은 잿빛의 천에 화려한 자수가 놓여져 있다. - 펀자비 드레스(punjabi dress) : 펀자브(Punjab) 지방에서는 상의가 길고 바지가 넉넉한 사르와르 카미즈를 입는다. 이 옷은 원래 무슬림 여성의 복장이었지만, 무슬림의 영향을 강하게 받은 펀잡 지방과 카슈미르 지방에서 종교성과는 상관없이 즐겨 입는 의복이다. 이 옷은 남녀 공히 쿠르타(kurta)라고 하는 긴 셔츠와 피자바(pijama)라는 바지로 구성되어 있는데 꾸르따를 삐자마 밖으로 내놓고 입는다. 그러나 여성의 경우에는 살와르(salvar)라고 부르는 몸에 밀착되어 윤곽이 잘 드러나 보이는 것을 입는 경우도 많고, 꾸르따 위에 오르니(aurhni)라고 하는 매우 얇은 스카프를 목 앞과 뒤로 늘어뜨리면서 차고 다니기도 한다.

---

11) 인도 여성을 특징짓는 또 하나의 요소는 이마에 찍은 작은 점, 빈디(Bindi)다. 힌두어로 '빈디'는 '방울', '작은 조각', '점'을 뜻하는 산스크리트어 '빈두(Bindu)'에 어원을 두고 있다. 빈디로 장식하는 지점은 양쪽 눈썹 중간 부분이다. 힌두 전통에서는 '차크라(Chakra)'를 생명의 에너지 또는 기(氣)가 모이는 곳으로 여긴다. 신체에는 7개의 중요한 차크라가 있다고 하여 명상과 신체 수련에서 중요시된다. 빈디를 찍는 부분은 '여섯 번째 차크라'란 뜻의 '아즈나(Ajna)'이다. '아즈나' 또는 '아즈나 차크라'는 빈디를 장식하는 부위의 뒤쪽 뇌 안에 자리 잡은 곳을 이른다. 명령의 뜻을 가진 아즈나는 직관의 눈이란 의미를 갖는다. 무엇인가 마음의 눈으로 보이거나 꿈속에서 보인다면 그것은 아즈나에 의해 보인다는 것이다. 그래서 빈디를 붙이는 지점인 아즈나를 '제3의 눈'으로 부른다. 힌두교 신자들은 아즈나가 영적 능력을 높이고 에너지를 보존하며 집중력을 강화한다고 믿고 있다. 또한 악마 또는 불행으로부터 보호하는 곳으로 생각한다.
빈디는 남아시아 특히 인도, 네팔, 파키스탄, 그리고 스리랑카 지역에서 광범위하게 사용된다. 여성뿐 아니라 남성 그리고 소년, 소녀들도 하며 종교, 나이, 결혼 여부, 그리고 인종의 제한 없이 두루 퍼져 있다. 또한 장식적인 성격이 강해지면서 색깔이나 모양의 제한도 없어지고 있다. 천이나 금속 등을 소재로 스티커처럼 간편하게 붙일 수 있는 빈디도 사용된다. (갖고 싶은 세계의 인형, 2013, 바다출판사)

사리 입는 법

① 하의의 허리끈을 잡아 당겨 묶은 후, 사리의 왼쪽을 하의에 찔러 넣고 뒤로 돌려 만다.

② 허리를 한 바퀴 돌린 곳에서 어깨에 걸칠 천을 넉넉히 남기고 풍성하게 주름을 잡는다.

③ 주름의 왼쪽 방향으로 단을 하의에 찔러 넣어 길이를 맞춘다.

④ 남은 천을 왼쪽 옆구리로 가져온다.

⑤ 천을 힘껏 잡아당기면서 몸에 맞추어 왼쪽 위로 가져간다.

⑥ 평상시에는 ⑤번까지 하고, 특별한 경우 단을 왼쪽 어깨에 걸쳐서 뒤로 늘어뜨린다.

〈그림 48〉 ① 하의의 허리끈을 잡아 당겨 묶은 후, 사리의 왼쪽을 하의에 찔러 넣고 뒤로 돌려 만다.

〈그림 49? ② 허리를 한 바퀴 돌린 곳에서 어깨에 걸칠 천을 넉넉히 남기고 풍성하게 주름을 잡는다.

〈그림 50〉 ③ 주름의 왼쪽 방향으로 단을 하의에 찔러 넣어 길이를 맞춘다.

〈그림 51〉 ④ 남은 천을 왼쪽 옆구리로 가져온다.

〈그림 52〉 ⑤ 천을 힘껏 잡아당기면서 몸에 맞추어 왼쪽 위로 가져간다.

〈그림 53〉 ⑥ 특별한 경우 단을 왼쪽 어깨에 걸쳐서 뒤로 늘어뜨린다.

● 게이트웨이 오브 인디아 [Gateway of India]

인도의 문 Gateway of India는 뭄바이의 대표적인 상징물 중 하나로, 전통적으로 유럽에서 바다를 통해 인도로 들어올 때 최초의 관문인 뭄바이에서 가장 먼저 만나는 건축물이다. 뭄바이의 가장 유명한 기념물로서 아라비아 해가 내려다보이는 아폴로 번더에 위치한 '인도의 문'은 1911년 조지5세와 메리여왕의 방문을 기념하기 위해 세워졌다. 두 부부는 인도의 황제와 황후로서 대관식을 올린 일을 기념하기 위해 델리에서 열리는 접견 행사에 참석하러 가던 길이었다.

건축가 조지 위텟의 디자인이 1914년 8월 최종 승인을 받게 되자 봄베이(뭄바이의 옛 이름)의 총독 조지 시든햄 클라크 경에 의해 1913년 3월 31일에 주춧돌이 놓였다.

〈그림 54〉 멀리 아라비아 해가 내려다보이는 아폴로 번더에 위치한 '인도의 문'은 1911년 조지5세와 메리여왕의 방문을 기념하기 위해 세워졌다.

1915년에서 1919년까지 항구 앞쪽의 바다였던 부분이 간척되어 새로운 땅이 되었는데, 바로 이곳이 '인도의 문'과 새로운 방파제가 세워질 장소였다. 이듬해에 토대가 완공되었고 공사시공은 1924년에 끝났다.

현무암으로 지어진 이 문은 전형적인 개선문 형태를 하고 있으나, 건축학적으로는 16세기 구자라트 건축물을 모델로 삼은 인도 - 사라센 양식을 띠고 있다. 이러한 무굴 제국의 양식은 옛 군주들과의 연관성을 시사해 영국 식민통치의 합법성을 알리기 위해 의식적으로 반영한 것이었다. 복잡한 격자 세공이 벽면을 장식하며, 네 개의 작은 탑이 직경 15m에 26m의 높이로 솟아 있는 웅장한 중앙 돔을 둘러싸고 있다. 도시 주관의 환영회를 열기 위해 곁방과 홀들이 증축되었다. 이 건물은 1924년 12월 4일, 인도의 총독인 레딩 백작에 의해 공식적으로 개관되었다. 한 세대도 지나기 전에 대영 제국의 이 거대한 상징물은 또한 비문(碑文)이 되어 버렸다. 1947년 인도가 독립한 이후 마지막 차례로 인도를 떠났던 영국 연대인 '서머셋 경의 보병대 제 1대대'가 1948년 2월 28일 고국을 향한 항해를 시작하기 전 마지막으로 이 문 밑을 지나갔던 것이다. 오늘날 이 문은 영국에서 가장 인기 있는 관광 명소이다. 게이트웨이 오브 인디아(인도 관문)는 인도-사라센 건축양식뿐만 아니라 16세기 구자라트(Gujarat)양식으로 건축되었다. 지름 15m 중앙 돔이 있는 형태로 높이 26m의 거대한 석조 - 콘트리트 건물이다. 이 건축물은 1911년 영국의 조지5세와 메리왕후가 델리를 방문하기 위해 뭄바이 항구에 도착한 것을 기념하여 1914년 설계를 완성하고 1915년 착공, 1924년 완성했다.

● 뭄바이 대학 The University of Mumbai

(known earlier as University of Bombay, established in 1857)

국립 / 개교일 1857년 / 소재지 인도 뭄바이 / 면적 0.93㎢(주 캠퍼스)

홈페이지 www.mu.ac.in

The University of Mumbai (known earlier as University of Bombay) is one of the oldest and premier Universities in India. It was established in 1857 consequent upon "Wood's Education Dispatch", and it is one amongst the first three Universities in India.

〈그림 55〉 뭄바이대학교

As a sequel to the change in the name of the city from Bombay to Mumbai, the name of the University has been changed from University of Bombay to University of Mumbai, vide notification issued by the Government of Maharashtra and published in the Government Gazette dated 4th September, 1996. The profile of this University carved out in 150 years of its functioning attests to its manifold achievements as the intellectual and moral powerhouse of the society. The University has always given its best to the country in general and to the city of Mumbai in particular by enthusiastically shouldering an ever-growing load of social values and opportunities.

Initially, the University concentrated its efforts on controlling teaching at the undergraduate level and in conducting examinations. Later on it took up research and the task of imparting instructions at the Post-Graduate level. This resulted in the establishment of the University Departments beginning with the School of Sociology and Civics & Politics. The independence of the country led to the re-organization of the functions and powers of the University with the passing of the Bombay University Act of 1953.

Assessment and Accreditation Council (NAAC). It has two campuses of area 230 acres and 13 acres, with 1.25 million square feet of built-up area, 22 thousand sq. feet of class-rooms and 84 thousand sq feet of laboratory space. It has two post-graduate centers, 492 affiliated colleges, over 90 Institutions and 55 Post-graduate Departments. It has established its name in industrial collaborations and runs various professional courses.

At national level, it has excelled in sports, cultural and out-reach activities. In the last five years it has seen 104% increase in under-graduate students, 112% increase in post-graduate students and 147% increase in distance - education students. There is 156% increase in the number of research papers published in International journals. 12 Department/sections are recognized under various national programmes, such aInitially, the Sub-Centre was located in the premises of a B.Ed. College near Bus Stand. Later, it was shifted to Gogate-Joglekar College. A few Diploma Courses were initiated from here. The Academic activities of the Sub-Centre began when the Sub-Centre was shifted to Thibaw Palace and were inaugurated at the hands of Hon'ble Shri. Manohar Joshi, the then Chief Minister of Maharashtra on June 10, 1997. Beginning with the academic year 1997-98, all the student services and some need-based academic courses were offered by the University from the Sub-Centre.The University of Mumbai subsequently acquired 13 acres of land for Sub-Centre at Plot No. P-61, MIDC, Mirjole (Ratnagiri) and shifted its base into its own premises on February 15, 2005.s SAP/CAS/DRS/DSA/COSIST/FIST. More than 80 teachers are on various professional bodies. 18 National/International awards are won by teachers in the last five years. Every year about 40 teachers visit abroad for academic activities. Recently more than 20 self-supporting courses have been started by the University.

〈그림 56〉 뭄바이대학교

campus-entranceVisualising the need to cater academic and administrative services to the students of Konkan region, the University of Mumbai initiated an Administrative Sub-Centre at Ratnagiri on September 05, 1989. Initially the main purpose of the Sub-Centre was to decentralise some of the student services. Due to the constraint of space, expansion of student services as also introduction of courses could not be realised.

Initially, the Sub-Centre was located in the premises of a B.Ed. College near Bus Stand. Later, it was shifted to Gogate-Joglekar College. A few Diploma Courses were initiated from here. The Academic activities of the Sub-Centre began when the Sub-Centre was shifted to Thibaw Palace and were inaugurated at the hands of Hon'ble Shri. Manohar Joshi, the then Chief Minister of Maharashtra on June 10, 1997. Beginning with the academic year 1997-98, all the student services and some need-based academic courses were offered by the University from the Sub-Centre.The University of Mumbai subsequently acquired 13 acres of land for Sub-Centre at Plot No. P-61, MIDC, Mirjole (Ratnagiri) and shifted its base into its own premises on February 15, 2005.

1857년 당시 인도를 지배하던 영국이 캘커타대학교·마드라스대학교와 함께 영국의 런던대학교를 모델로 하여 세운, 인도에서 가장 오래된 3개 명문대학에 속한다. 당초에는 연합대학으로서 교육은 실시하지 않고, 가맹대학들의 시험과 학위 수여 등의 학사기능만 관리하다가 1904년 제정된 대학법에 의하여 자체 교육기능까지 갖게 되었다.
처음에는 주로 학부과정의 교육에 중점을 두었으나 점차 대학원 과정의 교육에도 주력하게 되었다. 인도가 독립한 뒤인 1953년에 '봄베이 대학 법'이 제정됨으로써 대학의 기능과 권한이 크게 확대되었다. 설립 당시의 이름은 봄베이 대학교였으나, 1995년 봄베이가 뭄바이로 바뀜에 따라 학교 명칭도 뭄바이 대학교로 바뀌었다. 뭄바이와 여러 행정구에 있는 대부분의 대학이 가맹대학으로 속해 있으며 뭄바이 대학교 이름으로 학사 · 석사 · 박사 학위가 수여된다. 2010년 기준 인문학부, 상학부, 법학부, 치의학부, 예술학부, 과학부, 공학부, 의학부의 8개 학부, 36개 학과, 2개의 대학원 과정 센터에서 다양한 학부 · 대학원 과정을 제공한다. 가맹대학은 354개이다. 메인 캠퍼스인 포트(Fort) 캠퍼스 외에 칼리나(Kalina) 캠퍼스, 라트나기리(Ratnagiri) 캠퍼스가 있다. 자와할랄 네루 도서관이 중앙도서관이고, 거대한 라자바이 시계탑은 1864년 실업가이며 은행가인 프렘찬드 로이찬드(Premchand Roychand)가 모친 라자바이(Rajabai)를 추모하기 위해 기금을 기부한 것을 기념하기 위해 명명하였다.

● 도비가트 Dhobi Ghat

〈그림 57〉 콘크리트로 만들어진 커다란 빨래 통에 세탁물을 불린 뒤 그것을 빨아 줄에 매달아 놓는다.

〈그림 58〉 갖가지 빨래들은 마치 혼재의 도시 뭄바이를 상징하는 것처럼 여겨진다.

〈그림 59〉 빨래 일꾼(dhobi)들은 매일 아침 4시부터 오후 6시까지 1인당 4백 벌 가량의 세탁물을 처리한다.

뭄바이에는 사진작가나 여행자들을 유혹하는 포토 포인트가 하나둘이 아니다. 바다 위에 떠 있는 성문, 비현실적일 만큼 거창한 기차역, 사람 하나 빠져나갈 수 없을 것 같은 시장…. '도비 가트(Dhobi Ghat)'는 아이러니하게도 그들의 고된 수고와 애처로움과는 또 다른 매력으로 사람들을 끌어 들인다. 도비가트는 인도 뭄바이 또는 파키스탄에 곳곳에 그 터가 있는 곳이며 빨래를 하는 곳이다. 뭄바이의 도비가트는 약 180년 동안 이어진 장소이며 판자 집들이 다닥다닥 붙어있고 빨래를 생업으로 살아간다. 이곳에서 빨래를 하는 사람들은 인도 카스트제도의 최하 신분인 수드라에도 미치지 못하는 사람들로 취급된다. 인도에서 신분차별은 법적으로 금지되어 있지만 아직도 신분차별제도는

〈그림 60〉 마하락스미 기차역 근처에 있는 도비 가트는 이 도시에서 가장 크고 오래된 시영 세탁소다. 말하자면 매머드급의 야외 빨래터인데, 이곳에 고용된 빨래 일꾼(dhobi)들은 매일 아침 4시부터 오후 6시까지 1인당 4백 벌 가량의 세탁물을 처리한다. 이들은 콘크리트로 만들어진 커다란 빨래통에 세탁물을 불린 뒤 그것을 빨아 만국기처럼 줄에 매달아 놓는다. 그 총천연색의 빨래들은 마치 혼재의 도시 뭄바이를 상징하는 것처럼 여겨진다. 어디에서 날아왔는지 알 수 없는 온갖 더러운 빨래감들이 그곳에서 새로운 내일을 맞는다.

뿌리 깊게 남아있다. 도비가트에서 빨래를 하는 사람들을 '도비왈라'라고 부르며 이들의 직업은 대를 물려 전수된다. 인도 뭄바이의 호텔과 대형숙소에서 나오는 빨래 감을 받아서 처리하며 뭄바이에서는 관광지로도 인기가 높다. 최근 도비가트는 도시 재개발로 인해 점차 사라지고 있으며 도비왈라 들은 별다른 정부지원을 받지 못한 채 거리로 내몰려 우려를 낳고 있다. 마하락스미 기차역 근처에 있는 도비 가트는 이 도시에서 가장 크고 오래된 시영 세탁소다. 말하자면 매머드 급의 야외 빨래터인데, 이곳에 고용된 빨래 일꾼(dhobi)들은 매일 아침 4시부터 오후 6시까지 1인당 4백 벌 가량의 세탁물을 처리한다. 이들은 콘크리트로 만들어진 커다란 빨래 통에 세탁물을 불린 뒤 그것을 빨아 만국기처럼 줄에 매달아 놓는다. 그 총천연색의 빨래들은 마치 혼재의 도시 뭄바이를 상징하는 것처럼 여겨진다. 어디에서 날아왔는지 알 수 없는 온갖 더러운 빨래감들이 그곳에서 새로운 내일을 맞는다.

〈그림 61〉 최근 도비가트는 도시 재개발로 인해 점차 사라지고 있으며 도비왈라들은 별다른 정부지원을 받지 못한채 거리로 내몰려 우려를 낳고 있다.

코친 Cochin 3일차 2015.6.23.(화)

〈그림 62〉 차이니스 피시 넷. 코친항의 가장 오래된 포구에 늘어선 '중국식 어망' 이다. 오랜 기간 인도 남부 외딴 도시의 상징이 된 것은 아이러니컬하게도 중국식 어망이다. 어망의 느린 자맥질은 해질녘까지 끊임없이 계속된다.

□ *6월 23일 (화) 주요일정 요약 - 뭄바이에서 코친(1,535 km) 으로 이른 새벽 항공 이동. 02:00 기상. 02:25 체크아웃. 호텔 제공 아침 도시락 수령. 02:30 호텔 출발. 03:00 뭄바이 공항 도착. 03:10 출발수속(국내선 AI 054편). 여행 팁 하나 부치는 짐 아시아나 마일리지 인디아 항공 제휴 (20KG 기준. 30KG 까지 가능). 04:00 Kohinoor continental 호텔 도시락으로 공항 로비에서 조식. 05:10 비행기 탑승. 05:30 이륙. 08:00 코친공항 도착 . 08:10 검색대. 08:20 수화물 찾기. 08:40 현지 가이드(Ji vin) 및 미팅 직원 조인. 10:40 트라반코어 코트 호텔 체크인. 잠시 휴식 중 12:30 런치. 13:30 성 프란치스 성당. 산타 쿠르즈 성당. 마탄체리 궁전 관람. 어시장. 차이니즈 피싱넷 (그물 고기잡이). 유대인 마을 들려 인도 전통 남성상의 등 구입. 18:00 Travancore court 호텔 휴식 , 석식*

● 케랄라 Kerala 주(州)

인도 남서 단에 있는 **주(州) . 주도(州都)는 티루바난타푸람.**[12] 케랄라 주는 인도 서쪽 아라비아 해안을 따라 약 590km에 걸쳐 남북으로 길게 뻗어 있고, 너비가 좁게는 11km에서 120km로 비좁아 마치 남미의 칠레와 같은 지형을 가지고 있다. 열대 몬순 기후를 가지고 있는 이 지역은 풍부한 해산물과 연간 4모작까지 가능한 쌀농사, 그리고 문나르 지역의 맛좋은 차 생산 등으로 인도에서 가장 풍요로운 땅으로 알려져 있다. 그래서인지 케랄라 주에는 거지를 거의 볼 수 없다고 한다.

예로부터 남인도의 타밀 왕국인 체라 또는 케랄라 왕국으로 알려졌는데 차차 독자적인 문화를 형성하여 영국 통치 시대에도 남부는 트라방코르코친 번왕국(蕃王國)으로서 존속하였다. 1956년 북쪽의 마드라스 주의 일부와 합쳐져 케랄라 주(州)가 되었다. 해안

12) 인도는 총 29개 주와 7개 연방 직할지로 구성되어 있다.

	주	주도		주	주도	지도
01	안드라프라데시	하이데라바드	20	오리사	부바네스와르	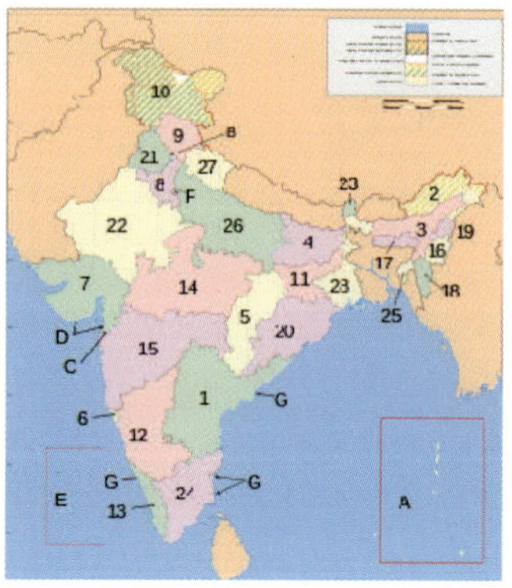
02	아루나찰프라데시	이타나가르	21	펀자브	찬디가르	
03	아삼	디스푸르	22	라자스탄	자이푸르	
04	비하르	파트나	23	시킴	강토크	
05	차티스가르	라이푸르	24	타밀나두	첸나이	
06	고아	파나지	25	트리푸라	아가르탈라	
07	구자라트	간디나가르	26	우타르프라데시	러크나우	
08	하리아나	찬디가르	27	우타라칸드	데라둔	
09	히마찰프라데시	심라	28	서벵골	콜카타	
10	잠무 카슈미르	스리나가르(여름), 잠무(겨울)	29	텔랑가나	하이데라바드	
11	자르칸드	란치		연방직할지		
12	카르나타카	벵갈루루				
13	케랄라	티루바난타푸람	A	안다만니코바르제도	포트블레어	
14	마디아프라데시	보팔	B	찬디가르	찬디가르	
15	마하라슈트라	뭄바이	C	다드라 나가르하벨리	실바사	
16	마니푸르	임팔	D	다만 디우	다만	출처 : 위키백과
17	메갈라야	실롱	E	락샤드위프제도	카바라티	
18	미조람	아이자울	F	델리	델리	
19	나갈랜드	코히마	G	푸두체리	퐁디셰리	

지역은 말라바르 해안이라고 하며, 연안 항구는 고대부터 동서 무역의 중심지로 번영을 누렸다. 인도 주정사(州政史)에서 최초의 공산당 정부가 생긴 곳으로 분배와 사회복지에 우선순위를 둔 케랄라는 현재 인도에서 생활수준이 가장 높은 지역으로 꼽힌다. 선진국 수준의 의료 시스템이 갖춰져 있어 인도에서 가장 낮은 유아 사망률, 가장 높은 평균수명을 자랑한다. 문맹률도 29개 주(州) 가운데 가장 낮다. 글을 못 깨친 성인의 비율이 농촌 3%, 도시 1%에 불과하다. 전체 인구의 3분의1이 까막눈인 인도임을 감안하면 대단한 수치인 셈이다. 특히, 집안에 화장실을 갖춘 비율도 인도에서 가장 높다. 유럽과 최초로 접촉한 지방으로 바스코 다가마와 관계있는 곳을 비롯하여 사적도 많다. 후추가 특산물이며 쌀, 코코야자, 사탕수수 등이 생산된다. 케랄라 주의 숲이 우거진 고지대에서는 차, 커피, 고무, 향신료가 재배되고 수많은 야생동물이 서식한다. 야생동물 보호구역이 총 14개에 달한다. 페리야르 야생동물 보호구역(Periyar Wildlife Sanctuary)은 코치 동쪽 약 190km 지점의 테카디(Thekkady)에 위치해 있다. 케랄라 주와 타밀나두 주의 경계에 해당되는 곳으로 777㎢의 광활한 면적에 걸쳐 있다. 페리야르에는 약 300종의 야생동물이 서식한다. 호랑이, 사자, 삼바(Sambar, 세 갈래 뿔을 가진 큰 사슴), 아메리카 들소, 표범, 몽구스 등 인도 동화책에 등장하는 거의 모든 동물이 울창한 원시림과 초원을 어슬렁거린다.

〈그림 64〉 케랄라 Kerala 주(州)

코친 Cochin

인도 남서부 케랄라 주(州)에 있는 여러 개의 섬으로 이루어진 항구도시로 아라비아 해(海) 연안 말라바르 해안에 위치한 코친은 1970년 코친 시(市)에 통합되었다. 현재 에르나쿨람, 마탄체리 등과 함께 코친 대도시권을 형성하고 있다. 조선업 등이 활발하고 데칸반 서해안의 연안교역이 행해진다.

〈그림 65? 중국식 어망은 중국 광동성에서 행해지던 낚시 방식으로 1400년대에 코친으로 전해진 것으로 알려지고 있다. 지금은 도시의 대표적인 풍경으로 자리매김했다.

포르투갈 풍의 디자인과 힌두교 신화의 벽화가 공존해 있는 코친 토후의 궁전(1555)이 남아 있다. 남부에는 인도에서 유일한 유대교 성당이 있으며, 주변에는 유대교도의 거주지가 있다. 코친은 구도심인 코친항과 마탄체리, 항만이 있는 웰링던섬, 신시가지인 에르나꿀랑 등을 묶어 거대한 도시로 모양새를 바꿨다. 케랄라 주(州)의 주도인 트리밴드럼보다 오히려 규모가 크고, 이방인들에게도 그 이채로움으로 더욱 사랑받는 도시다. 남인도 코친에서 맞닥뜨리는 모습들은, 오가는 사람들 외에는 도심을 채우는 명물들 대부분이 이국적인 것들이다. 인도에 현존하는 가장 오래된 항구로 알려진 케랄라 주(州) 코친은 BC 3세기부터 향신료를 비롯한 국제무역의. 이집트, 페니키아, 중국, 바빌로니아 상인들이 남인도의 향신료와 상아, 티크 목재에 매료돼 이곳으로 모여들었다.

남인도의 케랄라여행은 코친(Cochin)에서 시작하는 것이 좋다. 여러 개의 섬으로 이루어진 항구도시로 아라비아 해 연안에서 아름답기로 정평이 났다. 해질 무렵 아라비아

〈그림 66〉 남인도의 케랄라여행은 코친(Cochin)에서 시작하는 것이 좋다. 여러 개의 섬으로 이루어진 항구도시로 아라비아 해 연안에서 아름답기로 정평이 났다. 해질 무렵 아라비아 해의 광활한 수평선을 물들이는 낙조는 자연이 인간에게 주는 최고의 선물이다.

해의 광활한 수평선을 물들이는 낙조는 자연이 인간에게 주는 최고의 선물이다.

코친은 기원전부터 국제교역의 중심지였다. 이집트, 페니키아, 중국, 바빌로니아 상인들이 남인도의 향신료와 상아, 티크 목재에 매료돼 이곳으로 모여들었다. 번영과 평온을 누리던 코친은 15세기 이후 유럽 열강들의 각축장으로 떠오른다. 1502년 바스코다가마에 의해 포르투갈의 상업 거점이 된 뒤 1503년에는 요새가 구축되었다. 이후 영국, 네덜란드 등이 진출하여 상업 중심지로 번영하였으며, 코친은 포르투갈, 네덜란드의 지배를 받다가 1791년 영국에 이양된다. 영국령일 때는 코친을 수도로 하는 코친 번왕국(蕃王國)이 형성되었다. 마탄체리 궁전(Mattancherry Palace)은 코친과 유럽 각국의 애증이 얽혀 있는 공간으로서 인도문명과 서구문명의 교류를 상징하는 건축물이다. 16세기 중반 포르투갈 상인들이 코치의 마하라자를 위해 지었는데, 궁전 중앙에 인도 고대 서사시가 벽화로 장식된 힌두교 사원이 위치해 있다. 포르투갈이 물러간 뒤 궁전은 네덜란드가 보수, 증축해 총독 관저로 사용하면서 '네덜란드 궁전(Dutch Palace)'이라는 별칭이 붙기도 하였다. 코친은 또한 후추의 세계적 거래지로서 인도 서해안의 코모린 곶에서 가까운 항구로 세계 후추의 4분의 1이 이곳에서 거래될 만큼 후추의 생산지와 집산지로도 유명하다. 대항해 시대가 열리고 포르투갈과 네덜란드, 영국 상인들이 앞을 다투어 이곳에 몰려와 후추를 유럽으로 실어갔다. 2천년 이상 지속되어오는 후추 교역에는 유대계 상인들이 한 몫을 하였다. 중국과 아라비아 상인들이 드나들며 흔적을 남겼고 포르투갈, 네덜란드, 영국 등 열강의 각축지이기도 했기에, 중국식 어망이 남아 있는 것도, 인도에서 유일하게 유대인 마을이 보존돼 있는 것도 그런 이유에서다. 코친 항에서는 재래식 고기잡이와 드라비다 계 외관의 어부들을 만날 수 있다. 코친 주변에는 성 도마가 기원 초기에 이곳에 와 기독교를 전도했다는 전설이 지금까지도 남아 있다. 코친이 속한 케랄라 주(州) 주민의 약 20%는 기독교도 들이다

〈그림 67〉 인도 남서 단에 있는 주(州) . 주도(州都)는 트리반드룸 케랄라 주는 인도 서쪽 아라비아 해안을 따라 약 590km에 걸쳐 남북으로 길게 뻗어 있고, 너비가 좁게는 11km에서 120km로 비좁아 마치 남미의 칠레와 같은 지형을 가지고 있다. 열대 몬순 기후를 가지고 있는 이 지역은 풍부한 해산물과 연간 4모작까지 가능한 쌀농사, 그리고 문나르 지역의 맛좋은 차 생산 등으로 인도에서 가장 풍요로운 땅으로 알려져 있다.

● 바스코 다가마 [Vasco da Gama] 와 코친 항구

흔히 대항해(大航海) 시대라고 하면 15 세기 초부터 17세기 초까지 유럽의 배들이 세계 곳곳의 바다를 누비며 대륙 간 항로를 개척하고, 새롭게 만난 세계에 대해 좋은 의

미든 나쁜 의미든 간에 탐험과 무역을 시작하던 시기를 말한다. 지리적으로 미지의 세계에 대한 동경과 탐험은 언제나 있었지만, 15세기 유럽에서 시작된 대항해시대만큼 활발했던 적은 없었다. 그중에서도 이 대항해시대의 문을 가장 먼저 연 것은 대서양에 접해있던 나라 포르투갈이었다. 포르투갈은 이슬람 세력의 팽창으로 아시아와의 육로 무역이 어렵게 된 상황을 타개하고자 바다로 나아가 인도와 중국에 닿고자 하였다. 이러한 포르투갈의 열망을 실현해 준 사람이 바로 바스코다가마 Vasco da Gama 이다. 바스코다가마는 포르투갈의 남쪽 대서양 연안에 위치한 항구 도시 시네스에서 태어났다. 그의 아버지는 에스테반 다가마로 지역의 사령관이었다. 바스코다가마의 어린 시절은 거의 알려져 있지 않은데, 시네스 북동 지역의 내륙도시 에보라로 가서 그곳에서 수학과 항해술을 배웠다고 한다. 공식적 기록에 그가 나타나는 것은 1492년 포르투갈 배를 약탈한 프랑스 배에 복수하기 위해 왕의 명령으로 세투발 항구로 가서 프랑스 배를 나포한 사건이다. 당시 포르투갈은 15세기 초 항해 왕이라는 별명이 붙은 엔리케(엔히크) 왕자가 대항해시대의 문을 연 이후 누리던 잠시의 호황을 뒤로 하고, 신대륙을 발견한 에스파냐에게 그 주도권을 넘겨준 채 주춤거리고 있었다.

〈그림 68〉 캘리컷에 도착한 바스코 다가마의 모습을 담은 삽화.

대항해시대의 개막은 포르투갈의 왕자였던 엔리케 왕자가 포르투갈에서 남하하여 아프리카로 가는 항로를 개척하면서부터 시작되었다. 당시는 동방에서 오스만 튀르크가 팽창하면서 아랍의 이슬람교도들이 북아프리카와 서아프리카까지 그 세력을 뻗어 무역을 독점하던 시기였다. 오스만 튀르크의 성장으로 아시아로 가는 육로 무역로가 막히고 바닷길마저 이슬람 상인들이 주름잡게 되자, 육류 섭취를 많이 하는 유럽 음식문화에서 필수 불가결한 향료였던 후추의 수입이 현격히 줄어들었다. 이전 시기 지중해 연안에 위치해 동방과의 거리가 가까운 관계로 향료 무역을 중개하면서 상당한 폭리를 취하던 이탈리아 상인들의 횡포도 못마땅했지만, 15세기에 들어서면서 향신료의 수입량이 현격히 줄어들자, 상대적으로 이탈리아와는 먼 거리에 있던 이베리아 반도의 국가들은 향료를 구경조차 할 수 없는 지경에 이르렀다. 인도나 중국으로부터 넘어오는 후추나 정향에 대한 간절한 수요는 결국 이를 가져올 수 있는 새로운 길의 모색으로 이어졌다. 지중해 상인들과 가장 멀리 있으면서 대서양을 바라보고 있던 포르투갈에서 이러한 조짐이 먼저 일어났다. 포르투갈이 바다를 통해 아시아로 가려고 한 데는 몇 가지 시대적 상황이 함께 맞물렸다. 먼저 이베리아 반도에 위치한 포르투갈이 유럽의 가장 서쪽에 위치해 동방과 상당히 먼 거리에 있었다는 점. 그럼에도 불구하고 북아프리카까지 세력을 뻗어 이베리아 반도에까지 넘어온 이슬람 세력들로부터 고통 받고 있었다는 점도 포르투갈이 이들을 배제하고 아시아로 가고자 한 큰 이유가 되었다. 다음으로는 과학기술의 개발이 한몫을 하였다. 이 시기에는 배를 만드는 기술이 발전하여 먼 바다로 나갈 수 있는 범선들이 만들어졌고, 중국에서 넘어온 나침반이 항해에 이용될 수 있을 만큼 개발되었다. 또 지구가 둥글다는 과학적 발견과 르네상스시대 지리학의 발전도 먼 바다로 나아갈 수 있는 용기를 북돋아 주었다.

〈그림 69〉 성 프란시스 성당 (St. Francis Church) 내의 좌우 회중석 위에는 앞좌석 에서부터 뒷좌석까지 이르는 긴 천이 천정에 매달려 있는데 이것의 용도는 하인들이 줄을 잡아당겨 바람을 일으켜 선풍기 역할을 하도록 만들어진 것으로 서양의 제국들에 착취당한 동양의 역사를 돌이켜 보게 하는 씁쓸한 흔적이다.

거기에 포르투갈 성전 기사단의 수장이라고 추측되는 항해 왕 엔리케 왕자의 신앙심과 모험심도 대항해시대를 여는 데 힘을 보탰다. 십자군전쟁의 실패 이후, 이슬람 세력의 팽창으로 위축되어 있던 유럽의 민간에는 이슬람 세력 더 너머에 예수를 믿는 프레스터 존의 나라가 있다는 전설이 널리 퍼졌다. 포르투갈은 바다 넘어 이 프레스터 존의 나라와 힘을 합쳐 이슬람세력들을 협공해 이베리아 반도에서 그들을 내몰 계획을 세웠다. 그들이 프레스터 존의 나라라고 믿었던 곳은 현재의 에티오피아 지역이었다. 이러한 상황 속에서 열린 포르투갈의 대항해시대는 적도를 넘어 아프리카의 서쪽 연안 곳곳을 탐험하기 시작해 1488년 항해사 바르톨로뮤 디아스가 아프리카 대륙 남단의 희망봉을 발견하면서 한참 그 열기가 달아오르는 듯했다. 그러나, 1492년 에스파냐의 후원을 입은 콜럼버스의 신대륙 발견과 프레스터 존의 나라는 존재하지 않을지도 모른다는 생각이 팽배해지면서 미지의 세계에 대한 탐험은 주춤거리고 있었다. 그러한 때에 마누엘 1세는 다시금 대항해시대의 주도권을 가져오기 위해 인도로 가는 원정대를 꾸리고 그 책임자로 바스코 다가마를 임명하였다. 1497년 7월 8일 바스코 다가마는 4척의 배를 이끌고 리스본을 떠나 인도로 향했다. 선단은 120톤급의 캐랙 범선 2척과 50톤급 캐러벨 범선 1척, 보급선 1척으로 총 168명의 선원이 참가했다. 아프리카 대륙을 돌아 인도로 가는 길을 잡은 바스코 다가마는 희망봉을 발견한 바르톨로뮤 디아스와 동행했다. 이전에 서부 아프리카 해안을 남하한 경험이 있는 바르톨로뮤 디아스는 연안을 따라가지 않고 대서양 바다 가운데로 멀찍이 돌아갈 것을 조언했고, 바스코 다가마는 이를 받아들였다. 덕분에 바스코 다가마의 선단은 기니만의 무풍지대와 해안의 무역풍 맞바람을 피해 비교적 순조롭게 아프리카의 최남단까지 도달하였다. 11월 22일 희망봉을 돈 바스코 다 가마는 아프리카 동쪽 연안을 따라 북상하여 모잠비크, 몸바사를 경유해 다음 해 4월 케냐의 말린디에 도착했다. 바스코다가마는 이곳에서 이슬람의 항로 안내자 이븐 마지드의 안내로 인도양을 건너 5월 20일 인도의 캘리컷(현재의 코지코드)에 도착하였다. 이것은 대서양에 면한 포르투갈과 인도양의 인도 사이에 바닷길을 최초로 개척한 사건이었다. 바스코 다가마는 캘리컷의 힌두 통치자 사마린을 만나고 무역을 청했다. 그러나 그들이 포르투갈에서 가져간 물건들은 너무 조악하고 수준이 떨어지는 것이었다. 당시 훨씬 세련된 문명을 구가하고 있던 이슬람권과 무역을 하던 캘리컷 사람들에게 바스코 다 가마 선단이 가져온 물건들은 눈에 차지 않았다. 무역은 성립되지 않았고 조약도 맺지 못한 채 바스코다가마는 향신료만 조금 구한 후 귀국길에 올랐다. 인도로 갈 때는 비교적 순조로운 항해였지만 포르투갈로 돌아오는 길은 험난했다. 인도로 갈 때는 뒤에서 불어 뱃길을 노와주던 바람에 맞서 돌아오느라 바스코다가마의 선단은 23일 만에 건넜던 인도양을 3달에 걸쳐 횡단해야만 했다. 오랜 항해는 선원들의 영양상태를 악화시켰고, 엎친 데 덮친 격으로 괴혈병이 돌아 1499년 바스코다가마가 리스본으로 돌아왔을 때 살아남은 선원은 떠날 때의 1/3인 55명에 불과했다. 비록 엄청난 희생을 치르고, 별다른 무역 성과를 낳지 못한 항해였지만 인도로 가는 길을 개척했다는 사실만으로도 포르투갈의 왕은 감격했다. 그리고 바스코다가마에게 는 귀족의 작위를 내리고 인도양의 제독이라는 칭호도 하사하였다. 그 뒤로 인도 무역은 해마다 확대되었으나 현지인과의 마찰이 점차 격화되어, 1502년 다시 15척의 대함대(大艦隊)를 인솔하고 인도에 건너갔을 때에는 이슬람과 힌두 연합함대의 반격을 받았다. 이를 격파하고 코친 · 카나놀 등 각지에 상관(商館)을 설치, 인도무역 독점의 기초를 다졌다.

〈그림 70〉 성 프란시스 성당 (St. Francis Church) 안에 남아있는 그의 무덤자리, 1524년에 생을 마친 포르투갈 출신의 바스코 다 가마(Vasco da Gama)는 이 성당 마당에 임시로 묻혔다가 나중에 그의 고국으로 옮겨졌다.

〈그림 71〉 바스코 다가마의 인도 항로 개척은 서양과 동양의 바닷길이 열렸다는 데서 큰 의의를 가진다. 인도 곳곳에 전래된 기독교의 흔적은 지금 수많은 흔적으로 도시 곳곳에 남아 있다. 코친의 산타 쿠루즈 바실리카(Santa Cruz Baslica)도 로마 가톨릭에 속하는 것으로, 오래된 성당은 아니지만 그림이 볼 만하다.

바스코 다가마의 인도 항로 개척 후 자신감을 얻은 포르투갈은 카브랄이 이끄는 두 번째 인도행 선단을 보냈고, 이 선단은 대서양의 더 먼 바다로 나아가 브라질을 발견했다. 그리고 다시 인도로 항로를 잡아 돌아올 때는 다량의 향료 · 도자기 · 생강 · 향목 · 진주 · 다이아몬드 · 루비 등을 싣고 왔다. 인도와 포르투갈 간의 바다 무역길이 열린 것이었다. 그러나 이 인도 무역항로의 개척은 해피엔딩으로 끝나지 못했다. 그동안 인도와의 무역을 독점했던 이슬람 세력이 포르투갈의 등장에 위기감을 느끼면서 갈등이 고조 되었던 것이다. 여기다 인도 고유의 문화를 이해하지 못한 포르투갈 선원들과 인도 사람들 사이에서 문제가 발생하기도 하였다. 포르투갈은 단순한 무역의 차원을 떠나 그리스도교의 포교라는 신념도 가지고 있었기 때문에 종교적 마찰도 잦았다. 결국 카브랄이 인도에 남겨두고 온 포르투갈인들이 살해당하는 사건이 발생했고, 바스코 다가마는 그의 생애 두 번째로 인도로 가는 항해를 결행했다. 이번 항해는 이전의 탐험적이고 평화적인 항해가 아니었다. 그는 20척의 선단을 이끌고 인도로 갔으며 그 배 안에는 총과 칼, 병사들이 함께 있었다. 그는 먼저 인도 북부에서 이슬람 상선을 잡아 재물들을 빼앗은 후 배를 불태워 버려 몇 백명에 달하는 사람들을 수장시켰다. 그 외에도 그의 함대는 이슬람 상선을 상대로 해적질을 일삼았다. 바스코 다가마의 이런 악행에 대항한 캘리컷의 통치자 사마린은 이슬람세력과 연합하여 그에 맞섰지만 결국 패배하였다. 이 전투에서 바스코 다가마는 병사뿐만 아니라 항구에 사는 죄 없는 많은 어부와 상인들마저 대량 학살하였다. 캘리컷에서 승리한 바스코 다가마는 엄청난 재물을 갈취한 뒤, 코친, 카나놀 등 각지에 무역소를 설치하고 인도양에 배 5척을 남기고 리스본으로 돌아왔다. 이 일로 포르투갈은 인도양의 제해권을 차지했으며 인도와의 독점 무역을 통해 엄청난 부를 축적할 수 있게 되었다. 바스코 다가마는 이 일로 백작에 봉해지고

〈그림 72〉 성 프란시스 성당 (St. Francis Church) 외관. 포트 코친(Fort Cochin) 구역에 있는 이 성당은 1503년 포르투갈에 의해 지어진 것으로 인도에서 가장 오래된 성당이다.

국왕의 인도정책고문이 되었다. 1524년 바스코 다가마는 인도 현지 공관의 부정부패를 바로잡기 위해 3번째로 인도행을 결정했다. 그러나 그는 노령과 과로가 겹쳐 인도의 코친에서 사망하고 만다. 후에 바스코 다가마의 유해는 포르투갈로 옮겨져 리스본 남부 벨렘의 제로니모 수도원에 안장되었다. 바스코 다가마의 인도 항로 개척은 서양과 동양의 바닷길이 열렸다는 데서 큰 의의를 가진다. 그러나 이후 포르투갈을 뒤따라온 서양의 제국들에 착취당한 동양의 역사를 돌이켜 보면, 그저 긍정적으로만 평가를 하기는 어렵다. 실제로 바스코 다가마의 인도 항로 개척 500주년 행사를 인도와 포르투갈이 함께 추진하였으나, 인도인들의 반대로 무산된 일이 있기도 하다.

● 성 프란시스 교회 St. Francis church

성 프란시스 성당(St.Francis Church) - 포트 코친(Fort Cochin) 구역에 있는 이 성당은 1503년 포르투갈에 의해 지어진 것으로 인도에서 가장 오래된 성당이다. 1524년에 생을 마친 포르투갈 출신의 바스코 다가마(Vasco da Gama)는 이 성당 마당에 임시로 묻혔다가 나중에 그의 고국으로 옮겨졌다. 그가 묻혔었다는 성 프란시스 성당은 그 용도가 수차례 바뀌었지만 무덤 터는 고스란히 보존돼 있다. 포르투갈의 항해왕 바스코

〈그림 73〉 1524년 바스코 다가마는 인도 현지 공관의 부정부패를 바로잡기 위해 3번째로 인도행을 결정했다. 그러나 그는 노령과 과로가 겹쳐 인도의 코친에서 사망하고 만다. 후에 바스코 다가마의 유해는 포르투갈로 옮겨져 리스본 남부 벨렘의 제로니모 수도원에 안장되었다. 바스코 다가마의 인도 항로 개척은 서양과 동양의 바닷길이 열렸다는 데서 큰 의의를 가진다. 1524년에 생을 마친 포르투갈 출신의 바스코 다가마(Vasco da Gama)는 이 성당에 임시로 묻혔다가 나중에 그의 고국으로 옮겨졌다.

다가마는 코친에서는 꽤 이름을 떨친 저명인사다. 부근에 있는 산타 크루즈 바실리카(Santa Cruz Baslica)는 로마 가톨릭에 속하는 것으로, 오래된 성당은 아니지만 그림이 볼 만하다. 성당 뒤로는 바스코책방과 바스코호텔 등이 들어서 있고, 여행자를 위한 숙소와 100년 역사의 레스토랑들 역시 그 길목에 나란히 늘어서 있다.

● 마탄체리 Mattāncheri

Mattāncheri <MATTANCHERRY PLACE MUSEUM>

아라비아해(海) 연안에 자리 잡은 항구로 1970년 코친 시(市)에 통합되었다. 데칸반 서해안의 연안교역이 행해진다. 포르투갈풍의 디자인과 힌두교 신화의 벽화가 공존해 있

는 코친 토후의 궁전(1555)이 남아 있다. 남부에는 인도에서 유일한 유대교 성당이 있으며, 주변에는 유대교도의 거주지가 있다. 마탄체리 궁전 코친항에서 남쪽으로 향하면 유서 깊은 유대인 마을과 마탄체리 궁전이다. 마을 초입, 포르투갈과 네덜란드인의 손길이 닿은 마탄체리 궁전은 외관은 남루하지만 17세기 제작된 내부 벽화는 수준급이다.

더치 팰리스(Dutch Palace) - 마탄체리(Mattancherry) 구역에 있는 이 궁전은 1557년에 포르투갈 사람들이 지어 코친 Cochin의 라자 Raja에게 선물한 것이다. 사방으로 둘러 싼 형식의 건물인 이 궁전의 안마당에는 힌두 사원이 있는데, 1663년 네델란드 사람들(Dutch)에 의해 수선되며 네델란드 궁전이라는 이름이 붙었다. 17-18세기에 그려진 힌두의 두 대서사시 라마야나(Ramayana)와 마하바라타(Mahabharata)를 소재로 한 벽화가 볼만하다. (내부 사진 촬영 불가)

● 케랄라의 전통 마임극 '카타칼리'

이국적인 풍경들로 채워진 코친에서 전통 마임극 카타칼리는 남인도만의 개성 넘치는 색깔을 보여준다. 이야기 속 희로애락을 과격한 표정과 손짓으로 표현하는 카타칼리는 흡사 중국의 경극을 닮았다. 공연 시작 전부터 배우들의 분장과정을 지켜볼 수 있는데 화려한 장신구에 손놀림, 눈짓 등 동작 하나하나에 해학적이고 독특한 기교가 넘친다.

케랄라의 지역을 대표하는 '카타칼리' 공연은 시작 전부터 배우들의 분장과정을 지켜볼 수 있는데 화려한 장신구에 손놀림, 눈짓 등 동작 하나하나에 해학적이고 독특한 기

〈표 7〉 이국적인 풍경들로 채워진 코친에서 전통 마임극 카타칼리는 남인도만의 개성 넘치는 색깔을 보여준다. 이야기 속 희로애락을 과격한 표정과 손짓으로 표현하는 카타칼리는 흡사 중국의 경극을 닮았다. (카타칼리 홈페이지 인용)

교가 넘친다. 인도를 대표하는 무용으로는 5가지가 있는데 북인도의 까딱, 오릿싸 주의 오리씨, 마니뿌르 지방의 마니뿌리, 남인도 타밀나두 주의 바라뜨나띠뜨 그리고 케랄라 주의 카타칼리이다. 10세기 경 사원의 벽화에 흔적이 남아있을 만큼 오래된 역사를 가진 카타칼리는 드라마라는 뜻의 카타 Katha와 음악이라는 뜻의 칼리 Kali가 합쳐진 말

로 음악에 맞춰 표정과 손짓, 행동으로 표현하는 마임극에 가까운 민속 무용극이다. 오래전 카타칼리는 왕궁에서만 공연하는 귀족문화였고 흥이 나면 7~8시간이 훌쩍 넘도록 오랫동안 공연을 했지만 여행자들을 위한 공연은 분장 시간을 포함하여 3시간 정도로 편집된 내용이다. 공연을 시작하기 1시간 전부터 배우들이 무대에 올라 꽃과 풀 등에서 추출한 천연의 염료에 코코넛 오일을 섞어서 재료를 만든 후 나뭇가지를 이용하여 분장을 하는 모습을 공개하는데 이 또한 놓치면 아쉬운 볼거리이다. 본 공연에서 배우들은 말 한마디 하지 않고 눈동자 하나, 입 하나, 주름 하나로 감정을 표현하는데 그 모습을 보면 대단하다는 생각이 절로 든다. 간간히 이해를 돕기 위해 해설이 나오지만 따로 듣지 않아도 이해될 만큼 쉬운 내용이므로 아이들과 함께 관람해도 좋다. 공연의 내용 중 가장 인기가 많은 것은 크리슈나 신의 이야기와 인도의 대 서사시 라마야나이다. 과거 카타칼리(Kathakali) 공연은 17세기 중반 코치의 경제적 기반 위에서 탄생한 유희로 과거엔 마하라자의 일족만 볼 수 있었다고 한다. 서민들은 축제 기간에만 즐길 수 있었다. 물론, 이제는 마하라자보다 이방인을 위한 관광 상품이 되었다.

〈그림 78〉 코친 해변에서 만난 순박한 미소와 인정이 넘쳐 보이는 인도 청년들.

● 중국식 투망 Chinese Fishing Net

코친은 항만으로서 좋은 조건을 지닌 곳이어서 아라비아 해의 여왕이라고도 칭해질 정도로 번성했던 곳이다. 유럽의 여러 나라들뿐 아니라 중국 원나라 쿠빌라이 칸시대의 중국 무역상들도 이곳을 들락거렸는데, 중국식 투망은 이때의 흔적인 것이다. 지금도 케랄라 지역 곳곳에서 쉽게 볼 수 있는데, 이곳 포트 코친의 선착장 부근에 있는 중국식 투망은 수시로 망을 들어 올리는 사람이 있어 이 망을 이용하여 고기 잡는 과정을 볼 수 있다. 코친항의 가장 오래된 포구에 늘어선 '중국식 어망'은 오랜 기간 인도 남부

〈그림 79〉 코친은 항만으로서 좋은 조건을 지닌 곳이어서 아라비아 해의 여왕이라고도 칭해질 정도로 번성했던 곳이다.

〈그림 80〉 유럽뿐 아니라 원나라 쿠빌라이 칸 시대의 중국 무역상들도 이곳을 들락거렸는데, 중국식 투망은 이때의 흔적인 것이다.

〈그림 81〉 지금도 케랄라 지역 곳곳에서 쉽게 볼 수 있는 중국식 투망은 수시로 망을 들어 올리는 사람이 있어 고기 잡는 과정을 볼 수 있다.

외난 도시의 상징이 된 깃은 아이러니하다. 어망의 느린 자맥질은 해질녘까지 끊임없이 계속된다. 해질 무렵이면 더욱 아득한 풍경을 만들어낸다. 고깃배가 드나드는 포구에 집채만 한 어망 수 십 여개가 줄지어 늘어서 있고 검은 근육의 장정들이 줄을 당겨

〈그림 82〉 고깃배가 드나드는 포구에 집채만 한 어망 20여개가 줄지어 늘어서 있고 검은 근육의 장정들이 줄을 당겨 고기를 낚는다.

고기를 낚는다. 구성진 노래에 맞춰 그물을 들어 올리면 뱃사람 한명이 날렵하게 어망 끝으로 기어오른다. 그 어망에 펄떡거리는 몇 마리의 생선이 담겨 있다. 노을에 비낀 어

망과 나무틀에 걸터앉아 휴식을 취하는 어부들 옆으로는 즉석에서 어시장이 들어선다. 중국식 어망은 중국 광동성에서 행해지던 낚시 방식으로 1400년대에 코친으로 전해진 것으로 알려지고 있다. 지금은 도시의 대표적인 풍경으로 자리매김했다.

<그림 83> 어부와의 그물체험 (1)

<그림 84> 어부와의 그물체험 (2)

<그림 85> 어부와의 그물체험 (3)

<그림 86> 어부와의 그물체험 (4)

● 코친의 유대인 마을과 재래시장

코친의 재래시장에서는 향료가게들이 즐비하게 늘어서 있다. 무더운 날씨의 남부 인도인들에게 '맛살라'로 통칭되는 향신료는 없어서는 안 될 귀중한 식재료다.

어느 식당, 어느 골목에 들어서던 군침을 돌게 하는 화려하고 노릇노릇한 향에 슬며시 취하게 된다. 코친항에서 남쪽으로 향하면 유서 깊은 유대인 마을과 마탄체리 궁전이다. 향신료 무역을 하던 유대인이 정착한 것으로 추정되는 유대인 마을 끝자락에는 '파르데쉬 시나고그'로 불리는 유대인 회당도 들어서 있다. 한때 500여 가구였던 유대인 마을은 현재 약 10명의 유대인들만이 남아 있다. 유대인이 케랄라에 처음 발을 들여놓은 시기는 솔로몬시대까지 거슬러 올라간다. 약 3000년 전의 일이다. 솔로몬 왕조는 아프리카 에티오피아를 세력권에 둘 정도였으니 인도라고 해서 멀게 느끼지는 않았을 것이다. 1세기 중반에는 예수의 12제자 가운데 한 명인 도마(Thomas)가 기독교를 전파하기 위해 코치에 상륙했다고 전해진다. 그즈음 유대는 로마에 반란을 일으켰다가 철저하게 파괴되고 유린당한다. 코친에 도달한 유대인들은 거주지를 마련하고 회당(Synagogue)을 지었다. 회당에 모여 히브리어로 기록된 토라(모세 5경)를 읽으며 자신들의 정체성을 유

〈그림 87〉 한때 500여 가구였던 유대인 마을은 현재 약 10명의 유대인들만이 남아 있다. 코친의 유대인들은 2차 세계대전 이후 이스라엘이 건국하면서 대부분 예루살렘으로 돌아갔다. 이스라엘 정부와 유대교 단체는 지금도 인도 각지에 흩어진 유대인 후손들을 찾아내 귀국시키는 활동을 벌이고 있다. 현재, 코친의 유대인 마을은 이름만 전해지는 실정이다. 거리에는 활기도 없고 20여 개의 낡은 기념품점과 골동품 가게가 관광객을 맞이할 뿐이다.

지했다. 조상 대대로 내려온 규례를 따르고 음력을 사용하는 등 고유한 문화를 지켜나갔다. 또한 뛰어난 상술로 지역 내 세력을 확대시켰다. 하지만 수천년 동안 지속된 코친의 유대인 커뮤니티는 더 이상 존재하지 않는다. 코친의 유대인들은 2차 세계대전 이후 이스라엘이 건국하면서 대부분 예루살렘으로 돌아갔다. 이스라엘 정부와 유대교 단체는 지금도 인도 각지에 흩어진 유대인 후손들을 찾아내 귀국시키는 활동을 벌이고 있다.
현재, 코친의 유대인 마을은 이름만 전해지는 실정이다. 20여 개의 낡은 기념품점과 골동품 가게가 관광객을 맞이할 뿐이다. 16세기 중반에 지어진 회당만이 이곳이 유대인 공동체였음을 말해준다. 유대인 회당은 힌두교나 자이나교 사원, 가톨릭이나 기독교 교회와는 전혀 다른 양식이다. 둥근 돔이 중앙에 자리하고, 내부는 히브리어 문자가 새겨진 동판과 손으로 그림을 새긴 타일이 장식돼 있다. 바닥을 덮고 있는 푸른 대리석은 중국 광둥성에서 들여온 것이라고 하는데, 회당 건축 당시 유대인들의 경제력을 짐작케 한다. 유대인 마을은 골동품 거리로 더욱 유명세를 타, 골목에는 향신료 가게와 페르시

아 골동품 상점들이 빼곡하게 들어차 있다. 코친은 구도심인 코친항과 마탄체리, 항만이 있는 웰링던섬, 신시가지인 에르나꿀랑 등을 묶어 거대한 도시로 모양새를 바꿨다. 께랄라 주의 주도인 트리밴드럼 보다 오히려 규모가 크고, 이방인들에게도 그 이채로움으로 더욱 사랑 받는 도시다. 코친의 재래시장에서는 향료가게들이 즐비하게 늘어서 있다. 무더운 날씨의 남부 인도인들에게 '맛살라'로 통칭되는 향신료는 없어서는 안 될 귀중한 식재료다. 어느 식당, 어느 골목에 들어서던 군침을 돌게 하는 화려하고 노릇노릇한 향에 취하게 된다.

● 시나고그 synagogue

유대교의 공적인 기도 · 예배의 장소(회당)를 가리키는 말. 그리스어로 〈집회〉를 의미하는 시나고게에서 유래하며, 헤브라이어로는 베트 크네세트라고 한다. 그 기원에 대해서는 각종 설이 있는데, 일반적으로는 기원전 586년의 유대왕국 멸망 후의 바빌론 유배시대에 소실된 예루살렘의 성전에 대신하는 그들의 공적기도의 장소로서 발달했다는 설이 유력하다. 유폐 후의 기원전 515년에 예루살렘 성전이 재건되고, 그들의 종교적 생활규범인 율법서가 완성된 후에는 이를 함께 공부하는 기관이 되었다. 특히 팔레스타인에서는 율법의 지식을 유대교 전 국민 사이에 철저하게 시킴으로써 민족의 일체성을 유지하려는 바리사이파에 의해서 율법교육의 장으로서 이용되었다. 그와 같은 시나고그가 로마군에 의한 제2성전 파괴(기원후 70)까지 전 팔레스타인에 보급되고, 예루살렘에만 400개나 존재했다고 한다. 예수도 나사렛의 시나고그에서 교육을 받고, 후에 당지가 된 가파르나움의 시나고그에서도 설교를 했다. 시나고그는 시리아, 소아시아, 북아프리카 등의 디아스포라 〈이산(離散)의 유대인〉사이에도 헬레니즘시대에 널리 발전하고, 이집트에서는 이미 기원전 3

〈그림 88〉 파르데쉬 시나고그 : 유대교의 공적인 기도 · 예배의 장소(회당)를 가리키는 말. 그리스어로 〈집회〉를 의미하는 시나고게에서 유래하며, 헤브라이어로는 베트 크네세트라고 한다. 그 기원에 대해서는 각종 설이 있는데, 일반적으로는 기원전 586년의 유대왕국 멸망 후의 바빌론 유폐(㉮ 바빌론 유배)시대에 소실된 예루살렘의 성전에 대신하는 그들의 공적기도의 장소로서 발달했다는 설이 유력하다. 유폐 후의 기원전 515년에 예루살렘 성전이 재건되고, 그들의 종교적 생활규범인 율법서가 완성된 후에는 이를 함께 공부하는 기관이 되었다

세기에 존재했다는 것이 출토비문에 의해서 증명되고 있다. 팔레스타인에서는 제1차 유대전쟁 때, 유대 반란군의 최후의 거점이 된 마사다와 헤로디움에 잔존하는 시나고그가 기원전에 속하는 최고의 것이다. 성전의 예배가 희생 중심이었던 것에 대해서, 시나고그의 예배에서 희생은 바치지 않고, 성서의 낭독과 해설이 중심이었다. 최초에는 3년 사이클로 **모세 오경**[13]전권을 154의 주과로 나누어서 통독하였는데, 후에 1년 사이클로 바뀌었는데 이 예배형식은 후의 그리스도교나 이슬람교의 기초가 되었다. 또한 시나고

〈그림 89〉 향신료 무역을 하던 유대인이 정착한 것으로 추정되는 유대인 마을 끝자락에는 '파르데쉬 시나고그'로 불리는 유대인 회당도 들어서 있다. 한때 500여 가구였던 유대인 마을은 현재 약 10명의 유대인들만이 남아 있다. 유대인 마을은 골동품 거리로 더욱 유명세를 타, 골목에는 향신료 가게와 페르시아 골동품 상점들이 빼곡하게 들어차 있다. 그들의 고유상징인 샛별과 칠지(七支) 촛대 문양이 선명하다.

그에는 일종의 의무교육으로서 유대 소년들에게 『구약성서』 본문을 가르치는 학교와 보다 고도의 율법연구기관이 부설되며, 시나고그는 가끔 학교와 동일시되었다. 성전 붕괴 이후에 시나고그는 문자 그대로 유대민족의 정신적 통합의 심벌로서 민족유지의 원동력이 되었다.

오늘날 팔레스타인에도 200여 곳에서 로마 · 비잔틴시대의 유구가 발굴되고 있으며, 그 대부분이 갈릴리 지구에 집중되어 있다. 로마시대(3세기)의 것은 정면 입구를 남방의 예

13) 원어명 Pentateuch '모세 오경(五經)' 이라고도 한다. 이 경전(經典)은 유대교에서는 율법 · 토라 · 펜타 튜크 등으로 부르기도 한다. 본래 모세가 쓴 것으로 여겨 왔기 때문에 '모세 오경'이라고 불렀는데, 지금은 많은 문헌을 바탕으로 밝혀진 결과 여러 사람이 편집한 것이라는 의견도 제기된다. 그러나 그 주인공은 모세이며, 그 정신이 전체에 일관되어 있어 '모세 5경'이라는 호칭이 그 의미를 상실하는 것은 아니다. 거의 600년이라는 긴 역사의 흐름 속에서 단계적으로 이루어져, BC 400년경에야 결집이 완성된 것으로 보고 있다.

루살렘을 향한 장대한 바실리카 형식의 석조 건축이다. 그 대표적인 것이 가파르나움, 코라진, 바탄아암 등에 있다. 비잔틴시대에는 외형보다도 내부 장식에 뜻을 이용해서 장려한 모자이크 바닥으로 장식된 것이 많다. 디아스포라의 고대 시나고그로서는 시리아 동부의 유프라테스 하구에서 발굴된 두라 유로포스의 시나고그가 『구약성서』의 이야기에 취재한 대규모 프레스코화의 장식으로 유명하다. 또한 고대 로마에는 출토비문에 의해서 그 소재가 확인되어 있는 것이 11개 있다. 로마의 외항 오스티아에서는 장대한 유구(1세기)가 발굴되고 있으며, 소아시아에서도 사르티스, 밀레토스, 프리에 등에서 발굴되고 있다. 이들 그리스 · 로마세계에 존재한 디아스포라의 시나고그는 널리 문호를 이방인에게 개방하고, 유대교에 대한 개종자를 많이 얻었다. 초기 그리스도교회는 이들 시나고그에 의해서 개척된 토양 위에 새로운 복음의 종자를 뿌려서 급속하게 지중해 세계로 발전하였다. 시나고그의 건설은 고대 로마제국 하에서는 제한되었으나, 중세에는 서아시아나 지중해지역, 또는 유럽에서도 건설이 진행되었다. 서아시아에서는 바그다드, 다마스쿠스, 후스타트(카이로)의 것이 알려져 있으며, 유럽에서는 톨레도, 웜스, 레겐스부르크, 프라하, 크라코프 등의 것이 유명하였다. 중 · 근세에도 18~19세기에 이르기까지 유대 교도의 개인 및 커뮤니티의 생활은 종교와 일체화되어 있으며, 완전하게 세속적인 생활은 존재하지 않았다. 유대교도는 성일, 안식일에 시나고그에 모여서 예배를 드리고, 율법을 읽고, 계율을 가르쳤다. 그리고 기도의 집, 공부의 집 외에 중세 이후에는 커뮤니티센터로서의 기능이 강해지고, 시나고그가 인접하는 중정에서는 판례가 읽혀지고, 혼례가 축하되었다. 또한 중세에는 여행인의 숙박소도 되어서 외부세계의 정보의 집적소로서의 성격도 더해졌다. 이와 같이 유대교도 생활에서 시나고그의 중요성이 고양됨에 따라서 파문 · 추방에 해당하는 시나고그에 대한 참회금지처분은 유대교도 사회의 가장 가혹한 사회적 제재로서 작용하였다. 동시에 시나고그는 유대교도 · 유대인 사회의 심벌이기도 하였기 때문에, 특히 유럽에서는 반유대주의의 공격대상도 되었다. 나치스의 〈수정의 밤(1938년 11월 9일 밤)〉에는 독일에서 약 280곳의 시나고그가 파괴되거나 태워졌다. 오스트리아에서는 1938년 11월 10일만으로 56곳의 시나고그가 파괴되었다. (종교학대사전, 1998 한국사전연구사)

● 디아스포라 Diaspora

팔레스타인 밖에 살면서 유대교적 종교규범과 생활관습을 유지하는 유대인 또는 그들의 거주지를 가리키는 말이다. 디아스포라는 '이산(離散) 유대인' '이산의 땅'이라는 의미로도 사용된다. 이는 그리스어에서 온 말로 '분산(分散) · 이산'을 뜻한다. 역사적인 서술에서 이 단어는 헬레니즘 문화 시대와 초기 그리스도교 시대를 통해, 그리스 근역(近域)과 로마 세계에서 유대인의 이산을 가리키고 있다.

역사적 배경

BC 8세기 후반부터 이스라엘 민족이 팔레스타인 바깥쪽으로 퍼져나가기 시작하였던 것으로 추정된다. 팔레스타인의 북부를 차지하고 있던 이스라엘 왕국이 BC 734~BC 721년의 아시리아 침입으로 멸망하였다. 그리하여 아시리아 영토에 편입되었는데, 이때 많은 유대인이 고향을 떠났다. 또 BC 598~BC 587년 바빌로니아인(人)의 침략으로 남쪽의 유다왕국이 멸망하자, 비슷한 이주현상이 일어났다. 이러한 역사적 사건들을 통해 개척자 같은 정신으로, 혹은 어쩔 수 없이 많은 무리가 다른 지역, 특히 이집트로 이주하였다. 그 후, BC 4세기 초 알렉산드로스대왕이 페르시아제국을 정복하자, 근동에서는 그리스인(人)의 통치에 의해서 파급된 그리스문화에 실려 문화적인 혁신을 겪게 되었다. 또 교역과 상업이 급속하게 발달한 데다, 알렉산드로스의 후계자들이 이민을 장려하는 정책을 취했던 탓으로, 유대인의 이산을 촉구하는 결과를 낳았다.

이러한 경향에 대하여 유대인들은 매우 능동적으로 반응하여, BC 1세기 말엽에는 시리아 · 이집트 · 소아시아 · 메소포타미아 · 그리스 · 이탈리아에 많은 유대인 공동체가 나타났다. 신약성서의《사도행전》2장 9~11절에도 바르티아 · 메대 · 엘람 · 메소포타미아 · 유다 · 갑바도기아 · 본도 · 아시아 · 프리기아 · 밤필리아 · 이집트 · 키레네 · 로마 · 그레데 · 아라비아에 거주하는 유대인들이 언급되고 있다. 디아스포라의 가장 큰 중심지는 로마제국의 3대도시인 로마 · 안티오키아 · 알렉산드리아였다. 안티오키아에 유대인들이 정착한 것은 BC 150년 이후였으며, 로마인은 그보다 더 늦었는데, 규모가 크고 부유하였으며 영향력이 강하기로는 알렉산드리아의 유대인들이었다고 전해진다. 신약시대의 디아스포라 학자 필로에 의하면 알렉산드리아에만도 100만 가량 있었던 것 같다. 디아스포라의 유대인들은 팔레스타인의 유대인들보다 그리스 문화에 대해 훨씬 개방적이어서 헤브라이어와 아람어를 사용하던 극소수를 제외하고는 대부분이 그리스어를 상용(常用)했다. 헬레니즘 문화권의 도시들에서 주로 수공업과 무역에 종사하던 그들은 본토 유대인들보다 높은 수입을 올렸으며, 그들이 행하는 무역의 중요성 때문에 알렉산드리아 같은 곳에서는 원주민보다 높은 지위를 얻을 수 있었다. 로마의 시민권이 제국(帝國)의 여러 곳으로 넓혀질 때, 바울로 사도처럼 그 시민권을 얻은 사람도 많았다.

문화적 영향

디아스포라의 유대인들은 그리스문화에 둘러싸여 살고 있었기 때문에, 자연히 그리스학문의 중심지였던 알렉산드리아는 유대적 헬레니즘 학문의 중심이 되었다. 그곳의 유대인들은 '70인역(譯)'이라고 불리는 구약성서의 그리스어 역본을 출간하여, 그리스도교에 큰 영향을 주게 되었다. 그들 중에서 많은 학자 ·저술가가 나왔는데, 필로가 가장 유명하였다. 그리스문화에 물들었음에도 불구하고, 디아스포라의 유대인들은 팔레스타인을 그들의 정신적인 고향이며 지도력으로 생각하였다. 그래서 예루살렘과 밀접한 연관을 가졌고, 성전과 성직자들을 후원했다. 팔레스타인 안에서는 야훼(하나님)에 대한 제사는 오로지 예루살렘(성전)에서만 거행하도록 규정되어 있었다. 그래서 종교적 회당(會堂), 즉 시나고그가 디아스포라에서 생겨났으며, 그것은 팔레스타인으로 역수입되었다. 실제로 유대인들의 정신적 지주인 예루살렘이 파괴된 이후에도 유대교가 살아남을 수 있었던 것은, 이 시나고그를 통해서였으며, 이 회당 조직이 사도 바울로의 전도여행의 통로가 되기도 했다.

또한 주목할 것은, 디아스포라를 통하여 최초로 반(反)유대인적 풍조가 발생했다는 점이다. 유대인들의 민족적 배타성, 경제적 번영, 특권들 때문에 많은 도시에서 유대인을 대상으로 한 외국인 혐오가 퍼졌다. 안티오키아 ·알렉산드리아 ·체사레아 등지에서 반유대인 폭동이 일어났고, 법정에서는 유대인에게 무거운 벌금이 부과되었다. 알렉산드리아에서는 끊임없는 반목이 계속되어 결국 칼리굴라의 박해로 이어져, 학자 필로를 단장으로 하는 대표단이 로마 법정에 박해의 중지를 호소하였다. 그런데 이 박해는 칼리굴라의 암살로 끝났다. 반유대적인 편견(偏見)은 키케로, 페르시우스, 세네카, 퀸틸리아누스, 타키투스 등 로마의 문학가들에게서도 나타나고 있다. 이것은 2000년을 두고 전 유럽과 중근동(中近東)에서 여러 형태로 나타난, 집요하고도 비이성적인 반유대주의와 같은 맥락에서 이해되고 있다.

□ 가는 길 : 한국에서 코친까지 직항 편은 없다. 인도 항공사인 제트 에어웨이스 등이 홍콩 또는 방콕을 거쳐 뭄바이를 경유한 뒤 코친까지 항공편을 운항중이다. 싱가포르와 첸나이를 거쳐 코친까지 이동하거나, 주도 트리밴드럼에서 열차나 차량으로 갈수도 있다. 뭄바이에서 열차로는 수십 시간이 소요된다.

- 케랄라 카타칼리 센터
주소 Near Santa Cruz Bazilica, K.B. Jacob Road
전화 +91 4842217552
공연 시간 17:00~20:00 (분장 17:00~18:00)
요금 1인 300
홈페이지 www.kathakalicentre.com

■ 알레피 Alleppy 4일차 2015.6.24.(수)

〈그림 90〉 남인도의 케랄라 여행은 코친(Kochin)에서 시작하는 것이 좋다. 여러 개의 섬으로 이루어진 항구도시로 아라비아 해 연안에서 아름답기로 정평이 났다. 해질 무렵 아라비아 해의 광활한 수평선을 물들이는 낙조는 자연이 인간에게 주는 최고의 선물이다. 알레피 벰바나드 호수의 일몰과 겹쳐진 코마라쿰의 숙소인 Abad whispering palm resort의 아름다운 알레피 호수 경치

□ 6월 24일 (수) 주요일정 ***코마라쿰 알레피 투어***

07:00 기상 08:00 조식 체크아웃. 10:00 Travancore court 호텔 출발 11:00 파파야 술 피시 600루피 12:00 알레피 도착 13:30 Abad whispering palm 체크인 / 런치 2$ 14:30 보태닉 파크 4km 산책 전망대 - 수로 유람 보트 유람 400 루피 1시간 18:00 코마라쿰 도착 19:30 Abad whispering palm 호텔디너 1$ 위스퍼링 팜 호텔 환상적 (목욕 용 긴 타월의 로망)

● 코마라쿰 - 알레피 벰바나드 호수의 하우스 보트

남인도 케랄라 주의 백워터 크루즈는 일반적으로 알레피(Alleppy) 와 콜람(Kollam) 사이 코코넛이 늘어선 수로를 헤치며 유람을 하는 크루즈 여행을 말하는데, 처음에는 도로가 발달하지 않았던 시절, 남인도 께랄라 주는 수로를 통해 쌀과 차 등의 물자와 사

〈그림 91〉 남국의 정취가 물씬 풍기는 코코넛 나무들이 비스듬히 누워있고, 파란 하늘, 환상적인 노을이 어우러진 수로는 그야말로 그 어디에서도 볼 수 없는, 이국의 낭만을 만끽할 수 있는 아름다운 풍경이다. 남인도의 수로여행은 주로 알레피에서 출발하여 콜람까지 페리, 우람선, 하우스 보트로 하는데 그 수로가 수 천 킬로미터에 이른다고 한다.

람을 운반하는 수단으로 발달했다. 바다와 연결된 수로는 육지 사이에 있어서 매우 잔잔하다. 어떤 수로는 배들이 겨우 비껴 갈 정도로 매우 좁은가 하면 어떤 곳은 바다처럼 굉장히 넓다. 그러나 육지 사이에 위치하고 있기 때문에 비교적 작은 배들도 안전하

게 항해를 할 수 있다. 그런데 도로와 철도가 발달한 오늘날에 와서는 물자수송 대신 수로유람이 케랄라 주 최고의 관광 상품으로 각광을 받고 있다. 날씨가 덜 덥고 건기인 12월과 2월 사이에는 백워터 크루즈를 즐기려는 사람들로 장사진을 이룬다. 남국의 정취가 물씬 풍기는 코코넛 나무들이 비스듬히 누워있고, 파란 하늘, 환상적인 노을이 어우러진 수로는 그야말로 그 어디에서도 볼 수 없는, 이국의 낭만을 만끽할 수 있는 아름다운 풍경이다.

남인도의 수로여행은 주로 알레피에서 출발하여 콜람까지 페리, 유람선, 하우스 보트로 하는데 그 수로의 길이가 수 천 킬로미터에 이른다고 한다. 수로유람은 보통 알레피에서 출발하여 콜람을 오가는 항로를 취하게 된다. 승선장 근처의 관광사무소에서 승선권을 구할 수 있는데, 시간과 돈에 따라 선택을 할 수 있다. 가장 저렴한 것은 알레피와 꼬따얌을 오가는 페리를 타는 것인데 현지주민들이 주로 교통수단으로 이용하는 2~3시간짜리 유람이다. 그러나 대부분의 배낭여행자들은 주로 8시간짜리 유람선을 이용한다. 하우스 보트(House Boat)는 침실과 식사가 제공되어 보통 배에서 기본적으로 1박 이상을 하게 된다. 쌀 수송선을 개량하여 만들었다는 하우스 보트는 선장과 요리사, 그리고 웨이터가 선상 서비스와 요리를 제공한다. 또 빌리지 투어란 것이 있는데, 이는 작은 보트를 타고 수풀이 우거진 좁은 물길을 따라 원시적인 마을을 돌며 현지인의 삶을 체험하는 투어이다. 하우스 보트는 2인 1실로 되어 있는 침실에 욕실이 달려 있고, 천장에는 커다란 선풍기가 있다. 에어컨 시설도 되어 있는데 전기사정 때문에 밤 10시경에나 작동을 한다. 침상 앞쪽에는 밖의 풍경을 조망할 수 있게 유리로 된 창문이 나 있다. 갑판 맨 앞쪽에는 선장이 앉아 항해키를 돌리는 핸들이 놓여 있고, 그 뒤에는 식탁과 의자가 놓여 있다.

〈그림 92〉 하우스 보트는 룸서비스 맨이 망고 주스와 바나나, 그리고 파인애플을 제공 한다. 갑판의 식탁에 앉아 이국의 정취를 만끽하며 망고 주스와 남국의 과일을 먹다 보면 이곳 알레피의 수로유람은 운치를 더 한다.

룸서비스 맨이 망고 주스와 바나나, 그리고 파인애플을 제공 한다. 갑판의 식탁에 앉아 이국의 정취를 만끽하며 망고 주스와 남국의 과일을 먹다보면 이곳 알레피의 수로유람은 운치를 더 한다. 파도가 거세기로 유명한 아라비아 해는 작은 배를 저어가다가 사고를 당하기 일쑤였다고 하는데 그래서 보다 안전한 항로를 개설하기 위해 해안에 가까운 육지 뒤쪽으로 우회를 하는 수천 킬로미터의 수로를 내게 된 것이다. 바다를 등지고 낸 수로라고 하여 **'백워터[14]트립'** 혹은 '백워터 크루즈'란 이름이 붙었다고 한다. 배를 매 놓은 밧줄을 풀고, 콧수염을 기른 선장이 유연하게 핸들을 돌리자 보트가 스르르 움직이며 좁은 수로를 미끄러져 나간다. 코코넛 나무가 도열해 있는 수로 사이를 스르르 움직이는 배는 마치 수상 낙원을 유람하는 느낌이다. 유람선은 잔잔하게 흐르는 강물을 따라 유유히 흘러간다. 어떤 곳은 두 대의 배가 마주 보고 지나가기도 벅찰 만큼 아주

〈그림 93〉 보통 수로는 바다처럼 넓은 곳도 있는데 그런 곳은 풍랑이 거세 배가 접근하지 못한다.

〈그림 94〉 어떤 수로는 매우 좁아 두 대의 배가 마주 보고 지나가기도 벅찰 만큼 아주 좁은 곳도 있다.

좁은 곳도 있다. 좁은 수로를 지날 때에는 배의 속도를 아주 느리게 낮추고 서서히 운행을 하는데 배들은 서로 몸체를 닿을 듯 말 듯 아슬아슬하게 비껴간다. 그런가 하면 바다처럼 넓은 호수도 있는데 이곳은 제법 풍랑이 거세 배가 파도에 출렁거리기도 해서 접근하지 못한다고 한다. 남국의 정서가 물씬 풍겨오는 이 낭만적인 수로는 이 세상 어디에도 볼 수가 없는 아름다운 풍경이다. 긴 여행 속에 다소 지치고 힘들어 하던 가족들도 뱃전에 기대 앉아 스쳐 지나가는 아름다운 풍광을 바라보며 모두 안정된 모습이다. 넓은 호수에는 어부들이 삼삼오오 짝을 지어 그물을 던져 고기를 잡고 있다. 그물을 당기며 웃는 모습이 퍽 행복해 보이기도 하다. 수로에는 코코넛, 바나나 등 열대 과일 나무들이 즐비하게 늘어서 있고 코코넛과 바나나가 주렁주렁 매달려 있다. 그런가 하면 노란 황금벌판이 펼쳐지기도 한다. 수로를 지나다 보면 현지인의 삶도 엿볼 수가

---

14) 배수 Back water (backwater, 背水)
하천이나 강을 댐이나 수문으로 가로막았을 경우 물의 흐름에 변화가 생겨 수면변화가 상류(上流)에 미치는 것을 말하는데, 조용히 흐르는 상류(常流)와 달리듯 흐르는 사류(射流)에서 미치는 범위의 차이가 있다. 수로(水路)의 흐름에는 조용히 흐르는 상류(常流)와 달리듯 흐르는 사류(射流)가 있다. 상류의 경우에는 어떤 지점에서 흐름에 변화를 주면 그 영향이 수면변화라는 형태로 상류(上流)에 전해지지만 사류에서는 바로 가까운 상류(上流)부분을 제외하고 그 영향이 먼 상류에는 전해지지 않는다. 이와 같이 상류(上流)에 수면변화가 미칠 때의 수면의 종단곡선(縱斷曲線)을 배수곡선(背水曲線)이라고 한다. 예컨대 강에 댐을 건설하면 담수[湛水] 끝은 상류(上流)가 되므로 그 위치를 미리 계산하여 토지를 매수하거나 도로를 새로 내는 등의 계획을 세운다. 또 강이나 하천에 다리 · 수문 등의 구조물을 설치하면 흐름이 방해되어 상류 쪽의 수위가 상승한다. 반대로 수로 밑에 단락이 있거나 경사가 급하면 상류(上流)로부터 그 점을 향해서 수면이 강하된다. 이와 같은 배수를 저하배수(低下背水)라고 한다.

있다. 낚시를 하고 있는데 아마도 저녁 찬거리를 낚는 것인 듯. 남자보다 여자들이 낚시를 하는 모습이 자주 눈에 들어온다. 다리를 반쯤 담그고 서서 빨래를 하는 여인의 빨래를 하는 모습도 보인다. 수로 가에 사는 사람들은 강에서 세수를 하고 목욕도 한다. 강과 더불어 살아가는 서민들의 고단한 모습을 바라보자니 가슴이 여리어 온다. 여행자의 센치한 감정이리라. 날이 어두워지면 배는 항해를 멈추고 어느 야자수 그늘 아래로 배를 정박하는데 이렇게 항해를 하다가 밤이 되면 적당한 곳에 멈추어 숙박을 하고 노을이 지는 선상에서 향신료 냄새가 풍기는 남인도의 음식으로 저녁을 먹는다. 상상하기도 싫지만 간혹 도마뱀이 선실에 올라오기도 힌다는데 고요한 정적이 감도는 자연의 품에 안겨 새들과 물고기들, 그리고 야생 동물들과 함께 밤을 보내는 수로의 밤. 이제 새들도, 물고기들도 잠을 자는 모양이다. 날이 새고 코코넛 나무 사이로 붉은 아침 해가 떠오르는 선상의 아침은 싱그럽기까지 하다. 어부들이 그물을 손질하고, 새들이 노래를 불러주며 야자수나무 사이사이에는 아직 정박해 있는 배들이 많다. "남인도에 가면 하우스보트를 타라 !" 야자수 그늘 사이로 낭만이 뚝뚝 떨어지는 절호의 기회를 놓쳐서는 아니 될 테니까. 하우스보트는 진한 갈색의 티크목재로 만든 배로 대나무와 코코넛나무를 이용한 객실이 마련되어 있다. 객실 내부에는 깨끗

〈그림 95〉 파도가 거세기로 유명한 아라비아 해는 작은 배를 저어가다가 사고를 당하기 일쑤였다고 하는데 그래서 보다 안전한 항로를 개설하기 위해 해안에 가까운 육지 뒤쪽으로 우회를 하는 수천 킬로미터의 수로를 내게 된 것이다. 바다를 등지고 낸 수로라고 하여 '백워터 트립' 혹은 '백워터 크루즈'란 이름이 붙었다고 한다. 배를 매놓은 밧줄을 풀고, 사공이 유연하게 노를 지으면 보트가 스르르 움직이며 좁은 수로를 미끄러져 나간다. 코코넛 나무가 손짓하는 수로 사이를, 잔잔하게 흐르는 강물을 따라 유유히 흘러가는 배에 타고 있노라면 마치 수상 낙원을 유람하는 느낌이 든다.

옆의 숙녀는 28년 전 우리 부부의 결혼식 화동이었던 필자의 조카. 그는 대학 졸업 후 난타 공연 스텝을 거쳐 미국 예일에서 학업을 마치고 지금은 무대공연 기획자로 뉴욕과 한국을 오가며 맹활약 중.

한 욕실과 커다란 침대 등 단지 강위에 떠있는 배라는 점을 감안하면 여느 육상의 일반 호텔 못지않은 시설을 갖추고 있다. 아 그러나 이 모든 것이 아름다운 상상 일 뿐, 우리는 고약한 인도의 우기라는 시기와 당시 한국의 메르스 사태 등 여러 가지 상황과 기후 조건을 고려한 끝에 하우스보트 숙박 체험을 하지는 않는 것으로 계획하고 왔으므로 지금까지의 상황은 모두 한 여름 밤의 꿈으로 돌리고, 그저 배에 올라 시찰단처럼 구경만 하는 쪽으로 만족했고, 여행을 하면 할수록 알 수 없는 나라가 바로 인도라는

생각이 든다. 너무나 많은 사람들이, 너무나 넓은 땅덩어리에서, 너무나 다양한 기후와 자연 환경 아래, 너무나 자연스레, 그러나 절대 섞이지 않고 살고 있는 나라가 인도인 것이다. 배끼리 아슬아슬 부딪힐 것만 같은 좁다란 수로를 통과하는 것을 시작으로 제

〈그림 96〉 하우스보트는 진한 갈색의 티크목재로 만든 배로 대나무와 코코넛나무를 이용한 객실이 마련되어 있다. 객실 내부에는 깨끗한 욕실과 커다란 침대 등 '강위에 떠있는 배' 라는 점을 감안하면 일반호텔이 부럽지 않는 시설이 갖춰져 있다.

대로 끝이 보이지 않는 커다란 호수 (Vembanad Lake)를 가로지르는 우리만의 유람을 즐기는데, 때때로 이곳의 명물인 '하우스보트(House boat)' 들이 지나간다. 하우스보트란, 말 그대로 한 채의 집을 그대로 옮겨다 놓은 것 같은 배를 말하는데, 겉으로 보기에는 볏짚 따위로 얼기설기 엮은 허술한 동굴 모양을 하고 있지만 내부는 멋진 침대를 포함, 따로 마련해 놓은 거실까지 놀랄 만큼 잘 갖추어 놓았다. 관광객들이 주로 찾는

〈그림 97〉 침실

〈그림 98〉 주방

〈그림 99〉 욕실

〈그림 100〉 선상 거실

유람선 비용보다 무려 열 배에서 스무 배에 이르는 가격을 지불하고 유유히 선상 유람을 즐기면서 뱃전에 앉아 전속 요리사가 차려주는 식사를 하고 있는 이들은 다름 아닌 인도인 부자들. 일반 뱃삯과 헤아려 비교해보니 거의 350배에 달하는 차이가 난다고 한다.

〈그림 101〉 코마라쿰 - 알레피 벰바나드 호수의 보태닉 가든

교통 : 콜람 - 알레피 / Local bus (Express) / 1시간 40분 / 1인당 38루피 / 콜람의 선착장(Jetty) 옆 버스 터미널 (KSRTC Bus Station)에서는 20분마다 알레피행 버스가 있다 알레피 - 코타얌 / Local boat / 2시간 10분 / 1인당 10루피 /알레피의 선착장에서는 각종 유람선이나 하우스보트를 비롯, 매일 5회(오전 7시 30분, 9시 35분, 11시 30분, 오후 2시 30분, 5시 30분) 매년 8월 둘째 주 토요일, 알레피에서는 Nehru Cup Snake boat Race가 열려 수많은 관광객들을 끌어 모은다

● 인도의 식생활 문화

인도는 다 인종의 나라일 뿐만 아니라 중동 및 서양 문화의 영향을 받아서 음식도 지역과 종교에 따라 매우 다양하다. 인도는 모든 음식이 한꺼번에 개인별로 제공되고, 주식에서 간식에 이르기까지 인도의 모든 음식에는 향신료가 사용된다. 대부분 가열해서 만든 음식이고, 장시간 은근하게 찜을 하여 향신료가 잘 스며들어 깊은 맛이 나는 것이 특징이다. 그리고 국민의 약 30%가 엄격한 채식을 한다. 워낙 넓은 국토의 인도는 지역별로 음식문화의 특징도 다르다. 북부 인도는 빵이 주식이고, 채식주의자가 많으며 금속제 그릇을 사용한다. 이슬람교도들이 많아 돼지고기를 이용하지 않고, 약하게 조미한 음식이 많으며 요구르트와 기이(ghee, 맑게 녹인 버터)를 많이 사용한다. 반면 남부 인도는 쌀이 주식이며 튀긴 음식이 많다. 바나나 잎을 식기로 사용하고 일반적으로 방바닥에 앉아 먹는다. 힌두교도들이 많기 때문에 쇠고기를 잘 이용하지 않고 음식이 맵고 코코넛 밀크와 크림을 많이 사용한다. 인도의 대표적인 음식의 종류를 살펴보면,

1)볶음밥

풀라우(pulau 또는 pulao) : 향신료를 알맞게 섞어서 지은 밥으로, 우리의 볶음밥과 비슷하다.

비리야니(biriyani) : 양고기 비리야니나 닭고기 비리야니가 일반적이다.

2) 빵

난(nan) : 정제한 하얀 밀가루를 발효시켜 만든 것이어서 조금 부풀어 있다. 난은 반죽을 탄두르(진흙 화덕)안쪽 벽면에 넓은 잎사귀 모양으로 얇게 늘여 붙여서 굽는다.

〈그림 102〉 호텔에서 제공되는 전형적인 메뉴의 조식

차파티(chapati): 밀기울이 든 밀가루를 물로 개어 얇게 만들어 구운 빵이다. 차파티는 통밀로 빻은 밀가루에 소금을 넣고 반죽하여 발효시키지 않고 1~2mm 두께에 20cm 정도의 원판형으로 얇게 밀어서 달군 돌판이나 철판 위에서 굽는다. 난이나 차파티는 양고기, 채소, 과일을 얹어서 반으로 접거나 작게 뜯어 커리와 함께 먹는다.

파라타(paratha) : 기이(정제한 버터)를 발라서 토막 내어 구운 것으로 값이 조금 비싸다.

푸리(puri) : 반죽을 기름에 튀겨서 부풀린 것으로 인도식 스낵이다.

3) 커리(curry)

인도에는 약한 불에서 은근하게 가열하여 향신료가 잘 스며들어 깊은 맛이 나는 음식이

특징인데, 그중 대표적인 것이 커리이다. 인도에서는 채소와 고기에 향신료를 넣고 걸쭉하게 끓인 음식을 모두 커리라고 하며, 인도 어느 지방에서나 맛볼 수 있다. 인도에서 커리를 만들 때에는 고기와 야채 중에 한 가지만을 사용한다. 커리는 밥에 얹어 먹거나 차파티나 난과 함께 먹는다. 우리가 먹는 카레보다 매운맛이 훨씬 강하고 자극적이지만 버터를 넉넉히 넣어 깊은 맛을 지닌다. 커리의 가장 기본이 되는 향신료는 심황과 고추인데, 심황 때문에 인도의 음식은 노란색을 띤 것이 많다.

4) 탄두리 치킨(tandoori chicken)

북부 인도에서는 큰 항아리처럼 생긴 탄두르(tandoor)라는 진흙화덕을 이용하여 요리를 한다. 탄두르의 깊은 바닥에 장작불을 피워 충분히 달군 다음 그 안에 식품을 넣어 굽는다. 탄두리 치킨은 닭을 요구르트와 여러 가지 향신료에 재웠다가 쇠꼬챙이에 꿰어서 탄두르에 넣어 구운 요리로, 향신료가 속까지 잘 배어서 맛이 아주 향기롭다.

〈그림 103〉 인도 22일 간 일정 중 21일째 유일하게 만난 뉴델리의 한식당 " 궁(宮) "

5) 달(dhal)

부드럽게 삶은 콩에 마살라(혼합 향신료)를 가미한 수프이다. 달을 만드는 콩에는 큰 것과 작은 것, 황색과 검은빛이 도는 것 등 여러 종류가 있으며 콩의 종류에 따라 맛과 모양이 다르다. 밥이나 차파티에 달을 섞어서 먹는 것이 식사의 기본이다.

6) 마살라(Masala)

식물로 만든 향신료로 인도의 양념이나 장이라고 할 수 있다. 대부분의 인도 음식에는 마살라가 들어간다.

7) 탈리(Thali)

인도 정식으로 큰 접시에 밥과 주식 종류와 달, 커리, 다히(요구르트) 등의 음식이 담겨 나오는 요리이다. 보통 식당이나 열차 안에서도 쉽게 접할 수 있다.

8) 샤브지(Sabzi:야채카레)

야채를 넣은 카레로, 콩·감자·시금치 등의 야채 중에 1~2가지로 만든 것이다.

9) 음료수

인도에는 다양한 종류의 음료수가 있는데 가장 쉽게 접할 수 있는 것이 차이(Chai)이다. 홍차에 우유와 설탕을 넣은 단맛의 음료인데 인도 여행을 하다 보면 하루에 여러 잔씩 마시게 된다. 그 밖에 랏시(요구르트와 비슷한 음료)와 코코넛음료, 각종 청량음료, 커피 등이 있다.

10) 과일

인도에는 다양한 종류의 과일이 있다. 쉽게 접할 수 있는 것은 망고 · 바나나 · 라임 · 레몬 · 오렌지 · 파파야 · 파인애플 등이다.

인도는 음식에서도 종교의 영향을 많이 받는다. 힌두교, 자이아교도 등은 종교적 이유로 고기를 먹지 않는다. 식당에서도 채식주의자들을 위한 식당이 따로 있기도 하고, 힌두 성지에 가면 전혀 고기를 접할 수 없다. 인도는 식사 때 낮은 걸상을 사용하거나 바닥에 앉으며 자석배치에 규칙이 있다. 오른쪽에 주인, 왼쪽으로 가면서 연령 순서로 앉으며 노인과 소년, 소녀는 조금 떨어져 앉는다. 식사 전에 반드시 물로 양손을 씻으며 고급 식당에 가면 핑거보올(finger bowl)이라는 손 씻는 그릇이 나오는데, 레몬을 띄워서 나오기도 한다. 인도에서 음식을 먹을 때는 보통 손으로 사용하고 그 가운데서도 왼손은 오염된 손으로 간주하기 때문에 식사를 할 때는 반드시 오른 손만 사용한다. 음식이 뜨거운 경우에는 나무 스푼을 사용하기도 한다. 음식을 먹을 때는 개인 그릇을 사용하고, 큰 접시에 준비된 음식에는 공동 스푼이 있어 그것을 사용하여 자기 그릇에 덜어 먹어야 한다. 이것은 침이 음식을 오염시키는 주범이라고 생각하기 때문이다. 최근에는 화덕이 아니라 일반 프라이팬에 짜파티를 굽기도 한다. 식사를 할 때는 원칙적으로 대화를 하지 않는 것이 예법이다. 대화는 식사를 끝내고 손과 입을 씻고 난 뒤에만 허용된다. 이것 역시 말을 할 경우 언제 어떻게 튀어나올지 모르는 오염의 주범인 바로 '침' 때문에 지켜지는 것이다. 인도에서 엄격하게 지켜지는 것 중의 하나가 음식을 남겨선 안 된다는 것이다. 게다가 먹는 도중 흘려서도 안 된다. 음식을 담는 그릇에도 엄격한 원칙이 있다. 그릇 가운데 흙으로 만든

〈그림 104〉 인도 22일 간 일정 중 유일하게 제공된 뉴델리에서 한식. 거의 이성을 잃고 그저 폭풍 흡입.

질그릇은 매우 쉽게 오염되는 것으로 간주되므로 질그릇은 자기보다 낮은 카스트가 만져서는 안 된다. 심지어는 가정부라 할지라도 질그릇은 잘 만지지 않고 오로지 집안의 안주인만 만지게 되어있다. 이렇게 질그릇이 쉽게 오염되는 것으로 여기는 반면 에 놋쇠 그릇은 정결하게 생각하여 제사를 지낼 때는 반드시 놋쇠그릇을 사용한다. 그리고 토기장이가 새 질그릇을 가지고 오면 반드시 물로 정화시킨 후 사용한다. 인도 사람들이 외부 사람들에게 물이나 차를 줄 경우에도 질그릇을 사용해야 하는 경우엔 반드시 새 질그릇만 사용하는 것도 이 때문이다. 그리고 그 질그릇을 사용한 후에는 반드시 깨뜨려 버려야 한다. 보통 여행 중 짜이를 먹을 때 이 질그릇에 나오면 다 마신 후 깨뜨리는 장면을 종종 목격할 수 있다. 이 모든 것이 모두다 힌두교의 정-부정 인식에 그 배경을 갖고 있다 물을 마실 때 컵을 입에 대지 않고 물을 입안에 부어 넣는다. 식사 후 물로 양치한 후 물을 뱉어 버리며 식사 중에 이야기하는 것을 무례하다고 여기므로 식사가 끝나면 손을 씻고 양치한 후에 이야기를 시작한다.

〈그림 105〉 자이푸르 궁전호텔의 룸서비스

● 몬순 monsoon

인도는 대륙이 거대한 만큼 기후도 다양하다. 그러나 북부의 일부를 제외한 대부분의 지역은 열대에 속한다. 인도의 기후는 크게 겨울과 여름 그리고 몬순의 세 계절로 나뉜다. 이중에서도 몬순은 인도인의 삶에 중요한 영향을 끼친다. 몬순은 북서지역에서는 6월부터 10월까지 , 북동지역은 12월에서 5월 사이에 발생하면서 인도지역의 농업에 많은 영향을 끼친다. 북쪽의 대부분 지역을 가로막고 있는 히말라야는 시베리아에서 중앙아시아로 불어오는 한랭한 바람을 차단하는 역할을 하면서 북부 인도지역을 일 년 내내 따스한 기후가 유지되도록 만든다.

인도의 우기인 몬순은 보통 6월에 시작하여 9월말 혹은 10월 초순에 끝이 난다. 6월까지 찌는 듯한 더위가 인도의 전국을 강타하고 있는 동안 아라비아 해에서 발생한 비구름이 인도내륙으로 넘어와 비를 잔뜩 퍼붓고 지나가는 것이다. 이 기간을 인도인은 자신들의 특유의 전통적인 방법으로 즐겁게 맞이한다. 오늘날까지 인도의 경제를 좌지우

지하는 것은 농업이므로 사람들은 그것을 비의 도박이라고 부를 정도로 농업경제에 의존적인 것을 그리고 그 농업이 몬순에 의존적인 것을 비유하기도 한다. 일 년 중 기껏해야 3분의 1동안만 지속되는 몬순은 인도인들에게 있어서는 생명의 근거이기도 하다. 물의 부족으로 농사를 망치게 되는 경우 그리고 이 경우가 2번 이상 반복될 경우 인도에서는 얼마나 많은 사람이 아사에 휘말리게 될지 알 수 없기 때문이며 실제로 역사적으로 그런 경우가 많음을 볼 수가 있다. 최근에는 정부가 재난에 대비하여 곡물을 저장

〈그림 106〉 인도나 동남아시아에서의 몬순은 미작에 필요한 우계를 주로 가리키고 있다. 기후학적으로 몬순을 고찰할 경우 고전적으로는 대륙과 해양의 열적 성질의 차에 의해 일어나며 계절에 따라 풍향이 교체되는 탁월풍으로 대륙 내부에서 겨울은 고압부, 여름은 저압부를 형성하기 때문에 겨울은 대륙에서 해양으로, 여름은 이것과는 반대로 부는 것으로 정의되었다. 최근에 발달한 고층 기상 관측과 종관기후(綜觀氣候) 등에 의하여 밝혀진 바로는 여름철 대륙 내부의 저기압은 현저하지 않아 많은 비를 가져오기 어렵다.
또한 지금까지 같은 것으로 알고 있었던 온대 계절풍과 열대 계절풍은 여러 점에서 차이가 있는데, 가장 현저한 차이는 전자는 겨울 계절풍이 강하고, 후자는 여름 계절풍이 강하다는 것이다. 열대 해양성 기단인 북태평양 기단에서 비롯되는 여름 계절풍은 무덥고 습기가 많지만 매우 안정된 대기로서 교란되지 않으면 비는 내리지 않는다.
하루에도 몇 번씩 비가 내렸다 그쳤다하기를 반복하는 변화무쌍한 날씨 속에 잠시 비가 그쳐 말끔해진 알레피 뱀바나드 호수의 코마라 쿰의 숙소인 Abad whispering palm resort 의 아름다운 경치

하고 그것으로 재난을 피하려는 시도가 효과를 보고 있다. 빠른 속도로 서고츠산맥을 넘어가면서 대부분의 습기를 상실한 몬순의 비구름은 인도반도 남부의 심장부를 가로질러 동쪽으로 불어간다. 그 몬순은 다시 폭이 좁은 인도 남서부 타밀나두의 가장자리를 몰아친 다음 갠지스강의 비옥한 델타가 자리 잡고 있는 벵골만 쪽으로 거슬러 올라간다. 그렇게 불어간 바람은 델리 평야지대에 일 년 강우량의 85%를 뿌리고 그 대부분이 힘겹게 짊어지고 온 마지막 습기를 잃어버리고 9월말이 되면 모두 사라진다.

일반적으로 여름과 겨울에 풍향이 거의 정반대가 되는 바람이 광범위한 지역에 걸쳐 불 때 이것을 몬순이라고 하고 계절풍이라고도 한다. 몬순의 정의는 여러 상황에 따라 다를 수가 있으며 어원적(語源的)으로는 아라비아어인 'mausim(계절의 의미)'에서 비롯되었는데, 아라비아 해에서 약 6개월을 교대로 부는 남서풍과 북동풍을 가리키며, 일찍부터 아라비아 항해자들에게 알려져 이용되었다. 또 인도나 동남아시아에서의 몬순은 미작에 필요한 우계를 주로 가리키고 있다. 기후학적으로 몬순을 고찰할 경우 고전적으로는 대륙과 해양의 열적 성질의 차에 의해 일어나며 계절에 따라 풍향이 교체되는 탁월풍으로 대륙 내부에서 겨울은 고압부, 여름은 저압부를 형성하기 때문에 겨울은 대륙에서 해양으로, 여름은 이것과는 반대로 부는 것으로 정의되었다.

그러나 크로모브(P. Chromov)나 플론(H. Flohn) 등의 근대적 정의에 의하면,
① 계절의 대표적인 바람이라고 부를 정도로 빈번하게 불고,
② 대기대순환의 풍계에 상응할 정도로 넓은 지리적 공간을 차지하며,
③ 겨울과 여름의 풍향이 정반대 또는 거의 정빈대인 것으로 되어 있다.

따라서 몬순의 종류에는 열대몬순, 아열대몬순, 중위도몬순, 한대몬순 등이 있다. 세계에서 가장 현저하게 몬순이 발달하는 지역은 인도를 중심으로 남아시아, 동남아시아, 중국, 일본, 우리나라를 포함하는 동아시아로 이 때문에 이들 지역을 몬순 아시아라고도 한다. 이 밖에 동 아프리카나 기니 만 연안의 몬순도 잘 알려져 있다.
계절풍[15]은 세계 곳곳에 나타나지만 아시아는 세계 최대의 계절풍 지역이다. 아시아 계절풍의 특징은 여름에는 남풍계의 바람이, 겨울에는 북풍계의 바람이 부는 것이나 지역의 위치와 지형에 따라 계절풍의 방향은 약간의 차이가 있다. 예를 들면 남부아시아의 인도에서는 여름에는 남서풍, 겨울에는 북동풍이 불지만 동부아시아에서는 여름에는 남동풍, 겨울에는 북서풍이 분다. 우리나라 각 지점의 풍향을 보면 겨울(12~2월)에는 서북서·북서·북북서 등 북서풍계의 비율이, 여름(6~8월)에는 남서·남동 등 남풍계의 비율이 높다.
이와 같이 계절에 따라 탁월풍(卓越風)의 방향이 바뀌는 것이다. 지역에 따라 계절풍이 시작되는 시기와 빈도에 차이가 있으나 대체로 우리나라는 여름에는 남서·남동풍, 겨울

15) 계절풍은 겨울과 여름의 풍향이 거의 반대가 된다. '몬순(monsoon)'이라고도 하는데, 몬순이란 아라비아 어의 계질을 뜻하는 미우짐(mausim)에서 유래되었다. 아라비아인들은 일찍이 인도양에서 대략 6개월을 주기로 부는 겨울의 북동풍과 여름의 남서풍을 이용하여 항해를 하였다. 계절풍은 대륙과 해양의 열 차이에 의하여 발생되는 것으로 알려져 있다. 즉, 흙과 물의 비열(比熱) 차이 때문에 겨울에는 바다보다 대륙이 더 냉각되어 고기압이 형성되기 때문에 대륙에서 바다로, 여름에는 반대로 대륙이 더 가열되어 저기압이 형성되기 때문에 바다에서 대륙으로 바람이 부는 것이다. 그러나 계절풍의 성인(成因)은 열의 차이로만 설명할 만큼 간단하지 않다. 오늘날에는 상층 대기의 흐름(편서풍), 특히 제트 기류의 계절적인 변화와 지형적인 원인 등이 복합적으로 작용하여 계절풍이 발생하는 것으로 알려지고 있다. 최근에 심화되고 있는 지구 온난화는 계절풍에도 영향을 미치는 것으로 알려지고 있다. 그러나 이에 대한 연구는 아직 진행 중에 있고, 학자들 간의 견해도 달라 더 많은 연구가 필요한 실정이다.
참고문헌 :『한국의 기후』(이현영, 법문사, 2000), 『기후학개론』(김연옥, 정익사, 1987), 『한국의 기후와 문화(김연옥, 이화여자대학교출판부, 1985)

에는 북서풍이 분다. 이 두 계절풍이 발달할 때 우리나라 주변의 기압배치는 여름에는 남고북저형, 겨울에는 서고동저형이 전형적이다. 겨울 계절풍은 기압경도가 크기 때문에 풍속이 강하고, 여름 계절풍은 겨울 계절풍에 비하면 기압경도가 작아서 풍속이 약하다. 그리고 바람의 물리적 성질도 겨울 계절풍은 차고 건조한 데 비하여 여름 계절풍은 무덥고 습기가 많다. 이와 같은 계절풍의 특성은 우리나라의 여름과 겨울의 기후적 특징을 결정짓는 중요한 요인이 된다. 계절풍에 따른 기후 현상은 우계(雨季)와 건계(乾季)의 뚜렷한 구분이다. 우리나라를 비롯한 아시아에서 여름 계절풍이 불 때는 우기가 되고, 겨울 계절풍이 불 때는 건기가 된다.

우리나라의 여름 강수량은 연강수량의 약 50~60%를 차지한다. 해안 지방은 약 50%, 내륙 지방은 약 60%이고, 남부의 다우지에서는 65% 정도를 차지한다. 이와 같이 여름에 집중적으로 내리는 비는 여름 계절풍의 시기와 일치하여 많은 비가 계절풍에 의한 것이라고 생각하기 쉽다. 그러나 최근에 발달한 고층 기상관측과 **종관기후(綜觀氣候)** 16) 등에 의하여 밝혀진 바로는 여름철 대륙 내부의 저기압은 현저하지 않아 많은 비를 가져오기 어렵다. 또한 지금까지 같은 것으로 알고 있었던 온대 계절풍과 열대 계절풍은 여러 점에서 차이가 있는데, 가장 현저한 차이는 전자는 겨울 계절풍이 강하고, 후자는 여름 계절풍이 강하다는 것이다. 열대 해양성 기단인 북태평양 기단에서 비롯되는 여름 계절풍은 무덥고 습기가 많지만 매우 안정된 대기로서 교란되지 않으면 비는 내리지 않는다. 우리나라에 정체하고 있는 장마전선대에 이 다습하고 안정된 대기가 유입하여 교란이 일어나면 여러 가지 복합적인 요인에 의하여 집중 호우가 내리기도 한다.
장마전선이 북으로 이동한 후, 북태평양 기단의 확장으로 여름 계절풍이 부는 한여름에는 무더위를 동반한 짧은 건계가 나타나 최고기온이 30℃를 넘기도 한다. 북쪽으로 올라갔던 장마전선이 남하하여 우리나라에 머물면 가을장마가 시작된다. 아시아에서
여름 계절풍에 의한 비는 농업용수·수력용수 등으로 매우 유용하며, 인간생활에 큰 영향을 준다. 우리나라에서 벼농사가 발달한 것도 이와 같은 계절풍의 영향이라 할 수 있

---

16) 종관기후학(綜觀氣候學, synoptic climatology) 일기도에 표현되어 있는 여러 가지 기후조건에 의거하여 기후분포의 지역성(地域性)을 논하는 기후학의 분야이다. 협의로는 제이콥스(W. C. Jacobs, 1946)가 제창한 기후학의 방법을 가리킨다. 그는 기후를 기후요소의 평균치(平均值)의 종합이라고 하지 않고, 매일 매일의 일기현상의 누적으로보는 입장을 취하였다. 즉 우선 하나의 경도풍향(傾度風向)으로 대표되는 것 같은 지역을 취하고 등압선의 형상, 기류형, 기단형 등의 종관장(綜觀場)과 일기분포의 대응을 분명히 한다. 다음에 종관장의 빈도·지속 시간·변화 경향 등을 구하고, 그 지역의 기후특성을 명확히 하였다. 현재에는 이와 같은 중기후 분야뿐만 아니라 대기후에 있어서도 대상의 크기에 따라 종관장에 여러 가지 취급이 이루어져 근대 기후학의 중요한 분야로 되어 있다.

총관기후학(總觀氣候學, synoptic climatology) 천기도에 표현되어 있는 여러 가지 기후조건에 기반을 두고 기후분포의 지역성을 해명하는 기후학의 한 분야를 말한다. 제2차 세계대전 중 미군이 기상정보를 입수할 수 없는 지역의 기상을 추정해보기 위하여 군사적으로 개발되었다. 일반적으로 하나의 경도풍향으로 대표할 수 있는 넓은 지역을 대상으로 하고 천기도의 등압선 형상, 기류형, 기단형 등의 총관장(總觀場)과 천기분포와의 대응이 이루어질 수 있도록 기후자료를 컴퓨터로 정리한다. 이를 통해 얻어진 자료로 총관장의 출현빈도, 지속성, 변화의 규칙성을 조사하여 그 지역의 중기후 규모의 특성을 명확하게 한다. 1946년 제이콥스(W. C. Jacobs)에 의해 발전적인 모델이 제시된 바 있다

다. 겨울 계절풍은 여름 계절풍보다 강하게 발달한다. 겨울이 되면 차가운 시베리아 기단이 우리나라에 영향을 미치는데, 시베리아 기단은 차고 건조한 대륙성 고기압으로 세계에서 가장 강력한 고기압이다. 시베리아 기단이 발달하면 동부 아시아 일대에는 북서풍이 분다. 한번 차가운 대기가 빠져 나가면 새로운 대기가 축적되는데 보통 3, 4일이 걸리며, 그동안 북서풍은 약화된다. 그 틈을 타서 양쯔강(江) 부근이나 동중국해의 온대 저기압이 동쪽으로 이동해 와서 상대적으로 따뜻한 날씨가 된다. 우리나라에서는 북서풍이 부는 시기에 날씨가 추워져 삼한(三寒)이 되고, 북서풍이 약화된 시기에 날씨가 따듯해져 사온(四溫)이 되는, 이른바 '삼한사온' 현상이 나타난다. 삼한사온은 반드시 3일은 춥고 4일은 따뜻한 것이 아니라 시베리아 기단의 성장과 쇠퇴에 의한 상대적인 한기와 난기의 반복을 의미하는 것이다.

취락의 입지는 북서풍에 의한 추위로 차가운 바람의 영향을 직접 받지 않고 햇볕을 최대로 받을 수 있는 남향이 지배적이다. 또 가옥 구조도 추위를 막기 위하여 난방 시설인 온돌을 설치하고, 지붕을 낮게 하며 방은 좁게 한다. 이와 함께 벽은 두껍게 하고, 창과 문의 크기와 수를 적게 하는 것이 우리나라 가옥의 일반적 특징이다.

우리나라에 혹한이 오는 원인은 상층 대기의 흐름과 밀접한 관계가 있다. 북반구 상층 대기의 상태를 보면, 극을 중심으로 서쪽에서 동쪽으로 환류(還流)하는 편서풍의 흐름이

〈그림 107〉 우리나라에서는 북서풍이 부는 시기에 날씨가 추워져 삼한(三寒)이 되고, 북서풍이 약화된 시기에 날씨가 따듯해져 사온(四溫)이 되는, 이른바 '삼한사온' 현상이 나타난다. 삼한사온은 반드시 3일은 춥고 4일은 따뜻한 것이 아니라 시베리아 기단의 성장과 쇠퇴에 의한 상대적인 한기와 난기의 반복을 의미하는 것이다. 눈에 덮인 설악산 울산바위의 모습.

있다. 제트 기류는 편서풍의 핵심으로 남북의 온도차가 가장 심한 곳에 나타나는 강풍의 축이며, 상층의 전선대이다. 이 제트 기류의 속도나 환류상태를 보면 상층 편서풍의 상태를 알 수 있다. 편서풍 및 제트 기류는 서에서 동으로 도는 동서 환류를 하며, 때

로는 남북으로 곡류(曲流)를 하면서 서에서 동으로 환류를 하기도 한다. 제트 기류의 북쪽에는 한기, 남쪽에는 난기가 있어 남북으로 곡류를 하면서 환류할 때는 동서로 환류할 때보다 열의 남북교류가 활발하게 일어난다.

남북으로 구부러져 흐르는 사행파(蛇行波) 3개가 나타나는 경우를 삼파장형(三波長型)이라고 한다. 사행파가 남쪽으로 구부러진 부분[谷]은 찬 대기로 덮여 지상에는 이상 저온 현상이 나타나고, 사행파가 북쪽으로 구부러진 부분[陵]은 난기로 덮여 이상 고온 현상이 나타난다. 우리나라의 겨울 추위는 지상의 북서풍뿐만 아니라 상층 대기순환의 영향도 받는다. 즉, 제트 기류의 사행파가 남쪽으로 구부러진 부분을 덮을 때 북서풍은 더욱 강해져 심한 한기를 몰아온다. 따라서 계절풍에 대한 이해에 있어 지상뿐만 아니라 상층에 이르는 대기의 입체 구조를 파악하는 것이 중요하다. 최근에 심화되고 있는 지구온난화는 계절풍에도 영향을 미치는 것으로 알려지고 있다.

■ 문나르(1) Munnar 5일차 2015.6.25(목)

〈그림 108〉 경치가 좋던 해발 1,800m의 ***MOUNTAIN TRAIL Resort*** *출발. 문나르로 가는 길. 오늘의 이동거리는 약 160km에 불과하지만 험준한 곡선 산길의 연속이라 평균시속은 25km 수준.*

□ 6월 25일 (목) 주요일정 ***문나르 이동***

07:00 기상 07:30 조식 체크아웃. 08:00 Abad whispering palm 호텔 출발 (인증샷) 문나르 이동 160km 11:00 망고 비누 구입 12:30 Valara Fall 구경 Toilet 20 루피 4:30 문나르 도착 (오늘 이동거리는 160km이지만 험준한 곡선 산길이라 시속 25km 수준. 6시간 걸려 험준한 위치의 산장형 호텔 도착) 14:45 Mountain trail hotel 체크인 14:50 런치 (늦었지만 평화로운 해발 1,800 산장에서의 첫 식사) 16:30 주류구입 와인 1bottle 럼주 2bottle 비어 6 can & 3 bottle 2,100 루피. 산골 허름한 주류 매장에 피부색 허연 동양인의 폭풍 쇼핑에 하루일과 마치고 술 사러온 동네 아저씨들 신기한 듯한 구경 18:00 Mountain trail hotel Dinner party 훌륭한 거실이 딸린 산장호텔에서 파티, 한국에서 가져간 라면, 김치 캔 번데기탕과 오는 길에 구입한 망고, 저녁식사메뉴 중 치킨과 샐러드 만 룸서비스로 시켜 오랜만에 모두 행복한 시간 보냄. 21:30 취침

● 문나르(MUNNAR)

서고츠산맥 케랄라(Kerala) 주 계곡에 위치한 고산마을로 타밀나두 주인 마두라이에서 6시간이나 걸린다. 문나르 지역의 차밭 지역은 개인소유의 차밭을 포함, 인도 최대 부호인 **타타 재단(Tata foundation)** [17] 소유의 끝없이 이어지는 차 재배 지역으로 인도

---

17) 문나르의 차밭은 인도에서 가장 큰 기업인 타타그룹의 소유다. 타타 그룹은 'Tata'라는 브랜드의 자동차를 생산하는 기업으로 인도의 모든 버스는 거의 타타그룹에서 생산을 할 정도다. 타타그룹은 총자산 1072억 달러, 연간 매출액 1050억 달러, 순이익 230억 달러, 종업원 45만5000명(2013년 기준) . 130년 전통을 자랑하는 타타그룹은 인도에서 가장 영향력이 있는 국민기업이다. 매년 1억 달러 이상을 가난한 사람들을 돕기 위하여 사회에 환원을 하는 타타그룹은 온 국민들의 존경을 온 몸에 받고 있다. 기업의 이익보다는 사회 이익을 먼저 생각하는 기업철학을 가지고 있기 때문인데. 타타그룹이 사회에 환원하는 금액은 어마어마하지만 정치자금은 전혀 내지 않는다.
타타그룹은 24개 항목의 윤리강령을 성문화하여 타타직원이 되면 반드시 서명을 하여 지키도록 한다. 윤리강령의 첫 번째 항목은 "타타회사의 모든 행동은 활동 중인 국가의 경제적 발전에 도움이 돼야 한다"고 규정되어 있다. 뇌물제공습득금지, 정치참여금지, 친척이 있는 회사가 타타계열사들과 거래관계를 맺게 되면 먼저 신고를 하고 회사의 결정을 기다려야 하는 등 직원의 이해와 회사의 이해가 상충되는 부분에 대하여 아주 세밀하게 규정을 하고 있다. 엄격한 윤리강령 대신 직원 복지는 최고 수준이다. 타타직원이 순직했을 경우에는 유가족들에게 100퍼센트 고용승계를 보장하고, 순직이 아닐 경우에도 배우자 또는 자녀에게 고용을 장려하고 장학금을 지급하는 등의 복지제도를 시행하고 있다. 그런 타타 그룹에서 인도의 젊은이들이 꿈을 펼치며 일을 하고자 하는 것이 그들의 로망이다.
인도의 부자들은 대체적으로 국민들로부터 존경을 받고 있다. 그것은 기업이 자신의 부를 축적하기보다는 국가의 이익을 먼저 생각하고, 수익을 낸 만큼 가난한 자들에게 베풀 줄 아는 자비정신이 있기 때문이다. 회사의 이익을 가난한 이들에게 봉사를 하는 것이 곧 신에 봉사하는 것이라고 그들은 믿고 있다. 인도 부자의 선두 주자인 비를라그룹은 학교를 400개나 세워 교육사업으로 기업의 이익을 사회에 환원을 하고 있으며, 남인도 최고의 체띠아 상인 카스트인 무르가빠그룹은 매년 이윤의 1.5%를 기부하고 학교와 병원을 설립하여 운영을 하고 있으며, 자이나교의 상인 카스트인 파트니그룹은 기업 이윤의 10퍼센트를 매년 자선 단체에 기부하고 있다.
이처럼 인도의 부자들은 기업 이익을 사회에 환원하는 것을 신의 뜻으로 받아들이며 이를 실천에 옮기고 있어서 국민들로부터 존경을 받고 있다. 또 설사 사회에 환원을 하지 않는 부자들이 있다고 하여도 인도의 가난한 사람들은 그들을 원망하지 않는데, 그 이유는 인도인의 마음속에 흐르는 카르마, 즉 윤회사상 때문이다. 인도인들은 자신이 처한 처지를 있는 그대로 받아들이지, 남과 상대적으로 비교를 하여 불만을 터트리지 않는다. 현세의 가난과 고통은 전생의 업으로부터 연유된 것이고, 반대로 현세의 부와 명예는 전생에서 그만큼 남을 위해 베풀고 영적인 삶을 살았기 때문이라고 굳게 믿기 때문이다.

차의 본산이기도 한 곳이다. 산위의 댐은 타밀나두 주와 께랄라 주의 싸움으로 가끔 우리가 지나온 산길을 이용할 수 없을 때도 있다고 한다. 문나르지역에서 생산되는 차는 '닐기리'라는 브랜드를 가진 홍차로 서고츠산맥의 독특한 기후 때문에 맛이 아주 좋다고 한다. '문나르(Munnar)'란 지명은 드라비다어로 'Munu = 3', 'aaru = 강' 이란 뜻으로, 이 지역은 실제로 무티라푸라 강(江), 날라타니 강(江), 쿤다리 강(江) 등 3개의 강이 합수되는 지역이다.

● 인도의 차(茶)

차는 목본성(木本性) 상록수인 **차나무과(Theaceae)[18]** 식물[**Camellia sinensis(L.)[19]** O. Kuntze]의 새싹을 여러 가지 방법으로 가공한 알칼로이드 음료이다. 차는 커피, 코코아와 더불어 세계의 3대 기호음료이지만 그중 역사는 가장 오래된 것이고 중국에서는 2000년 이상으로 거슬러 올라간다. 차나무는 대별하여 홍차용의 아쌈종(Assam 대엽종, C. sinensis var. assamica, 교목으로 18m에 이르고 잎은 대형으로 일반적으로 12×4cm보다 크고 내산성은 약하고, catechin 함량은 높다), 중국차용, 녹차용의 중국종(소엽종, C. sinensis var. sinensis, 관목으로 나무높이 약 3m, 잎은 보통 9×3cm정도이고 내한성이 풍부하고 catechin 함량은 낮다)으로 대별된다.

홍차는 차 잎에 함유되는 폴리페놀 oxidase 등의 산화효소 활성에 의해서 산화 발효시켜 만든다. 녹차는 처음에 가열 처리하고 발효시키지 않은 것이다. 차의 생산을 세계적으로 보면 인도, 스리랑카, 케냐, 인도네시아 등으로, 생산되는 홍차가 총생산량(250만톤, 1991년)의 약 85%를 차지하며 나머지는 중국, 일본에서 생산되는 녹차이다. 차의 소비국은 이상의 생산국과 함께 전통적으로 영국이다. 녹차의 품질에 관여하는 화학성분으로는 떫은맛 성분인 catechin (polyphenol), 흥분작용이 있는 caffeine, 감칠맛의 주체가 되는 유리 아미노산, 영양성분인 비타민 C, 무기질 등이 중요하다. 또 catechin은 기능성 성분으로의 생리작용이 수복되고 있고 녹차 폴리페놀로시 상품회되고 있다.

---

18) 차나무과 [Theaceae] 한때는 동백나무과로 분류하기도 하였다. 전 세계에 약 30속 500종이 있으며, 주로 열대와 아열대 지방에 분포하고, 특히 아메리카와 아시아에 많으며, 한국에는 5속 6종이 있다. 교목 또는 관목이다. 잎은 어긋나고 홑잎이며 상록인 것과 낙엽인 것이 있다. 꽃은 1개씩 달리지만 간혹 원추꽃차례·총상꽃차례·취산꽃차례를 이루며 달린다. 정제화이고 보통 양성화이지만 드물게 단성화인 것도 있다. 포는 대개 꽃받침 바로 밑에 쌍을 이루며 달린다. 꽃받침 조각은 보통 5개이고 밑 부분이 서로 떨어져 있거나 붙어 있으며 기와 모양으로 배열한다. 꽃잎은 보통 5개이고 밑 부분이 서로 떨어져 있거나 붙어 있다. 많은 수의 수술이 여러 줄로 배열하고 서로 떨어져 있거나 붙어 있으며, 씨방은 상위(上位)이고 3~5실로 구성된다. 열매는 삭과 또는 상과이거나 밑 부분에 꽃받침이 붙어 있는 수과이고 갈라지는 것과 갈라지지 않는 것이 있다. 종자는 대개 배젖이 거의 없거나 전혀 없다. (약과 먹거리로 쓰이는 우리나라 자원식물, 2012, 한국학술정보(주))

19) 카멜리아 시넨시스[Camellia sinensis] 차의 학명이다. 동백과에는 이외에 산다화(山茶花) 등이 있다. 카멜리아 시넨시스(Camellia sinensis)의 이름은 최근에 되어 겨우 통일적으로 사용하게 되었으나 백과사전류 등에서도 일부에서는 아직 Thea sinensis가 사용되고 있다. 차는 종종의 사정에 따라 학명도 100을 넘을 정도로 많다. (차생활문화대전. 2012. 홍익재)

홍차의 화학성분은 catechin[20] 이 산화 · 중합하여 분자량이 커진 theaflavin[21] 등의 오렌지색, 적색의 색소류, caffeine, 무기질이 중요하다. 비타민C는 제조 중에 산화되어 제품에는 많지 않다. 제조법이나 화학성분을 볼 때 차의 저장성에 관해서는 녹차는 홍차보다 미산화 물질을 많이 함유하기 때문에 온도, 습도, 산소의 관리가 중요하다.

〈그림 109〉 제조방법에 따라 증기로 쪄서 잎 중 효소를 불활성화 시킨 증제차와 가마솥에서 덖어서 만든 덖음차, 그리고 1차 가공한 증제차를 고온으로 처리하여 pyrazine 등의 가열향이 나오도록 한 배차가 있다. 반 발효차는 우롱차(oolong tea)라고 하는데, 반 발효차의 특징은 일광 위조와 실내 위조를 통해 수분증발과 더불어 발효작용에 의한 향기생성을 유도하며 발효 정도에 따라 특유한 방향을 나타낸다. 인도 문나르 차 박물관

[차의 기원]

차의 기원은 매우 오래되었다. 차의 기원에 대해서 각 나라마다 약간씩 다른 이견(異見)이 있으나, 중국이 기원이라는 의견이 가장 일반적이다. 차나무의 학명은 앞서 설명한 대로 카멜리아 시넨시스 린네 오 쿤츠(Camellia sinensis(L.) O. Kuntze)이다. 여기서 sinensis는 '중국의'라는 라틴어이고, camellia는

20) 카테킨 [Catechin] 폴리페놀 일종으로 녹차의 떫은 맛 성분이다. 카테킨은 플라보노이드그룹의 flavan-3-ols에 속하며, 폴리페놀 일종으로 녹차의 떫은 맛 성분이다. 차류(Camellia sinensis)에서 파생되었으며, 백차, 녹차, 홍차, 우롱차에 포함되어 있다. 그러나 홍차나 우롱차의 경우 발효과정에서 반 이상의 카테킨이 줄어든다. 찻잎 중의 폴리페놀은 온화한 쓴맛을 내는 유리형 카테킨과 쓰고 떫은맛을 내는 에스터형 카테킨, 강한 쓴맛과 약한 떫은맛을 내는 결합형 카테킨이 있어 감의 타닌과는 달리 단백질과 분리되어 입안이 텁텁하지 않다. 주요한 카테킨으로는 에피갈로카테킨갈레이트(EGCG: epigallocatechingallate), 에피갈로카테킨(EGC: epigallocatechin), 에피카테킨갈레이트(ECG: epicatechingallate), 에피카테킨(EC: epicatechin)이 있다. 카테킨은 발암억제, 동맥경화, 혈압상승 억제, 혈전예방, 항바이러스, 항비만, 항당뇨, 항균, 해독작용, 소염작용, 충치예방, 구갈방지, 장내 세균총 정상화 등 다양한 효과가 있다. 카테킨의 항산화 작용과 노화의 근본적 요소인 자유라디컬 제거기능은 비타민C와 비타민E에 비해 강력한 활성산소 제거효과를 가지고 있으며, 항산화작용으로 인하여 저밀도지단백(low density lipoprotein) 산화와 같은 심혈관계 보호효과가 보고되었다. 카테킨은 바람직하지 않은 세포군집의 생산과 개시를 멈추거나 느리게 하며, DNA 손상을 경험적으로 야기하는 것들을 저지하는 것으로 나타났다.

21) 테아플라빈 [Theaflavin] 홍차에 들어있는 붉은색 성분으로 홍차의 발효과정 중 차엽의 카테킨(Catechin)이 폴리페놀옥시다아제의 작용으로 산화·축합하여 생성된 폴리페놀이다. 산성에서는 안정하고 알칼리에서 불안정하며, 녹차와 홍차, 우롱차, 허브차 등에도 들어있다. 테아플라빈은 프리래디컬을 제거하는 항산화작용 및 항균작용, 항종양작용, 항염증 작용을 하고 심혈관 질환을 예방하며 암을 비롯한 생활 습관병의 예방에 도움을 준다. 차에서 추출한 테아플라빈을 고콜레스테롤혈증을 가진 성인에게 낮은 포화지방식이와 함께 투여하면 전체 콜레스테롤과 LDL-콜레스테롤의 수치가 낮아졌다는 보고가 있다. 또한 테아플라빈을 정상세포와 결장암 세포에 투입한 결과 정상세포는 성장을 계속하고 결장암 세포는 세포의 자연사 현상인 세포소멸 과정을 겪는 것으로 나타났으며, 염증을 유발하는 Cox-2 유전자를 억제함으로써 결장암을 예방하는 한다는 보고도 있었다.

'동백나무'라는 뜻으로, 곧 '중국의 동백나무'라는 뜻이다. 차나무는 중국의 서남부 지역인 운남, 귀주, 사천 등지가 원산지라고 알려져 있다. 이 일대는 아열대기후 지대로 연중 내내 따뜻한 온도를 유지하고 있기 때문에 추위에 민감한 차나무가 생장하기에 최적의 장소이다. 이 지역들을 중심으로 약 20개의 성(省) 200여 곳에서 수령(樹齡)이 800년 이상 된 야생대차수(野生大茶樹)가 계속적으로 발견되고 있으며, 2004년에는 린창시 봉경 현에서 수령이 3200년 된 재배 형 야생대차수가 발견되어 최소 3200년 전에

〈그림 110〉 차의 생산을 세계적으로 보면 인도, 스리랑카, 케냐, 인도네시아 등으로, 생산되는 홍차가 총생산량(250만톤, 1991년)의 약 85%를 차지하며 나머지는 중국, 일본에서 생산되는 녹차이다. 차의 소비국은 이상의 생산국과 함께 전통적으로 영국이다. 이동 중인 차창 밖으로 펼쳐지는 문나르지역의 넓은 차밭 풍경.

차나무가 재배되고 있었음을 알 수 있게 해준다. 형태 구조학 상으로 볼 때 자나무는 백악기와 제 3기 빙하시대의 동백나무과 동백나무속 고등피자식물로, 그 시원(始原)은 거의 100 만 년 전까지 거슬러 올라갈 수 있다. 대부분의 식물들은 빙하기의 추위를 견디지 못하고 멸종되었지만 중국의 서남부지역은 다른 곳보다 기온이 높아 차의 생존이 가능했던 것으로 보인다.

우리나라에서 차(茶)는 1100여 년 전 신라시대에 중국으로부터 불교문화의 도입과 함께 전래되었다. 신라 말기와 고려시대에는 찬란한 차 문화를 이루었으나, 조선시대 불교문화의 쇠퇴와 함께 겨우 그 명맥을 유지해왔다. 최근 전통문화의 계승과 보급을 위하여 차 재배와 생산이 확대와 함께 다양한 약리적 효능이 알려지면서 차의 소비량이 점차 증가하고 있으나 차가 생활화된 중국이나 일본 등 다른 국가에 비하면 그 소비량은 매우 낮은 수준이다. 기록상으로 나타난 차의 전래는 신라 흥덕왕 때(서기 828년)에 김대겸이 당나라로부터 차 씨앗을 가져다가 지리산 계곡에 심어 이 지역의 명사찰인 쌍

계사와 화엄사 등을 중심으로 점차 전파되어 53대 신덕왕 때부터는 매우 성행한 것으로 전해지고 있다. 이처럼 우리나라는 세계에서 비교적 먼저 차가 전래된 국가로서 오랜 역사를 가지고 있으며, 우리의 생활문화와 깊은 관련을 맺고 있다. 우리가 차라고 부르는 것은 차나무(Camellia sinensis)의 어린잎을 따서 제조가공한 것이다. 우리가 흔히 부르고 있는 율무차, 결명자차, 유자차, 생강차 등의 곡류나 식물의 열매 또는 뿌리 등을 이용한 것은 엄밀한 의미에서는 차가 아니다. 전통적인 개념에 따르면 차라고 하는 음료에는 차(茶), 탕(湯), 장(醬), 갈수(渴水)가 있다. 차는 동백나무 과에 속하는 차나무에서 따낸 어린잎을 시루에 쪄서 잎의 효소를 불활성화 시킨 증제 차와 가마솥에서 덖어서 만든 덖음 차, 그리고 1차 가공한 증제차를 고온으로 처리하여 pyrazine류의 가열향이 나오도록 한 배차 등이 있다. 탕은 주로 식물의 뿌리나 열매를 달여 먹는 약을 말하는데 우리가 흔히 가정에서 만들어 마시는 차들이 여기에 속한다. 장이라면 옛날에는 밥을 물에 담가서 유산발효를 시켜 새콤하게 만든 음료를 가리켰으나 그 뒤 모과장, 유장, 매장도 포함시켰다. 마지막으로 갈수는 주로 식물의 열매에서 짜낸 즙에 향료나 꿀과 같은 것을 타서 만든 일종의 시럽과 같은 것이다.

〈그림 111〉 목본성 상록수인 차나무과(Theaceae) 식물[Camellia sinensis(L.) O. Kuntze]의 새싹을 여러 가지 방법으로 가공한 알칼로이드 음료. 차는 커피, 코코아와 더불어 세계의 3대 기호음료이지만 역사는 가장 오래이고 중국에서는 2000년 이상으로 거슬러 올라간다.

[차의 분류]

차를 분류하는 방법에는 품종, 제조시기, 발효 정도, 형태, 위조(萎凋) 정도, 재배방법, 생산지역 등에 따라 달라지는데, 4월에서 5월 사이의 차를 1번차(또는 春茶)라고 한다. 6월에서 7월 사이의 차를 2번차(또는 夏茶), 8월의 것을 3번차, 그리고 9월에서 10월 상순의 차는 4번차(또는 秋茶)라 부른다. 우리나라에서는 1년에 3~4회 차 잎을 채취하며, 열대지방은 1년 내내 차 잎을 채취하기도 한다. 일반적으로 차를 분류할 때 가장 과학적인 분류방법으로는 발효 정도에 따른 분류이다. 발효란 것은 차잎 세포조직 중의 액포 속에 들어 있는 폴리페놀성분이 원형질에 들어있는 산화효소인 폴리페놀 oxidase에 의해 산화되어 황색을 나타내는 theaflavin이나 적색의 thearubigin 성분으로 변하면서 복잡한 화학성분의 변화를 일으켜 독특한 향미를 나타내는 작용을 말하는데, 이 발효의 정도에 따라 비발효 차, 반 발효 차, 발효 차, 후발효 차로 분류하고 있다. 비발효 차인 녹차는 중국의 북부지방과 일본, 한국, 월남 등지에서 주로 생산하고 있다. 제조방법에 따라 증기로 쪄서 잎 중 효소를 불활성화시킨 증제 차와 가마솥에서 덖어서 만든 덖음 차, 그리고 1차 가공한 증제차를 고온으로 처리하여 pyrazine 등의 가열향이 나오도록 한 배차가 있다. 반 발효차는 우롱차(oolong tea)라고 하는데, 반발효차의 특징은 일광 위조와 실내 위조를 통해 수분증발과 더불어 발효작용에 의한 향기생성을 유도하며 발효 정도에 따라 특유한 방향을 나타낸다. 발효차인 홍차는 1610년 전후 중국 푸찌엔성 무이산에서 시작되어 인도네시아, 인도로 전파되었다. 홍차의 제조방법에는 전통식과 비전통식 방법이 있다. 전통식 제조방법은 잎차 형태의 홍차를 생산하는 것으로 제품의 향이 강하고 수색은 엷다. 인도의 고산지대에서 생산되는 다즐링 홍차와 스리랑카에서 생산되는 것이 이에 속한다. 비전통식 제조방법은 잎을 잘게 부수고 압착하여 즙액이 표피 쪽으로 유출되도록 하여 차를 끓일 때 빨리 우러나오도록 한 것이다. 수색이 진하고 맛이 강하다. 티백이나 브랜드용으로 많이 이용된다. *(출처 : 식품과학기술대사전, 한국식품과학회, 2008)*

[차 이름의 두 가지 갈래] 장정현 / 차 연구가

중국이 차의 기원임을 부인할 수 없는 또 다른 증거는 바로 차 이름 자체에 있다. 세계에서 차를 의미하는 말을 살펴보면 크게 두 가지로 구분할 수 있는데 'cha'와 'tea'이다. 영국, 프랑스, 미국, 독일, 스웨덴, 노르웨이와 같은 서유럽 국가들은 'tea', 한국, 일본, 러시아, 이란, 티베트와 같은 국가에서는 'cha'로 부르고 있다. 각 나라마다 조금씩은 다른 발음으로 쓰여 지고 있으나, 결국은 'cha'와 'tea'에 그 근원을 두고 있음을 알 수 있다. 그리고 이 'cha'와 'tea'는 바로 중국의 차에 대한 방언이다. 복건성(福建省)과 광동성(廣東省)은 차의 집산지로 중국 전역에서 만들어진 차는 이곳으로 모여 시장을 형성하였다. 그런데 육로를 통해서 이루어진 무역, 즉 육로로 차를 수입한 나라들은 광동성의 발음인 'cha'에, 해로를 통해 차를 수입한 서유럽 국가들은 복건성의 방언인 발음인 'ti'에서 유래된 이름으로 차를 불렀다.

■ 문나르(2) Munnar 6일차 2015.6.26.(금)

〈그림 112〉 지금의 마두라이를 건설하는데 지대한 공헌을 한 나약왕조의 티루말라이 나약왕이 1636년에 건축했다는 이 궁전은 스리미낙시 사원과는 달리 이슬람양식과 중국양식까지 가미하여 지은 인도사라센 양식의 건물

□ 6월 26일 (금) 주요일정 ***문나르 에라비쿨람 국립공원 투어***

07:00 기상. 08:30 조식 1$ bona. 10:00 Mountain Trail 호텔 출발. 30km 떨어진 웨스턴가트 Western Ghats 로. 11:10 에라비쿨람 국립공원(Eravikulrm National Park) 97 km^2 규모의 국립공원 방문. 해발고도 2,000 m. 인도 내에 위치한 히말라야의 가장 높은 산봉우리가 이 공원 내에 위치함. 해발 2,695m. 몬순 시즌 제대로 보여주는 폭우(루피나 폭포 사진 good). 입장료 360 × 4 = 1,440 루피. 카메라 촬영 1대 38 루피 지불,(비디오 촬영 시 380 루피). 13:20 런치(호텔에서 가져온 샌드위치로 전용 밴에서 점심 해결. 비도 오고 너무 추운데 .....눈치 빠른 현지 인도인 가이드 지빈이 조카 보나가 가져온 커피포트에 근처 호텔에서 끓는 물을 얻어와 컵라면 파티. 내친김에 럼주도 한잔. 음! 벌건 대낮에 이런 행복이......)13:50 Tea museum (380 루피) 관람. 차 관련 영상물 감상 28분 55초. 14:20 차 제조 공정 탐방. 14:45 차 박물관 출발 15:00 코끼리 댐 탐방 Mattupatty dam. 보나 특산품 목재 바구니 그릇 구입. 16:00 투어 종료 17:00 Mountain Trail 호텔 도착 휴식. 19:30 디너 Mountain Trail hotel 뷔페식 (병맥주. 럼주). 현지 인도인 관광객 한 무리로 우리가 묶던 리조트가 갑자기 북적, 이 높고 높은 산골에... 비도 몹시 오는데 ...... 21:30 호텔에서 빌린 다리미로 젖은 옷 다림질, 젊고 해외 생활이 잦은 조카의 지혜로... 흠 오늘은 횡재의 연속. 젖은 옷 말리고, 낮에 에라비쿨람 국립공원에서 폭우로 흠뻑 젖은 랜드로바 등 신발은 신문지 이용해 건조. 너무 추워 밤에는 두꺼운 담요 추가. (평균기온 섭씨 50도에 육박하는, 일년 중 가장 덥다고 하는 이 계절, 인도에서 춥다니 . . .)

〈그림 113〉 현지 가이드 지빈. 그는 더운 날씨에도 지치지 않고 활력이 넘칠 뿐 아니라 간간이 던지는 유머와 위트도 그렇고, 이런 저런 눈치도 빨라 투어 내내 즐거움을 준 친구로 기억에 남는다. 코친 공항에서 만나 알레피, 문나르, 마두라이 공항에서 작별할 때까지 남인도의 주요 일정을 함께 한, 반짝거리는 눈과 미소가 매력인 인도인.

● 웨스턴 카트 Western Ghats & 에라비쿨람 국립공원 Eravikulrm National Park

면적 약 97㎢ 의 국립공원이다. 에라비쿨람 국립공원 Eravikulrm National Park 을 품고 있는 웨스턴 가트 Western Ghats는 인도 마하라슈트라 주에 위치하며, 인도 카르나타카 주의 저지대 상록계절림과 운무림, 낙엽성의 계절림 등 건조한 환경에 적응한 덤불지역으로 인도의 서쪽해안을 따라 난 숲을 통칭한다. 인도 북쪽으로 타프티강 하구에서 남쪽으로 코모린곶(串)까지, 북쪽의 구자라트주·마하라슈트라주·고아주와 남쪽의 카르나타카주·케랄라주·타밀나두주 6개 주에 걸쳐 약 1600㎞ 길이로 뻗어 있으며, 데칸고원의 서쪽 둘레를 이루는 산맥이다. 평균 해발고도는 900~1600m이며, 최고봉은 아나이말라이 구릉지대에 있는 해발 2695m의 아나무디(Anamudi) 산이다. 이 산맥에는 2,000미터가 넘는 봉우리가 14개나 된다. 아라비아해에 면하여 장대한 벽처럼 솟아 있으며, 해안과의 사이에 평균 너비 50~60㎞의 평지를 안고 있다. 아라비아해에서 불어오는 여름의 남서계절풍이 정면으로 산맥에 와 부딪치기 때문에 서쪽 비탈면과 해안평야는 인도에서도 손꼽는 다우(多雨) 지역을 이루고, 바람을 등지는 비탈면은 한발이 심하다. 서쪽 비탈면에는 열대림이 무성하고, 고지는 아열대림을 이루어 인도코끼리·호랑이 등의 야수가 많다. 예로부터 티크·백단·흑단 등의 경재류(硬材類)와 후추·카르다몸(cardamom) 등의 향신료가 생산되며, 중부에는 망간·철, 남부에는 운모·석면 등의 지하자원도 풍부하다

히말라야산맥보다 더 오래된 인도의 서 고츠(Western Ghats)산맥은 독특한 생물·물리학적 과정과 생태학적 과정으로 매우 중요한 지형적 특징을 보여 주는 곳이다. 이 지역의 지형은 초기 쥐라기시대에 곤드와나대륙의 육지 균열에 관한 분화를 보여준다. 이 곳의 높은 산악 삼림생태계는 인도 몬순기후에 영향을 준다. 이 지역의 열대기후를 완화시키는 서 고츠산맥은 지구상에서 몬순기후의 체계를 가장 잘 보여주는 지역이다. 또한 생물다양성과 고유종의 수준이 이례적으로 높으며, 전 세계적으로 생물다양성이 뛰어난 여덟 곳 중의 하나로 알려져 있다. 이 지역의 숲은 적도가 아닌 열대 상록수림의 가장 전형적인 모습을 나타내는데 강수량이 서쪽 경사면이 전체의 80퍼센트인 300센티미터이며 그늘이 진 동쪽은 30센티미터로 큰 차이가 난다. 그 결과 이 산맥의 서식지는 무려 11개나 되는데, 이는 다양한 야생생물이 서식할 수밖에 없는 환경인 것이다. 전 세계적으로 멸종 위기에 있는 식물과 동물, 조류, 양서류, 파충류와 어류의 서식처로서 생물다양성이 뛰어난 8곳 가운데 하나로 알려져 있다. 약 8,000 여종의 다양한 동식물 종을 비롯 세계자연보존연맹의 목록에 오른 멸종위기에 처한 동식물 325종 이상(229종의 식물과 포유류 31종, 조류 15종, 양서류 43종, 파충류 5종, 어류 1종 등 포함)이 이 지역에서 서식하고 있고, 서식하는 식물 4,000종 중에서 35퍼센트

〈그림 114〉 에라비쿨람 국립공원 (Eravikulrm National Park)은 약 97 ㎢의 면적으로, 해발고도 2,000 m 급의 인도 내에 위치한 히말라야의 가장 높은 산봉우리가 이 공원 내에 위치한다. (사진 출처 : 에라비쿨람 국립공원 뮤지움 제공)

가 고유종으로, 이 중에는 봉선화 76종이 포함되어 있다. 대형 나무 490종 중 에서 308종이 고유종이며 난초 종류 중에서는 반 정도가 고유종이다. 이곳에 서식하는 포유류 125종에서 23종이 고유종이다. 뿐만 아니라 인도에 서식하는 고유 포유류 종의 반이 이 지역에 서식하는데, 인도의 육지에 서식하는 동물의 5퍼센트에 해당한다. 사자꼬리마카크 원숭이, 닐기리타르, 랑구르원숭이, 담비, 트라바나코르 날다람쥐, 말라바르지빠귀, 쇠앵무류, 비둘기, 코뿔새, 붉은가슴웃음지빠귀 등이 이 지역에 서식한다. 이곳은 1980년대부터 벌목을 금지하며 보호하고 있다.

이와 같이 유래를 찾기 힘든 지형적 특성과 생물학적 다양성이 돋보이는 곳으로서 독특한 생물학적·물리학적·생태학적 과정으로 매우 중요한 지형적 특징을 보여주는 곳으로 인정되어 2012년 4월 세계자연보전연맹(IUCN)이 실사 평가 보고서를 승인하는 과정을 거쳐 같은 해 6월 러시아 상트페테르부르크에서 열린 제36차 유네스코 세계유산위원회(WHC) 회의에서 인도의 29번째 세계유산(자연)으로 등재되었다.

〈그림 115〉 에라비쿨람 국립공원(Eravikulrm National Park)은 면적 97㎢, 해발고도 2,000m로서, 인도 내에 위치한 히말라야의 가장 높은 산봉우리도 이 공원 내에 있다고 한다. 해발 2,695m. 몬순 시즌을 맞아 내리는 폭우에 산골짜기마다 폭포가 생겨난다. 산양이 애처롭게 피해있는 모습.

■ 마두라이 Madurai 7일차 2015.6.27.(토)

〈그림 116〉 약 3700㎡에 이르는 넓은 티루말라이 궁전은 안뜰과 천단, 왕궁의 극장을 겸한 대연회장, 신전으로 구성되어 있는데, 현재는 당초 규모의 1/4만 남아있다고 한다. 높이 20미터에 이르는 원주(pillars)에는 여러 부조가 새겨져 있는데 마치 바티칸 궁전의 원주궁전처럼 우람한 모습을 하고 있다.

□ 6월 27일 (토) 주요일정 **마두라이 이동**

07:00 기상 1$. 08:00 조식 1$. 체크아웃 1$. M - water 2bottle 100 ₤. 09:00 Mountain Trail 호텔 출발 마두라이 이동(루트 2가지). 09:35 차밭 촬영 (표지 사진 후보). 10:18 케랄라와 타밀라드 주 경계 통과. 350 루피 통과료(탑승자 수 무관 차량 정원수 기준. 경비 포함). 11:30 마두라이 가는 길에 화장실은 무료라며 헉 그런데 맥주 2bottle 550₤을 받으니 음 혼란 스럽군. 13:30 마두라이 도착. 14:00 Astoria by sparsa 체크인. 14:30 Astoria by sparsa 런치. 15:30 티루말나이 나약 궁전. 입장료 200루피. 30루피 포토. 17:0 스리미낙시사원 관람. 입장료 200루피. 노 포토 구역. 맨발 관람. 50루피 포토. 20루피 (별관 추가 구경 값). 19:00 사원 안에 있던 코끼리 녀석의 배설물과 이루 형언할 수 없는 여러 종류의 무수한 향내, 이래 저래 땀에 푹 젖은 채 스리미낙시사원 투어종료. 20:30. Astoria by sparsa 호텔에서 디너. 오늘도 길고 긴 하루 마무리.

〈그림 117〉 케랄라 와 타밀라드 주 경계 통과. 350 루피 통과료(탑승자 수 무관 차량 정원수 기준)

● 마두라이 Madurai

약 2,500년의 역사를 지닌 마두라이는 남인도의 도시 중 가장 오랜 역사를 지닌 곳으로 100만 명이 넘는 인구가 사는 큰 도시이다. 주도(州都) 마드라스에 버금가는 제2의 도시이며, 예로부터 교통망이 발달해서, 스리랑카와 케랄라 방면으로 가는 철도의 분기점이기도 하다.

고대부터 드라비다 문화의 중심지로, 왕조의 수도지로서 번성하였던 마두라이는 BC 5세기~AD 11세기까지는 판디아 Pandya 왕국의 수도였으며, 11-12세기 사이에는 촐라 Chola 왕조가, 그리고 뒤를 이어 함피 Hampi의 비자야나가르 Vijayanagar 왕조를 거쳐 나약 Nayak(1599-1781) 왕조시대에는 16세기 중반부터 1743년까지 나야크(Nayak)왕조의 수도였다.

마두라어 시에는 고푸람이라고 하는 탑문(塔門)을 가진 광대한 쉬리미낙시 템플 Shri Meenakshi Temple이 있으며, 이 사원의 대부분은 당시의 지배자 티루말라 나야크에 의하여 1623~1660년에 건립되었다. 규모로서는 인도 최대의 사원이며, 후기 드라비다 양식의 전형으로 알려져 있다. 이 사원은 시바의 배우자 미나크시를 모신 신전과, 시바를 모신 신전의 두 신전을 중심으로 한 이중 사원으로 되어 있다. 도시 전체가 이 사원을 중심으로 이중 삼중으로 겹겹이 겹친 모양으로 형성되어 있다.

마두라이는 풍부한 목화재배지대와 인접하여, 면방적을 비롯하여 견직물·염색·농기구 등의 공업이 성하고, 땅콩·차·커피·향신료 등의 집산·가공도 이루어진다. 대학도 있어 교육의 중심지이기도 하다.

〈그림 118〉 티루말라이 궁전 Tirumalai Palace 은 천장에 왕과 왕비를 상징하는 마카라(makala, 용왕)를 조각하여 놓았는데, 물고기 꼬리에, 펭귄 몸체, 사자머리나 코끼리 머리 모양을 한 얼굴에 독수리의 눈을 하고 무섭게 쏘아보고 있다. 연꽃무늬를 한 천장의 그림도 무척 화려하다. 과연 왕이 즐길만한 '천상의 정자' 답다는 생각이 들기도 한다.

● 티루말라이 궁전 Tirumalai Palace

티루말라이 궁전 Tirumalai Palace 은 나약 왕조시대의 건축물로서 1971년 복원을 시작하였다. 유럽식 건물양식에 인도스타일 조각을 입힌 건축물이다. 티루말라이 궁전이 있는 남인도 타밀나두 주의 제2 도시인 마두라이는 가장 큰 마을이라는 뜻으로 예부터 타밀 남부의 중심지였다. 여기서 '맏'은 '큰'이라는 뜻이고, '우라이'는 '울(타리)'이라는 뜻으로 우미말의 '마을'과 같은 의미이다. 타밀어는 우리말과 유사한 단어가 많다. 우리말과 타밀어와 발음이 유사한 단어는 우리 말의 '쌀, 뉘, 벼, 모, 낱알'을 타밀어로는 '쏘르, 넬, 비어, 무디, 낟 뚜르' 등으로 발음한다. 또 '아궁이'를 '아그니(Agni)'라고 발음하는데, 이는 죽은 자를 저 세상으로 데려갈 때 불을 밝혀 인도하는 신의 이름이다. 인도네시아 발리에 있는 가장 높은 산의 이름이 아궁 산이어서 아궁이를 연상케 했는데

〈그림 119〉 약 3700㎡에 이르는 넓은 궁전은 안뜰과 천단, 왕궁의 극장을 겸한 대연회장, 신전으로 구성.

〈그림 120〉 높이 20미터에 이르는 원주(pillars)에는 여러 부조가 새겨져 있다.

〈그림 121〉 1971년 복원을 시작하였다. 유럽식 건물 양식에 인도스타일 조각을 입힌 건축물이다.

〈그림 122〉 마두라이를 건설한 나약 왕조의 티루말라이 나약 왕이 1636년에 건축했다.

이는 오래전부터 인도 남부인들이 집단이주하여 거주하면서 생긴 이름이다. 티루말라이 나약 궁전 입구에 들어서면 칼을 든 티루말라이 나약 왕의 동상이 우뚝 서 있고, 궁전 안에는 돌기둥들이 쭉 늘어서 있다.

지금의 마두라이를 건설하는데 지대한 공헌을 한 나약왕조의 티루말라이 나약왕이 1636년에 건축했다는 이 궁전은 이슬람양식과 중국양식까지 가미하여 지은 인도사라센 양식의 건물이다. 3,700㎡에 이르는 넓은 궁전은 안뜰과 천단, 왕궁의 극장을 겸한 대

〈그림 123〉 이슬람양식과 중국양식까지 가미하여 지은 인도사라센 양식의 건물.

〈그림 124〉 화려한 문양의 열주와 아치. 여러 부조가 다양하게 새겨져 있다.

연회장, 신전으로 구성되어 있는데, 현재는 약 1/4 정도만 남아있다. 높이 20미터의 원주(pillars)에는 여러 부조가 새겨져 있다. 궁전의 중앙에는 붉은 의자가 하나 놓여있는데 나약 왕은 이 옥좌에 앉아 매일 연회를 즐겼다. 그가 죽고 난 후 이를 못마땅하게 생각한 손자 쵸까나타왕이 궁전의 상당부분을 파괴해 버렸다.

천정에는 왕과 왕비를 상징하는 마카라(makala, 용왕)를 조각하여 놓았는데, 물고기 꼬리, 펭귄 몸체, 사자머리나 코끼리 머리모양을 한 얼굴에 독수리의 눈을 하고 쏘아보고 있다. 연꽃 무늬를 한 천장의 그림은 화려하고 천상의 정자다운 면모를 보이고 있다. 마두라이에서는 많은 축제가 열린다. 그 중 4월과 5월 사이에 열리는 치드라이 페스티벌은 미낙시와 순다레스와리의 결혼을 축하하는 축제로 14일 동안 열린다.

● 마두라이 플로트 페스티벌 Madurai Float Festival

인도 타밀나두 마두라이에서 매년 1월 중순에서 2월 중순 사이에 보름달이 뜨는 날 열리는 축제이다. 17세기경 마두라이를 지배했던 티루말라이 나약 *(Thirumalai Nayak)* 왕은 인공 호수를 만든 뒤, 그 중심부에 절을 세우고 신성시 되는 사람들을 모셨는데 이것이 이 축제의 기원이 되었다. 이 축제는 새벽에 절에서 진행되는 신들의 행진을 시작으로 막이 오른다. 이 행진에서 전지전능한 신은 황금가마를 타고 코끼리, 말, 음악가들 등 1000명에 이르는 신봉자들의 에스코트를 받으며 행진한다. 저녁에는 호수 근처에 천개가 넘는 작은 램프들이 준비되며, 불꽃놀이가 펼쳐진 뒤, 봉헌자들의 축배가 이어진다.

● 스리 미낙시 사원 Sri Meenakshi Temple

마두라이의 어느 곳에서건 높은 곳에 올라서면 잘 보이는 미낙쉬 사원은 이 도시의 상징과도 같은 곳이다. 이 사원의 기원은 2,500년 전까지 소급되는 판디야 *(Pandya)* 왕조까지 거슬러 올라가지만, 현재의 모습으로 지어진 것은 나약*(Nayak)* 시대이다. 신화에 의하면 마두라이엔 3개의 젖가슴을 지닌 처녀 미낙시*(Meenakshi)*가 살았다. 예언가는 3개의 젖가슴을 지닌 그녀에게 진정한 남편감을 만났을 때에 그 중의 하나가 없어진다는 예언을 하였는데, 미낙쉬가 히말라야의 **카일라시(Kailash)산**[22]을 방문하여 시바(Shiva) 신을 만나자 가운데의 젖가슴이 사라지고 정상이 되어 미낙쉬는 자신의 진정한 남편감이 시바임을 알게 되었다. 그러나 시바는 이 물고기 모양의 눈을 가진 남부의 처녀 미낙쉬와 곧바로 결혼을 할 수 없는 처지이어서, 미낙쉬에게 먼저 고향으로 돌아가 기다리라며 미낙쉬를 내려 보냈는데, 약속한 지 8년이 지나 시바는 순다레스와라*(Sundareswara)*의 형태로 히말라야에서 마두라이로 내려와 미낙쉬와 결혼하였다고 한다. 스리 미낙쉬 사원은 이같은 사연을 지니고 결합된 미낙쉬와 순다레스와라를 모시고 있는 사원인데, 어렵게 이루어진 둘 사이인 탓인지 금실이 유난히 좋다. 사원의 하인들이 운반하는 가마를 타고 매일 밤 21:30분에 순다레스와라는 미낙쉬의 처소에 들고, 다음 날 아침 06:00시엔 미낙쉬 처소의 동쪽 편에 있는 자기 처소로 돌아가는 의식이 어김없이 반복되고 있는 것이다. 76헥타르의 면적에 전형적인 드라비디언(Dravidian) 양식으로 지어진 이 사원은 높이가 40m를 넘는 **고푸람 gopuram**[23] 들을 지니고 있는데, 48.8m의 높이에 9층의 구조로 되어 있는 남쪽의 것이 가장 높은 것이다. 사원 안에 있는 '1,000(정확히는 985)개의 기둥을 가진 홀'은 박물관이며, 미낙시(Meenakshi)와 순다레스와라(Sundareswara)를 모신 두 신전은 힌두교 인에게만 공개되어 일반인은 들어갈 수가 없다. 드라비다 문화의 근거지라고 할 수 있는 마두라이(Madurai)는 남인

---

22) 카일라시 (Kailash)산은 티벳의 서쪽에 피라미드 형으로 생긴 만년 설산이다. 불교도들에게 카일라시의 정상에는 인간의식을 초월한 보이지 않는 사원이 있고, 천왕문은 불법을 수호하는 외호신(外護神)인 사천왕(四天王)이 안치된 전각으로, 천왕들은 수미산(須彌山)의 동서남북에서 불법을 수호하고 인간의 선악을 관찰한다고 한다. 불교와 힌두교의 성스러운 산인 티베트에 있는 카일라시산을 한바퀴 도는 거리는 약 50km인데 이 순례는 불교에서 최고의 가치로 여긴다. 네팔과 티베트의 접경 지역이자 극서부에 위치해 있는 훔라에는 황량한 고원지대에 우뚝 솟은 성산(聖山) 카일라스(Kailas·6,714m)외에 티베트 서부지역엔 굴라만하타(Gurla Mandhata·7,728m) 산이 있는데, 힌두교의 파쇠 긴인 시바의 고향이며 티베트인들에게는 우주의 중심이 되는 곳이다. 신들의 사랑의 공간 티벳의 전통 종교인 뵌교의 성지인 카일라스 봉과 마나사로바 호수, 하늘호수 마나사로바 연화지(蓮花池)에 몸을 담그고 싶어 하는 주체하는 감정을 억누르며 속세의 죄를 씻고자했던 곳이다

23) 고푸람 [gopuram] 인도 남형(南型) 건축 특유의 높은 누문(樓門)이다. 위벽(圍壁)의 정면 또는 사방에 서며 설계는 장방형으로 중앙에 통로가 있고 그 위에 몇 층씩 계단을 겹쳐 정상에 아치 지붕의 남형(南型)시카라를 얹는다. 그의 원형은 마하바리푸람의 가네샤 라타등에서 보이며, 민간 목조건축의 모양이 발전한 것으로 보인다. 팔라바조(朝)나 촐라조에서 높이는 그다지 눈에 뜨일 정도가 아니지만 차차로 비마나(본전)를 능가하는 높이가 되었다. 비자야나가르 왕국 이후는 10층을 넘는 높은 것이 출현하고 외벽은 무수한 조각으로 장식되었다. 슈리랑감, 티루반나말라이, 마투라이 등 여러 절의 것이 유명하다. (미술대사전(용어편), 1998., 한국사전연구사)

도 최대의 순례지이다. 7세기부터 13세기에는 판드야(Pandya)왕조의 수도였으나 그 당시 건물은 남아 있는 것이 없다. 14세기에는 할지(Khalji)왕조의 장군에게 정복당하여 이슬람세력의 지배를 받게 되었으나 반세기쯤 후에는 비자야나가르(Vijayanagara) 왕조가 지배를 하게 되었고 그때부터 다시 힌두교의 성지(聖地)가 되었다.

1565년 비자야나가르왕국이 이슬람세력에 의해서 패망하게 되자 나야크(Nayak)왕조가 독립을 하여 1781년까지 이 지방을 지배하였다. 특히 티루말라이 나야크(Tirumalai Nayak, 1623~1659)의 통치 하에서 번영하게 되었으며 이때 건설된 미낙시 순다래슈와라(Minaksi Sundareshwara) 사원은 근세의 힌두교 사원을 대표하는 건축이다. 마두라이시의 최대의 축제 때에는 시바신과 미낙시 신비(神妃)의 결혼 행렬을 매년 연출하게 되며 두 개의 신상을 태운 산차(山車)를 중심으로 하는 축제행렬이 시내 대로를 누비고 다니게 된다. 미낙시는 "어안(魚眼)을 가진 여신"이란 뜻이며 처음에는 타밀(Tamil) 민족의 토착신이었고 이것이 힌두교에 채택되어서 시바의 신비(神妃, 파르비타)와 동화되어 동일시하게 되었다. 순다래슈와라는 시바신의 이명(異名)이다.

〈그림 125〉 고푸람의 기단은 견고한 석재로 건축되어 있고, 수직으로 우뚝 선 사다리꼴 모양의 탑신은 벽돌로 쌓아 올렸다. 그리고 하늘을 찌를 듯이 높은 벽체에는 소조(점토 등)로 만든 수많은 신상과 동물들이 총천연색으로 빼곡히 조각되어 있다. 기괴하기 그지없는 신상들의 동작과 표정, 그리고 현란한 색채가 넋을 놓을 만큼 화려하고 감동적이다.

이 지방에는 고대부터 이 두 신의 사당이 건설되었으며 이 사원은 그 사역 범위가 몇 차례씩 확대되어 그 경역이 약 238×260m가 되는 거대한 사원이 되었다. 사원 경역에는 높은 외주벽(外周壁)이 서 있고 동 · 서 · 남 ·북쪽 중간에 서 있는 대형 고푸라를 선두로 하여 전부 12개의 고푸라가 높이 솟아 있다. 그 중 최대 규모로 만든 남쪽 고푸라는 높이가 48m이다. 모든 고푸라는 수많은 신상들로 장식되어 있으며 약 20년마다 극채색으로 새롭게 색칠을 하게 된다. 통상시에 남쪽 **고푸라[塔門]**[24]는 사용되지 않고 동쪽 고푸라가 주로 사용된다. 동쪽 고푸라를 들어서면 난디(Nandi) 사당이 있다. 경내에는 양신(兩神)의 사당을 감싸고 있는 내측 회랑이 있으며 "황금연(黃金蓮)의 목욕지(沐浴池)"가 있고 1,000주 홀(실제 기둥 수는 985개)이 있다. 그 외에도 수많은 만다파와 소사당(小祠堂)들이 있다. 모든 건물들의 벽과 기둥면에는 후기 비자야나가르 양식으로 된 수많은 조각장식들이 만네리스틱 manneristic 하게 표현되어 있다.

〈그림 126〉 사원에는 높은 외주벽(外周壁)이 있고 동·서·남·북쪽 중간의 대형고푸라를 포함, 12개가 있다. 사진은 사원 동쪽의 제1고푸라

〈그림 127〉 모든 건물들의 벽과 기둥면에는 후기 비자야나가르 양식으로 된 수많은 조각장식들이 만네리스틱 하게 표현되어 있다.

〈그림 128〉 모든 고푸라는 수많은 신상들로 장식되어 있으며 약 20년마다 극채색으로 새롭게 색칠을 하게 된다.

사랑의 힘은 건축에서도 강력한 힘으로 작용하고 있는 것 같다. 북인도 무굴제국의 샤자한 왕(1592~1666)이 자신의 사랑하는 부인 뭄타즈마할을 위하여 타지마할을 건축했다면, 이곳 남인도의 마두라이의 스리미낙시 사원은 샤자한왕과 같은 시대에 왕을 지냈던 티루말라이 나약왕(1623~1655)이 시바신과 미낙시의 사랑을 그리며 그들에게 봉헌하기 위해 건축했다. 그런데 샤자한왕은 타지마할을 짓고 나서 안타깝게도 아들 아우랑제브에 의해서 왕위를 박탈당하는데, 정사는 돌보지 않고 건축물에 쏟아 부은 돈이 엄청나게 많아 국가재정이 파탄을 할 지경이었기 때문이다. 또한 마두라이의 나약 왕 역시 거대한 궁전을 짓고 그의 손자 쵸카나따 나약왕 대에 이르러 그가 지었던 나약 궁전이 원래 규모의 1/4만 남아있게 되었다. 스리미낙시 사원은 북인도의 타지마할에 필적할 만한 건축물로서, 타지마할이 인도 사라센 양식을 대표하는 건물이라면, 스리미낙시 사원은 드라비다 힌두양식을 대표하는 건물이다. 본전 안으로 들어가면 먼저 눈에 띄는 것은 회랑에 죽 늘어선 기둥과 그 기둥에 새겨진 갖가지 모형의 조각이다. 985개의 돌기둥으로 받쳐진 회랑은 "1000개의 만다파 *(Thousand Pillars Mandapam)*"라고 불리어지고 있다. **만다파(Mandapa)**[25]는 인도의 힌두 건축사원으로 열주가 있는 홀을 말

24) 고푸라 Gopura 는 인도의 사원 입구에 세워진 중세의 탑문(塔門)이다. 힌두교 사원의 울타리에 돌로 쌓아 만들었고 위로 올라갈수록 좁아지면서 사각형을 이룬다. 고푸람 Gopuram 이라고도 한다.

한다.

돌기둥에 새겨진 관능적인 여성과 남성적이고 우람한 동물들의 모습이 퍽 대조를 이루고 있다. 그 관능적인 포즈가 신과 인간 간의 사랑을 이야기해주고 있다. 신은 인간을 사랑하고, 인간은 신을 우러러 사랑하고, 사랑은 신과 인간 사이에 교감을 하며 거미줄처럼 엮여져 있다. 신을 향한 인간의 신념은 이처럼 위대하고 멋진 건축물을 탄생시키고 있다. 사원 내부는 북적대는 인파와 각종 종교의식, 코를 찌르는 향 냄새, 현란한 조각, 황금빛 기둥, 주문과 기도소리로 가득하다. 도대체 시선을 어디에다 두어야 할지 난감하기만 하다. 벽과 기둥에는 수천수백 개의 조각들이 형형색색의 모형으로 다가오고, 고개를 들면 천장에는 수없이 많은 벽화들이 화려하게 장식되어 있다. 사람들은 자신에게 맞는 신 앞에서 기도를 하거나 절을 올리고 있다. 시바 신이 타고 다녔다는 난디상 앞에, 시바의 링가 앞에, 시바의 아들 가네쉬 신 앞에, 미낙시 신전 앞에……. 신들을 향한 그들의 지극한 마음이 여기저기서 느껴진다. 어디를 가나 신들이 꿈틀거리며 나그네를 맞아들이고 있다. 수천 년이 지난 지금도 밤마다 시

〈그림 129〉 수많은 순례자들이 이곳 마두라이 스리미낙시 사원으로 몰려들고 있다. 하루에 1만~2만 명의 순례자들이 이곳을 찾는다. 동쪽으로 통하는 긴 출입통로를 통해 신전으로 들어가면 통로 주변에 많은 상점들이 늘어서서 장사를 하고 있다. 통로에서 'ㄷ'자 모양의 된 작은 문을 지나자 넓은 뜰 앞에 거대한 고푸람이 우뚝 서 있다. 석양빛을 받아 찬란하게 빛나고 있는 천연색의 고푸람이 압권이다.

25) 만다파 [mandapa] 힌두 사원에서 예배나 의식을 준비하는 장방형의 공간으로 오리사Orissa 지역에서는 '자가모한(jagamohan)'이라고도 한다. 홀 또는 현관과 비슷한 공간으로서 대개 열주로 둘러져 있으나 벽이 있는 경우도 있다. 성소인 비마나의 전방에 위치하며 비마나와 연결되어 있거나 완전히 분리되어 있는 경우도 있다. 의식과 종교 활동이 복잡해지면서 다른 기능을 갖는 공간이 첨가되기도 한다. 오리사의 부바네쉬바르Bhūbaneśvar에 있는 링가라자Lingarāja 사원의 경우, 자가모한 앞쪽에 음식을 준비하는 장소인 보가만다파(bhogamandapa)와 춤의 방인 나타만디르(nātamandir)가 후대에 덧붙여졌다.

바신은 미낙시 신의 방을 찾아 입방을 하고 아침이면 다시 본인의 신전으로 다시 돌아 온다니 둘의 사랑은 영원불멸하게 지속되고 있다. 신전 안에는 연못이 하나 있다. 여신의 황금연지*(Golden Lotus Tank)*라 불리어지는 이 연못은 몸과 마음을 정화시켜주는 역할을 한다. 사랑을 할 때에는 목욕재개를 하고 깨끗한 몸과 마음으로 진실로 자신이 사랑하는 사람에게만 몸을 허용해야 한다는 것을 가르쳐 주고 있다. 사각의 연지 중앙에는 황금기둥이 우뚝 솟아 있다. 잔잔한 물빛에 비추이는 황금기둥과 고푸람이 아름답게 나타난다. 마치 신들의 선계(仙界) 속에 빠져 들어간 듯 아득한 분위기를 연출한다. 성스러운 사원의 정경이 하늘과 연못 속에 비추어지고 있다. 이곳을 한번 들어갔다 나오기만 해도 시바신과 미낙시 신처럼 아름다운 사랑을 엮어갈 수 있는 마음이 저절로 우러날 것 같다. 연못 옆 한쪽 벽에는 사두 한사람이 가부좌를 틀고 고요히 앉아 있다. 그는 모든 것을 놓아버린 듯 초연한 자세를 취하고 있다. 머리에는 상투를 틀고 염주를 끼고 있고, 목에는 뼈로 만든 듯한 목걸이를 걸고 있는데, 황금색 수행복을 입고 두 손을 깍지 낀 수인(手印)을 하고 눈빛은 매우 강열하게 빛나고 있다. 바라보기만 해도 저절로 숙연해 진다. 오랜 수행자의 모습에서 발산되는 어떤 기가 느껴지며, 그에게 선 채로 합장배래하고 지나가는데 그는 미동도 하지 않는다. "스리미낙시 사원은 말로서는 이루 설명을 할 수 없다. 스스로 느껴야 한다. 힌두교는 말로 할 수 있는 종교가 아니다. 생활 속에서 늘 함께하는 종교이기 때문이다." 현장을 체험하지 않고는 아무리 말을 해도 실감이 나지 않는다는 뜻이다. 저 하늘을 찌르는 현란한 고푸람을 한 번만 바라보아도 미낙시 사원이 어떤 곳인지 느끼게 된다. 연못을 빠져나와 밖으로 나오면 코끼리 한마리가 인간에게 신의 축복을 내려주고 있다. 약간의 돈을 주면 코끼리는 그 긴 코로 사람의 머리를 지극히 사랑스러운 마음으로 쓰다듬어 준다. 코끼리와 인간이 소통하는 그 모습이 매우 사랑스럽게 보인다. 코끼리는 하늘의 신인 인드라가 타고 다녔던 신성한 동물이다. 수많은 순례자들이 이곳 마두라이 스리미낙시 사원으로 몰려들고 있

〈그림 130〉 신전 안에는 연못이 하나 있다. 여신의 황금연지(Golden Lotus Tank)라 불리어지는 이 연못은 몸과 마음을 정화시켜주는 역할을 한다고 한다. 사랑을 할 때에는 목욕재개를 하고 깨끗한 몸과 마음으로 진실로 자신이 사랑하는 사람에게만 몸을 허용해야 한다는 것을 가르쳐 주고 있는 것이다.

다. 하루에 1만~2만 명의 순례자들이 이곳을 찾는다. 동쪽으로 통하는 긴 출입통로를 통해 신전으로 들어가면 통로 주변에 많은 상점들이 늘어서서 장사를 하고 있다. 통로에서 'ㄷ'자 모양의 된 작은 문을 지나자 넓은 뜰 앞에 거대한 고푸람이 우뚝 서 있다. 석양빛을 받아 찬란하게 빛나고 있는 천연색의 고푸람이 압권이다. 그 어디에서도 볼 수 없었던 현란하고 괴기한 모습이다. 고푸람(Gopuram)은 중앙에 통로가 있고, 그 위에 몇 층식 계단을 겹쳐 올려 맨 위 지붕에 아치 모형의 시카라(Sikhra, 꼭대기)를 얹은 일종의 힌두사원의 탑문이다. 고푸람은 드라비안 양식을 표방하는 건축물로 특히 이곳 마두라이에 세워진 스리미낙시 사원의 고푸람이 인도에서는 가장 유명하다. 면적 약 65만㎡의 스리미낙시 사원에는 동서남북에 높이 45m 이상의 거대한 고푸람(그 중 남문 고푸람이 52m로 가장 높음)이 하늘 높이 서 있고, 그 사이에 8개의 크고 작은 고푸람이 화려하게 장식되어 있다. 이 거대한 고푸람은 본전인 미낙시 순다레스와라 사원을 동서남북에서 에워싸고 있다. 17세기 나약 왕조 시대에 시바 신(Shiva, Sundareswarar)과 미낙시(Meenakshi)를 모시기 위해 지어졌다는 이 거대한 사원은 과히 이집트의 신전이나 그리스 신전에 필적할 만한 규모로서, 이 사원은 2500년 전부터 시바신을 모시기 위해 터를 잡기 시작했다. 고푸람을 통과하여 사원 내부로 들어가면 본전이 나오는데 본전으로 들어가는 입구에 보리수나무 밑에 5개의 머리를 가진 코브라 뱀 신이 버티고 서 있다. 보리수나무에는 뱀 신에게 바치는 물건들을 나무상자에 담아 매달아 놓고 있다. 이 공양물을 45일간 매달아 놓으면 뱀 신을 통해 성력을 가진 샥티(Shakti)로부터 신선한 에너지를 받을 수 있다. 그래서 사람들은 자신들의 소원을 기원하며 뱀 신에게 공물을 바친다. 보리수나무를 지나 본전으로 들어가면 거대한 돌기둥으로 이어진 긴 회랑이 갖가지 문양을 새긴 채 세워져 있다. 사원 안으로 들어갈 때는 동쪽 고푸람(gopuram) 입구에서 신발을 벗고 가야 한다. 고푸람의 기단은 견고한 석재로 건축되어 있고, 수직으로 우뚝 선 사다리꼴 모양의 탑신은 벽돌로 쌓아 올렸다. 그리고 하늘을 찌를 듯이 높은 벽체에는 소조(점토 등)로

〈그림 131〉 사람들은 자신에게 맞는 신 앞에서 기도를 하거나 절을 올리고 있다. 시바 신이 타고 다녔다는 난디상 앞에, 시바의 링가 앞에, 시바의 아들 가네쉬 신 앞에, 미낙시 신전 앞에……. 신들을 향한 그들의 지극한 마음이 여기서기서 느껴진다.

만든 수많은 신상과 동물들이 총천연색으로 빼곡히 조각되어 있다. 기괴하기 그지없는 신상들의 동작과 표정, 그리고 현란한 색채가 넋을 놓을 만큼 화려하고 감동적이다. " 고푸람에는 라마야나와 마하바라타에 나오는 힌두의 3만 3천의 신과 악마, 동물들, 힌두 신화에 등장하는 인물들이 새겨져 있고, 천연 소재 염료를 사용하여 채색을 하였다. 화려한 원색으로 탑신에 새겨진 수만 수천의 신들의 동작과 저 복잡 미묘한 조각을 하나하나 새겨 넣었다. 약 3억 3천이나 된다는 인도의 신들을 조금이라도 이해하는데 이곳 스리미낙시 사원의 수많은 신들, 여신들, 동물, 신화 속의 인물들을 조각하여 천연색으로 채색되어 있는 이 거대한 고푸람, 그리고 사원으로 끝없이 몰려드는 순례자들을 바라보고 있으면 다소 이해가 된다.

〈그림 132〉 사원 내부는 북적대는 인파와 각종 종교의식, 코를 찌르는 향 냄새, 현란한 조각, 황금빛 기둥, 주문과 기도소리로 가득하다. 도대체 시선을 어디에다 두어야 할지 난감하기만 하다. 벽과 기둥에는 수천 수백 개의 조각들이 형형색색의 모형으로 다가오고, 고개를 들면 천장에는 수없이 많은 벽화들이 화려하게 장식되어 있다.

시바 신과 미낙시의 사랑 "미낙시는 '풍요를 상징하는 물고기의 눈을 가진 여신'을 의미한다. 미낙시는 원래 드라비다 민족의 토착 여신으로 이 땅에 오랜 세월 동안 사랑을 받아오다가, 후대에 힌두교의 세력이 확대되면서 자연스럽게 시바 신과 결합을 하여 시바의 부인으로 모셔지게 되었다. 미낙시가 시바를 만나 결혼을 하기까지는 다음과 같은 신화가 전해내려고 있다." 스리미낙시(Sri Meenakshi) 사원은 원래 2000여 년 전 판디아왕국 때부터 터를 잡기시작하였다. 판디아왕조(Pandya:BC 3세기~16세기)의 2대왕 판디아는 시바를 위한 거대한 사원을 건축하기로 결정했다. 그러나 왕은 후손이 없어 시바 신에게 기도를 올렸는데 시바는 왕의 간절한 기도를 들어주어, 기도를 집전하는 사원의 불길에서 여자 아이를 탄생시켜 주었다. 그런데 그 여아는 괴이하게도 물고기 모양의 눈과 3개의 젖가슴을 가지고 있었다. 물고기 모양의 눈을 가지고 태어난 아이는 자연스럽게 미낙시(Meenakshi : 물고기 눈을 의미)라는 이름을 갖게 되었다. 아이의 괴이한 모습에 왕의 근심은 깊어만 가는데, 어느 날 한 예언자가 나타나 "이 아이는 자라나서 미래의 배우자인 시바 신을 만나면 세 개의 젖가슴 중 가운데 젖가슴이 사라질 것이다"란 말을 전해 주었다. 판디아 왕이 죽은 후 미낙시는 그 나라를 지배하게 되었고, 히말라야로 여행을 떠나서 카일라스산에 머물고 있는 시바 신을 만났다고 한다.

시바 신을 만나자 마자 정말 신통하게도 그녀의 세 개의 젖가슴 중 가운데 젖가슴이 감쪽같이 사라졌다. 이 때 시바는 수행 중이라 그녀를 일단 돌려보내고 수행을 마친 8년 후에 '순다레슈와라'라는 화신으로 이곳 마두라이에 나타나 미낙시와 결혼을 했다. 미낙시는 시바의 배우자인 파르파티의 화신으로 다시 태어난 여인이다. 파르파티는 시바의 두 번째 부인으로 시바의 첫 번째 부인인 사티의 화신이다. 결국 미낙시는 시바의 첫째 부인인 사티의 화신으로 다시 태어난 것이다. 파르파티는 모든 힘의 원천으로 시바는 파르파티와 결합을 해야만 비로소 세상을 파괴하는 힘을 가질 수 있다. 시바는 원래 사랑했던 첫 부인 사티를 기다렸고, 그들은 순다레슈와라와 미낙시라는 아바타로 다시 태어나 못 다한 사랑을 다시 이어가게 된 것이다. 신늘도 성이 다른 두 신이 결합을 해야만 비로소 우주를 다스리는 힘이 생긴다는 것이고, 신들의 세계에서도 서로 사랑하는 신들의 음과 양이 결합을 해야 에너지가 충만되어 그 에너지로 우주의 창조와 파괴를 하여 우주가 균형을 이룰 수 있으며, 특히 신들 중에서도 시바 신은 우주에 필요 없는 부분을 강력한 힘으로 파괴하는 신으로 알려져 있다. 그 힘의 원천이 그의 부인 파르파티로부터 나온다고 한다. 그래서 인도의 서민들은 창조의 신인 브라흐만이나 우주를 지탱하게 해주는 비슈누 신[26] 보다 성력의 힘을 가진 시바 신에 더 많은 애착을 가지고 섬긴다. 지금도 이 사원에서는 금슬이 좋기로 소문난 시바 신과 미낙시 신과의 전설을 기리며 밤이 되면 순다레슈와라(시바 신) 신상을 가마에 태워 미낙시의 처소로 들여보내 합방을 시키고, 다음날 아침에 다시 그 가마를 순다레슈와라의 처소로 옮기는 일을 하루도 빠짐없이 한다.

〈그림 133〉 약 6헥타르의 면적에 전형적인 드라비디언(Dravidian) 양식으로 지어진 이 사원은 높이가 40m를 넘는 고뿌람(gopuram)들을 지니고 있는데, 48.8m의 높이에 9층의 구조로 되어 있는 남쪽의 것이 가장 높은 것이다. 사원 안에 있는 '1,000(정확히는 985)개의 기둥을 가진 홀'은 박물관이며, 미낙시(Meenakshi)와 순다레스와라(Sundareswara)를 모신 두 신전은 힌두교 인에게만 공개되어 일반인은 들어갈 수가 없다.

26) 힌두교의 세 주신(主神)의 하나. 세계의 질서를 유지하는 신으로 후에 크리슈나로 화신한다

〈그림 134〉 면적 약 65만㎡의 스리 미낙시 사원의 동서남북에 배치된 높이 45m 이상의 거대한 고푸람.

〈그림 135〉 만다파(Mandapa)는 인도의 힌두 건축사원으로 열주가 있는 홀을 말한다.

〈그림 136〉 17세기 나약 왕조 시대에 시바 신(Shiva, Sundareswarar)과 미낙시(Meenakshi)를 모신 사원

〈그림 137〉 12개의 크고 작은 고푸람은 본전인 미낙시 순다레스와라 사원을 동서남북에서 에워싸고 있다.

〈그림〉 138 985개의 돌기둥으로 받쳐진 회랑은 "1000개의 만다파" 라고 불리어지고 있다.

〈그림 139〉 사랑은 신과 인간 사이에 교감을 하며 거미줄처럼 무시무종의관계로 엮여져 있다

■ 첸나이(1) Chennai 8일차 2015.6.28(일)

〈그림 140〉 첸나이의 산토메 지역에 있다. 16세기 초에 포르투갈 탐험가들이 건축했고, 1893년 영국인들이 신고딕 양식인 지금의 모습으로 건축되었다. 예수의 12제자 중 하나인 토마가 인도로 와서 AD 52~72년 동안 선교하다가 순교한 후 묻힌 무덤 위에 세워졌다고 전해진다.

□6월 28일 (일) 주요일정 **체나이 이동**

07:00 기상 07:30 Astoria by sparsa 조식 체크아웃. 09:00 호텔 출발 공항 이동12km 09:30 마두라이공항 도착 지빈 팁125$ (소주1병 마스크 팩 2개) 10:30 체크인 완료 부치는 짐 92kg 32kg over 12kg 감축 (기내로 가져가기로 다행이 물은 통과함) 이럴 땐 보스턴 백 타입 유리, 1kg 당 300 20kg × 300 ₤ = 6,000 ₤ (약 120,000 ₩ 추가요금 부담. 음 너무 아까운 지출)

● 타밀나두 Tamil Nadu

인도 남동부에 있는 주(州). 위치 / 인도 남동부 경위도 / 동경80°16′ 북위13°05′ 면적(㎢) / 130058 시간대 / UTC+5.5 행정구분 / 31 district 홈페이지 / http://tn.gov.in/ / 주도 첸나이(Chennai) / 인구(명) 65,555,000(2008년)

주도(州都)는 첸나이이다. 코로만델 해안에 위치하며 데칸 고원의 남동부 사면을 차지한다. 타밀나두의 해안선은 약 900km에 달한다. 한반도 동해안 전체 길이에 육박한다. 벵골만에 면한 해안은 태양과 파도를 즐기기에 더할 나위 없이 좋다. 야자수와 카수아리나(Casuarinas)나무가 그늘을 만들어 운치를 더한다. 대부분 열대몬순 기후이다. 1498년 바스쿠 다가마가 캘리컷에 도착한 이후 포르투갈 · 네덜란드 · 프랑스령이 되었다가 19세기 초까지 영국에 속하였다. 1937년 자치주, 1947년 인도의 일부가 되었고, 1965년 마드라스 주(州)로서 성립되었다가 1968년 타밀나두 주(州)로 개칭하였다. 동쪽으로 흐르는 하천이 강어귀에 비옥한 삼각주를 형성하여 다량의 쌀과 사탕수수를 산출한다. 남부에는 목화밭이 분포하며 말라바르 해안의 코코넛 숲과 구릉지에서는 후추를 재배한다. 망간·마그네슘·크롬 등의 광물이 많고, 공업은 수력자원에 의존하고 있다. 공용어는 타밀어이다.

〈그림 141〉 타밀나두 [Tamil Nadu] 주(州)

● 첸나이 Chennai

1,639년 영국의 동인도회사가 무역항의 거점으로 삼으면서 성장 영국으로부터 독립된 이후에는 강경한 민족주의 성향을 띔. 첸나이 *Chennai* 는 타밀나두의 주도(州都)이다. 델리, 뭄바이, 콜카타 등과 함께 인도 4대 도시로 꼽힌다. 타밀나두 북부 끝에 위치해 남인도의 관문 역할을 한다. 사원과 성채, 궁전 등 풍부한 문화유산이 비약적인 경제발전과 어우러져 독특한 분위기를 자아낸다.

〈그림 142〉 성당 안의 예수의 성상 발아래 보이는 공작새는, 힌두교의 시바신이 타고 다녔다는 것으로서 서구에서 전래된 기독교 문화가 현지토착화 된 것으로 보인다

첸나이는 타밀족의 문화가 두드러진 도시다. 인도의 주류 문화에서 한발 벗어난 개별성이 드러난다. 타밀족은 생김새부터 북인도 사람들과 약간 다르다. 곱슬머리에 키가 작다. 피부는 검고 코는 낮다. 대개 순박하고 정이 많기로 소문나 있다. 언어 또한 고유한 타밀어를 사용한다. 물론, 종교는 북인도와 마찬가지로 힌두교의 우산 아래 놓여 있다.

작은 어촌에 불과했던 첸나이가 세계사 무대에 등장한 것은 영국의 인도 진출 덕분이다. 17세기 중반 영국 동인도회사가 이곳에 성 조지 요새 *Fort St. George*를 쌓고 인도 진출의 발판으로 삼았다. 영국은 이곳을 서남아시아 무역의 전진기지로 활용했다. 지금도 성 조지 요새 주변으로 타밀나두 주 의회와 정부, 법원, 박물관 등이 위치해 있다.

현재, 첸나이는 방갈로르와 함께 남인도 경제를 이끄는 쌍두마차로 통한다. 세계 최대 컴퓨터 메이커인 델, 휴대전화 판매 1위인 노키아, 소니 등 굴지의 글로벌 기업들이 이곳에 대규모 생산시설을 마련해놓고 있다. 현대자동차도 첸나이 남부에 30만 대의 생산라인을 가동 중이다. 뭄바이와 함께 인도 영화를 선도하는 창조적인 도시이기도 하다. 아리아인에게 침략당해 남쪽으로 밀려온 드라비다족의 후예들이 오랜 기다림 끝에 부활을 준비하고 있다. 힌디 국어화와 맞서 힌디어 사용을 거부한다(스페인 바르셀로나와 마드리드와 같은 대립각). 오리지널 인도의 표준이라고 주장한다. 마리나 해변(Marina Beach)은 세계에서 가장 긴 해변 중 하나다. 타밀나두 주도(州都) 첸나이에 위치한다. 황금빛 모래사장이 시선이 닿지 못하는 곳까지 펼쳐져 있다. 수영과 일광욕, 산책을 즐기는 사람들로 연중 붐빈다. 해변도로 양편에는 어시장과 타밀나두의 역사적 인물들을 형상화한 조각공원이 위치해 볼거리를 더해준다. 벵골 만에서 막 잡아 올린 싱싱한 수산물을 구입할 수 있다. 해변 남쪽에 우뚝 솟은 등대에 오르면 아름다운 벵골 만의 풍광을 만끽할 수 있다

● 산 토메 성당 San Thome Cathedral

인도 타밀나두 주(州) 첸나이의 산토메 지역에 있는 네오고딕 양식의 산 토메 성당은 16세기 초인 1,504년에 포르투갈 탐험가들이 건축했고, 1893년 영국인들이 신고딕 양식인 지금의 모습으로 재건축하였다. 예수의 12제자 중 하나인 **토마스 성인** 27) 이 AD 52년 인도에 와 포교활동을 하다가 AD72년에 순교한 후 묻힌 곳으로 그의 무덤 위에 세워진 성당이다. 전 세계적으로 예수 12제자의 무덤 중 세 개만이 남아있는데 그중 하나가 바로 이곳 성당 안에 있다. 예수의 부활을 믿지 못하다가 예수의 현시(顯示)를 겪은 후 그의 복음을 전파하고 다녔던 토마스 성인이 순교한 자리에 성당이 세워진 것이다. 토마스의 유해는 훗날 (AD 222) 일부가

〈그림 143〉 예수의 12제자 중 하나인 토마스 성인이 순교한 후 묻힌 곳으로 전 세계적으로 예수 12제자의 무덤 중 세 개만이 남아있는데 그 중 하나가 바로 이곳 성당 안에 있다. 예수의 부활을 믿지 못하다가 예수의 현시(顯示)를 겪은 후 그의 복음을 전파하고 다녔던 토마스의 유해는 훗날 (AD 222) 일부가 에데사(Edessa, 현재 시리아)와 이태리 시칠리아 오르토나(Ortona)에 옮겨졌다고 한다.

---

27) 유대인이 케랄라에 처음 발을 들여놓은 시기는 솔로몬 시대까지 거슬러 올라간다. 약 3000년 전의 일이다. 솔로몬 왕조는 아프리카 에티오피아를 세력권에 둘 정도였으니 인도라고 해서 멀게 느끼지는 않았을 것이다. 1세기 중반에는 예수의 12제자 가운데 한 명인 토마스(Thomas)가 기독교를 전파하기 위해 코치를 통하여 인도에 상륙했다고 전해진다. 그 즈음 유대는 로마에 반란을 일으켰다가 철저하게 파괴되고 유린당한다. 코친에 도달한 유대인들은 거주지를 마련하고 회당(Synagogue)을 지었다. 회당에 모여 히브리어로 기록된 토라(모세 5경)를 읽으며 자신들의 정체성을 유지했다. 조상 대대로 내려온 규례를 따르고 음력을 사용하는 등 고유한 문화를 지켜나갔다. 또한 뛰어난 상술로 지역 내 세력을 확대시켰다. 하지만 수천 년 동안 지속된 코친의 유대인 커뮤니티는 더 이상 존재하지 않는다. 코친의 유대인들은 2차 세계대전 이후 이스라엘이 건국하면서 대부분 예루살렘으로 돌아갔다. 이스라엘 정부와 유대교 단체는 지금도 인도 각지에 흩어진 유대인 후손들을 찾아내 귀국시키는 활동을 벌이고 있다.

에데사(Edessa, 현재 시리아)와 이태리 시칠리아 오르토나(Ortona)에 옮겨졌다고 한다. 본당 회중석(會衆席)은 길이가 34m, 너비가 10m이며, 회중석과 성소(聖所) 사이에는 길이 32m, 너비 7.6m의 익부(翼部)가 있다. 뾰족탑은 3층 규모이며 최상층에 시계가 있고, 뾰족탑에 달린 십자가의 끝은 지면으로부터 50m 높이이다. 유대인이 케랄라에 처음 발을 들여놓은 시기는 솔로몬 시대까지 거슬러 올라간다. 약 3000년 전의 일이다. 솔로몬 왕조는 아프리카 에티오피아를 세력권에 둘 정도였으니 인도라고 해서 멀게 느끼지는 않았을 것이다. 1세기 중반에는 예수의 12제자 가운데 한 명인 토마스(Thomas)가 기독교를 전파하기 위해 코치에 상륙했다고 전해진다. 그 즈음 유대는 로마에 반란을 일으켰다가 철저하게 파괴되고 유린당한다. 코친에 도달한 유대인들은 거주지를 마련하고 회당(Synagogue)을 지었다. 회당에 모여 히브리어로 기록된 토라(모세 5경)를 읽으며 자신들의 정체성을 유지했다. 조상 대대로 내려온 규례를 따르고 음력을 사용하는 등 고유한 문화를 지켜나갔다. 또한 뛰어난 상술로 지역 내 세력을 확대시켰다. 하지만 수천 년 동안 지속된 코친의 유대인 커뮤니티는 더 이상 존재하지 않는다. 코친의 유대인들은 2차 세계대전 이후 이스라엘이 건국하면서 대부분 예루살렘으로 돌아갔다. 이스라엘 정부와 유대교 단체는 지금도 인도 각지에 흩어진 유대인 후손들을 찾아내 귀국시키는 활동을 벌이고 있다. 1293년 마르코폴로는 이곳을 방문해 놀라운 치료모래(healing sand)에 대한 기록을 남겼다. 15세기에는 하비에르(Xavier) 신부가 방문했고 2000년에는 당시 교황 요한바오로 2세도 방문했다. 해변 가까이 위치한 성당이 2004년 12월 26일 인도양 일대에서 발생한 초대형 쓰나미에도 끄떡없었던 것을 이곳 사람들은 기적이라고 말한다. 7월 3일 도마 순교일을 기려서 시작한 St. Thomas Day 가 매년 개최된다. 1956년 3월 16일 교황 비오 12세(Pius XII)에 의해 준 대성전(Minor Basilica)급으로 승격되었고 2006년 2월 11일 가톨릭 성지(聖地)가 되었다. 성당 건물 옆에 박물관이 붙어 있으며, 토마스의 무덤이라고 여겨지는 곳이 보존되어 있다. 인도 가톨릭 신자들의 성지(聖地) 순례지이기도 하다.

〈그림 144〉 토마스 성인의 처형에 사용된 기구.

〈그림 145〉 매년 7월 3일 토마스 성인의 순교일을 기려서 시작한 St. Thomas Day 가 개최된다. 1956년 3월 16일 교황 비오 12세(Pius XII)에 의해 준 대성전(Minor Basilica)급으로 승격되었고 2006년 2월 11일에는 비로소 가톨릭 성지(聖地)가 되었다. 성당 건물 옆에 박물관이 붙어 있으며, 토마스의 무덤이라고 여겨지는 곳도 보존되어 있다. 인도 가톨릭 신자들의 성지 순례지이기도 하다. 사진은 산 토메 성전 내부.

■ 첸나이(2) Chennai 9일차 2015.6.29(월)

〈그림 146〉 첸나이의 산 토메 성당의 토마스 성인의 무덤 기념관 앞마당의 색깔을 입힌 쌀을 재료로 하여 디자인한 독특한 데코레이션. 과학적 근거는 알 수 없으나 현지 인도인 가이드의 설명으로는 해충을 막는 효과가 있다고 한다.

□6월 29일 (월) 주요일정 **고열과 몸살 등 컨디션 난조로 관광 포기, 호텔 휴식**
07:00 기상 7:30 조식 체크 아웃. 08:00 호텔 출발 11:35 12:50 13:30 런치 14:30 마말라푸람 관광 포기 18:00 호텔 도착 휴식 19:30 디너

● 마말라푸람 (Mamallapuram)의 해변사원(Shore Temple)

첸나이 남쪽에 위치한 마말라푸람 Mamallapuram은 해변사원 Shore Temple 으로 잘 알려져 있다. 남인도에서 가장 오래된 사원 중 하나로 유네스코 세계문화유산 목록에 올라 있다. 7세기 말 힌두교를 신봉한 팔라바 Pallava 왕조가 바닷가의 단단한 암석 기반을 깎아 축조했다. 동물 신상과 목 조각처럼 세밀하게 조각해 놓은 석탑이 즐비하다. 울긋불긋한 원색으로 채색된 사원의 부조는 살아있는 듯 움직임과 표정이 생생하다. 1300년이 넘는 세월 동안 해풍과 파도로 인해 풍화되었지만 드라비다 건축의 웅장함과 미의식은 지금도 여전하다. (관광 포기 : 애석하게도 사진 없음)

● 향신료 (香辛料) Spice

향신료는 영어로 스파이스(spice)인데 이 단어의 어원은 라틴어로 '약품'이라는 뜻이다, 한국어로는 '양념' 에 해당되는데 조미료로써도 아주 중요한 역할을 하는 향신료는 음식에 풍미를 주거나 맵고 향기로운 맛을 더해 주어 식욕을 촉진시킨다. 향신료는 육류나 생선의 불쾌한 냄새를 없애주는 소취제로 사용되고 톡 쏘는 맛과 향을 부여하며 맵고, 달고, 시고, 쌉쌀한 맛을 내어 음식의 맛을 다양화 해주기도 한다. 또한 색소 성분이 있어 착색작용의 기능도 있으며, 방부작용과 산화방지작용을 해 식품의 보존성을 높인다. 그 외에 식욕을 자극해 소화흡수를 돕고 노화방지, 비만예방 등 신진대사에도 기여하는 것으로 알려져 있다. 콜럼버스의 아메리카 대륙 발견, 바스쿠 다가마가 아프리카 남단의 희망봉을 돌아 인도까지의 항로를 개발한 일, 마젤란의 세계일주 등의 세계의 역사를 뒤흔든 대사건들의 중요한 목적의 하나는 스파이스, 즉 향신료를 구하기 위한 것으로 향신료는 세계사적으로 볼 때 의외의 중요성을 가지고 있었고 이 사건들을 계기로 유럽인들의 세계 식민지화가 시작된 것이다. 그러면 유럽인들은 왜 그토록 무리해서까지 향신료를 획득하려 했을까? 첫째로 그 당시 유럽의 음식이 맛이 없기 때문이었다. 교통이 불편하고 냉장시설이 없었던 시대였기 때문에 소금에 절인 저장육(貯藏肉)이 주식이었고, 그 외에는 북해(北海) 일대에서 잡은 생선을 절여 건조시킨 것 정도였기 때문에 향신료라도 사용하여 맛을 돋우지 않으

〈그림 147〉 향신료는 세계의 역사를 바꿨다고 할 수 있을 정도로 세계사에서 중요한 위치를 차지하고 있다. 콜럼버스의 신대륙 발견, 바스코 다가마가 아프리카 남단의 희망봉을 돌아 인도 항로를 개척한 일, 마젤란의 세계일주 등 모든 지리상 발견의 목적 중 하나가 바로 향신료를 구하기 위해서 이다.

면 먹기 어려웠다. 그리고 냉장시설이 없었기 때문에 방부기능을 하는 향신료의 역할은 매우 유용했다. 둘째로는 약품으로서 사용되었다. 그 당시는 서양의학에서는 모든 병이 악풍(惡風)에 의하여 발생한다고 믿고 있었다. 악풍이란 악취, 즉 썩은 냄새로서, 이 냄새를 없애려면 향신료를 사용해야 한다고 믿었다. 일례를 들면 런던에 콜레라가 유행했을 때 환자가 발생한 집에 후추를 태워서 소독했다고 전해진다. 사실 향신료류에는 어느 정도 약효도 있고 소독효과도 있으므로 현재 한방약으로 사용되는 것도 있다. 그러나 그 당시는 몹시 과대평가되었던 것만은 사실이다. 그 외에 악마 또는 귀신을 쫓는 약으로도 많이 사용되었다. 실제로 향신료는 살균, 소독, 방충작용이 뛰어난 것으로 알려져 있다. 셋째로 향신료는 마약(媚藥)으로도 사용되었다. 향신료의 성분이 호르몬에 미치는 영향에 대해 명확하게 밝혀진 것은 아니지만 적지 않은 영향을 미치는 것으로 알려져 있고, 그 상관관계도 아직 분명하지 않으나 약효가 있어 큰 효력을 발휘할 때도 있기 때문이다.

〈그림 148〉 유럽인들이 향신료를 본격적으로 사용하기 시작한 것은 로마가 이집트를 정복한 후부터이며, 그 당시 귀중하게 생각되었던 향신료는 인도산(産)의 후추와 계피였다. 무역풍을 타고 인도양을 건너 홍해를 북상하여 이집트에 달하는 항로가 개발되었기 때문이다. 인도 어느 도시에서나 쉽게 만나는 상점의 진열된 향신료.

유럽인들이 향신료를 본격적으로 사용하기 시작한 것은 로마가 이집트를 정복한 후부터이며, 그 당시 귀중하게 생각되었던 향신료는 인도산 후추와 계피였다. 무역풍을 타고 인도양을 건너 홍해를 북상하여 이집트에 달하는 항로가 개발되었기 때문이다. 1세기의 박물학자인 G.S.플리니우스는 "후추같이 영양도 아무것도 없는 것 때문에 매해 5,000만 **세스루티우스**의 돈을 유출하고 있다"라고 개탄하였다. 그러나 로마는 자력으로 운반해 왔기 때문에 싸게 사용할 수 있었다. 중세에 들어와서 중동의 이슬람교도가 강력하게 팽창한 후부터는 유럽이 원하는 향신료는 모두 아랍 상인의 손을 경유하지 않으면 구할 수 없게 되었다. 그 때부터 정향(丁香:clove)과 너트메그(nutmeg)의 2종류가 중요한 스파이스로서 등장하게 되고, 이 2종류가 모두 몰루카 제도의 특산물이었기 때문에 위험을 무릅쓰고 멀리서부터 운반해 오지 않으면 안되었다. 따라서 가격이 오르고, 아랍 상인의 수중에 있었으므로 칼리프(calif)나 술탄(sultan)도 이것에 과대한 관세를 부가하여 더 비싸지게 되었다. 알렉산드리아 항(港)에서는 베네치아의 상인이 지중해를 경유하여 베네치아로 운반하고 그로부터 한자동맹 도시를 통하여 유럽 각지에 판매되었다. 그 양쪽 다 비싼 이윤을 요구했기 때문에 최종 소비자의 손에 들어갈 때는 비싼 가격이 되어 있었다. 후추는 은과 같은 가격으로서 화폐로서 통용된 때도 있었다고 한다.

이와 같이 이익이 많은 향신료 무역을 이슬람으로부터 탈취하려고 한 것이 15세기 말~16세기 초에 걸친 에스파냐와 포르투갈에 의한 원양항로의 개발이고, 그 선구적 역할을 한 것이 M.폴로의 《동방견문록》이었다. 이 책에는 상당히 불확실한 부분도 있으나, 그는 베네치아의 상인답게 향신료의 산지에 대한 기록은 정확하였다. 에스파냐와 포르투갈의 향신료 획득전쟁은 결국 동방으로 향한 포르투갈이 서방으로 향한 에스파냐를 이기고 그 무역권을 독점하게 하였다. 그 후 포르투갈도 몰락하고, 17세기 초부터는 네덜란드가 장악하게 되었다. 그러나 모두가 독점의 이윤을 많이 붙였기 때문에 유럽에서의 향신료의 가격은 싸지지 않았다. 그러나 향신료의 매매는 1650년을 경계로 하여 차차 경쟁이 완만해졌다. 그것은 미국 신대륙에서 고추 ·바닐라 ·올스파이스 같은 새로운 향신료가 발견되고, 특히 고추는 매운 맛이 후추에 비할 수 없이 맵고, 동시에 온대지방에서도 쉽게 재배되며, 올스파이스는 계피 ·정향 **·너트메그**[28]의 3가지 맛을 겸비하고 있기 때문이기도 하다. 게다가 엽차 ·커피 ·코코아 같은 기호품도 이때부터 먹기 시작하였기 때문이다.

동서양의 주식은 크게 쌀과 밀로 구분되는데 주식이 다르기 때문에 사용하는 향신료 또한 많이 다르다. 겨자·고추·후추·생강·파·마늘 등의 식물의 줄기·뿌리·잎 등을 원료로 한 동양의 향신료는 일본에서는 생선을 중심으로 한 음식이 많아 생강, 와사비 등을 많이 사용하고 중국에서는 기름을 많이 사용해 음식이 느끼해지므로 후추, 생강, 계피, 정향, 고추등 향이 강한 향신료를 많이 사용한다. 우리나라는 특이하게도 향과 색 그리고 맛 등 목적에 따라 향신료를 다르게 사용하는데 색을 목적으로 한 오미자와 고추가 있으며, 맛과 향을 목적으로 한 미나리, 쑥갓 등을 사용한다.

향신료의 사용은 사냥민족이나 유목민족에서 특히 두드러진다. 이들은 주로 고기를 주

---

28) 너트메그 [Nutmeg, Noce Moscata] 씨앗 향신료 인도네시아, 모로코가 산지이며 육두구과의 열대 상록수로부터 얻을 수 있는 것으로 열매의 배아를 말린 것이 너트메그(nutmeg)이고 씨를 둘러싼 빨간 반종피를 건조하여 말린 것이 메이스이다. 단맛과 약간의 쓴맛이 나며 인도네시아와 모로코가 원산지로 17세기까지만 해도 유럽에서는 값이 매우 비싼 사치품이었다. 주용도는 도넛, 푸딩, 소스, 육류, 달걀 흰자 들어간 칵테일에 사용한다. 출처 : 정통 이태리 요리. 한춘섭, 염진철. 백산출판사

식으로 삼고 있다. 고기는 쉽게 부패되어 좋지 않은 냄새를 내는 단점이 있다. 이러한 고기의 좋지 않은 냄새를 없앨 방법을 연구하던 중에 향기나 매운 맛이 있는 초목의 잎과 열매를 섞어 조리하는 방법을 찾아내게 되었을 것으로 여겨진다. 이들 향신료는 보통 약효가 있고 소독하는 구실도 있다. 부패방지에 유효한 것이 많아 고기의 부패를 방지하는 효과도 있었다. 우리 민족도 향신료의 사용이 매우 오래되었을 것으로 추측된다. 이것은 단군신화에 매운 맛과 강한 향기를 지닌 마늘이 등장하는 것으로도 짐작할 수 있다. 그러나 문헌 자료가 남아 있지 않아 어떠한 종류의 향신료가 사용되었는지 확실히 알 수는 없다. 고려시대 문헌인 ≪향약구급방 鄕藥救急方≫에 마늘 [大蒜] · 부추 [韭] ·염부추 [薤] · 파 [葱] · 회향(茴香) · 소자(蘇子) · 무이(蕪荑) · 치자(梔子) · 천초(川椒) · 감초(甘草) · 겨자 [芥子] · 양하(蘘荷) · 박하(薄荷) · 생강(生薑) · 오수유(吳茱萸) · 산수유(山茱萸) 등 향미가 있는 식물이 약재로 기록되어 있다.

향신료가 조미료로 보급되기 이전에 먼저 약재로 사용되었음은 세계적으로 공통되는 현상이다. 그러므로 이들이 향신료의 구실도 하였던 것으로 추측된다. 고려시대에는 자생 향신료 외에 서역에서 후추가 도입되게 된다. ≪고려사≫ 공양왕조의 유구 사신이 후추 300근을 가져왔다는 기록이 있다. 그리고 신안 앞바다의 원나라 해저 유물선에서 후추를 건져낸 사실들은 후추의 교역이 활발하였던 것을 시사해주는 자료들이다. 후추는 조선시대까지 귀중한 향신료로 취급되었다. ≪징비록 懲毖錄≫을 보면, 일본 사신이 우리 나라에 왔을 때에 주석(酒席)에서 후추를 뿌리자 자리를 같이한 벼슬아치·악공·기생 할 것 없이 서로 주워서 허리춤에 넣었다는 기록이 있다. 이것은 후추가 얼마나 귀중한 존재이었는지를 잘 나타내주는 내용이다. 이와 같이 후추는 전래 품으로서 상류계급에서나 한정적으로 이용하였고 일반인은 천초나 겨자를 이용하여 매운 맛을 즐겼다.
1700년대에 이르러 고추가 도입되면서 큰 변혁이 일어나게 된다. 고추는 남미가 원산지이다. 어디에서나 쉽게 재배될 수 있으므로 후추와 달리 전국적으로 재배하게 되었다. 그래서 우리나라 향신료의 으뜸이 되어 우리 음식 어디에나 빠뜨릴 수 없는 존재가 되었다. 우리나라는 양념을 세게 하는 편이다. 그러므로 향신료의 종류는 유럽에 비하여 적으나 사용량이 많다. 자극이 심하면서 조화가 잘 된 맛을 내는 향신료들이 사용되는 경향이 있다.

● 인도의 향신료 : 커리 잎(Curry Leaves)

커리 나무는 인도가 원산지인데 잎은 여러 가지 인도요리와 인도주변국에서 흔히 사용하는 재료이다. 커리에 주로 사용되는 이 나무의 잎은 커리 잎 <Curry Leaves>이라는 이름으로 불린다. 영어 이름으로나 유럽에서 쓰이는 학명으로나 착각하기 쉽지만, 커리 잎은 유럽과도 아무 연관이 없고, 영국에서 사랑받는 양념인 커리 파우더와도 전혀 관계가 없다. 학명(Murraya koenigii)은 유럽의 18세기 식물학자인 요한 안드레아서 머레이와 요한 게르하르트 쾨니히의 이름에서 유래하였지만, 스리랑카와 인도 남부에서는

'카라핀차(karapincha)' 또는 '카루베필라이(karuveppilai)'라 부르며, 부엌에서 핵심적인 역할을 수행해 왔다. 최근의 연구 결과에 따르면 커리 잎은 당뇨병에 효험이 있다고 한다. 인도 북부와 태국 북부에서도 쓰이지만, 역시 커리 나무하면 인도 남부의 상징이다. 인도 남부에서는 거의 집집마다 적어도 한 그루의 커리 나무를 키우며, 그 잎을 따서 그날의 밥상에 올릴 음식에 쓴다. 매일 커리 잎과 다른 향신료들이 뜨거운 기름에 지글지글 끓으며 나는 특유의 감귤처럼 향긋하면서도 짜릿한 냄새가 감돈다. 인도 남부 음식에서는 커리 잎이 기본적으로 채식 위주인 음식에 조화를 준다. 스리랑카에서는 말린 고기요리에 자극적인 맛을 더해준다. 전통적인 수프(rasam)나 렌틸콩 요리(sambhar), 야채 스튜 등에 활기를 더해주며, 코코넛 처트니나 피클, 심지어 버터밀크와도 잘 어울린다. 신선할 때 기름에 튀기면, 짜릿한 감귤의 아로마와 후추의 향미를 뿜어낸다. 건조시키기보다는 냉동 또는 냉장 보관하는 편이 그 은근한 개성을 보존하기에 더 알맞다.

■ 델리 Dehli 10일차 2015.6.30(화)

〈그림 149〉 델리의 쿠트브 미나르 유적지 [Qutb Minar and Its Monuments, Delhi]

□6월 30일 (화) 주요일정 ***첸나이 출발 델리 항공 이동일***
07:00 기상 07:30 Astoria by sparsa 조식 체크아웃. 08:30 호텔 출발 공항 이동 25km 09:20 첸나이 공항 도착 샌딩 팁 2$ 10:45 체크인 완료
13:20 델리 간디 에어포트 착륙 14:00 가이드 조인 15:00 런치 현지식

● 인디아 게이트 India Gate

인도 뉴델리의 중앙 교차로에 서 있는 전승기념물. 무장 군인들이 지키고 있는 이곳은 영국 식민 시절, 영국의 독립 약속을 믿고 제1차 세계대전에 참전했다가 전사한 인도 군인들의 넋을 기리기 위해 세워진 위령탑이다. 뉴델리 설계를 주도한 영국인 건축가인

〈그림 150〉 이곳은 영국 식민 시절, 영국의 독립 약속을 믿고 제1차 세계대전에 참전했다가 전사한 인도군인들의 넋을 기리는 위령탑이다.

〈그림 151〉 높이 42m의 인디아 게이트의 아치에는 영국군의 말단 병사로 전쟁터에 나가 전사한 9 만여 명의 인도 병사의 이름이 새겨져 있다

〈그림 152〉 1972년 인도 독립 25주년을 기념하며 아치 아래에는 전몰 희생자를 추모하는 '불멸의 불 (Amar Jawan Jyoti) '이 점화 되었다.

〈그림 153〉 인디아 게이트 주변의 넓은 공원은 시민들의 나들이 장소로 인기가 높다. 특히 여름철에는 더위를 피해 피서를 즐기는 인파로 붐빈다.

에드윈 루티엔스(Edwin Lutyens) 경이 설계를 맡아 1921년에 착공하고 10년 만에 완성되었다. 프랑스 파리의 개선문과 비슷한 웅장한 건축물이며 오늘날 뉴델리의 상징물이다. 높이가 무려 42m에 달하는 인디아 게이트의 아치에는 영국군의 말단 병사로 전쟁

터에 나가 전사한 9만여 명의 병사 이름이 새겨져 있다. 1972년에는 인도 독립 25주년을 기념하며 아치 아래에 희생자를 추모하는 '불멸의 불(Amar Jawan Jyoti)'이 점화되었다. 밤에는 인디아 게이트에 은은한 조명을 밝혀 건축물이 더욱 돋보인다. 인디아 게이트 바로 뒤편에는 아치형 불꽃 모양의 조형물이 하나 더 있다. 1971년 인도-파키스탄 전쟁에서 희생된 병사들을 추모하기 위해 세워진 것이다. 인디아 게이트를 방문할 때 함께 둘러볼 만하다. 인디아 게이트 주변에 조성된 넓은 공원은 델리 시민들의 가족 나들이 장소로 인기가 높다. 특히 여름철에는 열대야를 피해 이곳에서 저녁 시간을 보내며 인디아 게이드의 아름다운 야경을 즐기는 인파로 붐빈다. 인디아 게이트 일대는 뉴델리의 중심지다.

〈그림 154〉 높이가 42m에 달하는 인디아 게이트의 아치에는 영국군의 말단 병사로 전쟁터에 나가 전사한 9만여 명의 병사 이름이 새겨져 있다.

인근에는 대통령관저(Rashtrapati Bhavan), 국회의사당, 정부청사 등 국가의 상징적인 건물들이 자리 잡고 있다. 인도 공화국 창건일에는 인디아 게이트를 지나는 라즈 파트(Raj Path)대로를 따라 각종 퍼레이드가 펼쳐지기도 한다.

● 쿠트브 미나르 유적지 [Qutb Minar and Its Monuments]

세계유산 등재연도 1993년 : 등재기준 (ⅳ) 델리에서 남쪽으로 몇 ㎞ 떨어진 곳에 13세기 초 붉은 사암으로 만든 쿠트브 미나르 탑이 있다. 높이 72.5m, 기단부 지름은 14.32m이지만 정상으로 갈수록 점점 가늘어져 정상부에서는 지름이 2.75m로 작아진다. 탑의 입면은 각진 기둥과 둥근 기둥이 교차시켜 붙인 듯한 모습이다. 주변의 고고학 유적지에는 장례의식을 치르던 건물이 있으며, 1311년 축조된 인도-이슬람 예술품의 걸작 알라이 다르와자 문(Alai-Darwaza Gate)와 쿠와툴이슬람(Quwwatu'l-Islam)을 비롯한 모스크가 2개 있다. 쿠와툴이슬람은 북부 인도에서 가장 오래된 사원으로 브라만 사원들 20개에 사용된 자재로 세웠다. 랄코트(Lalkot)는 델리의 도시 7개 중 최초로 세워진 곳으로, 토마르라즈푸트(Tomar Rajput) 왕인 아낭팔(Anang Pal)이 1060년에 건설하였다.

〈그림 155〉 쿠트브 미나르는 1202년 쿠트브 웃 딘 아이바크가 다시 지었고 그의 계승자 무하마드 빈 삼(Muhammad-bin-Sam)이 완공하였다. 쿠트브 미나르는 1326년에 번개를 맞아 손상되었다가 1368년 무하마드 빈 투루크(Muhammad-bin-Tughluq, 1325~1351)와 피루즈 샤 투글루크(Firuz Shah Tughluq, 1351~1388) 재위 때 복원되었다. 1503년 시칸다르 로디(Sikandar Lodi)가 상부 단층을 확장하고 일부를 복원하였다.

쿠트브 유적지는 랄코트의 동쪽 중앙부에 있다. 쿠와툴이슬람(이슬람의 권능) 등 건축물들이 모여 있는 모스크는 1192년 쿠트브 웃 딘 아이바크(Qutbu'd-Din Aibak)가 파괴된 힌두 사원의 잔재를 재사용해서 1198년에 완공하였다. 모스크는 일투트미시(Iltutmish, 1211~1236) 와 알라웃딘 힐지(Alauld-Din Khalji, 1296~1316)가 확충하였다. 쿠트브 미나르는 1202년 쿠트브 웃 딘 아이바크가 다시 지었고 그의 계승자 무하마드 빈 삼(Muhammad-bin-Sam)이 완공하였다. 쿠트브 미나르는 1326년에 번개를 맞아 손상되었다가 1368년 무하마드 빈 투루크(Muhammad-bin-Tughluq, 1325~1351)와 피루즈 샤 투글루크 (Firuz Shah Tughluq, 1351~1388) 재위 때 복원되었다. 1503년 시칸다르 로디(Sikandar Lodi)가 상부 단층을 확장하고 일부를 복원하였다. 사원 내부의 철재 기둥은 인도에서 들여왔다. 기둥에는 4세기경에 산스크리트어로 새긴 비문이 있는데, 굽타 왕조의 찬드라굽타 2세(375~413)로 여겨지는 찬드라라는 통치자의 업적을 묘사하였다. 유적 중 일투트미시의 무덤은 1235년 통치자 자신이 지었고, 알라이 다르와자 문은 알라이 미나르를 완공한 알라웃딘 힐지가 1311년에 세웠다. 쿠와툴 이슬람 사원은 정원 · 수도원 · 기도예배당으로 이루어졌다. 기도예배당을 향한 높은 아치형 스크린은 14세기에 더해진 건축물이다. 쿠트브 미나르는 붉은 사암으로 만든 탑으로, 높이가 72.5m로 인도에서 가장 높은 석탑이다. 쿠트브 미나르 석탑은 신도를 모으는 본래 목적 외에 다른 특별한 목적으로 세워졌다. 나가리 비문에는 이 석탑을 가리켜 '알라웃딘의 승리의 기념비(Vijava-stambha) 라고 표현하였다. 원래는 4층이었지만 피루즈 샤 투글루크 제위 때 맨 위층을 수리하면서 두 층으로 나눠서 지금처럼 5층이 되었다. 각층은 삼각 궁륭과 조각을 새긴 둥근 띠로 아름답게 장식한 발코니로 분리되었다. 아래 3층은 제각기 다르게 꾸몄다. 맨 아래층은 둥근 기둥과 각진 기둥이 교차되는 모습이며, 두 번째 층은 세로의 원형 홈 장식이 있고, 세 번째 층은 세로로 가는 삼각형 홈을 파서 장식하였다. 이 세 층은 모두 수직으로 일직선이 되게 연결되었다. 전체 구조는 원래는 둥근 지붕을 얹었는데, 지진으로 무너지자 19세기 초 무굴 제국의 후기 양식으로 대체되어 지금까지 보존되고 있다. 쿠트브 미나르 석탑의 외관이 주변 경관과 어울리지 않아 1848년에 제거했다가 현재는 첨탑의 남동쪽에 있는 잔디 위에 있다. 철제 기둥은 높이가 7.02m이고 지하에 0.93m가 박혀 있다. 이

〈그림 156〉 델리에서 남쪽으로 몇 km 떨어진 곳에 13세기 초 붉은 사암으로 만든 탑. 높이 72.5m, 기단부 지름은 14.32m이지만 정상으로 갈수록 점점 가늘어져 정상부에서는 지름이 2.75m로 작아진다. 탑의 입면은 각진 기둥과 둥근 기둥이 교차시켜 붙인 듯한 모습이다.

기둥은 작은 주철 강판 수백 개를 용접으로 이었다. 이렇게 이른 시기에 조성된 철제 복합물 가운데 규모가 가장 크다. 부식이 잘 안 되는 여러 요인으로는 부식에 강한 주철을 사용한 것과 보존에 적합한 델리의 기후조건을 들 수 있다. 그리고 가끔 성수를 바르듯이 버터(녹인 버터)를 칠하지 않았을까 짐작한다. 꼭대기에 깊게 패인 구멍으로 보아 가루다(Garuda) 상을 얹었던 것으로 보인다. 화려한 일투트미시의 무덤은 모스크의 북서쪽 귀퉁이에 있다. 적갈색 사암으로 만든 정방형 묘실 중앙에 있는 얕은 기단 위에 무덤이 있다. 묘실 하단은 정교한 이슬람 양식의 조각과 아라베스크 무늬로 덮였다. 무덤의 서쪽 내벽 중앙에는 대리석 미흐라브(기도하는 벽)가 있다. 적색 사암으로 지은 알라이 다르와자 문은 쿠트브 유적지의 남문으로 정교하게 조각되어 있다. 구내의 북쪽에 있는 알라이 미나르는 쿠트브 미나르보다 높이 짓기로 되어 있던 두 번째 첨탑의 기단이다. 알라웃딘 힐지가 건축을 시작하였지만 1층을 완성하기도 전에 그가 죽자 건설은 중단되었다.

■ 우다이푸르(1) Udaipur 11일차 2015.7.1(수)

〈그림 157〉 인디라 간디 국제공항 [Indira Gandhi International Airport] 로비의 상징조형물.
인도의 수도 뉴델리에 있는 국제공항으로 '델리공항'이라고도 한다. 델리연방직할지구의 주요한 민간항공 거점이다. 제2차 세계대전 즈음에 인도 공군이 팔람 공항(Palam Airport)으로 설립하여 공군주둔기지로 이용하였고 이후 인도공항청으로 관리가 이관되었다. 1962년부터 민간 항공기 취항이 이루어졌으며 1970년대에 이용률이 급격히 높아지자 팔람 공항 근처에 4차례에 걸쳐 터미널을 추가로 건설하였다. 1986년 제2 국제터미널이 완공된 후 전 총리 인디라 간디의 이름을 따서 명명하였다. 2008년 5월에 GMR 그룹이 이끄는 합작회사 델리국제항공사(社)로 관리권이 넘어갔으며, GMR 그룹이 소유하고 있다.

인디안 에어라인(Indian Airlines) · 스파이스 제트(Spice Jet) · 인도리저널 항공(Air India Regional) · 인디고 항공(IndiGo Airlines)의 거점이며 인도항공 · 제트항공(Jet Airways)의 제2 허브 공항이다. 그밖에 여러 인도 항공사들의 주요 거점이며 100개 이상의 국내선 항공사와 화물운송사들이 취항하는 것은 물론 세계의 많은 항공사들이 취항한다. 하루 운항편수에서 인도 최고, 승객 수에서 인도에서 2번째로 이용률이 높은 공항이며 수용 규모는 1200만 명이다.

제2 국제터미널에는 항공기의 양쪽 끝에서 타고 내리는 것을 가능하게 해주는 제트 다리(jet bridge)를 9개 설치하였다. 구 팔람 공항은 국내선 전용의 제1터미널로 이용하고 있는데 최신장비 설치와 함께 개조 공사가 진행되고 있다. 건설 중인 제3 터미널은 완공된 후 국내선과 국제선을 모두 수용하게 되며, 이후 제4, 제5 터미널도 건설을 계획하고 있다. 평균해면고도(above mean sea level)는 237m이다. 활주로는 3개인데, 아스팔트로 되어 있으며 길이는 각각 3,810m, 2,813m, 4,330m이다. 3,810m, 2,813m 활주로는 평행으로 놓여 있으며, 4,330m 활주로는 2008년 9월 완공되었다.

□ 7월 01일 (수) 주요일정 ***델리 출발 - 우다이푸르 항공 이동일***

07:00 기상 08:00 조식 11:00 Aandon 체크아웃. 11:10 호텔 출발, 공항 이동 25km 11:30 중국식 런치 12:50 간디공항 도착, 샌딩팁 2$ 14:10 이륙 15:00 우다이푸르 에어포트 착륙 15:30 가이드 조인 16:30 호수 관광 19:00 디너 호텔식

● 인도의 여러 가지 관습

인도 사회의 전통적 위계질서를 규정해 온 카스트제도는 아리아(Arya)인들이 토착민들을 정복해 나가는 과정에서 생겨난 독특한 계급제도로서 소속 카스트에 의해 개인의 신분, 직업 등 사회적 위치가 결정된다. 오늘날 이 제도는 국내법상 폐지되어 있으나, 현실적으로는 결혼, 교육, 직업 선택 등 개인의 전반적 사회 활동을 제약하는 주요 요인으로 작용한다. 인도 정부는 독립 이래 하위 카스트들에 대한 교육, 직업 혜택을 헌법에 명시하고, 이들에 대한 혜택을 늘려감으로써 카스트제도의 완화 내지 폐지에 노력하고 있다. 하지만 정당들은 카스트를 주요 지지 기반으로 하고 있어, 최근에는 카스트제도가 오히려 활성화되고 있는 현상마저 보이고 있다. 카스트제도는 힌두교의 기본 교리의 일부로서, 다른 종교에서는 인정되지 않는다. 인도인들은 카스트제도를 악습으로 인정하고 있으나 종교와 밀착된 점에서 단시일 내 폐지가 어려울 전망이다. 또한 대도시보다는 지방에서 강하며, 특히 관혼상제 등의 예식과 친목 교류는 동일 카스트 간에만 이루어지는 것이 일반적이다. 한편 카스트제도 하에서는 개인의 직업 이동이 흔하지 않다. 인도인들 중에는 무신론자가 거의 없으며 대부분이 절이나 집 안에서 정기적으로 종교의식을 행하고 있다. 힌두교는 다신교로서 교리나 성찰보다는 수많은 제신들의 형상화를 통한 의식이 주요 신앙생활을 이루고 있으며, 도덕률이나 내세 구원보다는 개인의 현세 구복에 치중하고 있다. 오랜 카스트제도 하에서 묵묵히 순종해 온 생활태도, 불교의 자비와 관용적 사상, 장기에 걸친 이민족의 지배 등의 영향에 기인하는 관용적 태도, 생명 존중 사상, 무저항주의 같은 평화주의 사상이 인도인들의 생활 저변에 있으며, 마하트마 간디(Mahatma Gandhi)가 제창한 비폭력주의도 이러한 전통적 사상의 계승 내지 발전으로 볼 수 있다. 그러나 이슬람교-힌두교 등 종교, 종파 간 갈등 분규가 발생 시 폭력 사태로 변질되기 쉬우며, 수많은 인명 피해가 발생하기도 하여 외국인들은 주의가 필요하다. 인도인들은 전통과 관습을 존중, 일반적으로 매우 보수적이며, 보수적 풍속을 벗어나는 외국인은 풍속사범으로 체포하여 처벌하기도 한다. 인도에서는 금주제도를 실시하는 주가 있으며 일반 식당에서도 금주일이 있고, 판매시간이 제한되어 있다. 주류 판매는 호텔이나 규모가 큰 대중식당에만 국한되는 것이 일반적이다. 인도에서 매춘은 불법이며, 지역마다 정도의 차는 있으나 대체로 자국인들 간에 이루어지며, 매춘을 외국인들을 대상으로 하는 경우는 흔하지 않다. 인도 여성들은 복장법령에 따라 공적 활동 시 반드시 전통의상인 사리(saree) 또는 사르와르 카미즈(salwar kameez)를 입어야 하며, 일반 대학에서도 여학생들에게 전통의상을 강요하는 사례가 있다.

● 인도의 주거건축

인도에서는 집을 짓는 것까지도 가옥을 짓는데 사용한 재료에 따라 정-부정에 따라 빡까와 깟차로 나뉘어진다. 빡까라고 하는 것은 벽돌이나 돌과 같은 내구 물질의 가옥을 말하고, 햇볕에 말린 흙벽돌이나 흙 블럭으로 지은 집은 깟차로 분류한다. 그러나 이러한 주택은 식사의 경우와 같이 정-부정의 차이는 없다. 다만 화장실의 위치에 따라서 화장실이 본채에서 떨어져 있거나 따로 만들지 않은 집이 정결한 가옥이다. 가옥을 정결한 상태로 유지하고자 한다면 붉은 흙이나 석회, 소똥 등을 담에 발라 놓는다거나 아궁이 주위나 툇마루 끝, 중앙마당 등에 발라 놓으면 된다.

가옥은 지붕의 형태와 가옥의 배치모양을 기준으로 나뉜다. 가장 일반적인 지붕은 경사가 있는 것이고 배치모양을 직사각형으로 한 것으로, 긴 벽면에 입구가 있어 평평하게 들어가는 식이 일반적이다. 보통 강우량에 600mm 전후 이하의 건조지대에서 평평한 지붕의 가옥이 많이 있으며 그 외의 지역에서는 경사가 진 지붕을 가진 가옥이 대부분이다. 경사가 있는 집은 지역에 따라 각 지역의 기후나 쉽게 구할 수 있는 재료에 따라 지붕을 잇는 방식이나 사용되어지는 재료가 차이가 난다. 또 북쪽의 산지를 제외한 북부 인도 전역과 농부에서 남으로 이어지는 지역에서는 가옥의 구조가 앞부분에 사랑방을, 집안에는 중앙마당을 배치해 놓고 있다. 이것은 그다지 친하지 않은 사람은 안방의 거주 공간에 들어가기가 어렵게 만든 배치이다. 따라서 아주 작은 집을 제외하고는 담이 전체 가옥을 둘러싸고 그 한쪽 면에 문이 달려있으며 그 문을 중심으로 방을 나란히 짓고 그 중앙에 중앙마당이 있다. 이때 중앙마당은 단순히 주위의 방들이나 별채들을 연결하는 역할만을 하고 있는 것이 아니라 사회적, 종교적으로 중요한 의미를 가지고 있다. 그곳은 작업장이면서 합동가족이 다 모이는 장소이기도 하고, 한쪽 면에는 우물이 있어 세탁이나 목욕을 하기도 하고, 한켠에서는 취사도 하며, 또 다른 귀퉁이에서는 차나무의 일종인 뚤시(tulsi)나무를 심어 아침저녁으로 의례행위를 한다. 따라서 이곳에서는 가족 구성원의 관계는 물론이거니와 외부 손님과의 교류 또한 이 중앙마당에서 이루어진다. 그리고 각각의 방이나 별채는 모두 중앙마당을 향해 약간 높게 지어진 툇마루가 놓여있어 개인의 시간을 보낼 수 있는 공간을 마련해 놓고 있다. 재미있는 것은 여성용 방과 남성용 방을 엄격하게 구분하고 있다는 것이다. 따라서 여성의 친족이나 매우 친한 동성의 친구가 아니면 이 여성용 방에 들어갈 수가 없으며 가난한 집일 경우라도 커튼이라도 쳐서 그 구분을 하고 있다.

● 인도의 가족생활

인도사회를 구성하는 최소의 집단은 다른 사회와 마찬가지로 가족이다. 인도 전역에 나타나는 가족제도는 합동가족과 핵가족, 부계(父系)제와 모계(母系)제, 일처(一妻)혼과 다처(多妻)혼 등 상반되는 가족제도가 병존해 왔다. 또한 힌두교를 비롯한 각각의 종교 안에서 각각의 가족법을 가지고 있다. 힌두교도에게 가족은 가장을 중심으로 종교의례를 공동으로 행하면서 공동의 경제 행위를 하는 곳이다. 이는 합동가족이라고 부르는 대가

족을 그 이상적 형태로 하고 있는데, 전형적인 가부장적 남성 중심의 성격을 띠고 있다. 합동가족은 가장과 그 형제들, 그들의 처와 자식, 가장의 미혼 자매들이 같은 집안에서 살면서 가옥이나 전답 그리고 그 외의 재산을 공유하고, 같은 부엌에서 요리한 음식을 먹고, 가정 제사를 공동으로 행하는 가족형태를 말한다. 공유재산은 가장이 관리하고, 그는 그들의 재산에 대해서 실제상 소유권을 이행한다. 가장이 아버지의 생전에 재산을 상속한 경우에는 그는 양친이나 숙부 부부, 미혼의 숙모 등의 부양의무를 지게 된다. 이러한 합동가족이 전통적으로 이상적 전형으로 자리 잡게 된 것은 집안 공동소유의 토지를 공동으로 경작하기 때문이다. 그러나 어디까지나 이상적인 형태일 뿐 현실의 모습과는 상당한 차이가 있다. 남성과 여성의 역할도 뚜렷해서 남성은 출생과 양자를 통해 가족의 구성원이 되고 여성은 출생과 결혼을 통해서 구성원이 된다. 양자의 경우, 같은 혈통에서 받아들이는 것이 우선이지만 여의치 않을 경우 처가에서 받아들이기도 하고, 씨받이나 데릴사위를 통해서 확보하기도 한다. 가족 내에서의 서열은 성(性)과 나이에 의해서 정해지고, 특히 성이 나이를 우선한다. 그래서 장남 가장이 집안의 최고 권력을 가지고 있으며 여성은 그 행동반경이 사회적으로 많이 제한되어 있다. 보통 여성에게는 사회생활이 허용되지 않고 가사에만 국한시키는 것이 보통이다. 대표적인 사례가 파르다(parda)의 착용이다. 이 파르다는 초경을 가진 이후의 여성이 가족 이외의 다른 남성과 시선을 맞추는 것을 못하도록 금지하는 차원에서 목과 머리에 두른 베일로 얼굴을 가리는 것을 말한다.

가족 내에서 형제는 동반 관계이면서 경쟁관계를 갖는 이중적 관계를 형성하고 있다. 그리고 남성에게 처가나 처남은 항상 물질적 조력자로서 의무를 지고 있다. 결국 여성이 결혼하면 그가 속한 친정 또한 그 사회적 지위가 격하되면서 무시당하고 물질적 조력자의 의부를 다해야 하는 것이다. 인도에서의 남아선호 현상은 결국 여기에서 출발한다고 볼 수 있다. 여성의 가장 중요한 의무는 출산 특히 남아출산이다. 남아출산 후 비로서 여성은 가족 내에서 영향력을 획득하는데 가내 종교 의례를 관장하면서 그 권력이 최고로 달하게 되고 때에 따라서는 여성의 실질 권력이 남성보다 앞서는 경우도 있다. 집안 경제가 노동에 의해 정해지는 하층 카스트의 경우에는 여성이나 차남에게도 상당한 경제적 능력이 주어지고, 상층 카스트의 경우보다 가족 내 여성과 차남의 지위가 높다. 또한 하층 카스트의 경우에는 이혼이나 재혼이 가능하고 핵가족이 더 많다. 그리고 지주와 소작인의 경우 지주 쪽이 가부장적 남성 위주의 성격이 강하고, 소작인의 경우는 독립적인 경향이 강하다.

● 인도의 소 숭배와 보호

인도의 거리를 걷다 보면 주인이 없어 보이는 늙은 소가 거리를 어슬렁거리는 광경을 흔히 볼 수 있다. 소가 길을 건너가면 자동차도 서서 기다리고 사람도 비켜서서 길을 양보한다. 5000만 마리의 물소를 제외하고도 인도 재래종 소만 하더라도 2억 마리에 가깝다. 그럼에도 불구하고 소를 잡아먹으려 하지 않는다. 인도연방 헌법에서도 소의 도살 금지를 요구하고 있으며, 대부분의 주에서도 '소 보호법'을 제정했다. 1996년 맥도날드가 인도에 진출했는데 쇠고기 대신에 양고기나 닭고기, 물소[29] 고기를 사용한 햄버거를 팔기로 한 것은 인도인들의 소 숭배를 고려한 결정이었다. 이러한 소 숭배와 보호는 인도의 지배적인 종교인 힌두교의 중심사상이다. 인도의 재래종 소인 '보스 인디쿠스(bos indicus)' 암수는 모두 힌두교 신과 밀접한 연관을 맺고 있다. 시바 신전의 입구에는 숫소 난디를 타고 하늘을 나는 복수의 신 시바의 초상이 걸려 있고, 가장 인기 있는 신이자 자비의 신 크리슈나는 암소의 보호자로 그려진다. 특히 힌두교도들에게 암소는 여신이 가지는 것과 같은 신성한 힘을 지닌 존재이다. 따라서 힌두교도들은 암소를 돌보거나 암소 앞에 서 있거나 암소를 보기만 해도 행운을 얻게 되며 악을 쫓고 악으로부터 보호받는다고 믿는다.

〈그림 158〉 인도의 거리를 걷다 보면 주인이 없어 보이는 늙은 소가 거리를 어슬렁거리는 광경을 흔히 볼 수 있다. 소가 길을 건너가면 자동차도 서서 기다리고 사람도 비켜서서 길을 양보한다. 5000만 마리의 물소를 제외하고도 인도 재래종 소만 하더라도 2억 마리에 가깝다. 그럼에도 불구하고 소를 잡아먹으려 하지 않는다.

인도연방 헌법에서도 소의 도살 금지를 요구하고 있으며, 대부분의 주에서도 '소 보호법'을 제정했다. 1996년 맥도날드가 인도에 진출했는데 쇠고기 대신에 양고기나 닭고기, 물소고기를 사용한 햄버거를 팔기로 한 것은 인도인들의 소 숭배를 고려한 결정이었다. 이러한 소 숭배와 보호는 인도의 지배적인 종교인 힌두교의 중심사상이다.

또한 그들은 암소로부터 나오는 모든 것이 신성하다고 믿는다. 암소의 다섯 가지 부산물, 즉 우유·엉긴 우유·정제 버터·소변·대변은 정화 능력이 있다고 본다. 암소의 보호자인 크리슈나를 기념하는 축제에서 사제들은 소똥으로 신의 모습을 빚어 제의행사를 한다. 다른 축제들에서는 사람들은 소 떼가 완전히 지나갈 때까지 무릎을 꿇고 기다리면서 방금 배설한 쇠똥을 이마에 발라 은혜를 입기를 기원한다. 소의 발굽으로 일으키는 먼지조차도 이로운 물질로서 효능이 있다고 믿어 의약품의 재료로 쓰인다. 주부들은 마른 쇠똥과 쇠똥의 재를 청소에 이용하며 마루와 난로를 정화하는 의식에 사용한다. 북인도 힌두교도들은 요리된 음식 중에서 열등한 것을 '카챠(kachchā)'라고 하고 우수한 음식을 '파카(pakkā)'라고 한다. 카챠 음식은 주로 물과 소금으로 요리되는 데 비해 파카음식은 유제품 특히 버터기름인 '기이'로 요리된다. 피키음식이 높은 지위를 누리는 까닭은 우유로 요리돼 암소의 신성함이 전이된다고 믿기 때문이다. 힌두교의 암소 숭배자들은 암소를 자신의 어머니와 같은 존재라고 말한다. 늙어서 우유도 짤 수 없는 암소를 아무 소용없다고 죽이는 행위는 어머니가 늙었다고 살해하는 행위와 동일하게 여긴다. 이렇듯 신성한 암소는

29) 힌두교도들은 물소에 관해서는 같은 소임에도 불구하고 죽음의 신 야마가 타고 다니는 동물로 여겨 죽이든 먹든 별문제 삼지는 않는다.

힌두교의 윤회설과 관련돼 있다. 힌두교는 모든 존재가 열반을 향한 다양한 단계에 있는 영혼이라고 보고 있다. 악마로부터 소에 이르려면 86번의 윤회를 거쳐야 하는데, 한 번 더 윤회하면 인간이 된다. 따라서 암소를 죽인 사람의 영혼은 가장 낮은 단계로 미끄러져 이 모든 과정을 다시 시작해야 한다고 한다.

■ 우다이푸르(2) Udaipur 12일차 2015.7.2(목)

〈그림 159〉 우다이푸르의 시티 팰리스 City Palace of Udaipur 인도 라자스탄주(州) 우다이푸르에 있는 궁전. 대리석과 화강암으로 만들어진 성으로, 피촐라 호수(Pichola Lake)가 내려다보이는 곳에 자리 잡고 있다. 라자스탄 주에서 가장 큰 성으로 화려함으로 인해 방문객이 끊이지 않는다. 모르초크(Mor Chowk)의 공작 모자이크, 마나크 마할(Manak Mahal), 모티 마할(Moti Mahal)의 거울 세공이 유명하다.

□7월 02일 (목) 주요일정 ***우다이푸르 관광***
06:00 기상 07:00 조식 체크아웃. 07:00 호텔 출발 10:11 우다이푸르 관광 14:30 / 런치 15:00 22:30 호텔 도착 휴식

● 우다이푸르 Udaipur

라자스탄의 오아시스라 불리는 호반의 도시 우다이푸르가 역사의 전면에 부각된 것은 16세기 중반 무렵이다. 메와르 왕조의 마하라나 우다이 싱 2세는 수도인 치토르가르를

〈그림 160〉 우다이푸르를 상징하는 피촐라 호수에서는 유람선을 타고 인도 전역에서도 비싸기로 소문난 레이크 팰리스 외관을 감상할 수 있으며 호수 주변으로 가트가 있어서 인도 사람들의 일상도 엿볼 수 있다.

침략해온 무굴제국의 악바르 황제와 처절한 전투를 전개하며 맞섰으나 비극적인 패배를 하고 만다. 끝내 치토르가르성이 함락되자 1568년 우다이 싱 2세는 아라발리산맥의 일

부를 형성하는 삼림지대로서 구릉이 많은 우다이푸르가 적의 침략을 방어하기에 지형적으로 유리하다고 판단하여 이곳으로 천도를 감행하기에 이른다. 메와르 왕조의 기원은 불분명하지만, 대략 8세기경에 라지프트 족에 의해 세워진 것으로 전해진다. 한때 영토를 확장하며 전성기를 구가하기도 했으나, 왕위 계승을 둘러싼 혈육 간의 오랜 분쟁과 여러 차례에 걸친 이슬람 세력의 침입에 시달리다 명맥만 겨우 유지하는 소국으로 전락하고 말았다. 그러나 라자스탄 역사에서 가장 처절했던 치토르가르성 전투를 비롯하여 라나 쁘라탑(우다이 싱 2세의 아들)과 같은 전설적 영웅이 이끈 반외세의 끈질기고 용맹스런 투쟁의 전통과 자부심은 오늘날까지도 인도 힌두들의 가슴속에 면면이 이어져 오고 있다 한다. 라자스탄이 외래문화에 훼손당하지 않은 순수한 힌두문화를 간직할 수 있었던 것도 다 그런 역사적 맥락에서 연유한 것이다.

그 이름이 말해주듯 우다이푸르도 역시 성벽 도시이다. 신시가지와의 경계를 이루고 있는 옛 성벽이 고색창연한 구 시가지를 둘러싸고 있다. 그러나 오늘날 인구 30여만 명 남짓한 이 도시는 인도 제일의 호반 도시로 더 유명하다. 새로운 수도를 건설하면서 우다이 싱 2세가 도심 서쪽에 석조 댐을 축조하여 인공으로 확장한 길이 4km, 폭 3km의 거대한 피촐라 호수는 이제 이곳의 상징이 되어 버렸다. 호수 동쪽 기슭을 따라 길게 조성된 구시가지의 웅장한 궁전과 고풍스런 하벨리(호화 저택)들과 가트들의 잔영이 거울처럼 맑고 잔잔한 물 위에 비친 모습은 평화롭기 그지없다고 한다. 특히, 호수 가운데에 동화의 한 장면처럼 떠 있는 아름다운 궁전과 호텔이 은은한 달빛 속에 제 그림자를 벗어 수면 위에 적시고 서 있는 밤 풍경은 라자스탄 최고의 낭만으로 손꼽힌다고 한다. 독립 이후, 마운트 아부와 더불어 인도의 신혼여행지로 각광을 받고 있는 것도, 1983년 존 글렌이 감독하고 로저 무어가 주연을 맡은 〈007 옥토퍼시(Octopussy)〉의 해상추격장면 촬영지로서 명성을 얻을 수 있었던 것도 다 이 호수 덕분이라고 한다.
초록이 우거진 아라발리산맥의 언덕들로 둘러싸인 우다이푸르 시는 다채로운 라자스탄 주가 지닌 보석 중 하나이며, . 흥미로운 전설에 의하면, 이 도시를 세운 마하라자 우다이 싱이 어느 날 사냥을 하고 있다가 호수가 내려다보이는 언덕에서 명상에 잠겨 있는 신성한 이를 만나 그에게 축복을 받았는데, 그가 이곳에 궁전을 지으라고 조언했다고 한다. 서양의 대중문화로 인해 불멸의 존재가 된 이 도시에서는 역대 마하라자들의 궁전이며 라자스탄의 우다이푸르에서 가장 큰 궁전으로 현재는 박물관과 고급스러운 호텔, 왕족들이 머무는 궁전으로 나누어져 있는 시티팰리스와 또한 호반도시 우다이푸르를 상징하는 피촐라 호수에서는 유람선을 타고 인도 전역에서도 이용요금이 가장 비싸기로 소문난 레이크 팰리스 외관을 감상할 수 있으며 호수 주변으로 가트가 있어서 인도 사람들의 일상도 엿볼 수 있다.

● 우다이푸르 시티 팰리스 City Palace of Udaipur

어둠 속에서 걸어 나온 듯 찬란한 빛깔의 궁전이 눈부신 자태로 우뚝 서 있는 시티 팰리스(City Palace) 유적지는 라자스탄에서 가장 넓은 궁전 단지이다. 이곳은 매혹적인 역사 속에 잠긴 굉장히 로맨틱한 배경으로 인해 타지마할처럼 우다이푸르의 시티 팰리스(City Palace)도 인도에서 반드시 보아야 할 역사 유적에 속한다. 방문객들은 과거의 왕들이 그 밑에서 금은과 비교해 몸무게를 달고 무게만큼의 금은을 가난한 이들에게 나누어 주었던, 여덟 개의 구부러진 대리석 아치를 직접 볼 수 있다. 피촐라 호수(Pichola Lake)가 내려다보이는 산등성이에 웅장하게 서 있는 아름답고 새하얀 우다이

〈그림 161〉 궁전은 화강암과 대리석으로 지어졌으며 요새화된 성벽에 둘러싸여 있었고, 그 안의 건물, 공중 정원, 팔각형 탑, 분수, 발코니 등에는 중세 유럽과 중국의 건축 양식이 녹아들어가 있다.

푸르 도시 궁전은 라자스탄 주에서 가장 큰 성으로 화려함으로 인해 관광객이 끊이지 않는다. 시소디아 씨족의 마하라자 우다이 싱에 의해 처음 지어졌으며, 그 뒤를 이은 군주들에 의해 증축되어 현재의 모습이 되었다. 이 성은 한때 메와르 우다이푸르라는 라지푸트 왕국의 수도였던 장소에 있는 인상적인 중심 건축물이다. 궁전은 화강암과 대리석으로 지어졌으며 요새화된 성벽에 둘러싸여 있었고, 그 안의 건물, 공중 정원, 팔각형 탑, 분수, 발코니 등에는 중세 유럽과 중국의 건축 양식이 녹아들어가 있다.출입문 밖에는 벌써 성 안으로 들어가려는 많은 사람들이 진을 치고 있다. 우다이 싱 2세가 처음 건설한 이 대리석 궁전은 규모도 크고 외관도 아름답지만, 그 내부의 화려함도 결코 그에 못지않다. 현재 박물관으로 개조되어 일반에 공개되고 있는 궁전의 본관 건물 내부를 세밀하게 둘러보기 위해서는 다소 어둡고 비좁은 미로와 같은 복도와 계단을 꽤나

많이 오르락내리락해야 한다. 나름대로의 독특하고 화려한 장식이 인상적인 방들과 진기한 유물들이며 공예품들이 진열되어 있는 전시실을 하나하나 찬찬히 둘러보는 일은 라자스탄 고유문화의 향기를 음미하며 아기자기한 재미에 몰입하기에 더없이 좋은 기회가 될 것이다. 우선 이곳은 궁전 전체가 하나의 커다란 예술품이라 할 만큼 장식이 세밀하고 다양하고 화려하다. 그리고 지친 발길을 잠시 쉬기에 안성맞춤인 바리마할 정원의 기하학적인 구조와 한가로운 분위기, 1620년에 건설된 모띠마할의 현란한 거울 세공 장식, 어지러울 정도로 황홀하게 치장되어 있는 왕비 침실의 유리 장식과 형형색색의 거울 장식, 치니마할의 회화적인 타일 모자이크, 세밀함과 화려함의 극치를 보여주는

〈그림 162〉 궁전은 화강암과 대리석으로 지어졌으며 요새화된 성벽에 둘러싸여 있었고, 그 안의 건물, 공중 정원, 팔각형 탑, 분수, 발코니 등에는 중세 유럽과 중국의 건축 양식이 녹아들어가 있다.

모르족의 공작 색유리 모자이크, 크리쉬나 빌라스에 전시되어 있는 극세(極細)한 필치의 라자스탄 세밀화들에 이르기까지 그 어느 것 하나도 쉽게 지나치기 어려우리만치 아름답고 개성 넘치는 유물들이다. 대부분의 방들은 아름다운 그림, 복잡한 유리 세공, 거울 타일, 화사한 색채의 유약으로 꾸며져 있는데 모르 초크(Mor Chowk)의 공작 모자이크, 마나크 마할(Manak Mahal), 모티 마할(Moti Mahal)의 거울세공이 유명하다. 오늘날 궁전의 주요 부분은 다양한 예술 작품과 공예품을 전시하고 있는 박물관이 되었는데, 무기 수집품과 그 악명 높은 두 갈래 난 검의 견본 등도 볼 수 있다.

발코니에서는 호수 건너편의 '호수 궁전'이 바라다보였는데, 이는 도시 내에서 우다이푸르 궁전과 호화로움을 겨루는 유일한 건축물이다. 높은 언덕에 자리 잡고 있는 궁전 꼭대기의 창문과 난간에 기대어 내려다보는 중세 도시의 고풍스런 전경은 여행자의 마음을 한없이 평화롭게 가라앉히고, 고만고만한 건물들이 나무들과 어울려 빽빽하게 들어

찬 시가지 전체를 한눈에 조망하는 일은 시간을 망각하게 한다. 시선을 서쪽으로 돌리니 피촐라 호수의 너른 품새가 한눈에 들어온다. 비록 물이 말라 바닥을 통째로 다 드러내고 있어서 불운하게도 그 수려하다는 물의 나라는 직접 볼 수 없었지만, 상상만으로도 그 명성이 느껴질 정도로 광활하고 고즈넉한 풍경이다.

● 타지 호수 궁전 [Taj Lake Palace]

1746년 발주자 마하라나 자가트 싱 2세를 위해 라자스탄 주 우다이푸르 피촐라 호수에 세워진 이 우아한 대리석 궁전은 인도 고전주의 양식으로 그 복잡한 모자이크와 친근한 안뜰의 정원과 더불어 피촐라 호수 한가운데 고요히 떠 있는 것처럼 보인다. 약 1.6헥타르 넓이의 타지 호수궁전(자그 니와스)은 수백 년 동안 왕족들의 여름 별장이었

〈그림 163〉 타지 호수 궁전 [Taj Lake Palace] 이 우아한 대리석 궁전은 그 복잡한 모자이크와 친근한 안뜰의 정원과 더불어 피촐라 호수 한가운데 고요히 떠 있는 것처럼 보인다. 약 1.6헥타르 넓이의 타지 호수 궁전(자그 니와스)은 수백 년 동안 왕족들의 여름 별장이었다. 호수 한가운데에 거대한 회화처럼 선명하게 돋을새김으로 그려져 있는 백색 궁전 호텔 레이크 팰리스는 1754년, 자갓 싱 2세가 호수 가운데 섬에 지은 왕실의 여름 궁전이었으나, 지금은 인도에서 손꼽히는 초호화 호텔로 개조되어 유명세를 떨치고 있다. 남인도 뭄바이의 저 유명한 타즈마할 호텔이 한껏 멋을 부려 웅장함을 과시하려는 기질을 지닌 쾌남아라고 한다면, 이곳의 레이크 팰리스 호텔은 사치를 부리지 않고 수수한 치장을 하여 절제된 아름다움을 은은히 풍기는 미인의 환한 얼굴이라 할 것이다.

다. 타지 호수궁전은 메와르 왕조의 후계자인 마하라나 자가트 싱 2세를 위해 세워졌다. 마하라나 자가트 싱 2세는 아직 젊었을 때 부왕으로부터 타지 호수 위에 떠 있는 작은 섬을 마음대로 통치할 수 있도록 허락받았다. 그는 이곳에 자기만의 궁전을 짓기로 마음먹고 1743년 4월 17일 주춧돌을 놓았다. 공정 1기는 3년 후 끝났으며 3일에

걸친 호화로운 개관식이 열렸다. 타지 호수궁전은 동향으로, 새벽녘에는 왕실의 조상이라고 믿어온 태양신에게 예배를 할 수 있었다. 거의 대리석만을 사용하여 지은 건물로 고전적인 기둥, 분수, 욕조 등은 모자이크와 색유리, 그리고 역사적인 인도 풍경을 묘사한 수채화들로 장식하였다. 여흥에 초점을 맞춘 공간이므로 궁전에 거주하는 사람들은 물을 채운 안뜰의 정원이며 문구멍, 비밀통로 등이 있었다. 400년 넘는 세월 동안 타지 호수궁전은 후임 군주들의 필요를 충족하기 위해 서서히 증축되었다. 그러나 1955년, 왕실은 마침내 궁전을 팔기로 결정했고, 그 결과 타지 호수궁전은 인도 최초의 고급 호텔로 바뀌었다. 오늘날에는 리노베이션을 거쳐 호화로운 타지 레이크 팰리스 호텔이 되었으며, 유명한 제임스 본드 영화 <옥토퍼시>가 이곳에서 촬영되었다

● 몬순 팰리스 Monsoon Palace

〈그림 164〉 몬순팰리스 외관

〈그림 165〉 궁전 내부 인테리어

〈그림 166〉 담백한 디자인의 외관

19세기의 궁진 몬순 펠리스(Monsoon Palace)의 한나절 적막도, 메마름을 견니시 못하고 타오르는 불꽃처럼 유난히도 붉게 번지던 산정 노을도 다 전혀 모자람 없는 아름다운 풍경이었다. 이곳 우다이푸르는 일찍이 인도인들에게는 전통적인 피서지와 신혼여행지로 이용되던 한적한 곳이었는데, 근래 그 운치가 입소문을 통해 알려지면서 여행자들이 긴 여정의 피로를 달래기 위해 무거운 배낭과 지친 마음을 동시에 내려놓고 싱그리움을 충전하며 쉬이가는 곳으로 각광을 뵘고 있다. 이 작고 외진 도시를 그렇게 유명하게 만든 것은 바로 호수와 사원이다. 보기만 해도 지친 마음이 저절로 상쾌해지는, 맑고 잔잔한 호수를 품안에 안고 있다. 호수는 한쪽에 둑을 막아 인공으로 조성한 것인데도 자연스럽게 물빛이 살아 있었다. 규모가 아주 크지는 않지만, 호수가 지닌 매력은 결코 작지 않다. 수목이 우거진 물가를 천천히 거닐며 세월처럼 밀려오는 잔물결과 무언의 밀어를 나누는 사색의 기쁨도 가슴 설레는 일이다. 또한 호수의 전경이 한눈에 들

어오는 다리난간에 앉아 그저 물빛을 바라보는 것만으로도 무한의 여유로움이 안겨주는 행복감을 만끽하고도 남음이 있다. 한 여름 밤, 삼라만상이 서서히 어둠 속으로 증발하고 불그레한 홍조를 띠기 시작할 무렵, 집을 떠나와 지친 몸을 쉬이며, 맥주 한잔하며 얻게 되는 인도에서의 낭만적인 밤은 그렇게 또 깊어만 간다. 여행은 기대에 들떠 찾아간 곳에서 얻지 못했던 감동을 의외의 장소와 순간에 마주치는 경우가 많다. 아름답고 조용한 호반의 도시 우다이푸르에 있다는 것만으로도 몸은 비록 깊어진 피로감으로 지쳐있으나 마음은 이미 풍요로움으로 충만하다.

〈그림 167〉 한 여름 밤, 삼라만상이 서서히 어둠 속으로 증발하고 불그레한 홍조를 띠기 시작할 무렵, 집을 떠나와 지친 몸을 쉬이며, 맥주 한잔하며 얻게 되는 인도에서의 낭만적인 밤은 그렇게 또 깊어만 간다. 여행은 기대에 들떠 찾아간 곳에서 얻지 못했던 감동을 의외의 장소와 순간에 마주치는 경우가 많다. 아름답고 조용한 호반의 도시 우다이푸르에 있다는 것만으로도 몸은 비록 깊어진 피로감으로 지쳐있으나 마음은 이미 풍요로움으로 충만하다.

● 작 만디르 Jag Mandir

호수 남쪽에는 또 하나의 궁전이 멀리 보이는데, 무굴제국의 황제 샤자한이 부친인 제항기르 황제를 피해 도망와 숨어 지내던 작 만디르(Jag Mandir)다.

참배자들로 붐비던 작디쉬 만디르(Jagdish Mandir) 경내는 비교적 좁은 편이었지만, 대리석 건물은 전체적으로 전형적인 힌두양식의 날렵한 몸매를 하고 있었고, 그 사방 벽면마다 힌두교와 관련된 각종 조형물들이 빽빽하게 조각되어 있었다. 1651년, 마하라나 자갓 씽이 세운 신전 안에는 비쉬누 신의 현현으로 받아들여지고 있는 우주의 신 자간나뜨(Jagannath)의 검은 얼굴 신상이 모셔져 있다.

〈그림 168〉 호수 남쪽에는 또 하나의 궁전이 멀리 보이는데, 무굴제국의 황제 샤자한이 부친인 제항기르 황제를 피해 도망와 숨어 지내던 작 만디르(Jag Mandir)다

〈그림 169〉 작디쉬 만디르(Jagdish Mandir)

〈그림 170〉 작디쉬 만디르(Jagdish Mandir)

〈그림 171〉 작디쉬 만디르(Jagdish Mandir)

〈그림 172〉 작디쉬 만디르(Jagdish Mandir)

〈그림 173〉 굴 마할(Gul mahal) 사원 인도에서는 신을 중시하여 사원을 반드시 세운다

〈그림 174〉 굴 마할(Gul mahal) 사원 인도에서는 신을 중시하여 사원을 반드시 세운다

■ 조드푸르(1) Jodhpur 13일차 2015.7.3(금)

〈그림 175〉 인도에서 가장 큰 요새 중 하나인 조드푸르의 메헤랑가르는 붉은 사암과 대리석을 이용해 힌두와 이슬람 양식이 조화를 이루었다. 성벽은 36m 높이로 솟아 있으며, 곳곳은 너비가 20m에 달하고, 101개의 능보가 중간에 서 있다. 일곱 개의 성문이 있는데, 첫 번째 관문에 박혀 있는 대못들은 코끼리를 이용한 공격을 막아내기 위한 것이다.

□ 7월 03일 (금) 주요일정 ***조드푸르 Jodhpur 이동***
06:00 기상 07:00 조식 체크아웃. 07:00 호텔 출발 10:11 조드푸르 Jodhpur 도착 14:30 / 런치 19:30 호텔 도착 휴식 20:00 디너

● 라자스탄 Rajasthan

인도 북서부, 파키스탄과의 국경에 접하는 주(州). 원어명 / Rājasthān 위치 / 인도 북서부 경위도 / 동경75°48′ 북위26°54′ 면적(㎢) / 342214 시간대 / UTC+5.5 행정구분 / 33 district 행정관청 소재지 / Jaipur, Yojana Bhawan, Tilak Marg, C-Scheme, 홈페이지 / http://www.rajasthan.gov.in/ 주도 / 자이푸르(Jaipur) 인구(명) / 65,466,000(2008년)

주도(州都)는 자이푸르이다. '라자스탄'이란 '라지푸트인의 나라'라는 뜻이다. 1956년 11월 주의 재편성 때 26개의 현(縣)을 합하여 주가 되었다. 옛날에는 라지푸타나라고 하였으며, 인도에서 가장 인구가 희박한 곳이었다. 주의 중앙에는 북동~남서 방향으로 아라발리산맥(최고 1,722m)이 뻗어 있다. 이 산맥 동쪽은 바나스평야 · 빈디아산맥 · 데칸고원 등 기복이 있는 반 건조 · 습윤 지역으로 갠지스강 수계의 첨발강 수계(水系)에 속한다. 첨발 운하와 저수지 등으로 관개가 잘 되어 쌀 · 목화 · 보리 등의 농업지대를 이루고 있다. 아라발리산맥 서쪽은 해발고도 400m 이하의 준평원으로 타르사막이 펼쳐져 있다. 스텝지역은 루니강 수계에 속하며, 관개가 잘 되어 바지라(기장) ·콩류를 중심으로 한 경작지가 펼쳐져 있다. 도시도 많으나 사막지역은 커다란 사구가 발달하여 인구가 희박하다. 유리 · 면방적 · 시멘트 · 제당공업 등 외에 지하자원이 풍부하여 납 · 아연 · 점토 · 대리석 · 구리 · 에메랄드 · 석회 · 석재 · 운모 등이 산출된다. 주요 도시로는 자이푸르 · 우다이푸르 · 조드푸르 · 비카네르 · 아지메르 등이 있다. 이 지방은 위치상 여러 민족의 역사적 진입로가 되었고, 처음에는 미나·메오·빌 등의 종족이 있었으나 나중에 라지푸트 족에 의하여 정복되었다. 현재 주민비율은 적으나 라지푸트 족은 매우 호전적인 전사로 알려져 있으며, 여성은 서티(suttee : 과부의 殉死)의 풍습을 지켰다. 힌두교도가 대부분이고 자이나교도 및 소수의 이슬람교도 · 시크교도가 있다.

〈그림 176〉 라자스탄 [Rajasthan] 주(州)

● 조드푸르 Jodhpur

인도 북서부 라자스탄 주(州)에 있는 도시. 타르 사막의 입구에 있으며, 성벽에 둘러싸여있다. 산스크리트 어로 조드는 '전사(戰士)', 푸르는 '도시(都市)'라는 뜻으로 조드푸르는 '전사의 도시'라는 뜻이다. 인구(명)는 940,513(2006년). 1459년 이곳의 번왕(藩王) 라오 조다가 건설했으며, 구(舊) 시가지의 바깥쪽에 신시가지가 형성되어 있다. 상아 세공 · 칠기 · 염색 등의 전통 공예와 목화, 양모, 금속가공 등의 공업이 발달하였다. 철도, 도로, 항공로의 요지이며 상업의 중심지이다.
파키스탄의 하이데라바드까지 통하던 철도는 인도와 파키스탄의 분리 독립 후 국경의 무나바오에서 끊어졌다. 시내에는 옛 왕궁과 화려한 사원·박물관 등이 있다. 공항 · 공군훈련학교 · 중앙 건조지역 연구소 등이 있다. 교외에는 관개수로와 지하수 관개시설이 정비되어 있고, 구획이 잘 정리된 경지가 펼쳐 진다

● 인도의 색(色)에 담긴 소회(素懷)

주황색 Orange, 흰색 White, 녹색 Green, 그들의 국기에 담긴 세 가지 색은 인도인의 삶의 존재이유를 보여주는 붉은색의 절대가치와 세계사를 운운하지 않아도 어린 시절 사회과부도에서나 보았던, 그 깊이와 폭, 길이를 가늠하기 힘든 4대강 (나일, 유프라테스, 황하, 그리고 갠지스까지) 중에 하나를 품고 있는 넓은 국토와 12억 인도인을 품고 있는 신이 내린 대자연을 보유한 민족만이 누릴 수 있는 풍요로움으로 충만히 덮여서, 비록 물리적 제약이라고 제치고 살지만 작은 국토에서 아등바등 사는 나로서는 도저히 가늠하기 어려울 뿐만 아니라, 도무지 그 생각과 철학의 깊이를 알아내기 쉽지 않은 그들만의 느긋함, 넉넉함과 여유로움. 묘한 미소까지,.
그래서 갠지스 강에 속절없이 몸을 담그고 넓은 땅 곳곳에서 그들만의 삶을 녹여내고 있는 철학과 인생을 국기에 담긴 단 세가지 색만으로 대별하여 알아 낼 수는 없는 것이겠지만, 너무도 오랜 세월, 역사 속에서 식민지와 백인의 압박으로 지친 듯한, 또한 왠지 알 수는 없으나 아리아인과 섞여 원천이 모호하고, 다소 미천한 듯한 외모와 유색인종 특유의 어눌한 태도, 때론 자신 없어 보이기까지 하고 묘한 수줍음을 넘어서고도 남을, 겉으로 잘 드러나지는 않으나, 몸속 깊은 곳에서 조용히 때가 오기를 기다리는 듯한, 그렇지만 언제, 어떻게 폭발할지 모르는 깊이를 알 수 없는 활화산과도 같은 그들의 잠재력은 바로 타지마할을 품고 있고 내가 사는 한반도 보다 약 15배(남한의 33배)가 넘는 면적과 풍부한 식생, 천혜의 자연조건을 지닌 환경이 주는 영향은 아닐까 ?
여행이 우리에게 주는 선물 중에는 좋은 볼거리나 놀라운 체험들도 있겠지만, 바쁜 일상을 벗어나 모든 것을 잠시 내려놓고 여유로운 상태가 되어 평소에 누리기 힘든 평온한 시간을 부여받는 행복도 중요한 부분인데 여행에서 조차 너무 바쁜 나머지 속 깊은 생각과 사색할 시간조차 놓치는 경우가 허다했던 것 같다. 인도에 발을 딛는 순간부터 너무나도, 때로는 어이없을 정도로 싼 물가 덕분에 갑자기 부자가 된 듯 뿌듯해진 내 모습을 보며 좀 우스개스러운 비유이나 제법 잘 산다고 하는 서유럽지역으로 여행을

할 때는 가난한 하인처럼 주눅 들어 있다가 인도에 오면 마치 귀족이 된 듯 허세를 부리게 된다는 즉 비굴한 가난뱅이와 혹독한 부자의 두 얼굴을 동시에 지니고 살아가는 사람의 양면적 모습과 겹쳐지며 나도 물질적 우위에 취하여 마음은 지독한 가난뱅이인데 부자인양 허세를 부리며 경직된 마음으로 겉도는 우를 범하고 있는 것은 아닌지? 그리고 얼마 되지 않는 우월감에 사로잡혀 행여 상대를 무시하려고 하지는 않았는지, 나아가 정작 가난한 것은 내가 아닌지?

● 인도의 예술(藝術) Indian art

[미술] 인도미술은 기원전 3000년 전의 인더스문명에서 시작되지만 기원전 1500~600년 사이의 베다시대는 《리그베다》를 비롯한 4개의 베다와 《우파니샤드》, 2대 서사시인 《마하바라타》와 《라마야나》 등 여러 문헌의 내용으로만 알려져 있을 뿐이다. 지역적으로 인도라 할 경우 소위 인도 아시아 대륙, 즉 지금의 인도공화국, 파키스탄, 방글라데시를 가리키는데 옛부터 역사와 문화상에서 하나의 세계를 형성하여온 지역이다. 인도미술은 거의 종교미술로서 불교, 자이나교, 힌두교의 3대종교 미술로 대표되고 사원건축 · 존상조각을 주로 하며 사원내를 장엄하게 하는 벽화도 그렸다.

고대 초기 (B.C. 500경~A.D. 50경) 인도의 미술은 최초의 통일 왕조인 마우리야 왕조를 비롯하여 슝가 왕조, 전기 안드라 왕조를 중심으로 불교 미술품들이 주류를 이루고 있다. 그 다음은 쿠샨 왕조의 통치하에 간다라와 마투라 지역에서 건축과 조각 중심의 미술이 발달했으며 동시에 남쪽에서는 아마라바티를 중심으로 후기 안드라 왕조의 불교 미술이 발전했다.

인도 불교미술의 절정기는 4세기 초~6세기 중엽의 굽타 시대이다. 그 이후로 불교미술은 쇠퇴하고 힌두교미술이 발전하기 시작했다. 굽타 이후 인도에서는 인도인에 의한 통일 왕조는 출현하지 못했으나 각 지역에서 여러 왕조들이 등장하여 힌두교미술을 적극적으로 후원하였다.

중세 후기(13세기 이후)는 이슬람교도의 침략 지배에 따른 이질적인 미술이 행하여져 인도 · 이슬람시대가 되어 인도 고유의 종교미술은 쇠퇴하고 남부 등에서 겨우 여명을 지탱하였다. 북인도 지역에서는 이슬람교도들이 세운 술탄 왕조가 인도-이슬람 미술을 발달시켰다. 16세기 초에 등장한 무갈제국은 페르시아계의 외래 요소와 인도 전통을 결합하여 인도 문화사상 또 하나의 황금시대를 이룩했다. 한편 남인도에서는 힌두 왕국인 비자야나가르Vijayanagar 왕조(1336~1565)와 나야크Nāyak 시대(17세기)가 이어졌다.

1920년대 이래 모헨조다로 유적 · 하라파 유적 · 찬후다로 유적 발굴에 따라 대규모의 도시 문명이 밝혀지기 시작하였으며, 미술적 가치를 지닌 유물로서는 토기·장신구 외에도 특히 돌·청동·테라코타로 된 동물상과 인물상, 각종 동물이나 인물 등을 조각한 인장(印章) 등이 중요하다. BC 3세기 이후의 미술은 대부분 종교미술이며, 그것은 불교 · 자이나교 · 힌두교 · 이슬람교와 연관된 것으로서 특히 불교미술과 힌두교미술이 질량면에서 압도적이다. 불교를 비롯한 힌두교, 자이나교의 종교 미술이 발달했던 인도미술은 종교와 더불어 동남아시아, 중앙아시아, 동북아시아로 전해져 각 지역의 문화 및 미술 발전에 커다란 영향을 미쳤다.

[조각] 인더스 문명의 도시유적에서 석상과 청동상, 사실적인 모양이 들어 있는 석제인장, 각종의 테라코타 상 등이 출토하여 조형미술이 발달하였음을 알 수 있으나 그외 역사시대 이전은 거의 볼 만한 것이 없다. 그러나 숭가~초기 안드라 조 시대에 흥륭한 불교미술은 불탑의 난순(欄楯)과 탑문을 장식하는 부조에 주로 본생도(本生圖)와 불전도 같은 불교설화도를 많이 묘사했다.

[건축] B.C. 3세기경 아소카왕은 당시 불교도 사이에 높았던 탑숭배, 성지순례의 움직임을 적극적으로 장려하여 신앙의 형태로 정착시키고 각지에 불탑을 건립하였으며 성지에 석주를 세웠다. 불탑은 엎어놓은 사발형(복발형)의 반구체이고 난순을 돌려서 탑문을 세운 비교적 간단한 구조였으며 산치 대탑이 그 전형이다. 사원은 광대한 부지에 담장벽을 쌓고 그 중앙에 주당을 세우고 여러 당을 좌우대칭으로 배치하였다.

[공예] 출토품을 제외하고는 옛 작품이 거의 없고 근세 이후의 것이 대부분이다. 출토품에는 테라코타 상, 인더스 문명의 인장과 장신구, 사리용기(토 · 석 · 금속제) 제왕 발행의 화폐, 금은 보석의 장신구, 상아작품 등이 있어 옛부터 공예기술이 발달하였음을 시사한다.

■ 조드푸르(2) Jodhpur 14일차 2015.7.4(토)

〈그림 177〉 여행의 백미 중 하나는 이렇듯 높은 성이나 궁전의 난간에 기대어 병풍처럼 주위에 둘러져 있는 풍경을 멀리 바라보는 일이다. 직접 가까이 가보면 남루하고 어수선한 곳일지라도 그렇게 바라보는 풍경은 예외 없이 아름답고 평화롭다. 멀리서 보노라면 처음에는 그것을 깊이 알 수 없지만 아름다운 풍경들은 우연히 얻어지는 것이 결코 아니다. 도시라는 도화지에 건축가가 지닌 심미안의 수준에 따라 장소를 정하고 건축물의 높낮이를 헤아리고 향을 고려하여 창문을 내고 건물의 내외부의 균형과 기능을 다할 수 있도록 설계 개념을 마련하고 오랜 시간 디자인하여 계획적으로 얻어낸 구도의 결과일 것이기 때문이다. 따라서 그 매 순간순간의 디자인의 선택과 결정은 바로 중요한 창조행위이며 그 결과 얻어진 의미 있는 풍경은 건축가들이 깊은 고뇌와 피와 땀으로 범벅되어 나온 흔적들과 아낌없이 쏟아 부은 심미안으로 만들어 낸 유산인 것이다. 보이는 유형의 대상만이 꼭 예술품의 전부는 아닌 것이다.

메헤랑가르성에서 내려다보면 조드푸르는 도시가 온통 푸른색으로 되어 있는데, 그 이유는 인도의 최상위계급인 브라만의 고유 색깔이 푸른색이기 때문에 1459년 조드푸르가 마르와르왕국의 수도가 되면서 당시 브라반 계급이 나른 계급과의 신분 차이를 나타내기 위해 집에 파란색을 칠했고, 여기에 다른 계급들도 신분 상승에 대한 기대와 염원으로 너도나도 집 벽에 푸른색을 칠하다보니 도시 전체가 푸른색으로 뒤덮이게 되어 '블루 시티'라는 별명을 갖게 되었다.

조드푸르는 타르사막의 입구에 위치하여 있으며 상업의 중심지이다. 도시 전체가 푸른색으로 채색 되게 된 사연은 매우 슬프지만 여행자의 눈에는 그저 아름다운 모습으로 상(像)이 맺혀진다, 메헤랑가르성에서 바라다 본 조드푸르의 푸른 도시.

□7월 04일 (토) 주요일정 **조드푸르 메헤랑헤르 성(城)과 푸른 도시관광** 및 오후 늦게 자이푸르 이동 궁전 호텔 입성. 고된 하루. 06:00 기상 07:00 조식 체크아웃. 07:00 호텔 출발 10:11 조드푸르 도착, 푸른 도시 관광 14:30 런치 15:00 자이푸르 이동 350km 22:30 자이푸르 궁전호텔 도착 휴식 23:00 늦은 디너.

인도 여행은 불가사의 한 구석이 많다고 하는데 특히, 여행을 시작한지 열흘 쯤 지났고 반환점을 돌아 중반전에 접어든 인도 서북부 라자스탄지역에 접어들면서부터 한국에서부터 달고 온 미열 증세가 결국 화근이 되어 여행 7일째인 남인도 첸나이에서는 급기야 이번 인도여행을 중단하고 포기할 뻔 했던 순간도 있었고 이미 바닥난 체력과 좀처럼 돌아올 기미조차 보이지 않는 식욕, 인도 특유의 향신료 냄새에 적응을 못하고 심신이 처질대로 처져버린 채 거의 정신 줄 놓은 육신과 달리, 언제부터인지는 모르나 내 감성은 그렇게 바닥난 몸뚱이와는 반대방향으로 점차 경도되어 가고 있는 듯하다. 가도 가도 끝이 없을 것 같은 신작로 위로 주마등처럼 지나가는 풍경과 때로는 현지 사람들의 무심한 표정과 다소 경계하는 듯한, 그러나 그다지 부담스럽지 않은 눈길이 겹쳐지고, 여행 출발 전 한국에서 귀동냥하여 들은 인도 여행자들의 기억과도 맞는 것인지 되짚어 보다보니 인도에서의 모든 마주침과 경험, 시간과 공간 그리고 눈앞에 차창 너머로 다가오는 풍경부터, 자정이 가까운 시간에 도착한 호텔에서 마주친 종업원의 친절한 인정들까지 더해져 한층 더 정겨워지기 시작한 것이다.

오늘 오후, 우리를 태운 밴이 꼬박 350㎞를 달려 중부 라자스탄의 자이푸르 시티(Jaipur City)에 도착한 것은 밤 9시가 넘어서 였고 다시 40여 ㎞ 이상을 더 달려 자이푸르의 숙소인 궁전 호텔에 도착한 것은 밤 10시도 넘기고 있었다. 도로 상태가 여의치 못한 인도에서 이제 밴의 덜컹거림과 비례하여 동반하는 속 울렁거림(거의 멀미이리라)도 규칙적인 정겨움으로 온몸 구석구석을 어루만지고, 호텔 침대에 누우면 깊은 꿈결처럼 아늑하게 가라앉는다. 비로소 나도 여행자의 기본자세를 터득하고 뒤늦게 회복 국면에 접어든 것인가 ? 아니면 간혹, 그것이 내 마음에 들어와 자리 잡든 아니든 간에 그렇게 바라보아야만 마음의 위안을 얻을 수 있는 경우가 있기 때문에 마음을 텅 비워서인가 ?. 피곤이 극에 다다랐으나 이 아름다운 자이푸르는 그렇게 나를 기다리고 있었다.

● 조드푸르 블루시티 Jodhpur blue city

라자스탄 지역에서 가장 잘 알려진 곳은 조드푸르(Jodhpur)다. 임수정과 공유가 주연한 로맨틱 코미디 영화 '김종욱 찾기'에도 등장했던 도시로도 유명세를 탄 곳이다. 온통 푸른빛으로 가득한 낭만적인 도시에서 여주인공은 첫사랑 김종욱과 운명적으로 만나게 된다. 조드푸르는 타르사막의 입구에 위치하여 있으며 상업의 중심지이다. 도시 전체가 푸른색으로 되어 있으며, 메헤랑가르성에서 조드푸르의 구 시가지를 바라본다면 아름다운 푸른 빛의 도시를 감상할 수 있다. 메헤랑가르성에서 바라보는 조드푸르의 풍경은 눈부시게 아름답다. 집집마다 벽을 온통 푸른색으로 칠해 놓아 흡사 바다에 떠 있는 것처럼 보일 지경이다. 사막 위의 도시 조드푸르가 푸른색에 집착한 이유는 따로 있다. 인

〈그림 178〉 메헤랑가르성에서 내려다보면 조드푸르는 도시가 온통 푸른색으로 되어 있는데, 그 이유는 인도의 최상위 계급인 브라만의 고유 색깔이 푸른색이기 때문에 1459년 조드푸르가 마르와르왕국의 수도가 되면서 당시 브라만 계급이 다른 계급과의 신분 차이를 나타내기 위해 집에 파란색을 칠했고, 여기에 다른 계급들도 신분 상승에 대한 기대와 염원으로 너도나도 집 벽에 푸른색을 칠하다보니 도시 전체가 푸른색으로 뒤덮이게 되어 '블루 시티'라는 별명을 갖게 되었다.

도의 최상위계급인 브라만의 고유 색깔이 푸른색이기 때문이다. 1459년 조드푸르가 마르와르왕국의 수도가 되면서 당시 브라만 계급이 다른 계급과의 신분 차이를 나타내기 위해 집에 파란색을 칠했다. 다른 계급 역시 신분 상승에 대한 기대감과 염원으로 자신들의 집을 푸른색으로 칠했고 급기야 도시 전체가 푸른색 물결로 뒤덮였다. 이 때문에 조드푸르는 '블루 시티'라는 별명을 갖고 있다.

● 메헤랑가르 요새 Meherangarh Fort

인도에서 가장 큰 요새 중 하나인 조드푸르의 메헤랑가르 요새는, 주변지역을 온통 지배하고 있는 인적 없는 타르사막 위에 122m 높이로 솟아 있는 사암 언덕지대에 서 있다. 요새의 당당한 성벽은 36m 높이로 솟아 있으며, 곳곳은 너비가 20m에 달하고, 101개의 능보가 중간에 서 있다. 일곱 개의 성문이 있는데, 첫 번째 관문에 박혀 있는

대못들은 코끼리를 이용한 공격을 막아내기 위한 것이다. 이 거대한 요새 설비 안에는 여러 개의 아름다운 궁전들이 있으며, 이들은 그 정교하게 조각된 석조 세공, 선조(線條) 세공을 한 아름다운 사암 창문들, 꼭 필요한 그늘을 제공해 주는 널찍하며 서로 교차되는 안뜰들로 명성이 높다. 특히 모티 마할(진주 궁전)과 풀 마할(꽃 궁전)의 천장과 벽에는 훌륭한 솜씨로 그림이 그려져 있으며, 시시 마할(거울의 홀)은 그 이름에서 알 수 있듯이 훌륭한 상감 세공과 거울로 장식되어 있다. 이 요새에 살았던 최후의 군주는 19세기의 마하라자 타카트 싱이었다. 그는 전통양식과 유럽양식을 혼합한 웅장한 새 주거지인 타카트 빌라를 지었다. 이 저택의 벽과 나무로 된 천장 들보에 그려진 그

〈그림 179〉 조드푸르의 메헤랑가르 요새의 일하는 인도여인

림들은 종교적인 장면으로부터 라토르의 산돼지 사냥경기에 이르기까지 그 주제가 매우 다양하며, 작품들은 여전히 훌륭한 상태를 보인다. 메헤랑가르 요새에는 이제 더 이상 아무도 살지 않지만, 이 요새는 지금도 조드푸르의 마하라자의 소유이다. 궁전들 안에는 현재 무굴 예술작품, 민속악기, 터번, 갑옷, 코끼리가마, 세밀화, 가구, 의복 등의 컬렉션을 전시하는 여러 개의 갤러리가 들어서 있다.

조드푸르의 명소인 메헤랑가르(Meherangarh) 요새는 인도에서 가장 큰 요새이다. 성의 꼭대기로 올라가면 커다란 대포가 구시가지를 향한 것을 볼 수 있다. 라자스탄지역은 인도와 주변 국가로 통하는 군사적 요충지였기 때문에 이곳을 차지하기 위해 치열한 전투가 빈번하게 일어났다. 1459년, 마르와르의 열다섯 번째 라토르 군주인 라오 조다는 수도를 만도르에서 보다 더 방어가 수월한 곳으로 옮겨야겠다고 결심했다. 9㎞ 남쪽으

로 떨어진 새로운 도시에 요새를 세우는 작업이 즉시 시작되었으며, 이 도시는 그의 이름을 따 '조드푸르'가 된다. 파키스탄과 국경을 맞대고 있는 라자스탄지역은 인도에서도 가장 이국적이고 신비로운 모습을 간직한 땅이다. 광대한 타르사막에 둘러싸여 환경은 척박하다. 하지만 메마른 사막 위에 서 있는 거대한 성과 투명한 호수는 인도의 다른 어떤 지역보다 화려하고 강렬한 인상을 심어준다. 시간이 흘러 격렬한 전투가 벌어졌던 성들은 이제 훌륭한 관광자원이 됐다. 라자스탄은 '라지푸트들의 땅'이라는 뜻이다. 라지푸트는 라자스탄을 지배했던 전사 집단으로서, 자부심으로 가득했으며 누구보다 용감했다. 전사들은 전세가 기울면 적진으로 돌진해 차라리 죽음을 택하는 조하르(Johar)의 전통을 지켰다. 라지푸트족의 이러한 용맹 때문에 인도 전역을 통일했던 무굴제국도

〈그림 180〉 메헤랑가르 성은 전체적으로 붉은색을 띤다. 사막에서 쉽게 구할 수 있는 붉은 사암을 자재로 썼기때문이다.

〈그림 181〉 사암은 특유의 부드러운 재질 덕택에 세밀한조각을 하기 쉽다. 격자 세공을 한 성의 발코니와 섬세한 조각을 새긴 창틀 등은 사암의 특징을 잘 이용했다.

라자스탄지역만은 무력 대신 혼인 등을 통한 타협책으로 끌어안았다. 메헤랑가르성은 125m의 높은 언덕에 웅장하게 서 있다. 15세기 중엽 착공돼 19세기 초에 완성됐으며, 인근 왕국들의 침략을 방어하기 위해 만들어졌다. 이 성은 2006년 제작된 영화 '더 폴'에서 악당이 사는 곳으로 등장하기도 했다. 영화의 후반부에 등장하는 치열한 액션 장면은 대부분 이곳에서 촬영됐다. 메헤랑가르성은 전체적으로 붉은색을 띤다. 사막에서 쉽게 구할 수 있는 붉은 사암을 자재로 썼기 때문이다. 사암은 특유의 부드러운 재질 덕택에 세밀한 조각을 하기 쉽다. 격자 세공을 한 성의 발코니와 섬세한 조각을 새긴 창틀 등은 사암의 이런 특징을 잘 이용했다.

성의 내부는 여러 개의 안뜰과 궁정으로 이뤄져 있다. 왕의 행차에 사용되던 소품, 왕의 초상화, 풍속화 등을 전시 중이다. 궁정 모습과 왕의 행차 모습을 섬세하게 그린 작품도 만날 수 있다. 성에서 가장 아름다운 곳은 왕의 침소다. 누구라도 한 번쯤 머물고 싶다는 욕심이 들 만큼 아름답고, 갖가지 색을 칠한 유리가 방을 화려하게 장식한 것이 눈을 떼지 못하게 한다. 메헤랑가드성에서 좁은 골목길을 따라 내려가면 구시가지에 닿는다. 골목은 술래잡기를 하는 아이들과 담배를 피우는 노인들, 소떼와 인도의 택시인 오토릭샤, 세계 각지에서 몰려든 여행자들로 북적인다. 이 골목을 계속 따라가면 사르다

르 마켓에 갈 수 있다. 채소와 향료, 인도과자, 직물, 은, 수공예품을 파는 상점들로 가득하다. 인도의 밀크 티에 해당하는 차이를 마시며 바라보는 메헤랑가드성의 야경도 꼭 한 번 볼만하다.

〈그림 182〉 메헤랑가르 성은 125m의 높은 언덕에 웅장하게 서 있다15세기 중엽 착공돼 19세기 초에 완성됐으며, 인근 왕국들의 침략을 방어하기 위해 만들어졌다.

〈그림 183〉 성의 내부는 여러 개의 안뜰과 궁정으로 이뤄져 있다. 왕의 행차에 사용되던 소품, 왕의 초상화, 풍속화 등을 전시 중이다.

〈그림 184〉 메헤랑가르 성은 125m의 높은 언덕에 웅장하게 서 있다15세기 중엽 착공돼 19세기 초에 완성됐으며, 인근 왕국들의 침략을 방어하기 위해 만들어졌다.

〈그림 185〉 사암은 특유의 부드러운 재질 덕택에 세밀한 조각을 하기 쉽다. 격자세공의 발코니와 섬세한 조각을 새긴 창틀 등은 사암의 이런 특징을 잘 이용했다.

여행정보 : 아시아나항공과 인도항공이 델리까지 직항으로 운항하며, 타이항공도 방콕을 경유해 델리로 간다. 델리에서 주요 도시들이 기차로 연결돼 이동이 어렵지 않다. 야간 열차의 침대칸을 이용하면 숙박비도 절감된다. 일교차가 심해 긴소매 셔츠를 준비하는

것이 좋다. 조드푸르는 관광도시라 숙소도 옛날 궁을 호텔로 개조한 곳부터 값싼 게스트하우스까지 다양하다. 달이라고 불리는 인도식 수프는 삶은 콩에 향신료 마살라를 가미해 만들며, 밥에 섞어서 먹는다. 소고기나 돼지고기 요리를 구경하기 힘든 인도지만 요구르트에 절인 닭고기에 향신료를 가미한 탄두리 치킨은 쉽게 만날 수 있다.

〈그림 186〉 조드푸르의 메헤랑가르 성에 관람 중인 인도의 여학생들. 같은 아시아권의 황인종이라도 그들은 우리의 피부색을 무척이나 신기해하는 눈치다.

■ 자이푸르 Jaipur 15일차 2015.7.5(일)

〈그림 187〉 자이푸르 암베르성은 붉은 사암과 대리석을 이용해 힌두와 이슬람 양식이 조화를 이루었다. 이 성에는 화려한 색채의 모자이크와 벽화들이 아름답게 내부를 장식하고 창문은 스테인드글라스로 한 거울궁전이 있다. 이 거울궁전은 채광이 좋아 촛불 하나로 온 방을 밝힐 수 있었다고 한다. 또한 궁전은 여름 더위를 식히기 위해 커튼에 물방울이 이슬처럼 흐르게 하는 가느다란 관을 설치했다.

□7월 05일 (일) 주요일정 ***자이푸르 관광***
06:00 기상 07:00 조식 체크아웃. 07:00 호텔 출발 14:11 자이푸르성 도착
14:30 호텔 체크인 / 런치 15:50 루피 1인 17:00 자이푸르성 루피 1인
18:30 마사지 체험 19:30 호텔 도착 휴식 20:00 디너

● 라자스탄 Rajasthan

인도 북서부, 파키스탄과의 국경에 접하는 주(州). 원어명 / Rājasthān 위치 / 인도 북서부 경위도 / 동경75°48′ 북위26°54′ 면적(㎢) / 342214 시간대 / UTC+5.5 행정구분 / 33 district 행정관청 소재지 / Jaipur, Yojana Bhawan, Tilak Marg, C-Scheme, 홈페이지 / http://www.rajasthan.gov.in/ 주도 / 자이푸르(Jaipur) 인구(명) / 65,466,000(2008년)

주도(州都)는 자이푸르이다. '라자스탄'이란 '라지푸트인의 나라'라는 뜻이다. 1956년 11월 주의 재편성 때 26개의 현(縣)을 합하여 주가 되었다. 옛날에는 라지푸타나라고 하였으며, 인도에서 가장 인구가 희박한 곳이었다. 주의 중앙에는 북동~남서 방향으로 아라발리 산맥(최고 1,722m)이 뻗어 있다. 이 산맥 동쪽은 바나스평야 · 빈디아 산맥· 데칸고원 등 기복이 있는 반 건조 · 습윤 지역으로 갠지스강 수계의 첨발강 수계(水系)에 속한다. 첨발운하와 저수지 등으로 관개가 잘 되어 쌀 · 목화 · 보리 등의 농업지대를 이루고 있다. 아라발리 산맥 서쪽은 해발고도 400m 이하의 준평원으로 타르사막이 펼쳐져 있다. 스텝 지역은 루니강 수계에 속하며, 관개가 잘 되어 바지라(기장) · 공류를 중심으로 한 경작지가 펼쳐져 있다. 도시도 많으나 사막 지역은 커다란 사구가 발달하여 인구가 희박하다. 유리 · 면방적 · 시멘트 · 제당공업 등외에 지하자원이 풍부하여 납 · 아연 · 점토 · 대리석 · 구리 · 에메랄드 · 석회 · 석재 · 운모 등이 산출된다. 주요 도시로는 자이푸르 · 우다이푸르 · 조드푸르 · 비카네르 · 아지메르 등이 있다. 이 지방은 위치상 여러 민족의 역사적 진입로가 되었고, 처음에는 미나 · 메오 · 빌 등의

〈그림 188〉 라자스탄 [Rajasthan] 주(州)

종족이 있었으나 나중에 라지푸트 족에 의하여 정복되었다. 현재 주민비율은 적으나 라지푸트 족은 매우 호전적인 전사로 알려져 있으며, 여성은 서티(suttee : 과부의 殉死)의 풍습을 지켰다. 힌두교도가 대부분이고 자이나교도 및 소수의 이슬람교도 · 시크교도가 있다.

● 자이푸르 Jaipur

위치 / 라자스탄주(州) 경위도 / 동경75°49′25″ 북위26°55′34″ 시간대 / UTC+5.5
인구(명) / 2,324,319(2006년)

라자스탄의 시작점인 자이푸르는 인도 최초의 계획도시로 도로와 철도 등 교통망이 정비된 상공업 중심지이다. 1727년 자이푸르 번왕국(藩王國) 왕 마하라자 자이싱 2세가 건설하였으며, 자이푸르는 '자이왕의 성'이라는 뜻이다. 담홍색을 띤 건물이 많아 '핑크시티'라고도 한다. 구시가는 성벽으로 둘러싸여 있고, 내부는 정연한 바둑판 모양의 넓은 거리로 구획되어 있는 계획도시이다. 담홍색을 띤 건물이 많아 '핑크 시티'라고도 한다.

〈그림 189〉 자이푸르는 '자이 왕의 성'이라는 뜻이다. 담홍색을 띤 건물이 많아 '핑크시티'라고도 한다.

그 이유는 1876년 영국왕자와 빅토리아 여왕의 인도방문을 환영하기 위해서 자이푸르 도시 전체를 핑크빛으로 칠했다고 한다. 현재는 시티 팰리스와 하와마할을 중심으로 곳곳의 가게까지 핑크빛으로 이루어져 있다. 덕분에 자이푸르는 인도를 대표하는 관광지로 유명해졌다. 자이푸르의 주요 유적은 현재 왕손들이 살고 있으며 화려한 전시품들이 가득한 시티 빨리스와 바람의 궁전이라 불리는 하와마할, 인도에서 가장 큰 천문대 잔다르 마타르 등이 있다. 곡물 · 양털 · 목화 · 석재 · 금속 등의 거래가 행해지며, 모포 · 융단 · 유리 · 도자기 · 금속 · 구두 · 약품 · 스포츠용품 등이 제조된다. 또 보석 · 에나멜 · 금속 · 상아 · 대리석 등의 공예품 세공이 유명하다. 옛 시가 안에는 유적이 많으며, 자이 싱이 만든 천문대, 정원이 있는 유명한 고궁 등이 있다. 라자스탄대학 · 박물관 · 도서관 등이 있다

〈그림 190〉 자이푸르에서 북쪽으로 11km떨어진 마오다(Maotha)호수와 무굴 양식의 정원이 내려다 보이는 구릉지대에 위치 카츠츠와하 왕조의 성 - 암베르궁 쉬시마할 입구

● 암베르 성

암베르 Amber는 인도의 라자스탄(Rajasthan)주에 있는 도시로서 967년에 형성된 것으로 알려져 있으며, 아메르(Amer)라고도 불린다. 도시의 대표 유적인 암베르 요새(Amber Port)는 1590년부터 1614년까지 이 지역을 다스렸던 라자 만 싱(Raja Man Singh)이 1592년에 건축한 것으로, 자이푸르에서 북쪽으로 11km떨어진 높은 산에 둘러싸여 마오다(Maotha)호수와 무굴양식의 정원이 내려다 보이는 언덕에 위치한다. 암베르성은 원래 11세기 초 미나(Meena)왕에 의해 건축되었으며 1592년 라자만싱 왕이 원래 성이 있던 곳에 새로운 성을 세웠고 18C 중엽 스와이자이싱왕에 의해서 자이푸르에 새로운 성을 건설하고 옮기기까지 약 700년 동안 카츠와하(Kachwaha) 왕조의 성이었다. 암베르는 1727년까지 카츠와하왕조의 수도였으나, 이후 남쪽으로 약 9km 떨어진 곳에 있는 자이푸르가 새롭게 수도로 지정되고 왕궁과 왕족 일가가 자이푸르로 옮겨 가면서 쇠락하기 시작하였다. 서인도의 라즈푸트 제국(諸國)은 이슬람의 영향을 많이 받아 기하학적 평면 형태의 정원들을 각지에 만들었으며 궁전건축과 정원을 연관성 있게 계획하였다. 암베르(Amber)성도 훌륭한 건물들과 정원으로 형성되어 있다. 라자 만 싱(Raja Man Singh)왕도 암베르성 안에 중정(中庭)을 중심으로 궁전을 건축하였다.

〈그림 191〉 화려한 디자인의 기둥

〈그림 192〉 궁전내의 중정(中庭)

〈그림 193〉 미로처럼 엮인 복도

성은 붉은 사암과 대리석을 이용해 힌두와 이슬람 양식이 조화를 이루었다. 화려한 색채의 모자이크와 벽화들이 아름답게 내부를 장식하고 창문은 스테인드글라스로 한 거울궁전이 있다. 이 거울궁전은 채광이 좋아 촛불 하나로 온 방을 밝힐 수 있었다고 한다.

〈그림 194〉 성은 붉은 사암과 대리석을 이용해 힌두와 이슬람 양식이 조화를 이루었다.

〈그림 195〉 화려한 색채의 모자이크와 벽화들이 아름답게 내부를 장식하였다.

〈그림 196〉 높은 산에 둘러싸여 마오다(Maotha)호수와 무굴양식의 정원이 내려다 보이는 언덕에 위치한다.

〈그림 197〉 담백한 색채이나 입체감을 준 벽장식으로 화려한 모자이크와 대조를 이룬다.

또한 궁전은 여름 더위를 식히기 위해 커튼에 물방울이 이슬처럼 흐르게 하는 가느다란 관을 설치했다.

〈그림 198〉 마오다 호수와 암베르궁 [Amber Fort]의 암베르성 앞의 호중(湖中) 사분정원(四分庭園) : 암베르 성의 정원에서 매우 특이한 것은 성 앞에 큰 호수 속에 떠 있는 것같이 만들어진 3단으로 구성된 사분정원이다. 이 정원에는 건물이 전혀 없으며 3단으로 구성된 정원에는 각 단마다 사분정원이 아름다운 수법으로 조경이 되어 있다.

암베르성 앞에 있는 가네시야 문을 들어서면 이슬람양식으로 조경이 된 중앙정원 주위에 화려한 궁전건물들이 마주보고 서 있다. 중앙정원의 화단 속에는 기하학적 형태의 석조로 만든 보도가 형성되어 있으며 중앙의 연못 중심부분에는 옥좌(玉座)가 배치되어 있다. 따라서 악바르가 건설한 파테푸르 시크리의 정원을 연상하게 만든다. 암베르성의 정원에서 매우 특이한 것은 성 앞에 큰 호수 속에 떠 있는 것같이 만들어진 3단으로 구성된 사분정원이다. 이 정원에는 건물이 전혀 없으며 3단으로 구성된 정원에는 각 단마다 사분정원이 아름다운 수법으로 조경이 되어 있다.

● 물의 궁전

인도 라자스탄주의 주도(州都) '자이푸르'에 소재하는 여름 궁전으로 힌두어로는 Jalmahal이라 불린다. 자이푸르의 통치자였던 사와이 프라탑 싱 대왕(1764 - 1803)이 만 상가(Man Sangar) 호수에 건설한 '물의 궁전'은 암베르성, 바람의 궁전과 함께 자이푸르 관광의 핵심 코스이다.

〈그림 199〉 암베르 성은 자이푸르에서 북쪽으로 11km떨어진 마오다(Maotha)호수와 무굴양식의 정원이 내려다보이는 구릉 지대에 위치 카츠츠와하 왕조의 성이다.

■ 아그라 Agra 16일차 2015.7.6(월)

〈그림 200〉 타지마할은 인도의 대표적인 이슬람 건축이며 세계에서 가장 아름다운 건축물로 꼽힌다. 인도의 대표적인 이슬람건축이며 세계에서 가장 아름다운 건축물로 꼽히는 타지마할은 우타르프라데시 주(州)의 당시 무굴제국의 수도였던 아그라(Agra) 남쪽, 야무나(Yamuna) 강가에 자리 잡은 궁전 형식의 묘지다. 타지마할이 유명해진 배경에는 묘의 건축에 얽힌 감동적인 이야기가 바탕이 되고 있다. 무굴제국의 황제였던 샤 자한(Shah Jahan, 재위 1592~1666)은 1631년 세상을 떠난 사랑하는 아내 뭄타즈 마할(Mumtaz Mahal)을 추모하기 위해서 모스크를 건립하였다. 생전에 온 마음을 다해 지극히도 사랑했던 아내의 죽음을 애도하며 22년 동안이나 그 무덤을 지었다는 인도 이슬람 예술의 걸작 타지마할은 시공(時空)을 초월한 절대적인 아름다움으로 나타나고, 무굴제국의 독특한 양식은 페르시아와 중앙아시아, 이슬람 건축의 방식과 요소가 융합되어 표현되어 있다.

□7월 06일 (월) 주요일정 ***아그라의 타지마할***
자이푸르 출발 아그라 이동 06:00 기상 07:00 조식 체크아웃. 07:00 호텔 출발 14:11 아그라 도착 14:30 호텔 체크인 / 런치 15:50 타지마할 750루피 1인 전기차 이동 물1병 지급 신발커버 또는 맨발 입장 17:00 아그라성 250루피 1인 18:30 헤나 체험 보나 19:30 호텔 도착 휴식 20:00 디너

● 우타르 프라데시 Uttar Pradesh

인도 북부에 있는 주. 위치 / 인도 북부. 경위도 / 동경80°55′ 북위26°51′. 면적(㎢) / 240928. 시간대 / UTC+5.5. 행정구분 / 70 district. 행정관청 소재지 / Suchna Bhawan, Park Road, Lucknow - 226001. 홈페이지 / http://www.upgov.nic.in/
주도 / 러크나우(Lucknow). 인구(명) / 190,491,000(2008년)

주도(州都)는 러크나우이다. 갠지스 강(江)과 야무나 강(江)의 중류 유역에 있는 광활한 충적층 평야지역에 해당한다. 고대 힌두 문화는 이 지역에서 꽃피었고, 이슬람교도가 진출한 후에는 이슬람 문화가 발전하였다. 인도의 역사를 통틀어 이 지방은 항상 정치·문화의 중심지로서 그 지위를 유지해왔다. 1947년 독립 이전에는 상당수의 이슬람교도들이 있었으나 최근에는 12%정도로 줄었다. 인도 최대의 주이며, 주도 러크나우는 18세기 후반에 오우드왕국의 수도로서 발전한 곳이며, 이슬람 문화의 중심지였다. 주 제1의 인구를 가진 칸푸르는 19세기에 들어서부터 발전한 공업도시로 섬유·피혁·무기 등 각종 공장이 자리 잡고 있으며, 국영의 항공기 제조공장도 있다. 그밖에 인구 50만 명이 넘는 도시로는 힌두교도의 성지인 바라나시와 알라하바드, 유명한 타지마할이 있는 아그라 등이다. 생활수준은 전국평균 이하이며, 70% 이상의 취업자가 농업에 의존하고 있다. 주요농작물은 동부의 쌀, 서부의 밀·보리이며, 사탕수수 생산량은 인도에서 가장 많다. 땅이 기름지고 관개시설도 잘 되어 있어 인도에서 손꼽히는 곡창지대이지만, 5~6년 주기로 엄습해오는 가뭄은 농업발전의 큰 장애요인이다. 문화면에서는 헌법에

〈그림 201〉 우타르 프라데시 Uttar Pradesh 주(州)

국어로 지정된 힌디어가 사용되며, 힌두교의 성지가 많고 동부의 비하르주 인접 지방에는 '사르나트의 녹야원(鹿野苑)'을 비롯하여 불교 유적이 많다.

● 아그라 Agra

인도 북부 우타르 프라데시 주(州) 서부에 있는 도시로서, 인구는 약 89만 9천명(1991)이며, 야무나(Yamuna)[30] 강가 우안(右岸)에 있는 지방행정의 중심지이다. 동쪽에는 갠지스강 유역의 광대한 평야가 전개되고, 북쪽은 야무나강 연안을 따라 델리를 거쳐 펀자브지방의 평야에 연속되어 있다. 아그라(Agra)는 델리로부터 야무나 강(江)을 따라 200㎞ 내려간 하류에 위치하며 세계적으로 유명한 타지마할 묘(墓) 건물을 비롯하여 아그라 성(城) 및 기타의 건축 유구(遺構)가 야무나 강변에 자리 잡고 있어 무굴제국의 번영(繁榮)을 나타내고 있다. 무굴제국이 수도를 델리로 옮길 때까지 1564~1658 약 1세기 동안 수도로서 북부 인도를 지배했다. 영국 동인도회사의 지배를 받을 때도 주변지구의 행정중심지로서 중시되었으며 오늘날도 지방행정부의 청사가 있다. 대리석 세공 · 면직물 · 융단 · 제화 등의 제조업도 활발하다. 두 강 연변의 교통로와 데칸고원에서 북상하는 교통로의 접속점에 있

<그림 202> 야무나 강(江)은 인도 북부에 있는 강으로 갠지스강의 최대 지류이다. 인도 북부 델리주, 하리야나주, 우타르프라데시주 등 3개주에 걸쳐 흐르며, 길이는 약 1,370 km이다.

---

30) 야무나 [Yamuna River]
야무나 강(江)은 인도 북부에 있는 강으로 갠지스강의 최대 지류이다. 인도 북부 델리 주(州), 하리(下痢)야나주, 우타르프라데시 주(州) 에 걸쳐 흐르며 그 길이는 약 1,370 km이다. 야무나강이라는 명칭과 별도로 자무나(Jamuna) 강(江) 또는 줌나(Jumna) 강(江)이라고도 불린다. 히말라야산맥 북쪽의 야무노트리(Yamunotri)에서 발원하여, 델리(Delhi) 주(州) · 하리야나(Haryana) 주(州) · 우타르프라데시(Uttar-Pradesh) 주(州)를 통과한 후 알라하바드(Allahabad)에서 갠지스강으로 흘러들어간다. 아주 오랜 옛날에는 가가르(Ghaggar)강의 지류였다고 한다. 강가를 따라 델리 · 마투라(Mathura) · 아그라(Agra) 등의 도시가 있다. 주요 지류는 톤스(Tons) · 참발(Chambal) · 베트와(Betwa) ·켄(Ken)강이 있다. 태양신 수리아(Surya)의 딸 야미(Yami)여신은 야무나강의 여신이다. 크리슈나(Krishna)신과도 관련이 있는 강이다. 고대 그리스인들에게는 이오마네스(Ioames)강, 로마인들에게는 요마네스(Jomanes)강으로 알려졌다. 야무나 강은 아시아 코끼리의 한계선으로, 하류의 숲은 코끼리의 이동에 적합한 환경을 제공한다. 뉴델리 근처에서 강은 극심하게 오염되었다. 뉴델리의 쓰레기 중 57%가 강에 버려지고, 델리에서만 하루 3,296㎖(million litres)의 하수가 흘러든다고 한다.

어, 도로 ·철도 ·하천 교통의 요지로서 농산물과 일용잡화의 집산이 활발하다. 군사상 · 교육상으로도 우타르프라데시 주의 중심을 이루며, 시내와 근교에는 무굴제국시대 최고 전성기의 건축 ·미술 유적이 많이 남아 있다. 그 중에서도 붉은색 사암으로 성벽을 쌓은 광대한 아그라 성(城)과 이슬람 건축의 대표작인 타지마할로 인해 널리 알려졌다.

● 타지마할 Tāj Mahal

타지마할 [Taj Mahal] 위치 / 우타르프라데시(Uttar Pradesh), 아그라 지구(Agra District). 좌표 / N27 10 27.012, E78 2 31.992 등재연도 / 1983년 세계유산 등재기준 / (i)

인도의 대표적인 이슬람건축이며 세계에서 가장 아름다운 건축물로 꼽히는 타지마할은 무굴제국의 수도였던 아그라(Agra) 남쪽, 야무나(Yamuna)강가에 자리 잡은 궁전 형식의 묘지다. 타지마할이 유명해진 배경에는 묘의 건축에 얽힌 감동적인 이야기가 바탕이 되고 있다. 무굴제국의 황제였던 **샤 자한(Shah Jahan, 재위 1592~1666)**[31]은 1631년 세상을 떠난 사랑하는 아내 뭄타즈 마할(Mumtaz Mahal)을 추모하기 위해서 모스크를 건립하였다. 생전에 온 마음을 다해 지극히도 사랑했던 아내의 죽음을 애도하며 22년 동안이나 그 무덤을 지었다는 인도 이슬람 예술의 걸작 타지마할은 시공(時空)을 초월한 절대적인 아름다움으로 나타나고, 무굴제국의 독특한 양식은 페르시아와 중앙아시아, 이슬람 건축의 방식과 요소가 융합되어 표현되어 있다.

1632년 공사를 시작해 1648년 완공된 기념물은, 건축가 우스타드 아흐메드 라호리(Ustad Ahmad Lahori)가 황제의 명령에 따라 무굴제국은 물론 이탈리아, 이란, 프랑스를 비롯한 외국의 건축가와 관련 분야 전문엔지니어들, 수천여 명의 석공, 대리석 기술자, 모자이크 기술자, 장식업자 등 기능공 2만 명이 동원되어 22년간 팀을 이루어 건설하였다고 한다. 건축 자재는 주로 인도 전역과 중앙아시아에서 들여왔다. 조드푸르(Jodhpur)의 마크라나(Makrana)에서 채굴한 순백색 대리석을 포함한 최고급 대리석과 붉은 사암은 인도 현지에서 조달되었지만, 상감(象嵌)에 쓸 보석을 포함한 궁전 내 외부를 장식한 보석과 준보석들은 바그다드 · 펀자브 · 이집트 · 러시아 · 골콘다 · 중국 · 아프가니스탄 · 실론 · 인도양 · 페르시아 · 터키 · 티베트 · 미얀마 등 세계 각지에서

31) 샤 자한 원어명 Shihāb-u帘-dīn Muhammād Shāh Jahān (1592.1.5 ~ 1666.1.22.)
인도 무굴제국의 제5대 황제(재위 1628~1657). 그의 치세 기간은 무굴제국의 전성기로 문운(文運)이 최고조에 달했으며 영토는 데칸고원 남부에 이르렀다. 아그라의 타지마할묘, 델리 궁전, 이슬람교 본산 등 장려한 건축물들을 남겼다. shāhjahān이라고도 쓴다. 그의 치세 기간은 무굴제국의 전성기로 문운(文運)이 최고조에 달하였다. 그는 1632년 아흐마드나가르 왕국을 멸망시켜 병합하고, 1636 골콘다와 비자푸르를 굴복시켰다. 그의 영토는 데칸고원 남부에 이르는 광대한 것이었으나 궁정의 낭비와 귀족들의 사치로 왕조의 기강은 점차 문란해졌다. 그는 애비(愛妃) 뭄타즈 마할의 죽음을 애도하여 건축한 아그라의 타지 마할묘(廟) 외에도 델리 궁전이나 이슬람교 본산(本山) 등의 장려한 건축물들을 남겼다.

수입하였다. 실로 그 양과 질에서 상상을 하기 힘들 정도의 막대한 자재 조달로 인해 국가 재정에 영향을 줄 정도의 거액이 투자되었다고 한다. 건축물 규모나 외관에 사용된 무거운 재료의 속성 등 자칫 육중함을 넘어서 심각한 중압감으로 짓눌려 보일 수도 있는 이 웅장한 건물은 의외로 공중에 떠 있는 것 같은 느낌 마져 들 뿐만 아니라, 건축물과 주출입구의 수로 및 정원의 크고 작은 조경수(造景樹)까지 전체 배치에 적용된 완벽한 좌우대칭이 빚어내는 균제미가 주는 미학적 감동에 더하여, 이를 실현시킨 당시의 건축 시공 능력 등 모든 것이 그저 단순히 감동적이라고 글로써 표현하는 것은 타지마할의 아름다움을 나타내는 장치로서는 적절하지 못하다는 생각뿐이다. 이 묘당은 야무나강 오른쪽 제방의 약 17ha에 이르는 광대한 무굴제국의 정원에 있다. 붉은 사암으로 된 아치형 정문을 통과하면 넓은 뜰에 수로가 있는 무굴양식의 정원이 펼쳐진다. 길이가 약 300미터에 이르는 일직선의 수로 중앙에는 연꽃 모양의 수조가 있고, 분수가 물을 뿜어내고 있다. 수로에 비친 타지마할의 모습 또한 환상적이어서 세계 곳곳에서 모여든 관광객들과 수많은 사진가들에게 타지마할의 주요 포토 존으로 사랑받으며 이곳에서 많은 시간을 할애하며 보내도록 유혹해 내는 지점이 되곤 한다. 긴 수로의 끝에는 사랑으로 빚어낸 '찬란한 무덤' 으로 일컬어지는 눈부신 순백의 대리석으로 지어진 본 건물이 서 있다. 네 모퉁이에 배치한 첨탑을 비롯해 좌우가 정확한 대칭을 이룬 건물은 육중한 몸체에도 불구하고 공중에 떠 있는 것 같은 착각을 준다.

〈그림 203〉 수로에 비친 타지마할의 모습 또한 환상적이어서 세계 곳곳에서 모여든 관광객들과 수많은 사진가들에게 타지마할의 주요 포토 존으로 사랑받으며 이곳에서 많은 시간을 할애하며 보내도록 유혹해 내는 지점이 되곤 한다.

〈그림 204〉 인도의 대표적 이슬람 건축. 인도 아그라(Agra)의 남쪽, 자무나(Jamuna)강가에 자리잡은 궁전 형식의 묘지로 무굴제국의 황제였던 샤 자한이 왕비 뭄타즈 마할을 추모하여 건축한 것이다. 1983년 유네스코에 의해 세계문화유산으로 지정되었다.

분리된 첨탑 4기가 경계를 이루며 좁은 길이나 수로 때문에 만들어진 십자형의 원근법(open perspectives)을 통해 파총형 돔(bulbous dome)을 얹은 팔각형 구조물이 위압적인 모습으로 서 있다. 놀라울 정도로 시각적인 순수성을 보여주는 완벽한 앙각(아래에서 올려다본 각)은 인공적인 장식의 반짝거림으로 거의 다르게 변형되어 보인다. 건물 내부와 외부의 벽면은 보석과 준보석으로 정교하게 장식되어 있다. 이 장식은 건물의 주요 자재인 흰 대리석에 새겼는데 그 색이 선명하게 나타난다. 아라베스크풍의 꽃 장식과 띠 모양의 장식 그리고 다색의 피에트라 듀라(pietra dura, 대리석에 무늬를 박아 넣는 모자이크 기법)로 외관을 장식한 캘리그래피(calligraphic) 비문으로 반짝반짝 빛난다. 순백의 대리석은 태양의 각도에 따라 하루에도 몇 번씩 빛깔을 달리하며 보는 사람의 넋을 빼놓는다. 1648년 완성된 3개 층의 붉은 사암 건축물인 위풍당당한 다르와자

〈그림 205〉 타지마할. 인도의 대표적인 이슬람 건축이며 세계에서 가장 아름다운 건축물로 꼽히는 타지마할 전경. 우타르프라데시주의 아그라에 소재.

(Darwaza) 정문은 팔각의 둥근 천장지붕으로 조성하였다. 중심부의 방과 양편에는 작은 방들이 있다. 입구에는 중앙 아치가 우뚝 솟아 있고 양 옆은 2개 층의 부속 건물로 이루어졌다. 벽면에는 아랍어로 된 코란 문구를 손 글씨로 검게 써놓았다. 건물 천장의 작은 돔에는 힌두양식이며 왕의 존엄함을 표현하였다. 대문은 원래 은으로 선을 그렸으나 현재는 구리로 대체하였다. 은화로 된 못대가리가 달린 못 1,000개로 장식하여 화려함의 극치를 이루었다.

좁은 길을 지날 때 보이는 정원인 바지차(Bageecha)는 무굴제국의 고전적인 차르바그(char bagh) 양식에 맞추어 설계하였다. 대리석 수로 2개에는 분수가 촘촘하게 있고, 길 중앙에 일직선으로 사이프러스 나무가 늘어서 있다. 정원을 크게 넷으로 분할하여 정원 중앙 부분의 교차지점에 연못을 만들었다. 식물 400여 종을 심은 정원은 화단을 각각 16개씩 만들어 모두 64개이다. 주목할 만한 특징은 정원이 완벽하게 좌우 대칭이라는 점이다. 타지마할이 온전히 반사되도록 설계한 수로는 다채색 물고기와 함께 아름다운 새들이 노는 정원을 꾸미기 위해 만들었다.

정원 북쪽 끝에 있는 타지마할은 2개의 토대 위에 세웠다. 그중 하나는 사암과 그 위쪽으로 흰색과 검은색이 바둑판 형태로 뒤섞인 정사각형 기단과 푸른색의 가는 줄무늬로 덮인 흰색 대리석 테라스로 이루어졌다. 각 모퉁이에는 첨탑 4기가 있다. 묘의 동쪽과 서쪽에는 똑같은 붉은 사암 건물이 있다. 서쪽은 예배를 드리는 장소로, 지역을 신성하게 하는 회교사원(모스크)이 있다. 다른 한쪽에는 마주 보는 부속 건물 자와브(jawab)가 있는데, 메카와 반대 방향에 있기 때문에 기도할 때는 사용하지 않는다. 중심 구조물 또는 기단 위의 묘(廟)인 라우자(rauza)는 비스듬한 모퉁이와 일치하게 만들었다.

각 모퉁이는 작은 돔을 이룬다. 중앙은 놋쇠 장식으로 덮은 이중 돔 형태이다. 중앙의 큰 방은 높은 돔 방식에 팔각형으로 천장을 조성하였다. 이 방에는 완벽한 복제품이 매장된 샤자한과 뭄타즈의 가묘가 있다. 두 묘는 정교하게 상감 세공하였으며 아그라에서 가장 세련된 원석으로 장식하였다. 타지마할의 순백색 대리석은 달빛 아래에서 은색으로 반짝인다. 동틀 무렵에는 옅은 분홍색을 띠며, 해질녘에는 노을이 붉게 물든다. 아들 아우랑제브(Aurangzeb)에게 왕위를 박탈당한 샤자한은 죄수가 되어 야무나강을 가로지

〈그림 206〉 샤자한은 타지마할이 완공된 후 10년 뒤인 1658년 막내아들 아우랑제브(Aurangzeb)의 반란으로 왕위를 박탈당하고 아그라 요새(Agra Fort)의 무삼만 버즈(Musamman Burj) 탑에 갇혀 말년을 보냈다.

〈그림 207〉 다행히도 아그라 요새에서는 약 2km 떨어진 타지마할의 모습을 볼 수 있었고, 1666년 죽은 뒤에는 그토록 사랑하던 부인 옆에 묻혔으니 마냥 불행하기만 한 말년은 아니었던 듯싶다

른 아그라 요새의 팔각 탑에서 사랑하는 아내 뭄타즈의 묘를 바라보며 여생을 보냈다. 왕의 사랑과 쏟은 정성에 보답이라도 하듯 '찬란한 무덤'이라 불리는 타지마할은 아름답기 그지없다. 사랑의 금자탑이라 부르기에 손색이 없는 모습이다.

건물 내부 1층에는 대리석으로 만든 왕과 왕비의 관이 있지만 유골이 없는 빈 관이다. 샤자한과 뭄타즈 마할의 육신은 지하 묘에 안장되어 있다. 샤자한왕은 애초 타지마할과 마주보는 자무나 강 건너편에 검은 대리석으로 자신의 묘를 짓고, 구름다리로 연결하려 했다는 이야기가 전한다. 야무나강 건너편에서 건물의 기단을 조성한 흔적이 발견되기도 했지만 진위 여부는 확실치 않다.
샤자한은 타지마할이 완공된 후 10년 뒤인 1658년 막내아들 아우랑제브(Aurangzeb)의 반란으로 왕위를 박탈당하고 아그라 요새(Agra Fort)의 무삼만 버즈(Musamman

Burj) 탑에 갇혀 말년을 보냈다. 다행히도 아그라 요새에서는 2km 떨어진 타지마할의 모습을 볼 수 있었고, 1666년 죽은 뒤에는 그토록 사랑하던 부인 옆에 묻혔으니 마냥 불행하기만 한 말년은 아니었던 듯싶다

〈그림 208〉 분리된 첨탑 4기가 경계를 이루며 좁은 길이나 수로 때문에 만들어진 십자형의 원근법을 통해 파충형 돔을 얹은 팔각형 구조물의 모습.

〈그림 209〉 놀라울 정도로 시각적인 순수성을 보여주는 완벽한 앙각(아래에서 올려다본 각)은 인공적인 장식의 반짝거림으로 다양한 모습을 연출.

〈그림 210〉 아라베스크풍의 꽃 장식, 띠 모양의 장식, 다색의 피에트라 듀라(pietra dura, 대리석에 무늬를 박아 넣는 모자이크 기법)로 외관을 장식.

〈그림 211〉 1648년 완성된 3개 층의 붉은 사암 건축물인 위풍당당한 다르와자(Darwaza) 정문은 팔각의 둥근 천장지붕으로 조성하였다.

● 아그라 성(城) Agra Fort

국가 인도(India) 지정일 1983년 분류 문화 소재지 Uttar Pradesh(우타르프라데시 주), Agra District(아그라 구) 좌표 N27 11 E78 02

인도 북부 우타르 프라데시 주(州)의 타지마할 북서쪽 야무나 강변에 위치한 무굴제국의 성채로 1565년 무굴제국의 제3대 황제 악바르(Akbar) 대제에 의해 만들어졌다. 아그라성 테라스에서는 강 건너편으로 타지마할을 볼 수 있다. 1983년 유네스코에서 세계문화유산으로 지정하였다.

아그라성은 악바르황제가 1565년부터 시작하여 1573년에 완공하였으며 1세기 후에는 아우랑제브(Aurangzeb) 황제가 성곽 외부에 해자를 만들었다. 야무나강 서측 강변에

위치한 이 거대한 성채는 평면 형태가 불규칙한 반원형으로 되어 있으며 강변에 면한 직선으로 된 성채 부분의 길이는 810m이다. 치석이 잘된 적색사암으로 축조된 이 성채는 높이 21~30m이며 요소마다 반원형 평면의 능보(稜堡)가 돌출되어 있다. 성의 전체

〈그림 212〉 성벽에는 델리 문과 아마르 싱 문(Amar Singh Gate)이 있다. 독창적이고 웅장한 출입구는 하티폴(Hathi Pol) 또는 코끼리 문이라고 하는데, 내부의 관문과 연결된 델리 문을 통해 들어가게 되어 있다. 지금은 아마르 싱 문으로만 들어갈 수 있다. 요새에는 동화처럼 아름다운 궁전이 늘어서 있다.

길이는 2.4㎞이며 매우 정교한 건축계획과 공법으로 건설되어 있으며 전부 적색사암이 사용되어 레드 포트(Red Fort)라 지칭하기도 한다.

붉은 요새(아그라)와 타지마할은 사라진 무굴황제의 문명에 관한 특출하고 상호 보완적인 증거를 간직하고 있다. 아그라의 역사는 2,500년 전으로 거슬러 올라간다. 아그라가 지방 도시보다 더 크게 번영한 뒤 비로소 무굴제국의 통치가 시작된 것으로 본다. 무굴제국 창시자의 아들인 후마윤(Humayun)은 괄리오르(Gwalior) 왕가로부터 당시 가장 유명한 코이누르(Koh-i-Noor)인 보석류와 값비싼 원석을 선물로 받았다.

아그라는 후마윤의 아들인 위대한 황제 악바르(Akbar, 1556~1605) 집권기에 최고 전성기를 누렸다. 그의 체제 아래 아그라 요새의 주요 부분이 건립되었다. 아그라의 붉은 요새는 야무나강 오른쪽 제방에 있다. 요새는 1565년 **황제 악바르 대제**[32]가 건설하였

---

32) 인도에서의 왕에 대한 칭호는 마하라자 mahārāja를 사용하는데 산스크리트 어(語)로는 '대왕(大王)'이라는 뜻이다. 아리아인들이 갠지스 강(江) 유역에 왕국을 세웠을 때 다른 나라들과 싸워 승리한 국왕을 일반적인 왕의 칭호인 라잔(rajan)과 구별하여 마하라자라고 불렀다. 인도를 통일한 아소카왕은 이 칭호를 사용하지 않았으나, 쿠샨왕조 · 굽타왕조나 중세의 번후국(藩侯國)에서는 마하라자라는 왕의 칭호를 일반적으로 사용하였다.

다. 타지마할을 에워싸면서 샤자한 정원의 북서 말단에 자리 잡은 요새는 기념비적인 통일성을 뚜렷하게 보여준다.

해자 위에 솟은 붉은 사암벽과 우아한 곡선, 높은 성채로 방어 체계를 이룬 요새 지역은 2.5㎞의 성벽으로 둘러싸인 무굴제국 통치자들의 제국 도시로 알려졌다. 델리 요새처럼 아그라는 악바르, 자한기르(Jahangir)와 샤자한 통치 아래 무굴제국의 장대함을 드러내는 가장 뚜렷한 상징물로 여겨진다. 성벽에는 델리 문과 아마르 싱 문(Amar Singh Gate)이 있다. 독창적이고 웅장한 출입구는 하티폴(Hathi Pol) 또는 코끼리 문

〈그림 213〉 델리 요새처럼 아그라는 악바르, 자한기르(Jahangir)와 샤자한 통치 아래 무굴 제국의 장대함을 드러내는 가장 뚜렷한 상징물로 여겨진다.

〈그림 214〉 성의 전체 길이는 2.4㎞이며 매우 정교한 건축계획과 공법으로 건설되어 있으며 전부 적색사암이 사용되어 레드 포트(Red Fort)라 지칭하기도 한다.

〈그림 215〉 강변에 면한 직선으로 된 성채 부분의 길이는 810m이다. 치석이 잘된 적색사암으로 축조된 이 성채는 높이 21~30m이다.

〈그림 216〉 치석이 잘된 적색사암으로 축조된 이 성채는 높이 21~30m이며 요소마다 반원형 평면의 능보(稜堡)가 돌출되어 있다.

이라고 하는데, 내부의 관문과 연결된 델리 문을 통해 들어가게 되어 있다. 지금은 아마르 싱 문으로만 들어갈 수 있다. 요새에는 동화처럼 아름다운 궁전이 늘어서 있다.
화려함을 즐기던 샤자한 통치 아래 카스마할, 시시마할(Shish Mahal), 무함만 버즈(Muhammam Burj)의 팔각탑은 물론 1637년 건립된 디와니카스, 1628년 많은 기둥으로 건축한 접견실 디와니암(Diwan-i-Am) 등이 있다. 궁전 밀집 단지에는 흰 대리석으로 만든 아름다운 모스크 두 개, 샤자한이 1646년~1653년에 건축한 모티 마스지드(Moti Masjid, 모스크) 또는 진주 모스크 그리고 아우랑제브 치세(Aurangzeb, 1658~1707)때 지은 나기나 마스지드(Nagina Masjid) 등이 있다. 건물은 아름다운 조

각을 새긴 순백의 대리석으로 세웠는데, 티무르 예술의 영향을 강하게 받아 인도 무슬림 예술의 절정을 보여준다. 황제 샤자한은 죽은 아내를 애도하려고 지은 타지마할이 보이는 아그라 요새에 아들 아우랑제브의 손에 유폐되었다. 샤자한은 대리석 발코니가 아름다운 탑 무삼만 버즈(Musamman Burj)에서 사망한 것으로 전해 진다. 아그라 성

〈그림 217〉 아름다운 조각을 새긴 순백의 대리석 궁전은인도 무슬림 예술의 절정을 보여준다.

〈그림 218〉 샤 자한은 대리석 발코니가 아름다운 탑 무삼만 버즈(Musamman Burj)에서 사망한 것으로 전해진다.

에는 남쪽과 서쪽에 대문이 있으며 서쪽 큰 대문은 델리 게이트(Delhi Gate)라 칭하고 악바르 양식의 특성을 잘 나타내고 있다. 그 전면 아치형 대문 양측에는 돌출되어 있는 8각형 탑이 서 있으며 후면에는 아치형 대문 상부에 아케이드 테라스와 작은 정자(kiosks)들이 서 있다.

성 내부 동남쪽에 있는 자항기르 마할(Jahangir Mahal) 궁전은 악바르 황제가 건축하였으며 힌두궁전 건축양식에서 무굴양식으로 변천되는 과정을 표현하고 있다. 따라서 힌두교와 이슬람교 문화의 융합을 지향한 것이 건축적으로 표현되어 있으며 후에 건설된 파테푸르 시크리(Fatehpwr Sikri)의 건축양식과 연관성을 나타내고 있다. 성 내부에 있는 궁전들은 자항기르 미할 궁전을 제외하면 대부분의 건물들이 샤자한(Shah Jahan) 시대에 건설되었다. 백대리석으로 건설된 모티 마스지드(Moti Masjid, 진주 모스크)는 그 청초하며 주옥 및 진주와 같은 건축미를 갖고 있어 무굴건축양식의 특성을 잘 나타내고 있다. 공적 배알전과 사적 배알전은 장방형 평면의 열주홀로 만들어져 있다. 야무나 강에 면해 있는 하스 마할(Khas Mahal, 침전(寢殿))은 샤자한 황제가 거주한 곳이며 중정에는 사분정원(四分庭園)을 만들어서 화단, 수로, 분수들을 설치하였다. 하스 마할[침전]의 남쪽 자항기르 마할 궁전과의 사이에는 골든 **파빌리온**[33])이 서 있다. 이 건물은 지붕의 네 모서리 부분이 처져 있으며 이와 같은 건축양식은 벵골 지방의 민가 전

---

33) 파빌리온 [pavilion , pavillon]
1. 정자(亭子) 또는 그에 속하는 경미한 정원건축(庭園建築), 다정(茶亭), 휴게소.
2. 대규모 건조물의 분절부를 말함. 길고 큰 건물의 중앙부 또는 양쪽 끝과 한쪽 구석부분에 약간 높게 블록을 만들어 지붕, 돔 등을 붙여 강조한 것.
3. 만국박람회 등 회장에 세운 진열관의 의미도 있다. (미술대사전(용어편), 1998, 한국사전연구사)

통 건축형식을 궁전건축에 채택한 것으로 매우 특이하다. 성벽과 성문이 붉은 사암으로 만들어져 '붉은 성'이라고도 불리는 아그라성은 밖에서 보면 천상 견고하고 딱딱한 요새다. 성을 빙 둘러 해자가 있고 높이가 20m, 길이가 2.5km나 되는 성벽이 이중으로 성을 감싸고 있으며 현재까지도 군사시설로 사용되고 있다. 하지만 견고한 성벽 안에 감춰진 내부는 사뭇 다른 분위기다. 크고 작은 궁전과 모스크, 정원의 테라스와 분수

〈그림 219〉 성벽과 성문이 붉은 사암으로 만들어져 '붉은 성'이라고도 불리는 아그라성은 밖에서 보면 천상 견고하고 딱딱한 요새다.

대는 야무나 강 건너편의 타지마할이 그렇듯 동화적인 아름다움과 화려함의 극치를 보여준다. 타지마할의 북서쪽 자무나 강변에 위치한 아그라성은 1565년 무굴제국의 제3대 황제 악바르(Akbar) 대제에 의해 만들어졌으며, 후대의 왕들에 의해 지속적으로 증축되었다. 특히 건축에 남다른 애정과 재능을 보였던 샤자한(Shah Jahan) 시대에 궁성으로 개조되면서 화려한 건축물들이 대거 추가되고, 샤자한의 아들 아우랑제브(Aurangzeb)가 외부 성채를 건설하고 이중으로 된 성벽 사이에 물길을 설치했다.

내부의 자한기르(Jahangir) 궁전은 악바르대제가 힘겹게 얻은 아들 자한기르를 위해 지은 것이다. 아그라 성벽과 같은 붉은 사암으로 건설되었으며, 정교하고 화려한 조각이 일품이다. 한편 흰 대리석으로 지은 카스(Khas) 궁전은 단아한 느낌을 준다. 샤자한 황제가 만든 디완이암(Diwan-i-Am)과 디완이카스(Diwani Khas)도 놓치지 말아야 할 볼

거리다. 디완이암은 1631년~1940년에 건설한 강연장으로 붉은 사암으로 만든 뒤 백색 치장벽토로 장식을 했으며 내외부가 무척 호화롭다. 디완이카스는 귀빈들을 맞는 왕의 접견실로 1635년에 건설되었으며, 자한기르왕이 만든 검은색 왕좌가 놓여 있다.

〈그림 220〉 힌두사원은 자한기르(Jahangir)의 힌두교도인 첫 왕비를 위해 지은 것이다. 아그라 성벽과 같은 붉은 사암으로 건설되었으며, 정교하고 화려한 조각이 일품이다.

가슴 시린 사연이 있으면 같은 건물이라도 다시 보게 마련이다. '포로의 탑'이라는 뜻의 무삼만 버즈(Musamman Burj)는 8각형의 커다란 탑으로 샤자한이 말년에 아들 아우랑제브에 의해 유폐되어 살았던 곳으로 유명하다. 이곳의 테라스에 서면 샤자한이 아내 뭄타즈 마할(Mumtax Mahal)을 애도하며 만들었다는 '지상에서 가장 아름다운 무덤' 타지마할이 아련히 보인다. 샤자한은 날씨가 맑은 날이면 이곳에서 타지마힐을 보며 죽은 아내를 그리워했다고 한다. 아그라성 안에는 여러 개의 아름다운 모스크가 있다. 가장 유명한 것은 역시나 샤 자한이 만든 모티 마스지드(Moti Masjid)다. 대리석으로 만든 사원으로 '진주 모 스크'라고도 불리는데 완벽한 조형미를 자랑하고 있다. 이외에도 궁녀들을 위한 사원인 나기나 모스지드(Nagina Masjid), 황제의 개인 예배실로 규모가 작은 미나 모스지드(Mina Masjid) 등이 있다. 아그라 요새는 타지마할과 더불어 아그라 관광의 필수 코스로 꼽힌다. 1566년 무굴제국의 제3대 황제인 악비르 데제기 건고한 요새로 축조한 것으로, 훗날 샤자한에 의해 아름다운 궁전으로 재탄생했다. 무굴제국이 델리로 천도하기 전까지 악바르 대제와 자항기르, 샤자한이 차례로 이곳에 거주했다. 무굴제국 통치자들의 권력을 상징하는 이 건축물은 입구부터 시선을 압도하는 붉은색 성벽이 인상적이다. 건축 당시 머리카락 한 올도 들어가지 않을 정도로 견고하게 쌓아 올렸다고 한다. 붉은 사암으로 지은 성벽의 길이는 2.5km에 달한다. 아그라 요새에 올라 조망하는 타지마할의 전경도 장관이다. 야무나강 건너편에 서 있는

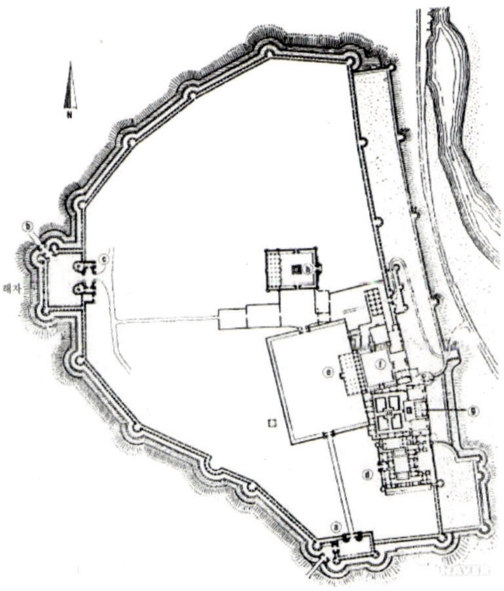

〈그림 221〉 아그라 성 평면도(a) 아마르 신그 문, (b) 델리 문, (c) 하티 포르, (d) 자항기르 마할, (e) 공적 배알전, (f) 사적 배알전, (g) 하스 마할, (h) 모티 마스지드 아그라성 (인도의 건축, 2002, 서울대학교출판부)

타지마할은 마치 수면에 떠 있는 듯 신비로운 분위기를 자아낸다. 관람객들은 성의 남문에 해당하는 아마르 싱 게이트(Amar Shing Gate)로 입장한다. 성 안은 여러 채의 건물과 정원수 등으로 화려하게 꾸며져 있다. 이슬람과 힌두, 중앙아시아의 건축양식이 혼합된 독특한 궁전들이 볼만하다. 성 안에서 가장 큰 건물인 자항기르 궁전(Jahagir's Mahal)은 악바르 대제의 아들인 자항기르와 궁중 여인들이 머물던 곳으로 추정된다. 사암과 대리석, 힌두와 아프가니스탄 양식이 혼합된 외관이 눈에 띈다. 궁전 곳곳에서 권력자의 아들이 누렸던 영화를 짐작할 수 있는데, 거대한 규모와 미로 같은 통로들로 이루어진 구조가 관람객들의 감탄을 자아낸다. 또한 성의 위쪽을 둘러싸고 배치된 회랑 사이마다 섬세한 문양으로 조각된 문들이 아름답다. 아그라 요새 관람의 하이라이트는 무삼만 버즈(Musamman Burj)다. 무삼만 버즈는 '포로의 탑'이라는 뜻이다. 전설에 따르면 타지마할을 짓기 위해 국가 재정을 바닥낸 샤자한이 말년에 아들 아우랑제브에 의해 이곳에 유폐되었다고 한다. 샤자한은 8년 동안 감금 생활을 하며 그토록 사랑하던 아내의 무덤인 타지마할을 바라보다가 쓸쓸하게 숨을 거두었다. 그리고 그의 시신은 관에 안치되어 강을 통해 타지마할까지 운구된 뒤 뭄타즈 마할 옆에 안치되었다. 날씨가 맑은 날에는 이곳에서 야무나 강 건너편에 서 있는 타지마할의 아름다운 풍경을 감상할 수 있다.

〈그림 222〉 성의 위쪽을 둘러싸고 배치된 회랑 사이마다 섬세한 문양으로 조각된 문들이 아름답다

〈그림 223〉 백 대리석으로 건설된 모티 마스지드(Moti Masjid, 진주 모스크)는 그 청초하며 주옥 및 진주와 같은 건축미를 갖고 있어 무굴건축양식의 특성을 잘 나타내고 있다

● 헤나 [henna]

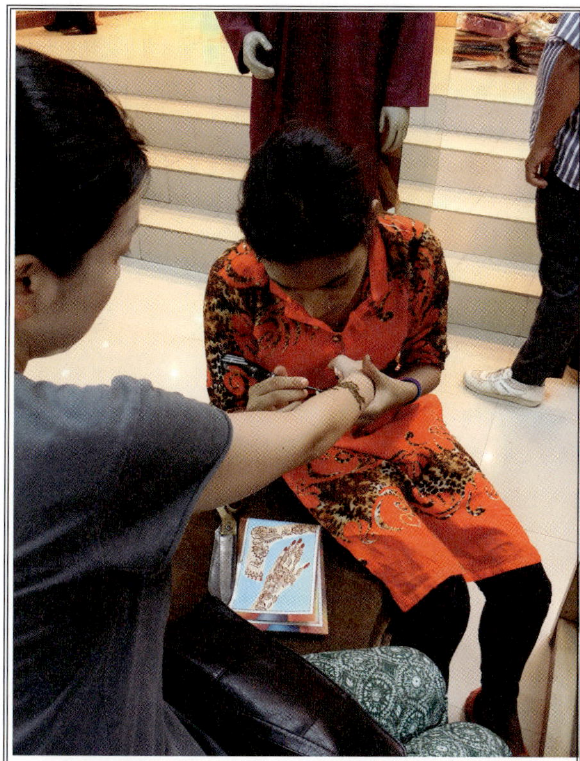

〈그림 224〉 헤나 체험 - 밑그림 잡기

〈그림 225〉 헤나 체험 - 윤곽선 그리기

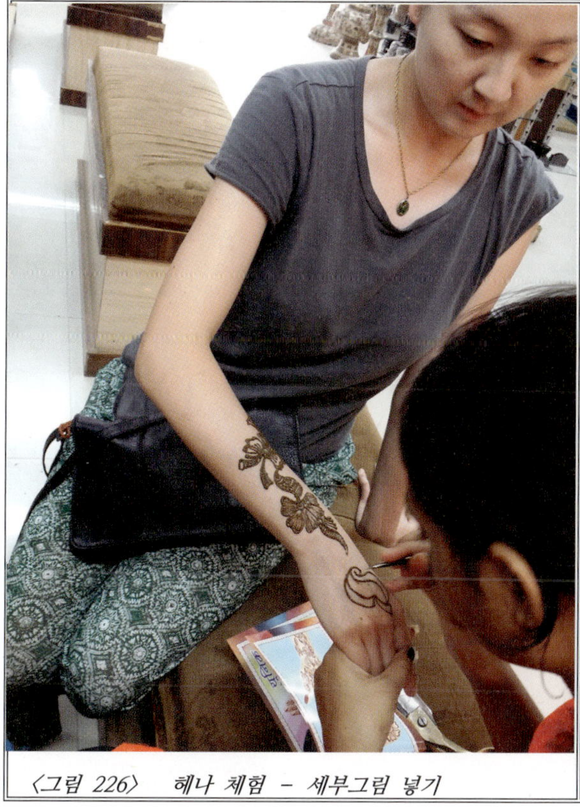

〈그림 226〉 헤나 체험 - 세부그림 넣기

〈그림 227〉 헤나 체험 - 완성된 모습

헤나는 식물성 염료로서 빨간색의 밝은 색조를 내는 열대성 관목인 로소니아 이너미스(Lawsonia inermis L.)의 잎을 따서 말린 다음 가루로 만든 염색제이다. 보통 초록빛이 도는 갈색 가루이며, 물과 섞어 진흙처럼 개어서 사용한다. 레몬주스나 에센셜 오일(essential oil) 등을 섞어 잎에서 염료를 추출하기도 한다. 헤나 나무는 이집트가 원산지이며, 파키스탄 · 인도 · 네팔 등에서 자란다. 나무의 냄새가 좋은 흰 꽃은 불교도가 불공드리는 꽃으로서 잘 사용해 카이로에서는 장미와 비슷한 향기를 맡기 위해 팔리고 있다. 기온이 높고 건조한 지역에서 자라며, 크기는 2~3m이다.
파키스탄, 인도, 인도네시아, 아프리카, 중근동 지역을 중심으로 오래 전부터 잎은 모발 염색이나 콧수염, 손이나 발을 물들이는 풍습에 이용되었던 염료로 사용하였고, 꽃은 향수의 원료로 이용하였다. 또 살균 효과가 있어 피부병 등에 약재로도 쓰인다.
모발의 염색 작용은 잎에 함유된 로소니아 성분 때문이며, 붉은색이 도는 갈색으로 염색된다. 또 머리카락에 윤기를 더하는 효과도 있다. 문신을 할 경우에는 피부에 어두운 갈색으로 물들게 되며, 일주일 정도 지나면 흔적이 사라진다. 인도에서는 멘디(mehndi)라고 하여 여성들의 손이나 발에 헤나로 문신을 한다. 종교적인 의식이나 제사에도 이용되기도 하는데, 서유럽에서는 1990년대 후반부터 헤나가 패션으로 자리잡았으며, 최근 우리나라에서도 젊은 층을 중심으로 유행하고 있다.

■ 카주라호 Khajuraho 17일차 2015.7.7(화)

〈그림 228〉 델리에서 약 400km 떨어진 곳에 있다. 현재 20개 이상의 힌두교 및 자이나교의 사원이 있는 순례지로 유명한 관광지이다. 10~11세기 찬델라 왕조시대에는 이 지방의 주도였으며, 파라슈바나트 사원(자이나교), 차툴부자 사원(힌두교) 등을 비롯하여 약 30개의 사원이 건립되었다. 처마 끝을 여러 층으로 높이 쌓아올린 지붕이 특징이며, 붉은 사암(砂岩)으로 된 벽면에는 중세 인도의 부조를 대표하는 많은 상(像), 병사·여인상, 관능의 극치를 표현한 조상(彫像) 등이 새겨 있다

□7월 07일 (화) 주요일정 ***카주라호 이동***
아그라 잔시 이동 06:00 기상 07:00 조식 체크아웃. 07:00 호텔 출발 08:11 아그라역 탑승 10:50 잔시역 (기사 변경16인승) 11:00 오르차 관광 12:00 런치 12:50 카주라호 이동 4시간 예상 14:30 카주라호 이동(몬순) 16:50 18:00 호텔 도착 휴식 19:30 디너 소주파티

● 마디아 프라데시 Madhya Pradesh 주(州)

인도의 중앙부에 있는 주. 원어명 / Madhya Pradesh 위치 / 인도의 중앙부에 있는 주. 경위도 / 동경77°13′ 북위23°10′ 면적(㎢) / 308245 시간대 / UTC+5.5 행정구분 / 50 district 홈페이지 / www.mp.gov.in 주도 / 보팔(Bhopal) 인구(명) / 68,046,000(2007년)

주도(州都)는 보팔이다. 빈디아산맥이 동서로 가로놓여 있으며 북부 인도와 남부 인도의 경계지역에 해당한다. 갠지스 강(江) 평원과 나르마다 하곡(河谷)을 포함하며, 서부는 일찍부터 교통로가 발달하여 상업 · 군사의 요지가 되었다. 18세기에 마라타 제후가(諸侯家)의 영지였으나 18 18년경에는 대부분 영국의 번왕국(藩王國)이 되었다. 독립 후 1956년 주 재편성을 거쳐 힌디어 사용 지역으로서 주의 경계가 정해졌다. 여러 부족이 어울려 살지만, 대부분은 힌디어를 사용하며 힌두교도이다. 주산업은 농업으로 쌀·수수·밀·콩류·피마자(아주까리)·목화 등인데, 쌀 생산하는 관개면적은 경지의 약 10%에 불과하다.

〈그림 229〉 주도(州都)는 보팔이다. 빈디아 산맥이 동서로 가로놓여 있으며 북부 인도와 남부 인도의 경계지역에 해당한다. 갠지스 강(江) 평원과 나르마다 하곡(河谷)을 포함하며, 서부는 일찍부터 교통로가 발달하여 상업·군사의 요지가 되었다.

제2차 세계대전 후 참발강 유역에 중점적으로 관개사업을 추진하여 관개면적도 증가하였다. 삼림은 주 면적의 40%를 차지하며, 특히 고급 가구 재료인 티크를 생산한다. 지하자원도 매우 풍부하여 석탄·철광·망간·보크사이트 등의 광물을 많이 채굴한다. 각지에 방적 · 제재 · 제지 · 제당 · 양탄자 · 시멘트 등의 공업이 성하고, 빌라이 제철소가 있다. 보팔은 중전기(重電氣) 공업이 발달하였다. 주요 도시는 보팔을 비롯하여 괄리오르

· 인도르 · 자발푸르 · 우자인 등이 있다.

〈그림 230〉 옛 이름은 카르주라바하카(Kharjjūravāhaka). 인도 중부 마디야프라데슈 주(州) 북단(쟌시 동남동 약 175km)에 있는 유적으로 한때는 80기 남짓의 사원이 융성했을 것이라고 상상되나, 지금은 완전히 보존된 곳을 포함하여 대소 약 20개소의 사원이 남아 있을 뿐이다. 오리사의 여러 사원과 함께 북형(北型) 건축의 전형이다.

● 카주라호 기념물군 Khajuraho Group of Monuments

인도 마디아프라데시 주(州) 북부 인구(명) 27,672(2006년) 델리에서 약 400km 떨어진 곳에 있다. 현재 20개 이상의 힌두교 및 자이나교의 사원이 있는 순례지로 유명한 관광지이다. 10~11세기 **찬델라 왕조시대**[34]에는 이 지방의 주도였으며, 파라슈바나트

34) 찬델라왕조 미술 [Chandella Dynasty Art] 라지푸트족의 일파인 찬델라Chandella 왕조는 약 800년부터 1315년까지 인도 중부인 분델칸드Bundelkhand 지역(현 마디아프라데시주)을 다스렸다. 도읍이었던 카주라호Kahjurāho와 요새 지역인 칼랑자라Kālanjara, 마호바Mahobā, 아자이가르Ajaygarh가 특히 중요하다. 이 시대에는 약 70여 개의 힌두 사원이 건립되었으나 현재는 약 20여 개 정도만 남아 있다. 특히 카주라호는 오리사 지역과 마찬가지로 북방 형식의 힌두 사원이 많이 건립된 곳이다. 비슈누신을 모신 락슈마나Laksmana 사원은 야쇼바르만왕Yaśovarman의 통치기인 954년에 완성되었는데 기단 위에 놓인 중앙의 사당을 중심으로 네 모서리에 작은 사당이 있는 구조이다.
기단의 외벽에는 노골적인 성애 장면을 부조로 새긴 미투나상이 장식되어 있다. 비드야다라왕Vidyādhara 시대인 1017~1029년에 세워진 〈칸다리야 마하데바Khandariya Mahādeva 사원〉은 카주라호의 사원 중에서 가장 규모가 크다. 30m 정도 높이의 시카라 주변에는 같은 모양의 작은 시카라들을 여러 개 배치하여 복잡해 보인다. 이 사원의 외벽에도 600개 이상의 부조상이 환조에 가깝게 조각되어 있는데 미투나상이 대부분을 차지한다. 이외에도 카주라호에는 〈데비 자가담바DevI Jagadambā 사원〉 〈비슈바나타 Vishvanatha 사원〉 등이 있다. (세계미술용어사전, 1999. 월간미술)

사원(자이나교), 차툴부자 사원(힌두교) 등을 비롯하여 약 30개의 사원이 건립되었다. 처마 끝을 여러 층으로 높이 쌓아올린 지붕이 특징이며, 붉은 사암(砂岩)으로 된 벽면에는 중세 인도의 부조를 대표하는 많은 상(像), 병사 · 여인상, 관능의 극치를 표현한 조상(彫像) 등이 새겨 있다.

옛 이름은 카르주라바하카(Kharjjūravāhaka). 인도 중부 마디야프라데슈 주(州) 북단(잔시 동남동 약 175km)에 있는 유적. 한때는 80기 남짓의 사원이 융성했을 것이라고 상상되나, 지금은 완전히 보존된 곳을 포함하여 대소 약 20개소의 사원이 남아 있을 뿐이다. 오리사의 여러 사원과 함께 북형(北型) 건축의 전형이다. 스리야를 본존으로 모시는 치트라그프타사찰, 자이나교의 파르슈바나타, 아디나타, 간타이 등 여러 사찰 외에는 모두 시바 사원 또는 비쉬누 사원이다. 서군(西群)에 있어서는 차우사트 요기니 사원이(9세기 말) 가장 오래 되었으며, 화강암을 사용하여 형식도 다른 사원과 전혀 다르다. 기타 대부분의 사원은 황색 사암(砂岩)을 사용하였다, 서군의 라크슈마나, 비슈바나타, 치트라그프타, 데비 쟈가담비, 칸다리야 마하데바(가장 웅대함), 동군의 앞서 상술한 자이나 교 사원, 남군(南群)의 두라데오(최신[最新]), 차투르브자 등의 제 사찰은 10세기 후반~12세기 전반에 건립된 것으로서 규모도 크며 형식도 잘 갖추어졌다. 모두 둘레를 벽으로 둘러싸지 않고 높은 기단 위에 동쪽으로 면해 서있다. 가장 완비된 사원이며 쌍십자형 플랜, **만다파(전전[前殿])**[35]가 현관, 다음 방과 넓은 방으로 나뉘어졌고 비마나(본전)는 사당 전실과 요도(繞道)에 둘러싸인 사당으로 이루어진다. 외관상, 뒤쪽으로 갈수록 급속히 밀어올린 4개의 시카라 지붕이 이어져 넓은 방과 본전과의 양쪽측면 동부(胴部)에 발코니를 갖추고 있다. 시카라는 다수의 작은 첨탑(尖塔)을 쌓아올려 높은

〈그림 231〉 아프사라스. 천녀, 비천(飛天). 강, 구름, 번개, 별, 수목 등에 사는 물의 요정(女)의 총칭이며 서양의 님프에 해당하며, 가무 유희에 능하다

---

35) 만다파[Mandapa] 인도의 사원건축으로, 열주가 있는 필로티로 되어 있거나 벽으로 둘러싸인 홀을 말함. 비마나(본전)의 전방에 붙어 있거나 또는 독립해 세워진 전전(前殿, 배전[拜殿]). 동인도의 벵갈이나 오리사 지방에서는 자가모하나(jagamohana)라고도 한다. 카주라호가 발달한 형식의 사원에서는 아르다 만다파(ardha-maṇdapa, 현관), 만다파(협실[夾室]), 마하 만다파 (mahá-maṇdapa, 홀)로 나뉘어진다. 남인도의 타미르 지방에서는 만다캄(maṇ-dakam)이라고도 하며, 홀을 갖는 석굴의 총칭이기도 하다. 석굴에서 전후 2실로 나눠지는 경우는 각각 무카 만다파(mukha-maṇ~apa), 아르다 만다파라고 한다. 남인도의 후기 힌두교 사원에서는 복잡한 조각을 가진 기둥의 수를 겨루어, '백주(百柱)의 방' '천주(千柱)의 방'이라 불리는 것도 출현했다. (미술대사전(용어편), 1998. 한국사전연구사)

탑을 밀어 올린 듯하게 보인다. 복잡한 건축을 더욱 번잡스럽게 한 것은 광실(廣室)이지만, 본전(本殿) 안팎을 메운 엄청난 조각상으로 불교, 자이나교, 힌두교 등 모든 미술에 등장하는 **아프사라스**[36],를 비롯, 역시 같은 천녀인 스라슨다리(천녀[天女]), 나이카(정념을 품은 여인), **미투나(포옹한 남녀)**[37]가 특히 주목된다. 살집이 단순하고 사지(四肢)는 날씬하며 경쾌하고 변화가 풍부한 형태로 밝은 관능(官能)적인 자태를 표현하고 있다.

〈그림 232〉 미투나 상은 인도미술의 각 시대에 걸쳐서 다수의 조형 예를 보이며, 종교미술의 관능적인 일면을 대표하고 있다.

〈그림 233〉 고대 초기의 불교조각에서는 단순히 남녀가 병립하고 있는데 지나지 않는데, 굽타 왕조 시대에는 키스하거나 몸을 접촉시킨 것이 있다

〈그림 234〉 엘로라, 카주라호, 브바네슈와르, 크나라크 등의 힌두교 조각에서는 성적 결합의 다양한 제위를 나타낸 것도 많다.

〈그림 235〉 남신은 본질을, 신비(神妃)는 현상을 나타내고, 남신과 신비와의 결합은 본질과 현상과의 합일을 나타냈다.

---

36) 아프사라스[Apsaras] 배우자는 간다르바이다. 천녀, 비천(飛天). 강, 구름, 번개, 별, 수목 등에 사는 물의 요정(女)의 총칭이며 서양의 님프에 해당하며, 가무 유희에 능하다. 간다르바의 애인 배우자이며 두 사람은 불교, 자이나교, 힌두교 등 모든 미술에 등장. 공중을 날면서 꽃다발을 들거나 악기를 연주하거나 합장하거나 하며 주존을 찬미하는 모습으로 표현된다. (미술대사전(인명편), 1998. 한국사전연구사)

37) 미투나 [mithuna] 산스크리트어로 한쌍의 남녀를 칭하며, 나아가서 그 성적 결합을 의미한다. 미투나 상은 인도미술의 각 시대에 걸쳐서 다수의 조형 예를 보이며, 종교미술의 관능적인 일면을 대표하고 있다. 보드가야나 산치 등의 고대 초기의 불교조각에서는 단순히 남녀가 병립하고 있는데 지나지 않는데, 굽타 왕조 시대에는 키스하거나 몸을 접촉시킨 것이 있으며, 엘로라, 카주라호, 브바네슈와르, 크나라크 등의 힌두교 조각에서는 성적 결합의 다양한 체위를 나타낸 것도 많다. 힌두교에서는 성적인 에너지도 신성한 것으로 보고, 그것을 한쌍의 남녀로 상징했다. 또한 남신은 본질을, 신비(神妃)는 현상을 나타내고, 남신과 신비와의 결합은 본질과 현상과의 합일을 나타냈다. 또한 신과 인간과의 포옹은 종교적 환희의 상징으로 생각할 수도 있다. (종교학대사전, 1998. 8. 20, 한국사전연구사)

<그림 236> 힌두교에서는 성적인 에너지도 신성한 것으로 보고, 그것을 한쌍의 남녀로 상징했다.

<그림 237> 또한 신과 인간과의 포옹은 종교적 환희의 상징으로 생각할 수도 있다

■ 바라나시(1) Varanasi 18일차 2015.7.8(수)

〈그림 238〉 카주라호 칸다랴 마하데바 사원의 조각

□ 7월 08일 (수) 주요일정 ***카주라호 관광 및 갠지스 강 제례 참석***

바라나시 항공 이동일 07:00 기상 08:00 조식 몬순 09:00 카주라호 사원군 관광은 개인적으로는 인도 여행의 백미. 입장료 1000루피, Tbi-korea 염정혜 소장 전화통화 12:00 런치 12:50 Clarks hotel 체크아웃. 12:45 호텔 출발 공항 이동 2km 13:00 공항 도착 비행기 시간변경 초고추장 드롭 14:10 이륙 15:30 바라나시 에어포트 착륙 6번째 국내선 이동 15:30 가이드 조인 12인승 호텔이동 (몬순) 시원함 16:30 바라나시 관광 소형 차 로 바꿈 갠지스 강 제례 참석

● 우타르 프라데시 Uttar Pradesh 주(州)

인도 북부에 있는 주. 위치 / 경위도 동경80°55′ 북위26°51′ 면적(㎢) / 240928 시간대 / UTC+5.5 행정구분 / 70 district 행정관청 소재지 / Suchna Bhawan, Park Road, Lucknow - 226001 홈페이지 / http://www.upgov.nic.in/ 주도 / 러크나우(Lucknow) 인구(명) /190,491,000(2008년) .

주도(州都)는 러크나우이다. 갠지스 강(江)과 자무나 강의 중류 유역에 있는 광활한 충적층 평야지역에 해당한다. 고대 힌두 문화는 이 지역에서 꽃피었고, 이슬람교도가 진출

〈그림 239〉 우타르 프라데시 주(州)

한 후에는 이슬람 문화가 발전하였다. 인도의 역사를 통틀어 이 지방은 항상 정치·문화의 중심지로서 그 지위를 유지해왔다. 1947년 독립 이전에는 상당수의 이슬람교도들이 있었으나 최근에는 12% 정도로 줄었다. 인도 최대의 주이며, 주도 러크나우는 18세기 후반에 오우드 왕국의 수도로서 발전한 곳이며, 이슬람 문화의 중심지였다. 주 제1의 인구를 가진 칸푸르는 19세기에 들어서부터 발전한 공업도시로 섬유 · 피혁 · 무기 등 각종 공장이 자리 잡고 있으며, 국영의 항공기 제조공장도 있다. 그 밖에 인구 50만 명이 넘는 도시로는 힌두교도의 성지인 바라나시와 알라하바드, 유명한 타지마할이 있는 아그라 등이다. 생활수준은 전국 평균 이하이며, 70% 이상의 취업자가 농업에

의존하고 있다. 주요농작물은 동부의 쌀, 서부의 밀·보리이고 사탕수수 생산량은 인도에서 가장 많다. 땅이 기름지고 관개시설도 잘 되어 있어 인도에서 손꼽히는 곡창지대이지만, 5~6년 주기로 엄습해오는 가뭄은 농업발전의 큰 장애 요인이다. 문화면에서는 헌법에 국어로 지정된 힌디어가 사용되며, 힌두교의 성지가 많고 동부의 비하르 주(州) 인접 지방에는 '사르나트의 녹야원(鹿野苑)'을 비롯하여 불교 유적이 많다.

● 바라나시 Varanasi

힌두교의 성지인 바라나시《 彼羅捺斯 : Vārāṇāsī (산스크리트어)》는 지금의 베나레스(Benares)시(市)로서 인도 북방 알라하바드(Allahabad)강 하류 130km, **갠지스 강** [38] 좌안(左岸)에 위치해 있다. 이 도시는 바라나(Vārāṇā)강과 아시(Asi)강 사이에 자리하고 있기 때문에 두 강 이름을 합쳐 도시 이름이 생겨났다. 이곳은 고대 인도 16대 강국의 하나인 카시(Kāśī)의 수도로서 카시 《 카시나가라(Kāśinagara)》 성(城)이라고도 한다. 그래서 사적(史籍)에는 바라나시와 카시가 혼용되기도 하고, 심지어 합성어 '카시바라나시'(Kāśī-Bārāṇāsī)가 사용되기도 한다. 바라나시는 인도에서 가장 오래된 도시 중 하나이며 힌두교 뿐 아니라 불교와 자이나교에서도 중요한 성지로 손꼽는다. 이곳에는 연간 100만 이상의 순례자가 찾아드는 힌두교 성지인 갠지스 강과 부처가 처음으로 설법을 한 불교 성지인 사르나트 등이 있다.

8세기 초 바라나시를 방문한 혜초는 그의 여행기『왕오천축국전』에 다음과 같은 기록을 남겼다. "이 나라는 황폐화하여 왕도 없다. 구륜(九輪)을 비롯하여 다섯 제자 비구의 소상(塑像)이 안치된 탑을 보았다. 사자상(獅子像)이 있는 석주(石柱)가 있는데, 크기가 다

---

38) 갠지스 강 [Ganges R.] 인도 북부를 동서로 가로질러 벵골 만(灣)으로 흘러드는 강이다. 힌두교도들은 갠지스강을 성스러운 강으로 여겨 이곳에서 목욕을 하면 면죄를 할 수 있다고 믿는다. 산스크리트나 힌디어로는 강가라고 한다. 길이 2,460km, 유역면적 약 173만 ㎢이며, 힌두교도들은 '성스러운 강'으로 숭앙하고 있다. 중부 히말라야산맥에서 발원하여 남쪽으로 흘러 델리 북쪽에 있는 하르드와르 부근에서 힌두스탄평야로 흘러들어간다. 본류는 남동으로 흘러 칸푸르·알라하바드·바라나시(베나레스)를 시나는데, 알라하바드에서 야무나 강(江), 파트나에서 고그라 강(江)·간다크 강(江) 등의 큰 지류와 합류한다. 강은 다시 바갈푸르를 지나 남쪽으로 꺾여 벵골평야를 관류하고, 동쪽에서 흘러드는 브라마푸트라 상(江)과 합류하면서 여러 갈래의 분류로 나뉘어 벵골 만으로 흘러든다. 갠지스 강 유역에 펼쳐진 광대한 힌두스탄의 충적평야는 인도 북부의 곡창지대를 이루는 동시에, 인도 역사의 중요한 무대이며 힌두 문화의 중심지를 이루었다. 갠지스 강의 상류와 중류 유역에 분포하는 인구만 9,000만에 이르며, 전유역의 70%가 농경지인데다가 기후관계로 거의 이기작(二期作)이 이루어지고 있다. 갠지스 강에 의하여 퇴적된 충적토의 두께는 수백m에 이르므로, 유역에서는 거의 돌을 찾아볼 수가 없다. 따라서 이 지역에서는 돌 대신 점토를 구워서 만든 벽돌이 건축재로 이용된다. 또, 갠지스 강 중류부터는 경사가 완만하여, 바라나시에서 캘커타까지는 1km에 대하여 6~8cm, 캘커타에서 하구(河口)까지는 3cm 정도의 경사를 보인다. 그러나 갠지스 강은 홍수가 날 경우에는 방대한 양의 토사를 운반하므로, 강 유역에는 이따금 넓은 자연제방이 형성된다. 이 자연제방의 퇴적이 지나치게 커지면 강물이 막혀서 새로운 하도(河道)가 이루어지고, 때로는 구하도를 따라 호소(湖沼)가 형성되기도 한다. 갠지스 강은 남부인도의 하천과는 달리 연중 수량이 풍부하여, 관개와 수운에 중요한 구실을 하고 있다. 특히 상부 갠지스 용수로(用水路)와 하부 갠지스 용수로는 야무나 강에서 끌어가는 동부 야무나 용수로와 함께 유역의 중요한 관개수로를 이루고 있다. 또한, 하류지역에서는 범람으로 생기는 침전물에 의하여 토질이 갱신되어 높은 생산력을 유지할 수 있다. 힌두교도 사이에서는 이 강물에 목욕재계하면 모든 죄를 면할 수 있으며, 죽은 뒤에 이 강물에 뼛가루를 흘려보내면 극락에 갈 수 있다고 믿고 있다. 갠지스 강 유역에는 연간 100만 이상의 순례자가 찾아드는 유명한 바라나시를 비롯하여 하르드와르 · 알라하바드 등 수많은 힌두교 성지가 있다.

섯 아름이나 되는데 특히 무늬가 섬세하다. 탑을 만들 때 석주도 함께 만들었다. 절 이름은 달마작갈라(達磨斫葛羅)다. 외도(시바교의 일파인 파수파타(Pāśupata)파)들은 옷을 입지 않고 몸에 재를 바르며 대천(大天, 시바)을 섬긴다."

● 갠지스 강가 : 아르띠뿌자

바라나시는 인도에서도 영원불멸의 도시로 힌두교 최대성지인 동시에 부처가 처음 설법(說法)을 한곳이기도 하다. 갠지스 강(江)은 히말라야에서 발원하여 북쪽의 바루나 강(江)과 남쪽의 아씨 강(江) 사이에 위치한다. 바라나시는 힌두교도들의 성지(聖地)다. 사람이 죽게 되면 화장(火葬)을 한 후 이곳의 갠지스 강에 뿌려지는 것이 가장 큰 소원으로 여길 정도이다. 또한 불자(佛子)들에게도 바라나시는 특별하다. 바라나시 인근의 사르나트 사원에서 버려진 그 '붓다의 사리'가 흘러 이곳 바라나시의 강 건너 둔치에 쌓였다고 믿기 때문이다. 그래서 불자들은 바라나시에서 꼭 나룻배를 타고 강을 건넌다. 둔치의 모래를 퍼가기 위해서다. 수많은 세월이 흘러 그저 그런 모래가 되어버린 그 속에 무슨 사리가 섞여 있을 까 생각되지만, 흔적만 남은 성지를 찾아 멀고먼 길을 떠나 찾아가는 수많은 순례객의 믿음처럼, 비록 눈에 보이지는 않더라도 상징 속에 담긴 깊은 의미를 찾고 매달리는 신심을 어찌 말로써 형언할 수 있겠는가 ? '성스러운 곳'이란 의미의 '가트'란 계단으로 이뤄진 선착장을 이르는 말로 바라나시엔 갠지스 강을 따라 84개의 가트가 늘어서있다.

〈그림 240〉 갠지스 강 [Ganges R.] (두산백과)

매일 저녁 어둠이 내리면 **다샤스와메드 가트(Dasaswamedh Ghat)** [39] 에서 힌두의식

39) 바라나시 가트 [Varanasi Ghat] 우타르프라데시주(州) 바라나시 갠지스 강변에 있는 돌계단을 말한다. 갠지스 강 서쪽 6km에 걸쳐 84개가 있다. 보통 힌두교도들이 목욕재개를 하는 장소로 사용되며 일부 가트는 시체를 태우는 화장터의 역할도 한다. 대부분 마라타왕국(1674-1818)이 통치하던 18세기 무렵에 건설되었다. 강변을 따라 줄지어 돌을 쌓고 계단을 정비해 완성되었다. 근처에는 당시 군주들이 가트와 함께 지었던 별궁이 있다. 힌두교도들은 갠지스 강을 성스러운 어머니 강으로 숭배한다. 그 때문에 갠지스 강물에 목욕재개하면 죄업이 씻겨나가며 죽은 뒤 이 강물에 유해를 흘려보내면 극락에 갈 수 있다고 믿는다. 이에 따라 힌두교도들은 이른 아침부터 가트로 내려와 경건하게 목욕을 한다. 아침저녁으로 아르티 푸

이 열린다. 그리고 사람들은 너나 할 것 없이 촛불 잔 '디아'를 갠지스 강에 띄운다. 불이 붙여진 잔은 신에게로 흘러간다고 믿는다. 디아는 주로 어린 소년 소녀가 팔고 있는데 정해진 가격은 없다. 교회의 헌금처럼 그저 자신이 믿고 행복해지고 싶은 그 크기만큼 알아서 값을 치르면 그만이다. 디아를 띄운 후 바라나시의 사람들은 "행복해지셨습

〈그림 241〉 수많은 관광객이 강가 여신에게 바치는 저녁 제의인 아르띠뿌자를 보기 위해 모여 든다.

니까"라고 묻는다. 그것이 여기 의식에 참가한 사람들의 인사다. 촛불 하나 띄웠다고 삶이 금세 행복해 지는 것은 아니지만 그들은 '행복은 스스로 생각하기 나름' 이고, '정말 행복해질 수 있다'고 다짐하며 '앞으로도 계속 행복해질 수 있을 것'이라고 생각하게 만들도록 하는 흡사 주문과도 같은 의식이다. 늦은 오후부터 몬순의 영향으로 비가 굵어 지고 있다. 수많은 관광객이 강가 여신에게 바치는 저녁 제의인 아르띠뿌자를 부기위해 모여 든다. 강 주변에 차려진 제대 주변에 인산인해를 이루기 시작. 오후 7시 비가 내리기 시작한다. 100루피 주고 제사행위가 잘 보이는 전망좋은 자리를 4개 잡았다. 제례는 7명의 제사장 들이 주도하고 향불, 종소리, 꽃가루, 향, 사람들의 기도소리가 어우러지며 절정으로 내닫는다. 몬순의 영향으로 하루종일 비가 내리며 날씨가 좋지 않고, 사진촬영도 쉽지 않다. 앞줄 서양인 커플의 담배연기까지 더해져 우산을 빌려준 호의만 아니면.... 관용과 인내 자비가 요구되는 시간이 흐르고 대략 80분 가량 진행된 기도가 마무리 되어간다. 깊은 고뇌와 돈독한 신심, 묵상(默想)과 성찰(省察)이 아

자(Arti Puja) 예배의식이 거행되는 다샤스와메드 가트(Dashashwamedh Ghat)와 큰 화장터가 있는 마니카르니카 가트(Manikarnika Ghat)가 가장 유명하다

니라해도, 종교가 다르고 철학이 다르고 인종이 다르고 모든 것이 다르다고 해도, 정중하고 깊은 감성으로 기도하는 사람들의 모습에서 절로 신심이 우러나는 시간들이 되었다. 인도에서 자연은 항상 사람들과 가까이 있다. 신성한 소와 둔중한 물소가 도시의 어느 집 넓은 거실에서 살고 있는 모습은 인도에서는 흔히 볼 수 있는 장면이다. 그리고 각종 다양한 새와 도마뱀들은 들보와 서까래 안쪽, 벽과 천자에 둥지를 틀고 아침저녁으로 **라가**[40] 음처럼 들리는 노랫소리로 인간들을 즐겁게 해줄 뿐만 아니라, 자신들이 살고 있는 집에서 위험한 독충들을 제거하기도 한다. 인도인에게 있어서 자연은 그저 단순한 감상적이고 낭만적인 대상으로서의 자연이 아니다. 그들은 모든 자연현상의 오묘한 질서와 힘 속에서 신적인 요소를 발견함으로써, 그것은 신들의 구체적인 표상이라고 생각하였다. 따라서 인도인에게 있어서 하얀 만년설을 간직한 채 변함없이 솟아 있는 히말라야의 준엄한 봉우리들이야말로 끊임없이 흐르는 강과 더불어 성스러운 존재였다. 한 나라의 지형적 조건은 그 나라의 역사와 문화의 특성을 결정하는데 지대한 영향을 미친다.

여행 내내 받는 인도 사람들의 종교에 대한 묘한 삶의 궤적이 깊이 맞아 들어가는 좋은 경험으로 충만했던 시간들을 기약하며 다시 복잡하고 어수선한 시내를 통과하여 내일 이른 새벽을 다시 갠지즈를 찾아오기로 기약하고 숙소로 귀환. 21:00 디너(호텔식)

---

40) 라가 [raga] 인도의 고전 음악을 구성하는 선율. 라가는 음계(7음, 6음, 5음), 상행형 과 하행 형, 장식 법, 으뜸음과 버금으뜸음, 시작 음과 마침 음, 시간과 계절, '라사'라 불리는 정감 등 여러 가지 요소로 이루어져 있으며 그 종류 또한 무수히 많다. 라가의 종류는 북인도 음악(힌두스타니)과 남인도 음악(카르나타카)이 다르며, 남인도 음악에서는 라가를 라감 이라고 부른다. 인도 고전 음악에서는 선율형의 라가와 리듬형의 탈라를 기본으로 한 즉흥 연주가 널리 자리 잡고 있다
(파퓰러음악용어사전 & 클래식음악용어사전, 2002)

■ 바라나시(2) Varanasi 19일차 2015.7.9(목)

〈그림 242〉 사르나트 Sarnath
녹야원(鹿野園) ·선인론처(仙人論處) ·선인주처(仙人住處) ·선인녹원 ·선인원(仙人園) ·선원 ·녹원(鹿苑) ·녹림(鹿林) 등 여러 가지로 불린다. 석가(釋迦)가 35세에 성도(成道)한 후 최초로 설법을 개시한 곳이며, 이때 아야다교진여(阿若多僑陳如) 등 5명의 비구(比丘)를 제도(濟度)하였다고 한다.

□ 7월 09일 (목) 주요일정 ***바라나시 관광***

07:00 기상 08:30 조식 10:00 투어 아쇼—카 왕국 이야기로 시작. 10:30 바라나시의 중요한 성지인 사르나트 (녹야원) 방문. 사르나트는 불교의 4대 성지로서 부처가 처음 불법을 설파한 곳. (입장료 100루피). 영국이 16세기 경 약탈을 했는데 불상의 눈까지 뽑아간 듯. 부처의 5제자 파견한 곳. 한국의 금동미륵반가사유상에 버금 가는 불상이 모셔진 사르나트의 불교박물관 관람. 오는 길에 인근의 비단 제작 공장 구경 및 쇼핑. 12:00 호텔 휴식. 강철 같았던 조카 보나도 어지러움 증 호소. 14:00 호텔 런치 후 오후 휴식키로. 고된 일정과 더위에 다들 지쳐가는 양상. 17:00 디너로 다소나마 원기 회복. 내일 새벽 갠지즈 일출 구경 대비 일찍 잠자리.

● 사르나트 Sarnath

인도 북부 우타르푸라데시 주(州)의 남동쪽에 있는 바라나시(市) 북쪽 사르나트에 있는 불교 유적지인 사르나트는 석가모니가 최초로 설법을 시작한 곳으로 알려져 있는 곳이다. 녹야원(鹿野園) · 선인론처(仙人論處) · 선인주처(仙人住處) · 선인녹원 · 선인원(仙人園) · 선원 · 녹원(鹿苑) · 녹림(鹿林) 등 여러 가지 이름으로 불린다. 석가(釋迦)가 35세에 성도(成道)한 후 최초로 설법을 개시한 곳이며, 이때 아야다교진여(阿若多僑陳如) 등 5명의 비구(比丘)를 제도(濟度)하였다고 한다. 탄생(誕生:룸비니) · 성도(成道:부다가야) · 입멸(入滅:쿠시나가라)의 땅과 더불어 불교(佛敎) 4대 성지의 하나로 일컬어지며, 다메크 탑(塔)을 비롯한 많은 불교 유적과 사원(寺院) · 박물관 등이 여러 곳에 남아 있다. 박물관에는 아소카왕 석주두(石柱頭)를 비롯하여 많은 유품들이 소장되어 있는데, 특히 네 마리의 사자상(獅子像)으로 된 주두는 인도미술 최고의 걸작으로 마우리아기(期)에 속하는 가장 오래 된 유물이다. 공원으로 조성된 이곳에서 가장 먼저 눈에 들어오는 거대한 탑의 이름은 다멕스투파(Dhamekh Stupa) 이다. 높이 34m, 지름 28.5m의 둥글고 육중한 탑은 그 정확한 용도를 알 수 없다고 안내판에는 쓰여 있다. 그로부터 200m 정도 떨어진 곳에 다마라지카 스투파(Dharmarajika Stupa)의 주춧돌 자리가 있다. 다마라지카스투파는 붓다가 처음 설법을 행한 자리를 기념해 만든 탑으로 이 또한 한 때 높이가 30m까지 올라갔다고 하나 이제는 흔적만 남았다.

이 탑이 허물어진 이유는 허망하다. 1794년 바라나시의 한 권력자가 자신의 건물을 짓는데 필요한 벽돌로 사용하기 위해서라고. 더구나 당시 탑 속에 있던 붓다의 사리는 갠지스 강에 버렸다니, 두고두고 땅을 칠 노릇이다. 덧붙여 인근 박물관에서 인도 지폐에 등장하는 그 유명한 사자 상을 구경하는 것을 빠뜨리면 그 역시 나중에 두고두고 후회할 일이다.

● 석가 (釋迦)　원어명 Śākyamuni BC 563 ~ BC 483

불교를 창시한 인도의 성자(聖者)로 성은 고타마(Gautama:瞿曇) 이름은 싯다르타(Siddhārtha:悉達多)이다. 부처님, 부처, 석가모니, 석가세존, 석존, 세존, 석가, 능인적묵, 여래, 불타, 붓다, 불(佛) 등으로 다양하게 불린다. 출생지는 룸비니이다. 석가모니(釋迦牟尼)·석가문(釋迦文) 등으로도 음사하며, 능인적묵(能仁寂默)으로 번역된다. 보통 석존(釋尊)·부처님이라고도 존칭한다. 석가는 샤카(샤키야,Sākya)라는 민족의 명칭을 한자로 발음한 것이고 모니(muni)는 성인이라는 의미를 가지고 있다. 즉 석가모니라 함은 본래는 '석가 족(族) 또는 샤키아 족 출신의 성자'라는 뜻이다. 본래의 성은 고타마(Gautama:瞿曇), 이름은 싯다르타(Siddhārtha:悉達多)인데, 후에 깨달음을 얻어 붓다(Buddha:佛陀)라 불리게 되었다. 또한 사찰이나 신도 사이에서는 진리의 체현자(體現者)라는 의미의 여래(如來:Tathāgata), 존칭으로서의 세존(世尊:Bhagavat)·석존(釋尊) 등으로도 불린다.

지금의 네팔 남부와 인도의 국경 부근인 히말라야 산(山) 기슭의 카필라성(Kapilavastu:迦毘羅城)을 중심으로 샤키야족[釋迦族]의 작은 나라가 있었다. 석가모니는 그 나라의 왕 슈도다나(Śuddhodāna:淨飯王)와 마야부인(Māyā:摩耶) 사이에서 태어났는데, 샤키야 족은 그 왕호가 정반왕, 그리고 정반왕의 동생이 백반(白飯)·감로반(甘露飯) 등으로 불리고 있는 점에서 미작(米作) 농경생활과 깊은 관계가 있었던 것으로 생각된다.
석가모니는 크샤트리아 계급 출신이라고 하지만, 샤키야 족 내부에 카스트의 구별이 있었던 것 같지는 않다. 또한 그가 순수한 아리아인(人)이라는 것도 확실하지는 않으며, 오히려 네팔 계(系) 민족에 속하는 종족이라는 추측도 있다. 그러나 아리아 문화의 영향하에 있었던 것만은 의심할 나위가 없다.

마야부인은 출산이 가까워짐에 따라 당시의 습속대로 친정에 가서 해산하기 위해 고향으로 가던 도중 룸비니 동산에서 석가를 낳았다. 이는 아소카 왕[阿育王]이 석가모니의 성지를 순례하면서 이곳에 세운 석주(石柱)가, 1896년에 발견·해독됨으로써 확인되었다. 전설에 따르면 석가모니가 태어났을 때, 히말라야 산에서 아시타라는 선인(仙人)이 찾아와 왕자의 상호(相好)를 보고, "집에 있어 왕위를 계승하면 전 세계를 통일하는 전륜성왕(轉輪聖王)이 될 것이며, 만약 출가하면 반드시 불타가 될 것"이라고 예언하였다고 한다. 그의 생몰연대에 관하여는 이설(異說)이 많으나, 그 중 유력한 것은 스리랑카의 도사(島史), 대사(大史)에 근거하여 불교학자 W.가이거가 주장한 BC 563~BC 483년 설이다. 이 설은 중국의 《역대삼보기(歷代三寶紀)》에 전하는 중성점기(衆聖點記), 즉 불멸(不滅) 후 최초의 율장(律藏)이 결집되었을 때 제1점을 치기 시작하여 매년 1점씩 쳐서, 제(齊)나라의 영명(永明) 7년(AD 490)까지 975점에 이르렀으므로 불멸이 BC 485년이라는 설(BC 565~BC 485년)과도 대략 일치된다. 그 외에 BC 624~BC 544년설, BC 463~BC 383년설 등이 있으나, 한국에서는 전자를 채용하고 있다.

(출가와 성도)

석가모니는 생후 7일에 어머니 마야부인과 사별하였다. 그것은 석가모니에게는 슬픈 일이었다. 그 후 이모에 의하여 양육되었는데, 왕족의 교양에 필요한 학문·기예를 배우며 성장하였다. 당시의 풍습에 따라 16세에 결혼하였다. 부인은 야쇼다라[耶輸陀羅]라고 하며, 곧 아들 라훌라[羅睺羅]도 얻었다. 이같이 안락하고 행복한 생활을 보내던 중 석가모니는 인생의 밑바닥에 잠겨 있는 괴로움의 문제와 직면하게 되었다. 이러한 점은 전설적으로 새가 벌레를 잡아먹는 모습, 또는 생로병사(生老病死)와 사문(沙門)을 목격한 이른바 사문출유(四門出遊), 또는 사문유관(四門遊觀)으로써 설명된다. 석가모니는 29세 때 고(苦)의 본질 추구와 해탈(解脫)을 구하고자, 처자와 왕자의 지위 등 모든 것을 버리고 출가하였다. 남쪽으로 내려가 갠지스 강(江)을 건너 마가다왕국(王國)의 왕사성(王舍城)으로 갔다. 여기에서 알라라칼라마와 우다카 라마푸타라는 2명의 선인(仙人)을 차례로 찾아, 무소유처정(無所有處定) · 비상비비상처정(非想非非想處定)이라는 선정(禪定)을 배웠다. 그것은 일종의 정신통일에 의하여 하늘에 태어나 보려는 것이었는데, 석가모니는 그들의 방법으로써는 생사의 괴로움을 해탈할 수 없다고 깨닫자, 그들로부터 떠나 부다가야 부근의 산림으로 들어갔다.

여기에서 그는 당시의 출가자의 풍습이었던 고행(苦行)에 전념하였으나, 신체가 해골처럼 되었어도 해탈을 이룰 수는 없었다. 고행은 육체적인 면의 극소화를 통하여 정신의 독립을 구하는 이원적 극단론에 근거한 것이기 때문이었다. 그는 6년간의 고행 끝에 고행을 중단하고, 다시 **보리수(菩提樹:Bodhi-tree)**[41] 아래에 자리 잡고 깊은 사색에 정진

---

41) 보리수는 산스크리트어로는 아슈바타(Aśvattha) 또는 피팔라(Pippala)라고 하며, 한역불전에서는 각각 아설타(阿說他), 필발라(畢鉢羅)라고 음사된다. 이 나무 밑에서 석가가 깨달음을 편 것에서 따서 불교도는 〈보디 브리쿠샤(Bodhi-vtksa, 〈깨달음의 나무〉 라는 뜻)〉 라고 불렀는데 〈보리수〉 는 이 호칭을 한역으로 한 말이다. 보드가야에 실재하는 이 기념의 보리수는 〈깨달음〉 또는 석가 자신의 상징으로서 숭배되었다. 또한 이 나무는 대대로 숭배의 대상이 되고, 『대당서역기』 에 의하면, 제삿날에는 성속 모두 모여서 향수, 향유를 붓고, 음악을 연주해서 공양했다고 하며, 현재도 몇 대째인지 〈깨달음의 나무〉 는 보드가야에 실재하고 있다. 또한 초기의 불교도는 불상을 만들지 않고, 불전도에서도 석가를 인간의 모습으로는 그리지 않았는데, 그 대신에 이용된 것이 석가와 〈깨달음〉 을 나타내는 보리수와 그의 가르침을 상징하는 〈법륜〉 의 도상이었다. 또한 대승불교의 경전에는 극락세계에 우뚝 솟아서 미풍에 묘음을 내서, 그것을 듣는 것만으로 깨달음에 이른다는 신비화된 보리수도 등장한다. 인도에서는 불교 이전의 고대부터 이 나무 아슈바타를 바니얀과 함께 〈숲의 왕〉 이라고 하여 성수(聖樹)로서 숭배했는데 이미 인더스 문명의 도기 문양 등에 나타나 있으며, 그 시기부터 숭배되었다고 추측된다. 베다시대에는 신들에게 바치는 소마를 넣는 그릇, 성호를 점화하기 위한 그릇 등으로 가공되었다. 또한 적을 조복(調伏)하는 주술을 위한 팔찌나 갱에도 이용되었는데 이에는 아슈바타가 기생목이 되어서 다른 나무를 죽이는 사실에 의한다.

『리그 베다』 의 신화에서는, 공작신 토바슈트리가 세계를 조형했을 때, 이 나무를 이용했다고 하며, 〈세계의(창조의) 중심의 나무〉 의 모델이 되어 있다. 『아타르바 베다』 에는 신들의 자리였던 천상의 아슈바타에서 최고의 주약(呪藥) 쿠슈타가 나왔다고 노래되는데 의약(주약)원료로서의 이용법은 불전에 보이며, 현재도 민간에서 이용되고 있다. 자타카나 중세의 이야기집에는 현대의 민속에도 통하는 수신(樹神)의 숭배가 많이 이야기되는데, 그 대부분은 바니얀과 아슈바타가 차지한다. 또한 이런 습속을 배경으로 한, 원하는 것은 무엇이라도 내주는 〈여의주〉 의 이야기도 많은데, 이 모델도 바니얀과 함께 아슈바타가 많이 보이며 현재도 아슈바타에 머무는 신들의 숭배나 나뭇가지나 잎을 이용한 주술이 널리 행하여진다.

보리수는 유럽에서도 고대부터 숭배의 대상이 된 나무로, 게르만인은 이를 신성한 나무로서 여신 프리그에게 바쳤다. 중세에는 이 나무 밑에서 재판이나 축제, 충성의 서약이나 결혼식이 행하여졌는데 마을사람의 생활과 떼어낼 수 없는 보리수가 고대에 많이 노래된 것은 당연하다. 특히 중세 이후 젊은 남녀의 사랑을 맺어주는 나무로서, 중세의 연애시에서는 보리수와 그 위에서 노래하는 귀여운 작은 새는 연애에 빼놓을 수 없는 정경이 되었다. 보리수가 민중 사이에서 사랑받은 것은, 린다나 린도바그, 린네 같은 인명이나 린덴타르(〈보리수의 계곡〉 이라는 뜻), 운타델린덴(〈보리수 밑〉 이라는 뜻) 등의 지명에서도 볼 수 있다.

하여 마침내 깨달음을 얻었다. 이 깨달음을 정각(正覺:abhisambodhi)이라고 한다. 그 깨달음의 내용에 대하여 **아함경(阿含經)**[42] 에는 여러 가지로 설명하고 있다. 사제(四諦:苦·集·滅·道의 4가지 진리, 즉 현상계의 괴로움과 그 원인 및 열반과 그에 이르는 길)·십이인연(十二因緣)·사선삼명(四禪三明) 등을 깨달았다는 것이 그것이다. 그러나 기본적으로는 선정에 의하여 법(法:dharma)을 깨달았다고 하겠다. 즉 선정은 강렬한 마음의 집중이며, 여기에서 생긴 지혜는 신비적 직관(直觀)이 아니라 자유로운 여실지견(如實知見:있는 그대로 옳게 봄)이다. 이 지혜가 진리를 깨달아 진리와 일체가 되어 확고부동하게 되었는데, 공포에도 고통에도, 나아가서는 애욕에도 산란을 일으키지 않는 부동(不動)의 깨달음이라 할 것이다. 이것은 마음이 번뇌의 속박에서 해방된 상태이기 때문에 해탈(解脫)이라고 하며, 이 해탈한 마음에 의하여 깨우쳐진 진리를 열반(涅槃)이라고 한다. 현대적 의미에서의 해탈은 참 자유, 열반은 참 평화라고 할 수 있다.

(설법)

석가모니는 성도 후 5주간을 보리수 아래에서 해탈의 기쁨에 잠겨 있었는데, 범천(梵天)의 간절한 권청(勸請)이 있이 설법을 결심하였다. 익마의 유혹, 설법주저(중생이 이해 못할 것을 염려), 범천 권청 등은 마음속의 일을 희곡적으로 표현한 것으로도 보이나, 깊은 종교적 의미가 담겨 있다. 석가모니는 베나레스 교외의 녹야원(鹿野苑)에서, 일찍이 고행을 같이 하였던 5명의 수행자에게 고락의 양 극단을 떠난 중도(中道)와 사제에 관하여 설하였다. 이것을 특히 초전법륜(初轉法輪)이라고 하는데, 그들은 모두 법을 깨

보리수는 번개방지가 된다고 하며, 여자아이가 태어나면 탄생수로서 심는 지방도 있다. 또한 마귀방지가 되므로 농가의 마당에 심어서 나무껍질을 부적으로 하는 것 외에, 그 재를 밭에 뿌리면 마법으로 발생한 해충이 사라진다고도 하였다. (종교학대사전, 1998. 8. 20., 한국사전연구사)

42) 아함경 [阿含經] 아함(阿含)은 산스크리트어, 팔리어 āgama의 음사로, 전해 온 가르침이라는 뜻. 초기 불교시대에 성립된 수천의 경전들을 통틀어 이르는 말로서. 팔리(pāli)어로 된 니카야(nikāya)가 있고, 여기에 해당하는 산스크리트(sanskrit) 본(本)이 아가마(āgama)이다. 이 아가마를 한문으로 번역한 것이 아함경으로 여기에는 네 가지가 있다.
(1) 장아함경(長阿含經). 22권 30경. 문장의 길이가 긴 경전을 모은 것.
(2) 중아함경(中阿含經). 60권 222경. 문장의 길이가 중간 정도인 것을 모은 것.
(3) 잡아함경(雜阿含經). 50권 1,362경. 짧은 경전을 모은 것.
(4) 증일아함경(增一阿含經). 51권 471경. 사제(四諦)·육도(六度)·팔정도(八正道) 등과 같이 법수(法數)를 순서대로 분류하여 엮은 것으로 이에 해당하는 니카야는 다음과 같다.
(1) 디가 니카야(dīgha-nikāya, 長部). 내용이 긴 34경을 모은 것으로 3편으로 분류되어 있음. 한역 장아함경에 해당된다.
(2) 맛지마 니카야(majjhima-nikāya, 中部). 중간 정도 길이의 152경을 모은 것, 약 50경씩 3편으로 분류되어 있으며, 다시 각 편은 5품으로, 각 품은 대개 10경 단위로 구성. 한역 중아함경에 해당된다.
(3) 상윳타 니카야(saṃyutta-nikāya, 相應部). 짧은 경전 2,875경을 주제에 따라 분류하여 배열한 것으로 전체가 5품으로 구성. 한역 잡아함경에 해당된다.
(4) 앙굿타라 니카야(aṅguttara-nikāya, 增支部). 2,198경이 법수(法數)에 따라 1법에서 11법까지 순서대로 배열되어 있고, 한역 증일아함경에 해당된다.
(5) 쿳다카 니카야(khuddaka-nikāya, 小部). 법구경·경집·본생담 등 15경으로 구성.
(시공 불교사전, 2003. 7. 30, 시공사)

달아 제자가 되었다. 여기에 최초의 불교 교단이 성립되었다. 이렇게 하여 불교는 그의 설법을 통하여 세계에 널리 알려지게 되었다. 그후 석가모니는 적극적으로 설법을 계속하여, 그 교화의 여행은 갠지스 강(江) 중류의 넓은 지역에까지 미쳤다. 제자의 수도 점차 증가하였으며, 각지에 교단이 조직되었다. 그의 가르침은 《아함경》《율장》 등의 원시불교 경전을 통해 전하여지고 있다. 구전(口傳)되어 오던 것을 후세에 편집한 것이지만, 후세에 정형화된 다음의 교설을 통하여 석가모니의 가르침의 원형 또는 그 핵심을 알 수 있다. 삼법인(三法印:一切皆苦·諸行無常·諸法無我 또는 一切皆苦를 빼고 涅槃寂靜을 넣기도 한다)·사제·팔정도(八正道:正見·正思·正語·正業·正命·正精進·正念·正定)·무기(無記:일체의 형이상학적 질문에 대답하지 않음. 실천을 지향함을 말한다) ·법(法:모든 존재를 일관하는 보편적 진리)·오온(五蘊:色·受·想·行·識의 5가지 존재의 구성 요소)·육근(六根:법의 분류로서 眼·耳·鼻·舌·身·意의 주체. 이에 대응하는 色·聲·香·味·觸·法의 객체, 즉 六境을

〈그림 243〉 녹야원 (사르나트) : 석가모니가 최초로 불법을 전한 땅으로 알려진 녹야원은 석가모니가 보리수나무 아래서 깨달음을 얻고, 함께 수행했던 5명의 형제들과 처음으로 불법을 이야기했던 땅으로 다메크 스투파라고 불리우는 불탑과 큰 수도원의 흔적, 고고학 박물관 등이 있다. 옛 경전에 녹야원이라고 기록되어 있는데 왕이 이곳에 사슴을 풀어놓고 살도록 했다고 해서 이름 붙여졌다고 전해진다. 불교의 4대성지 중 하나로 이곳에는 아쇼카왕의 돌기둥 유적 등이 남아있다. 녹야원의 다멕스투파(Dhamekh Stupa)

더한 十二處와, 거기에 眼識 등의 六식을 추가하여 十八界를 말하기도 한다)·연기(緣起:존재는 독립된 실체가 아니라 다른 것과의 관계에 의하여 성립함을 말함. 12연기가 특히 유명하다)·열반·일체중생의 평등 등이 그것이다.

(입멸)

혹서의 인도(印度)의 중부지역 각지를 45년의 긴 세월에 걸쳐 설법·교화를 계속한 석가

모니는, 80세의 고령에 이르렀다. 여러 차례의 중병에도 불구하고 교화(敎化) 여행을 계속하였다. 이때 자신의 죽음을 예견하고 여러 가지 유언을 하였다고 한다. "자신을 등불로 삼고 자신을 귀의처로 하라. 법을 등불로 삼고 법을 귀의처로 하여 수행하라" 또한 자기가 죽은 뒤에 "교주(敎主)의 말은 끝났다. 우리의 교주는 없다고 생각하여서는 아니 된다. 내가 설한 교법(敎法)과 계율이 내가 죽은 후 너희들의 스승이 될 것이다" 등이 그것이다. 마침내 쿠시나가라(Kuśinagara)의 숲에 이르렀을 때, 석가모니는 심한 식중독을 일으켜 쇠진하였다. "나는 피로하구나. 이 두 사라수(沙羅樹) 사이에 머리가 북쪽으로 향하게 자리를 깔도록 하라"고 말하자, 제자들은 석가모니의 운명이 가까웠음을 알고 눈물을 흘렸다. 석가모니는 "슬퍼하지 마라. 내가 언제나 말하지 않았느냐. 사랑하는 모든 것은 곧 헤어지지 않으면 아니 되느니라. 제자들이여, 그대들에게 말하리라. 제행(諸行)은 필히 멸하여 없어지는 무상법(無常法)이니라. 그대들은 중단없이 정진하라. 이것이 나의 마지막 말 이니라" 고 설한 후 눈을 감았다.

석가모니의 사후 그의 유해는 다비(茶毘:화장)되고, 그 유골[舍利:śarīra]은 중부 인도의 8부족에게 분배되어 사리탑에 분장(分藏)되었다. 이 사리탑은 중요한 예배대상으로 되어 후에 불탑신앙으로 발전하였다. 특히 대승(大乘)불교에서는 불타에 관한 철학적 고찰이 가해져 불타에는 법신(法身:진리로서의 불타)·보신(報身:보살의 願·行에 의하여 성취된 불타)·응신(應身:중생구제를 위하여 상대방에 상응하게 나타나는 불타)의 3신이 있다고 말한다. 이에 따르면, 석가모니불은 2,500여 년 전의 인도라고 하는 특정의 지역·시대에 나타난 응신의 불타로서, 시방삼세제불(十方三世諸佛)의 일부가 되고 있다. 그러나 신앙의 입장에서 석가모니불은 위의 3신을 모두 갖추고 있는 분으로 숭배되고 있다. 그의 탄생지 룸비니 동산, 성도지 부다가야, 최초의 설법지 녹야원(사르나트), 입멸지 쿠시나가라는 4대 영지(靈地)로서 중요한 순례지가 되고 있다.
석가모니의 탄생·성도·입멸의 월·일에 관하여 최고(最古)의 문헌에는 기록이 없으나, 중국·한국 등지에서는 탄생을 4월 8일, 성도를 12월 8일, 입멸을 2월 15일로 한다. 또한 남방불교에서는 탄생·성도·입멸이 모두 바이샤카 월(Vaiśākha月:4~5월)의 보름날의 일이라고 하여, 이 날 성대한 기념식을 거행한다. 중국 · 한국 등지에서는 석가모니의 전기를 8시기로 구분하여 팔상(八相:兜率來儀相·毘藍降生相·四門遊觀相·踰城出家相·雪山修道相·樹下降魔相·鹿苑轉法相·雙林涅槃相)이라고 부르는데, 회화나 조각의 소재가 되기도 하였다.

인도의 불교와 한국의 관계

우리나라와 인도와의 문화사적 관계는 선사시대(신석기·청동기)의 바위 조각에서 어떤 관련성이 인정될 수도 있지만, 본격적으로 문화관계를 맺은 것은 불교문화가 전래되면서부터이다. 우리나라에 불교가 전해진 공식적인 《삼국유사》의 연대는 372년(고구려 소수림왕이지만, 이를 전후해서 삼국 모두 불교를 받아들이게 된다. 이 당시의 인도 문화는 굽타 문화 초기단계 내지 그 이전 단계인 쿠샨왕조의 문화로 여겨지고 있다. 고구려에는 처음에 순도(順道)가 들어오고 그 다음에 아도(阿道)가 들어왔다. 이들은 간단한 문맥으로 보아 인도 내지 서역 승려일 가능성이 짙다. 순도의 경우 중국 천하를 돌아다니면서 전도하다가 고구려로 온 것으로 표현하고 있고, 아도는 일반적으로 인도 승려로 추정하고 있기 때문이다.

따라서, 고구려에는 인도의 쿠샨 문화가 직접적으로 전해졌거나 또는 중국을 거쳐 간접적으로 전해졌거나 간에, 어떤 형태로든 4세기에는 전해졌다고 볼 수 있다.

백제에는 384년(침류왕 2)에 마라난타(摩羅難陀)가 불교를 전파했는데, 마라난타는 인도 승려 아니면 서역 승려가 분명하다. 그가 인도 승려였다면 인도 문화를 직접적으로 백제에 전했을 것은 분명한 일이다. 그 뒤 겸익(謙益)이라는 백제 승려가 바다를 통해 인도에 다녀오면서 불경을 가져와 72권을 역경 했다고 알려져 있다. 이른바 우리나라 승려가 인도를 직접 순례하고 인도 문화를 전래해 왔던 것으로, 이것이 사실이라면 우리 나라 승려가 인도에 간 최초의 예라고 하겠다. 뿐만 아니라 그는 인도 승려 배달다삼장(倍達多三藏)을 모시고 왔으므로 인도 문화를 직접 전했다고 할 수 있다.

신라는 백제나 고구려와는 달리 훨씬 뒷날인 527년(법흥왕 14)에 불교를 공식적으로 공인하였다. 그러나 이보다 약 1세기 앞서 5세기 초에 불교가 신라에 처음 전래되었던 것으로 이해되고 있는데, 아도 또는 묵호자(墨胡子) 등으로 불리던 인도 승려 또는 서역 승려를 전도한 것으로 추정된다. 인도인의 특징인 묵호자로 이해했다는 것은 분명히 인도인 승려가 신라에 전도했음을 알려 주는 것이다.

이처럼 불교 전래 초기에는 인도 승려들이 압도적으로 우리 나라에 전도했다는 것을 알 수 있는데 이것은 인도의 불교 문화, 특히 쿠샨왕조 말 내지 굽타 문화가 직접적으로 전해진 사실을 단적으로 말해 주는 것이다. 이후 인도의 불교 문화는 계속 전래되었던 것으로 생각된다. 가령, 요동성에 아육왕(阿育王) 탑이 있었다는 전설이 있는데, 이것은 인도의 **아소카(Asoka)왕**[43]이 직접 만든 탑으로 이해했고, 그 모양도 인도탑 형식인 복

---

43) 아소카 Aśoka : 인도 마우리아왕조의 제3대 왕. 그의 치세 중에는 불교를 비롯한 갠지스강 유역의 고도의 문화가 다른 지방에 급속히 퍼져 문화의 발달을 촉진시켰다. 또한 불교도들은 그를 이상적 군주로 추앙하였고, 많은 설화를 탄생시킨 주인공이 되었다.
한역불전(漢譯佛典)에는 아육왕(阿育王)·아수가(阿輸迦)로 기록되어 있다. 그의 조부 찬드라굽타 시절에 이룩한 인도의 대부분과 아프가니스탄 남부에 미치는 광대한 영토를 이어받아 지배자로 군림하였다. 그는 정치 이념을 내걸고 그 이념 실현에 정열을 기울였다. 이와 같은 사실은 영역 내의 석주(石柱)나 암석에 새겨진 그의 조칙(詔勅)에서 찾아볼 수 있으며, 이 가운데에는 아프가니스탄의 칸다하르에서 발견된 그리스어나 아마르어로 새겨진 것도 있다. 이 조칙의 내용에는 그가 왕위에 오른 지 9년째 되던 해 인도의 남동부, 오리사 해안의 칼링가 지방을 정복했는데, 그 전쟁의 참상을 반성하고 불교를 신봉하게 되었으며, 그후로는 무력에 의한 정복을 중지하였다. 그리고 모든 인간이 지켜야 할 윤리인 다르마(dharma:法)에 의한 정치를 이상(理想)으로 삼고 이를 실현하는 데 진력하였다. 부모·어른에의 순종, 살생을 삼가는 등의 윤리를 백성들에게 장려하고, 지방관이나 신설된 관리에게 명령하여 백성들이 윤리를 철저히 지키도록 하였다. 또 도로·관개(灌漑) 등의 공공사업을 전개하는 등 많은 치적을 남겼다. 당시 인도에는 그에게 대항하는 세력이 없었고, 북서 국경의 그리스 세력도 그들 내분 때문에 다른 지방을 침략할 힘이 없었다. 이와 같은 정세에서 제반 생활양식이 다른 광대한 영토를 현실적으로 지배하기 위해서는 그가 취한 정책이 매우 현명했던 것으로 볼 수 있으며, 그 이면에는 원시불교의 영향이 있었다. 또한 그의 정치이념은 인근 제국이나 제민족에게까지 전파되어 그의 사절(使節)이 이집트 · 마케도니아에 이르렀다.

이와 같은 왕의 정책은 36년 통치 후에는 점차 쇠퇴하였으나, 그의 치세(治世) 중에는 불교를 비롯한 갠지

발형이었다는 내용으로 보아 인도 양식의 불탑을 직접 받아들였다는 것을 시사한다. 또한 가야에도 인도의 불교문화가 직접적으로 전래되었던 것으로 이해되고 있다. 인도 아유타국의 공주인 허왕후(許王后)가 인연의 나라로 탑을 싣고 오다가 가야에 도착해서 불교를 믿게 했다는 것이다. 인도의 공주가 가야까지 와서 왕후가 되면서 파사석탑 같은 인도의 불교문화를 전파한 사실을 극적으로 묘사한 《삼국유사》의 이 전설은 인도 문화의 직접적인 전파 사실을 극명하게 보여주는 좋은 예이다. 사람은 오지 않고 아소카왕이 보낸 불교문화를 수용한 사실을 알려 주는 예는 신라에도 있다. 인도의 아소카왕이 보낸 불상 모형과 동 및 황금으로 황룡사의 금동장륙상(金銅丈六像)을 조성했다는 《삼국유사》의 기록은 인도 문화의 전파 사실을 분명히 시사하는 예라고 하겠다. 초기의 불교문화는 삼국시대에 주로 전파되었는데, 그 뒤 굽타의 난숙(爛熟)한 인도 문화는 600년을 전후해서 어느 정도 수용되었지만, 통일신라 초기 이른바 7세기 후반에 대거 받아들여진다. 난숙한 사실주의의 조각이나 불화양식이 전파되어 새로운 문화를 꽃피웠던 것이다. 인도나 서역 승려들이 오기도 했고, 우리의 신라 승려들이 유학하기도 했으며, 또 중국을 통해서 인도 굽타의 불교문화가 우리나라에 전해졌다. 이러한 문화 전파는 650년을 전후해서 인도에 순례 온 신라 승려를 무려 8명이나 보았다는 의정(義淨)의 기록인 《대당서역구법고승전 大唐西域求法高僧傳》을 통해서도 잘 알 수 있다. 특히 다년간 인도에 유학을 다녀온 뒤 《왕오천축국전 往五天竺國傳》이라는 세계 3대 기행문을 저술한 혜초(慧超)의 예는 인도와 우리나라의 문화 교섭을 가장 분명하게 제시해 주고 있다. 극히 단편적인 몇 가지 예만 보아도 우리나라와 인도의 문화사적 관계가 매우 깊다는 것을 알 수 있다. 우리나라는 삼국시대인 4세기부터 고려시대인 14세기까지 불교문화가 주류를 이루었으므로 인도의 불교문화는 우리나라에 심대한 영향을 미쳤다고 할 수 있다.

〈그림 244〉 카주라호 사원의 불상

인도에 있는 한국 문화의 유적·유물

인도와 우리나라의 문화사적 관계는 인도 문화가 우리나라에 일방적으로 영향을 미쳤기 때문에 인도에 한국 문화의 흔적인 유적·유물이 있을 가능성은 극히 드문 편이다. 그러나 우리나라의 승려들이 상당기간 머물면서 불사에 참여했거나 살펴보고 예배한 유적·

스 강 유역의 고도의 문화가 다른 지방에 급속히 퍼져 문화의 발달을 촉진시켰다. 또한 불교도들은 그를 이상적 군주로 추앙하였고, 많은 설화를 탄생시킨 주인공이 되었다.

유물은 상당수 있다. 이 가운데 확실한 것은 혜초가 본 유적·유물이라고 하겠다. 혜초는 704년(성덕왕 3년)에 신라에서 태어났으며, 719년에 중국 광주로 유학갔다가 밀교의 조사, 금강지(金剛智)와 불공(不空)을 사사했는데, 금강지의 권유로 723년에 바닷길을 통해 인도로 유학을 떠나게 되었다. 그는 5년 동안 인도 천하를 순례하다가 727년 11월에 서역의 쿠처에 도착했고, 그 뒤 장안에 머물면서 금강지를 도와서 역경사업에 종사하게 된다. 금강지가 열반한 뒤 불공의 제2제자가 되어 대흥선사(大興善寺)에서 경전을 연구했으며, 780년부터 오대산에 들어가 787년 입적할 때까지 수도에 정진하였다고 한다. 그가 인도에 도착한 것은 동부 인도였다. 곧 석가가 입멸한 쿠시나국을 보았는데, 여기서 열반 탑이나 열반 지 기념사원 등을 참배하게 되었다. 이후 남쪽의 바라나시 국을 방문했는데, 여기에서는 최초의 설법지인 녹야원에 들러 사원과 탑을 둘러보게 된다. 녹야원에는 유명한 사원이 있고 **다메크 탑**[44]등 거대한 탑이 있었으며, 아소카왕 석주 등 난숙한 불교문화의 정수들이 있었

〈그림 245〉 혜초는 704년(성덕왕 3년)에 신라에서 태어났으며, 719년에 중국 광주로 유학갔다가 밀교의 조사, 금강지(金剛智)와 불공(不空)을 사사했는데, 금강지의 권유로 723년에 바닷길을 통해 인도로 유학을 떠나게 되었다. 그는 5년 동안 인도 천하를 순례하다가 727년 11월에 서역의 쿠처에 도착했다. 그가 인도에 도착한 것은 동부 인도였다. 이후 남쪽의 바라나시국을 방문했는데, 여기에서는 최초의 설법지인 녹야원에 들러 사원과 탑을 둘러보게 된다. 녹야원에는 유명한 사원이 있고 다메크탑 등 거대한 탑이 있었으며, 아소카왕 석주 등 난숙한 불교문화의 정수들이 있었다. 녹야원 전경 아쇼카왕의 돌기둥

---

44) 불교 건축 및 스투파 대승불교가 성행하면서 불상을 예배하는 것이 불교사원의 중요한 행사가 되었다. 따라서 종래의 예배 대상이었던 스투파 이외에 새롭게 불상을 모시는 건물이 건설되었다. 굽타시대의 불교사원은 비하라를 중심으로 하는 승원(僧院)과 스투파를 중심으로 하는 탑원(塔院)과 불상을 모시는 불당들이 서 있는 세 부분의 공간으로 구성되었다. 초기 불교사원의 좋은 예는 탁실라 유적 동쪽 산중에 있는 자울리안(Jaulian) 사원 유적이다. 이곳은 2세기 쿠샨 시대에 창건되었으나 5세기 말경에 파괴되어 현재 유적은 굽타시대 전기의 사항을 나타내고 있다.

중부 인도에 위치한 산치와 사르나트(Sarnath, 녹야원(鹿野苑))에서 옛적부터 계속하여 건설되었던 불교사원들은 처음부터 넓은 대지에 계획적으로 건설되지 못하였다. 후에 점차적으로 확장되었던 관계로 인도 서북지방과 같이 정연한 사원 배치구성으로 되어 있지 않으며 대체적으로 승원과 탑원 구역이 형성되고 그 주위에 봉헌 스투파들을 모신 사당들이 점차적으로 증축된 것으로 보인다. 스투파는 굽타시대에도 종전의 건축양식을 대체적으로 계승하였다. 사르나트(Sarnath)는 베나레스 부근에 있으며 붓다가 최초에 불법을 제자들에게 전한 곳으로 불교의 성지이다. 이 유적에는 대스투파가 2개 있었다. 그 중 하나는 달마라지카(Dharmarajika) 스투파이며 이것은 아쇼카왕이 창건한 것으로 벽돌구조이고 직경 15m였던 것을 후대에 증축해서 직경 33m로 만들었다. 그러나 1794년에 파괴되었다.

다. 혜초는 이러한 불교문화의 진수에 진심으로 환희했고 경건하게 참배했다고 한다. 이 녹야원을 지나 부처가 가장 많이 머물렀고, 최초로 절을 세워 대중 포교에 나섰던 왕사성(王舍城)으로 갔다. 여기에는 인도 문화의 정수가 모여 있었으므로, 죽림정사(竹林精舍) · 망고원 · 법화경 설법처 등 수많은 사찰과 사찰터를 둘러보았다. 그 다음 중천축국으로 가서 4대영탑(四大靈塔)에 참배했는데, 4대 영탑은 당시 인도에서는 가장 유명한 불탑으로 이름나 있었으므로 불교문화의 진면목으로 여겨졌던 것이다. 이곳을 지나 부처의 탄생지인 룸비니동산에 가서 그곳 유적을 보면서 깊은 감회에 젖었다고 한다.

〈그림 246〉 혜초는 8세기 당시 불교문화의 정수라고 할 수 있는 유적과 유물 그리고 수많은 사원과 도시들을 살펴보았고, 이들을 경건하게 참배했으므로 이들은 우리나라와 깊은 인연을 가지고 있는 유적과 유물이 될 것이다. 티루말라이 사원의 옥외 박물관에 비치된 불상.

여기에서 발길을 남쪽으로 돌려 남천국으로 갔으며, 현재의 아잔타 · 엘로라 등 유명한 석굴에 들러 수많은 석굴을 참관하고 수도에도 정진했던 것으로 생각된다. 다시 서북쪽으로 나아가 탁실라국에 도착했는데, 여기에서 혜초는 탁실라의 도시 유적과 죠우리안 등 수많은 사원과 불탑의 위용에 감탄한 것으로 보인다. 현재도 이곳의 유적과 유물은 상당히 잘 보존되고 있는데, 8세기 당시에는 더욱 정연하게 남아 있었다고 생각되기

다른 하나는 그곳에서 동쪽으로 150m 거리에 있는 다메크(Dhamekh) 스투파이며 하부 직경 26m이고 현재 높이는 32m이다. 그러나 그 외관은 상부가 일부 붕괴된 것으로 보인다. 하부의 높이 13m에는 표면이 석조로 되어 있으며 기하학 문양과 당초 문양이 부조되어 있고 8방에 불감을 만들었다. 상부에는 직경이 축소되었으며 벽돌구조로 되어 있다. (인도의 건축, 2002. 12. 25., 서울대학교출판부)

때문이다. 이들은 간다라 문화의 정수이기 때문에 혜초는 의미심장하게 느꼈을 것이다. 또한, 현재의 카슈미르지방인 가시미라국에 들어가 수많은 사원과 도성들을 둘러보고 인도 문화에 심취한다. 여기에서 북쪽으로 비단길의 험로를 간신히 넘어 대발률 국(國) · 소발률 국(國)의 여러 사원과 도성을 방문하였다. 이 나라는 고구려 유장(遺將) 고선지(高仙芝)가 정복하여 불교문화를 직접 접했던 곳이기도 하였다. 탑상이 새겨진 수많은 바위 조각과 범본(梵本) 《법화경》이 발견된 사원을 자세히 참배했던 것으로 믿어진다. 카슈미르를 지나 간다라 문화의 중심지 간다라국에 들어가 동서 문화가 잘 조화된 간다라 문화의 여러 유적지를 방문하였다. 카니슈카(Kaniska)왕이 건립한 카니슈카사원 등에 참배하면서 간다라 불교문화를 마음껏 보고 느꼈을 것이다. 이처럼 혜초는 8세기 당시 불교문화의 정수라고 할 수 있는 유적과 유물 그리고 수많은 사원과 도시들을 살펴보았고, 이들을 경건하게 참배했으므로 이들은 우리나라와 깊은 인연을 가지고 있는 유적과 유물이 될 것이다. 이 외에도 많은 순례 승들이 이들을 참배했으므로 우리 선인들의 손길이 그대로 남아 있는 셈이다.

■ 바라나시(3) Varanasi 20일차 2015.7.10(금)

〈그림 247〉 갠지즈 강은 인도인의 생명의 근원이다. 중부 히말라야 강고트리에서 발원하여 남쪽으로 흘러 힌두스탄 평야와 벵골평야를 관류하고 벵골만으로 흘러드는 갠지즈강은 길이 2,460킬로미터에, 유역면적 173만 평방킬로미터에 이르는 큰 강이다. 갠지즈강이 만들어 낸 인도 북부의 최대 곡창지역인 힌두스탄 평야는 인도 역사와 힌두문화의 중심이 되었다. 강 유역은 9,000만 인구의 삶의 터전이며 약 4억 5천만 명의 인도인이 갠지즈 강물에 의존하고 있다. 갠지즈강의 해돋이를 시바신의 도시 바라나시에서 만나는 것은 특별하다.

□ 7월 10일 (금) 주요일정 **바라나시 갠지즈 일출 관광**

04:00 이른 기상 04:45 갠지즈 강가 이동 □갠지스 강가 2015.7.10. 새벽 영원불멸의 도시로 힌두교 최대성지 북쪽의 바루나강과 남쪽의 아씨강 사이에 위치. 이른 새벽부터 수많은 관광객이 강가 여신에게 바치는 새벽제의인 **아르띠뿌자**를 보기위해 모여든다. 강 주변에 차려진 제대 주변으로 점차 인산인해를 이루기 시작. 오늘은 어제와 달리 강에서 반대로 뭍을 보기위해 500루피 주고 작은 보트에 승선 06:45 가트 구경 보트유람 종료 호텔 이동 07:15 호텔 도착 휴식 샤워 08:30 조식 - 아내 루피나의 영명축일(가톨릭 세례 기념축일)을 맞아 스카프 선물 □MK 가이드와 작별 우다이푸르 부터 우리의 전체 인도 일정 중 가장 긴 열흘을 함께한 맘씨 좋은 이웃집 아저씨 타입의 MK 가이드와 작별 . 10일간 수고 많음. 유머와 재치 겸비. 명함 교환 . 호텔로비 기념촬영. (250 달러 10일간 가이드 팁) 고향 바라나시를 매우 사랑하는 친구이며 정도 많은 71년생 인도 아저씨. 10:00 바라나시 3일 차 투어는 새벽 갠지즈강 보트유람 4시간 일정으로 오전 투어 대체하고 휴식. 11:00 바라나시 쇼핑 호텔 인근 쇼핑센타 방문 희경 핸드백 2개 35$ 남성 회색 실크스카프3$ 12:30 호텔 런치 가볍게 토마토 스프와 과일 스파게티 빵 커피로 런치 13:45 호텔출발 (몬순) 바라나시 공항 이동 30 분가량 Tbi 샌딩 직원 2$ 15:20 히말라야 크림 구입 15:50 델리 행 항공 이륙 17:00 델리도착 (6월 22일부터 델리 - 뭄바이, 뭄바이 - 코친, 마두라이 - 첸나이, 첸나이 - 델리, 델리 - 우다이푸르, 카주라호 - 바라나시, 바라나시 - 델리로 이어지는 인도내 국내선 7회 탑승 일정 마무리) 17:30 델리 공항 Tbi 직원미팅 18:00 호텔 투숙 18:50 델리 푸르노호텔 디너 (디너 중에 Tbi 본사 임원 2명 식당 방문, 한국어도 매우 잘하고 자기 이름에 선일 이란 한국이름을 넣은 쿠마르 선일 매니저와 부사장 식당 방문, 내일 런치와 디너는 특별히 델리 시내에서 한식으로 제공하기로 약속. 21:00 숙소인 아반돈호텔로 돌아와서 페어웰 파티 남은 소주 다 마시기. (귀국 짐 꾸리다보니 헉 ! 언제 분실했는지도 모르는데, 양복상의 1벌 어딘가에서 분실 사실 뒤늦게 확인, 여행 막바지 거의 정신 줄 놓음)

〈그림 248〉 MK - 원래는 MR. MITHILESH KUMAR SINGH란 긴 이름을 가진 가이드와 작별. 우다이푸르 부터 우리의 전체 인도 일정 중 가장 긴 열흘을 함께한 맘씨 좋은 이웃집 아저씨 타입의 MK 가이드와 작별 . 10일간 수고 많음. 유머와 재치 겸비. 아그라성에서 설명 중인 모습.

● 갠지스 강

인도인에게 있어서 갠지스강은 단순한 강이 아니다. 히말라야에서 발원한 갠지스강은 인도인들이 빨래하고 목욕하는 강이며 교통의 중추적 역할을 하는 강이며 경작지에 물을 대주는 강임에 틀림이 없다. 그러나 그 이상으로 갠지스강은 힌두의 신들과 밀접한 관련을 맺고 있는 성스러운 강이다. 그래서 갠지스강은 히말라야 산과 더불어 인도 문화의 원천이기도 한 것이다.

1947년 이래로 파키스탄에 포함되어 그 곳의 주요 동맥이 되고 있는 **인더스강**45)은 북부의 여러 거대한 강들 가운데 가장 서쪽에 위치한 강으로, 인도 문명의 요람이다. 만년설이 자리 잡고 있는 산맥지대에서 발원하고 있는 인더스강은 동부의 다른 강들처럼 사철 내내 풍부한 수량을 유지하며 흘러간다. 티베트로부터 아라비아해까지 약 2,000 마일의 길이를 지닌 막대한 수량의 인더스강은 사시사철 흐르는 천혜의 수자원이며 생명의 젖줄이기도 했지만, 히말라야 계곡으로부터 맹렬하게 밀려드는 인더스 강의 홍수는 제방 근처의 도시와 마을을 휩쓸고 지나가곤 했다. 인더스강을 그리스 계 페르시아인들이 사자라고 불렀다는 사실에서 보듯, 근처의 주민들에게 있어서 강은, 최근 콘크리트댐과 대규모 저수지가 건실되어 홍수조질이 가능해지고 그 방향을 바꿀 수 있게 되기 전까지는, 늘 고마운 대상이기도 하지만 때때로 공포의 대상으로 다가왔을 것이고 무릇 경외의 존재 그 자체였을 것이다.

1947년 인도와 이웃한 파키스탄은 인더스 계곡의 운하에 흐르는 귀중한 물을 서로 많이 차지하기 위해 격렬한 다툼을 벌였다. 새로 설정된 국경 양쪽에 위치한 비옥한 토양은 인더스강의 물이 제대로 공급되지 않을 경우 건조한 황무지로 변해버리기 때문이었다. 1960년 국제적인 중제로 주요한 갈등은 해결되었지만 두 나라는 신성한 조약에 보장된 것 보다 더 많은 양의 물을 끌어들인다며 서로를 비난하고 있다.

페르시아말로 **편자브**46)로 불리는 오하(五河)는 거대하게 펼쳐진 거인의 손가락 모양으

---

45) 인더스강은 파키스탄 중앙을 관통하는 강으로 상류인 인더스 계곡에서는 인류 초기문명인 인더스 문명이 발생하였다. 1947년 인도와 파키스탄이 분리되기 전에는 갠지스강과 함께 이 지역에서 문화적, 상업적으로 중요한 기능을 했고, 인도의 명칭도 인더스강에서 유래한 것이다. 티베트에서 발원해서 히말라야와 카슈미르를 거쳐 파키스탄에 이르러서는 남쪽으로 흘러 아라비아 해로 흘러들어 간다. 강의 총 길이는 2,900km ~ 3,200km정도이다.

46) 인도 북부와 파키스탄 중북부에 걸친 광대한 지방. 서쪽의 인더스강과 야무나강 사이에 펼쳐진 방대한 충적 평야지대이며, 인더스 강의 5개 지류 (젤룸 · 체나브 · 라비 · 베아스 · 수틀레지) 유역에 위치하고 있다. 편자브는 힌디어로 '5강의 유역'이라는 뜻이다. 인더스 문명의 북부 중심지로 기원전 1500년 무렵 아리아인이 북서쪽에서 들어왔고, 기원전 4~3세기 마우리아왕조 때는 불교가 보급되었다. 기원전 326년 알렉산더 대왕의 원정으로 인한 헬레니즘의 영향을 받았으며, 그 뒤에도 파르티아·쿠샨·가즈니 왕조 등의 지배를 받았다. 19세기 전반에는 시크 교도의 본거지가 되었다가 1849년 영국에 의하여 인도에 합병되었다. 1947년 인도·파키스탄 분리 독립 때 이슬람교도가 많은 서부는 파키스탄, 힌두교도, 시크교도가 많은 동부는 인도령이 되었다. 인도령이 된 편자브 주에서는 그 후에도 동요가 수습되지 않아 1966년 힌디어와 편자브어의 사용 지역에 따라 분리되어 하리아나와 편자브 2개 주가 되었다. 인도령 편자브 주는 농업이 발달하여 밀, 목화, 옥수수, 쌀, 사탕수수 등의 생산량이 많다. 주도는 찬디가르이다. 파키스탄 편자브주는 광

로 인더스강으로 흘러들어 하나의 주류로 합쳐진 다음 바다 쪽으로 향한다. 거대한 5개의 강 (젤룸 · 체나브 · 라비 · 베아스 · 수틀레지)이 흐르는 이 땅을 지금도 파키스탄과 인도에서는 펀자브로 부르고 있다. 하지만 1947년의 분리가 있고 난후 파키스탄은 원래의 5개강 중 4개의 강만이 흐르고 있으며 인도에는 2개의 강만이 그곳의 토양을 비옥하게 해주고 있다. 그러한 영향으로 인도의 펀자브주는 비옥한 토양과 풍부한 수력자원 덕택으로 1970년대에 인도의 25주 가운데 가장 부유한 주로 부상하게 되었다.

야무나강은 거뭇한 잔물결에 타지마할의 상아빛 첨탑의 영상을 담고서 올드 델리의 레드포트와 아그라를 지나 완만하게 굽이쳐 지나간다. 그리고 신성한 알라하바드에서 시작하는 자매강인 사라스왓티강은 갠지스강과 야무나강과 합류하여 힌두 인도의 신성한 도시들 중에서도 가장 신성한 도시로 알려진 바라나시로 느긋하게 흘러간다.
이밖에도 히말라야 산자락에서 흘러나오는 여러 거대한 강들은 동쪽을 향해 갈수록 점점 폭이 넓어지면서 당당한 자태를 갖추어 가는 어머니 갠지스강의 품속으로 들어간다. 갠지스강의 지류들 가운데 가장 거대한 강으로는 서사시에 등장하여 널리 알려진 고그라강과 간다크강이 있다. 이 강들은 고대 마우리야왕조의 수도였던 파트나 근처에서 갠지스강과 합류한다. 남쪽에서는 손강 역시 인도의 철과 석탄의 보고의 검은 산악지대 비하르와 초타나그프르 지방의 울퉁불퉁한 고원지대에서 흘러나와 북쪽의 갠지스강과 합류한다. 갠지스강은 파트나 동쪽 벵골 방면으로 300마일 가량 더 흘러간 지점에 이르러 거대한 흐름을 형성하고 있는 신성한 브라만의 아들 브라마푸트라강과 뒤섞인다. 이 브라마푸트라강은 인더스강의 발원지와 가까운 티베트 지방에서부터 솟아나와 2000마일 가량 동쪽으로 흐른 뒤 남쪽으로 방향을 틀어 아쌈과 메갈라야 지방을 관통한 다음 방글라데시와의 국경지대에서 갠지스강의 주류와 합류한다.

● 갠지즈강과 바라나시

인도의 강은 대부분이 여성이다. 인도의 하천은 인간의 생활을 풍요롭고 윤택하게 해주는 어머니와 같은 존재라는 생각 때문일 것이다. 그래서 푸라나에 히말라야의 딸로서 강가 여신이 등장한다. 강가라는 말은 오스트로 - 아시아어 계통에 속하는 것이다. 그래서 힌두교가 본격적으로 융성하게 된 기원후에야 비로소 강가 여신이 중요시되었다. 강가 여신을 시바신의 아내인 파르바티의 여동생으로 여기게 된 것은 이 여신과 시바 신과의 관계를 나타내는 것이다. 특히 북인도를 가로지르고 있는 갠지스 강과 야무나 강은 풍성한 힌두문화를 탄생시킨 곳이다. 어떻게 보면 힌두문화의 시원지라고 할 수 있을 것이다. 불교도 바로 여기서 이러한 문화적 전통아래서 생겨나고 발전했던 것이다.
짙은 어둠이 옅어진다. 긴 밤을 흙빛으로 지새우던 강물 위에 연한 붉은 빛이 더해지기

대한 충적평야를 차지하며 국내 최대의 밀 산지이다. 암염, 석고, 석탄, 석회암 등의 매장량이 많으며, 석유도 산출된다. 주도는 라호르이다. (세계지명 유래사전, 2006)

시작한다. 너른 강물 저편으로 새로운 날을 밝히는 황금빛 기운이 솟아오른다. 수천리 길을 달려온 순례자와 여행객들로 가득한 강가에는 만트라 독경소리만 나직하게 흘러나올 뿐 경건함으로 가득하다. 갠지즈강은 인도인의 생명의 근원이다. 중부 히말라야 강고트리에서 발원하여 남쪽으로 흘러 힌두스탄평야와 벵골평야를 관류하고 벵골만으로 흘러드는 갠지즈강은 길이 2,460킬로미터 유역면적 173만 평방킬로미터에 이른다.

갠지즈강이 만들어 낸 인도 북부의 최대 곡창지역인 힌두스탄평야는 인도 역사와 힌두문화의 중심이 되었다. 강 유역은 9000만 인구의 삶의 터전이며 4억5천 만명의 인도인이 갠지즈 강물에 의존하고 있다. 갠지즈강의 해돋이를 시바신의 도시 바라나시에서 만

〈그림 249〉 거친 순례 길을 걷고 신성한 갠지즈 강물에서 죄 사함을 받은 이들의 얼굴은 희열로 가득하다 강 한 켠 낡은 건물에서 연기가 솟아오른다. 바라나시에서는 생명의 근원인 갠지즈를 만나고 생을 마감하는 이는 길한 죽음을 만날 수 있다고 한다. 바라나시에서 이승을 떠나면 모크샤, 윤회의 고리를 끊을 수 있다하여 강 이 곳 저곳에서 화장을 하고 그 재를 갠지즈 강물에 흘려보낸다.

나는 것은 특별하다. 바라나시는 매년 100만 이상의 관광객과 순례자가 찾는 곳이다. 갠지스 유역에서 가장 신성한 도시로 알려진 바라나시는 베나레스 혹은 바나라스 라고도 불린다. 바라나시라는 이름은 도시의 두 강인 바루나와 아시의 사이에 자리 잡고 있다는 것에서 유래 했다.

도시 인구는 120만이지만 인도에서 가장 오래된 도시 중의 하나이며 힌두교 불교 자이나교의 중요한 성지로써 연간 100만 명 이상의 순례객과 관광객이 찾는 곳이다.
빛의 도시라는 뜻의 카시로도 불렸던 바라나시는 기원전 6세기 무렵 카시왕국의 수도로 번성했으며 이후 코살라왕국, 마가다왕국에 지배되었다. 11세기경부터 시작된 이슬람의 침략과 약탈로 무굴제국 아우랑제브 황제 때 도시와 힌두교 사원 대부분이 파괴되었다. '황금사원'이라고 부르는 '비슈와나트 사원'은 이슬람의 약탈로 파괴된 대표적인 사원이

다. 갠지스강을 만나기 위해 찾아 온 바라나시에는 순례 길을 맨발로 걸어 온 수많은 힌두신자들로 뜨거운 열기로 가득하다. 그들은 순례자를 위해 만들어진 계단식 목욕장인 가트에서 혹은 얕은 강가에서 갠지스 강물에 몸을 담는다. 속죄의 의식이다. 이생에서 쌓은 모든 업을 씻어내는 것이다.

〈그림 250〉 아르띠 뿌자가 진행되는 동안 곳곳에서 간절한 기도 소리를 들을 수 있었다. 인도인들의 삶에 종교가 차지하는 부분이 얼마나 큰지, 그와 더불어 이 갠지스강이 얼마나 상징적인 공간인지 다시 한 번 실감할 수 있는 순간이었다. 이 곳, 바라나시는 힌두교의 성지. 갠지스강은 그들의 젖줄이라고들 한다.

거친 순례 길을 걷고 신성한 갠지스 강물에서 죄 사함을 받은 이들의 얼굴은 희열로 가득하다 강 한 켠 낡은 건물에서 연기가 솟아오른다. 바라나시에서는 생명의 근원인 갠지스를 만나고 생을 마감하는 이는 길한 죽음을 만날 수 있다고 한다. 바라나시에서 이승을 떠나면 모크샤, 윤회의 고리를 끊을 수 있다하여 강 이곳 저곳에서 화장을 하고 그 재를 갠지스 강물에 흘려보낸다.

아르띠뿌자

인도 바라나시의 '갠지스'강을 두고 말하기를, 인도인들의 영혼의 고향이라고들 한다. 삶과 죽음이 공존하는 강, 갠지스. 그 곳에서 만날 수 있는 힌두교의 종교의식인 '아르띠뿌자'를 보고자 찾아왔다. 가이드북에는 2층 카페 발코니에 앉아 보면 좋다는 이야기에 우리는 2층 발코니를 값을 치르고 앉아서 볼 수 있었는데, 멀리서 조망하는 2층 자리보다 가까이에서 그들의 표정과 숨소리를 느끼는 것도 나쁘지 않겠다는 생각이다. 힌두교의 주요신들 중 하나인 '시바 신'에게 바치는 제사, 아르띠뿌자. 창조와 파괴의 신인 시바(Shiva)는 10개의 팔과 4개의 얼굴을 가졌으며 몸이 검푸르다고 하는데, 이러한 시바 신이 인간 세상에 현신한 것이 '왕'이라고 한다. 힌두교 안에서도 시바 신을 최고신으로 숭배하는 종파가 따로 있을 정도라고. 제사를 거행하는 사람들은 인도의 카스트제도 속에서도 가장 최상층인 '브라만(승려)'이다. 나이가 어린 브라만부터 연륜이 느껴지는 노인까지 다양하다. 연기를 피워 올리며 진행하는 모습이 경건하여 나도 모르게 숨을 죽였다. 시종일관 들려오는 낯선 인도의 선율이 이 분위기를 더욱 고조시킨다.
아르띠뿌자가 진행되는 동안 곳곳에서 간절한 기도 소리를 들을 수 있었다. 인도인들의 삶에 종교가 차지하는 부분이 얼마나 큰지, 그와 더불어 이 갠지스강이 얼마나 상징적인 공간인지 다시 한번 실감할 수 있는 순간이었다. 이 곳, 바라나시는 힌두교의 성지. 갠지스강은 그들의 젖줄이라고들 한다. 힌두교인이라면 누구나 갠지스에서 죽기를 희망한다고. 한낱 여행자에 불과한 우리에게 이 광경은 '구경거리'인 셈이지만, 그들에게 갠지스강과 이 아르띠뿌자는 삶보다 중요한 상소와 순간일 것이다. 감히 어떻게 그것을 다 헤아릴 수 있을까. 아르띠뿌자의 막바지에 사람들은 갠지스강으로 꽃등을 떠내려 보낸다. 저마다의 소원을 담고 넘실넘실 꽃등은 강을 건넌다. 혹자는 갠지스강을 두고 환경오염 문제를 거론하기도 한다지만, 그 이유만으로는 막을 수 없는 확고한 문화와 정신이 이곳에는 남아 있다.
갠지스강의 진풍경으로 빨래를 하거나 장례를 치르는 돌계단 '가트(Ghat)를' 꼽는데, 아르띠뿌자는 이 가트 중에서도 큰 길과 맞닿아 있으면서 가장 중심에 있는 '다샤스와메드 가트'에서 매일밤 열린다. 인도의 문화를 가까이에서 느껴볼 수 있는 좋은 기회인지라, 수많은 여행객들 역시 이 아르띠뿌자를 보기 위해 몰려든다. 갠지스 강물은 그렇게 생명의 근원이고 삶의 터전이며 생을 마감하는 곳이다. 강물은 혼탁하고 도시는 복잡하지만 극도의 혼란스러움 속에서 숨겨진 묘한 매력에 고개를 끄덕이며 다시 찾고 싶다는 생각을 하게 되는 곳 그곳이 바라나시의 갠지스 강이다.

아르띠뿌자 인도 바라나시의 '갠지스'강을 두고 말하기를, 인도인들의 영혼의 고향이라고들 한다. 삶과 죽음이 공존하는 강, 갠지스. 그 곳에서 만날 수 있는 힌두교의 종교의식인 '아르띠뿌자'를 보고자 찾아왔다. 가이드북에는 2층 카페 발코니에 앉아 보면 좋다는 이야기를 종종 볼 수 있는데, 개인적으로 멀리서 조망하는 2층 자리보다 가까이에서 그들의 표정과 숨소리를 느끼는 것이 더 좋은 것 같다. 힌두교의 주요신들 중 하나인 '시바 신'에게 바치는 제사, 아르띠뿌자. 창조와 파괴의 신인 시바(Shiva)는 10개의 팔과 4개의 얼굴을 가졌으며 몸이 검푸르다고 하는데, 이러한 시바 신이 인간 세상에 현신한 것이 '왕'이라고 한다. 힌두교 안에서도 시바 신을 최고신으로 숭배하는 종파가 따로 있을 정도라고. 제사를 거행하는 사람들은 인도의 카스트제도 속에서도 가장 최상층인 '브라만(승려)'이다. 나이가 어린 브라만부터 연륜이 느껴지는 노인까지 다양하다. 연기를

〈그림 251〉 갠지스 강을 만나기 위해 찾아 온 바라나시에는 수 백 킬로의 순례길을 맨발로 걸어 온 수많은 힌두신자들의 뜨거운 열기로 가득하다. 그들은 순례자를 위해 만들어진 계단식 목욕장인 가트에서 혹은 얕은 강가에서 갠지즈 강물에 몸을 담는다. 속죄의 의식이다. 이생에서 쌓은 모든 업을 씻어내는 것이다.

피워올리며 진행하는 모습이 경건하여 나도 모르게 숨을 죽였다. 시종일관 들려오는 낯선 인도의 선율이 이 분위기를 더욱 고조시킨다.

아르띠뿌자가 진행되는 동안 곳곳에서 간절한 기도 소리를 들을 수 있었다. 인도인들의 삶에 종교가 차지하는 부분이 얼마나 큰지, 그와 더불어 이 갠지스강이 얼마나 상징적인 공간인지 다시 한 번 실감할 수 있는 순간이었다. 이 곳, 바라나시는 힌두교의 성지. 갠지스강은 그들의 젖줄이라고들 한다. 힌두교 인이라면 누구나 갠지스에서 죽기를 희망한다고. 한낱 여행자에 불과한 나에게 이 광경은 '구경거리'인 셈이지만, 그들에게 갠지스강과 이 아르띠뿌자는 삶보다 중요한 장소와 순간일 것이다. 감히 어떻게 그것을 다 헤아릴 수 있을까. 아르띠뿌자의 막바지에 사람들은 갠지스강으로 꽃등을 떠내려 보낸다. 저마다의 소원을 담고 넘실넘실 꽃등은 강을 건넌다. 혹자는 갠지스강을 두고 환경오염 문제를 거론하기도 한다지만, 그 이유만으로는 막을 수 없는 확고한 문화와 정신이 이곳에는 남아있다.

갠지스강의 진풍경으로 빨래를 하거나 장례를 치르는 돌계단 '가트(Ghat)를' 꼽는데, 아르띠뿌자는 이 가트 중에서도 큰 길과 맞닿아 있으면서 가장 중심에 있는 '다샤스와메드 가트'에서 매일밤 열린다. 인도의 문화를 가까이에서 느껴볼 수 있는 좋은 기회인지라, 수많은 여행객들 역시 이 아르띠뿌자를 보기 위해 몰려든다.

■ 델리(2) Delhi 21일차 2015.7.11(토)

〈그림 252〉 인도 정치의 심장부라고 하는 인디아 게이트 [India Gate] 는 비자이 초크에서 동서로 뻗어 있는 라지파트 거리 동쪽 끝에 있다. 제1차 세계대전 때 영국을 위해 싸우다가 죽은 인도 병사의 넋을 기리는 기념물이다. 높이 42m의 아치에 9만여 명의 장병 이름이 새겨져 있다. 1931년에 완성되었으며, 1972년에는 인도독립 25주년을 기하여 불멸의 불이 점화되었다

*□ 7월 11일 (土) 주요일정 델리 **국립 델리 현대미술관 탐방***

*인도에서의 마지막 일정 08:00 기상 09:30 조식 11:00 호텔 체크 아웃 (몬순) (110 루피) 사이다 등 룸서비스 정산 5,000 루피 환전 (100$) 벨맨 1$ 객실 50루피 11:50 델리 한국식 런치, 궁, 묵은지 김치찌게와 잡채밥 맥주 1bottles (Tbi sponsor) 13:24 국립 델리 현대미술관 탐방 (계속몬순) 길에 물이 많이 불어남 (150×4 = 600 루피 미술관 입장료) 14:54 이슬람 사원 방문. **여성은 가운 착용. 전원 맨발 입장.**[47] 때마침 라마단 기간 중이라 기도하는 순례자로 붐비는 사원. 2000개의 기둥과 돔 3개로 구성되었다는 가이드 설명. 400루피 사원 입장료. 400 루피 121계단 타워 입장료 지불. 16:30 사원 탐방완료. 17:00 기념품점 탐방 완료. 17:48 연꽃사원 외관. 18:00 기념품점 - 2 탐방 완료. 19:00 디너 (일식) 게 맛. (저녁식사 메뉴 또 약속 어김) 혹시 가이드의 농간 ? 궁 한식이 전기가 안 들어온다고? 나중에라도 따져야할 부분. 내가 한식내라고 하지 않음 현지 티비아이 부사장(한국어 능숙) 선일 쿠마르 매니저 자기 입으로 한 약속인데..... 마지막을 지저분하게 하는 군 ! 인도는 관용과 인내라고 했으니 내가 참자. 20:00 공항 출발 Tbi 직원 기념품 준비 조인 20:30 간디공항 이동 도착 23:15 인디라 간디공항 탑승수속, 델리 이륙. 다음날 04:15 5시간 걸려 홍콩 도착.*

〈그림 253〉 인도의 대부분의 사원은 신발을 벗고 입장하게 되어 있다. 여성에게는 겉옷위에 입을 수 있는 가운이 지급된다.

● 자미 마스지드 Jami Masjid

델리에는 인도에서 가장 규모가 큰 이슬람 사원이 있다. 이 건물을 건축한 이는 타지마할을 지은 샤자한(Shah Jahan) 황제이다. 무굴 시대의 완성된 모스크 건축 형태를 나타내고 있는 델리 자미 마스지드(Jami Masjid, 금요집회(金曜集會) 모스크)는 레드 포트(Red Fort)의 서남쪽, 찬드니 초크 남쪽 랄 킬라의 붉은 성벽 앞에 서 있는 델리 최대의 모스크인 자미 마스지드 Jami Masjid는 샤자한이 마지막으로 세운 건축물이자 인도와 이슬람 양식이 융합된 무굴 건축의 걸작이다. 이 사원에서는 2만여 명이 동시에 알라신에게 무릎을 꿇고 경배를 올릴 수 있다고 한다.

---

47) 인도를 여행하다 보면 수많은 사원들을 방문하게 되는데, 이 때에는 그 종교를 존중하는 마음으로 옷차림과 태도의 특히 주의해야 한다. 소매 없는 옷이나 짧은 바지는 피하고, 허가된 구역만 둘러보는 등, 다소 불합리하게 여겨지더라도 규칙을 따라야 한다. 인도의 대부분의 사원은 신발을 벗고 입장하게 되어 있다. (자이나교 사원에는 모든 가죽 제품도 벗어놓고 들어간다) 심지어 생리중인 여성은 사원 내 신성한 구역에는 입장이 허가되지 않는다. 힌두교 사원은 이교도는 입장 자체가 허가 되지 않는 사원도 있으니 반드시 물어보고 남자들도 다리를 드러내는 옷차림의 경우 입장이 허가되지 않는 경우가 있다. 시크 사원은 반드시 머리를 가려야 한다. 모자를 쓰거나, 하다못해 손수건이라도 얹어야 한다. 불교 사원은 대부분 모든 사람들에게 개방되어 있다. 모스크라 불리우는 이슬람 사원은 몇몇 유명한 모스크를 제외하고 비 신도들은 본 회당에 입장이 금지된다. 엄격한 곳에서는 여성의 머리를 가릴 것을 요구하기도 한다.

이 사원은 1644년에 착공하여 15년 뒤인 1658년에 완공되었는데, 길이와 폭이 약 110m이며 높이 10m의 기단 위에 서 있다. 붉은 사암과 하얀 대리석으로 쌓아 올린 40m의 뾰족탑이 특히 볼 만하다. 두 개의 탑 중 일반인에게 공개된 남쪽의 탑에 올라서면 델리의 풍경을 한 눈에 볼 수 있다. 붉은 사암으로 지은 너비 60m, 길이 36m의 거대한 모스크와 흰 대리석의 돔, 높은 첨탑을 보면 인도에서 가장 큰 이슬람사원이라는 것이 실감난다. 모스크 주변에는 온갖 상점들이 들어서 사람들로 북적인다. 다른 이슬람 사원들과 마찬가지로 신을 벗고 들어가야 한다.

주위에는 아케이드가 있는 회랑이 둘러서 있고 동·남·북 3면에 서 있는 출입문 앞에는 대형 계단이 설치되어 있다. 중정의 중앙에는 천수(泉水)로 된 4각형 목욕지가 있으며 그 서측에 서 있는 예배 실은 정면 길이 60m, 깊이 26m이고 백대리석과 적색사암으로 축조되어서 힘찬 건물 외관을 형성하고 있다. 중앙에는 대형의 이완(Iwan)형 아치가 서 있으며 그 좌우에 5개의 아치가 서 있어 전면은 11칸이며 깊이는 2칸으로 되어 있다. 또한 모든 아치는 다엽형(多葉形) 아치로 만들었다. 예배실 상부에는 백 대리석으로 만든 3개의 구근형(球根形) 돔이 아름답게 솟아 있으며 예배실 좌우 모서리에는 높이 42m의 8각형 미나레트가 서 있다.
무슬림이 인도에 들어와 세력을 형성하기 시작한 것은 8세기경부터이지만, 인도의 지배적 종교인 힌두교와 이슬람교의 사이는 오랫동안 좋지 않았고 여전히 좋지 않다.

근본적으로 화합할 수 없는 사상과 문화를 가진 이들은 심각한 유혈사태를 일으키기도 했다. 특히 19세기말 인도를 식민지 삼았던 영국이 분리통치정책의 일환으로 힌두-무슬림의 종파적 갈등을 이용하는 바람에 인도와 파키스탄이 분리 독립으로 치달으며 충돌하여 백만 명이 사망하는 대참사가 벌어지기도 했다. 현재 인도에 거주하는 무슬림은 약 1억 2천만. 소수집단인 이들은 정부의 무슬림 포용정책에도 불구하고 아직도 인도 내에서 종파갈등을 겪고 있다.

● 티베트하우스 Tibet House

'티베트하우스'는 티베트에 관한 작은 박물관이다. 이곳에 전시된 물건들의 중심은 티베트의 정치적인 지도자이자 종교적인 지도자인 달라이 라마(Dalai Lama)가 인도로 망명올 때 가지고 왔던 의식용 물품이다. 1974년 티베트하우스의 새 빌딩을 지을 때 달라이라마가 주춧돌을 직접 올리는 등, 달라이라마와 이곳은 밀접한 관계를 가지고 있다.

이외에도 1959년 이후 정치적인 문제로 티베트에서 험한 히말라야 산맥을 넘어 인도로 망명한 많은 사람들이 가지고 온 종교적으로 중요한 책과 물품들이 이곳에 보관되어 있

〈그림 254〉 국립 델리 현대미술관 탐방. 옥외의 설치미술 작품

다. 티베트의 탱화라 할 수 있는 "탕카(Thangka)"가 200여 점. 각종 조각상 100여 개 등등. 그리고 3천 권 이상의 책이 모여 도서관을 이룬다. 티베트 승려의 학문적인 깊이와티베트 문학에 대해 알 수 있는 귀중한 자료들이다.

이곳은 단순히 자료들을 모아놓은 박물관의 역할에만 만족하지 않는다. 티베트 불교에 대한 강의를 개최하여 티베트의 문화를 알리고, 티베트의 음악을 알리기 위한 경연대회도 열고 있다. 티베트 특유의 향 등 티베트 물품들을 파는 매장도 그러한 문화 전파에 한 몫 한다.

티베트인들에게 티베트 불교는 생활과 밀접한 연관을 가지고 있다. 티베트 불교에서는 스승, 즉 라마를 중시한다. 그 때문에 라마교라 불리기도 한다. 티베트의 불교는 인도에서 직접 들어온 것으로, 티베트어 경전은 인도의 산스크리트어 경전을 연구하는 데 중요한 역할을 하고 있다.

● 디감바 자인교 사원 Digambar Jain Temple

자인교는 생명을 중요하게 생각한다. 찬드니촉 거리의 초입에는 자인교(Jainism)의 작은 사원이 서 있다. 1656년에 지어진 이곳의 이름은 '디감바 자인교 사원'이지만, 별칭은 "새의 병원(Bird Hospital)"이다. 먹이를 찾아 날아오는 새들을 돌봐서인지, 이곳에는 다친 새들이 스스로 찾아온다고. 사원의 위층에 새의 병원이 마련되어 있는데, 사원에 들어가려면 가죽신, 가죽옷 등 몸에 지닌 가죽제품을 모두 내려놓아야 한다. 생명을 중시하기 때문에 시체의 일부인 가죽 또한 금지하는 것이다.

자인교는 BC 6~5세기 무렵. 부처와 같은 시대에 살았던 마하비라(Mahavira)가 주창한 종교이다. 자인교의 목표는 영혼을 완전히 정화하여 삶의 비참한 속박에서 벗어나는 것. 그것을 그들은 '승리 한다'고 여겼다. 그리하여 승리자, 혹은 정복자를 의미하는 '지나'에서 '자인 교'라는 이름이 유래했다. 자인교란 "지나의 가르침"을 뜻한다.

자인교의 특징 중 하나는 물질에 대한 집착을 버리는 것이다. 그 때문에 자인교 수행자들은 극단적인 무소유인 나체수행을 지향한다. 또 하나의 특징은 불살생과 비폭력을 추구하는 것. 동식물은 물론이거니와, 땅[地(지)] · 물[水(수)]· 불[火(화)] · 공기[대기(大氣)]를 바탕으로 하고 있는 수많은 여러 생물의 존재를 인정하고 그들 생명의 존엄성을 지켜주자는 주장을 펼치고 있다.

● 구루드와라 방글라 사힙 Gurdwara Bangla Sahib

이곳을 방문했던 구루 하르 크리샨의 나이는 일곱 살이었다. 시크교도들의 성전 '구루드와라 방글라 사힙'은 8대 시크교 구루인 하르 크리샨이 1664년 왕의 초대로 델리를 방문했을 때 머문 곳에 지어졌다. 당시 인도 왕인 라자 자이 싱의 소유였던 이 건물에서 가장 인상적인 것은 황금 돔이다. 모든 순례자에게 아침 3시부터 저녁 9시까지 열려 있는 이 예배당의 동쪽에는 무료로 매일 식사를 제공하는 채식식당이 있다.

이곳을 방문하던 당시 구루 하르 크리샨의 나이는 일곱 살이었다. 다섯 살 때 손수건 하나로 나병환자를 낫게 했다는 전설이 전해지는 그는 천연두와 콜레라가 돌던 델리 주민들의 고통을 덜어주기 위해 빈민가를 방문하여 새 옷을 주고 치유력이 있는 성수라 알려진 방글라 사힙의 우물물을 나누어 주었다. 현재에도 이곳의 물은 치료에 효과가 있는 성수로 여겨진다. 결국 하르 크리샨은 많은 사람들을 만나던 중 그들에게 옮은 천연두 때문에 일곱 살의 나이로 세상을 뜨게 된다.

시크교는 힌두교와 이슬람교를 합친 종교로, 16세기 초반에 구루인 나나크 데브(1469 ~1539)가 주창했다. 시크교 안에서는 모두가 평등하다. 신과 여신 간에도 차이가 없고 남자, 여자, 부자, 가난한 자, 종교, 인종 모두 평등하다. 시크교는 카스트제도를 거부한다. 어떤 동물도 죽이지 않는다. 시크교에 따르면, 인간은 신에 대한 사랑과 현세의 선행으로만 구제된다. 대부분의 남자신도들은 머리털과 수염을 절대 깎지 않아 외모만 보더라도 시크교도임을 알 수 있다.

● 락슈미 나라얀 사원 Lakshmi Narayan Temple

이곳은 여러 신의 조각들로 가득 차 있다. 비슈누와 그의 아내 락슈미를 모신 힌두교 사원인 '락슈미 나라얀 사원'의 다른 이름은 '비를라 만디르(Birla Mandir)'이다. 인도 굴지의 재벌 중 하나인 비를라 가문의 발데브 다스 비를라가 세운 사원이기 때문이다. 비슈누와 락슈미를 같이 묘사한 것을 보통 락슈미-나라야나(Lakshmi-Narayana)라 하는데, 사원의 이름도 이것에서 왔다. 하지만 수많은 신을 모시는 인도답게 이곳 또한 두 신만을 모시지는 않는다. 별관에는 시바와 그의 아내 두르가가 모셔져 있고, 한쪽에는 불교사원이 세워져 있기도 하다. 불교순례자는 누구나 사원의 숙박소를 별도의 요금 없이 이용할 수 있다.

1938년에 세워진 이 사원은 현대적 감각을 자랑한다. 사원 전체는 힌두 신화에 나오는 여러 장면들로 조각되어 있다. 이 작업에는 백 명 이상의 조각가들이 참여했다고 한다. 이 조각들 속에서 부처도 힌두교 신의 하나로 대우받는다. 비슈누의 아홉 번째 화신으로 그려지고 있는 것이다. 비를라 가문은 인도 전역에 수많은 사원과 천문관들을 세웠는데. 이 사원을 공개할 때는 간디를 초청하여 이곳이 종교나 신분에 구애받지 않는 열린 신전임을 내세웠다고 한다. 락슈미 여신은 어머니의 신으로 다산을 상징하였지만, 이후에 아름다움과 행운, 행복, 부를 상징하는 여신으로 여겨졌다. 주로 비슈누의 아내로 그려지고 있다.

● 바하이 사원 Bahai House of Worship

바하이교는 아름다운 사원으로 더욱 알려졌다. 그토록 종교가 많은 인도. 모든 종교를 한꺼번에 아우르는 종교는 없을까? 있다. 19세기 초에 바하 올라(1817~1892)에 의해 중동에서 시작되어 1844년 인도로 들어온 '바하이'는 모든 종교들은 넓은 가슴으로 품

〈그림 255〉 바하이 사원(Bahai House of Worship) 1980년에서 86년에 걸쳐 지어진 이 사원은 연꽃 모양이다. 이란의 건축가 파리부르즈 사바(Fariburz Sahba)가 설계한 이 사원은 아홉 개의 연꽃잎이 삼층으로 겹쳐져, 총 27개의 연꽃잎이 정갈하게 모여 있다. 사원 주위의 아홉 개의 연못은 연꽃을 둘러싼 푸른 잎이다. 아홉이라는 숫자가 반복되는 이유는 바하이에서 9가 통합을 의미하는 숫자이기 때문이다.

는다. 이슬람교의 한 분파로 시작한 신흥종교인 바하이는 이슬람교의 '성전'을 거부하고 평화를 가장 큰 가치로 여긴다. 부처, 예수 등은 하느님의 뜻을 세상에 전파하기 위한 화신이라고 여긴다. "전 세계는 하나의 나라이고 인류는 그 나라의 시민들이라"는 말에서도 엿볼 수 있듯, 전 인류는 형제라 여기고 모든 국가는 통합되어야 한다고 생각한다. 그들은 또 가르친다. "자기 조국을 사랑하는 자신을 자랑할 것이 아니라 전 세계를 사랑하는 자신을 자랑해야 한다. 지구는 한 나라요, 인류는 그 백성이다"라고.

미국, 독일, 호주, 파나마 등 세계 곳곳에 사원이 있지만, 특히 델리에 있는 바하이 사원은 그 아름다움으로 눈길을 끈다. 1980년에서 86년에 걸쳐 지어진 이 사원은 연꽃의 모양이다. 이란의 건축가 파리부르즈 사바(Fariburz Sahba)가 설계한 이 사원은 아홉 개의 연꽃잎이 삼층으로 겹쳐져, 총 27개의 연꽃잎이 정갈하게 모여 있다. 사원 주위의 아홉 개의 연못은 연꽃을 둘러싼 푸른 잎이다. 아홉이라는 숫자가 반복되는 이유는 바

하이에서 9가 통합을 의미하는 숫자이기 때문이다. 지름 70m, 높이 34.27m의 바하이 사원의 실내에서는 1300명이 함께 앉아 집회를 가질 수 있다. 어떤 신전과도 다른 특징은 신을 묘사하는 조각, 그림, 글씨는 물론이거니와 제단도 없다는 것이다. 방문자들이 제각각의 신에게 기도를 올릴 수 있는 의자만 비치되어 있다. 이곳에서는 신분, 종교와 상관없이 자신이 믿는 신에게 기도하고 명상할 수 있다.

■ 인도출국 22일차 2015.7.12(일)

〈그림 256〉 유네스코 세계문화유산에 지정된 인도 최대 규모. 델리에 남아 있는 가장 오래된 12세기 유적군. 쿠트브 미나르 (Qutub Minar) 유적군은 노예왕조의 술탄이었던 꾸뜹 웃딘 에이백 (Qutab-ud-din Aibak)이 힌두교도에 대항해 이슬람 세력의 승전을 기념하며 세웠다. 웅장하고도 독특한 건축 양식이 압권이다. 높이 72.5m, 지름 15m의 원통형 탑은 1층부터 3층까지 사암, 4층과 5층은 대리석과 사암으로 지어졌다. 1층은 힌두 양식, 2층과 3층은 이슬람 양식으로 설계된 이 미나르는 힌두와 이슬람 양식의 융합이 가장 두드러진 작품으로 평가 받는다

□ 7월 12일 (일) 주요일정 ***귀국***
익일 04:15 5시간 걸려 홍콩 도착 델리 - 홍콩 약 4,000 km 04:15 (인도시간) 홍콩 경유 (06:45 in HK : 이하 홍콩시간) 트랜짓 1시간 45분 08:30 홍콩 이륙 (한국 09:30) 홍콩 인천 간 2,500km 약 3시간 비행 12:30 인천도착, 입국수속

● 인도의 유네스코 UNESCO 세계유산 목록

(No. / 세계유산 / 분류 / 지정연도 순)

1. 아그라 요새 [Agra Fort] / 문화유산 / 1983년

성벽과 성문이 붉은 사암으로 만들어져 '붉은 성'이라고도 불리는 아그라성은 밖에서 보면 천상 견고하고 딱딱한 요새다. 성을 빙 둘러 해자가 있고 높이가 20m, 길이가 2.5km나 되는 성벽이 이중으로 성을 감싸고 있으며 현재까지도 군사시설로 사용되고 있다. 하지만 견고한 성벽 안에 감춰진 내부는 사뭇 다른 분위기다. 크고 작은 궁전과 모스크, 정원의 테라스와 분수대는 자무나(Jamuna)강 건너편의 타지마할이 그렇듯 동화적인 아름다움과 화려함의 극치를 보여준다. 타지마할의 북서쪽 자무나 강변에 위치한 아그라성은 1565년 무굴제국의 제3대 황제 악바르(Akbar) 대제에 의해 만들어졌으며, 후대의 왕들에 의해 지속적으로 증축되었다. 특히 건축에 남다른 애정과 재능을 보였던 샤자한(Shah Jahan) 시대에 궁성으로 개조되면서 화려한 건축물들이 대거 추가되고, 샤자한의 아들 아우랑제브(Aurangzeb)가 외부 성채를 건설하고 이중으로 된 성벽 사이에 물길을 설치했다. 내부의 자한기르(Jahangir) 궁전은 악바르 대제가 힘겹게 얻은 아들 자한기르를 위해 지은 것이다. 아그라 성벽과 같은 붉은 사암으로 건설되었으며, 정교하고 화려한 조각이 일품이다. 한편 흰 대리석으로 지은 카스(Khas) 궁전은 단아한 느낌을 준다. 샤자한 황제가 만든 디완이암(Diwan-i-Am)과 디완이카스(Diwani Khas)도 놓치지 말아야 할 볼거리다. 디완이암은 1631년~1940년에 건설한 강연장으로 붉은 사암으로 만든 뒤 백색 치장벽토로 장식을 했으며 내외부가 무척 호화 롭다. 디완이카스는 귀빈들을 맞는 왕의 접견실로 1635년에 건설되었으며, 자한기르왕이 만든 검은색 왕좌가 놓여 있다. 가슴 시린 사연이 있으면 같은 건물이라도 다시 보게 마련이다. '포로의 탑'이라는 뜻의 무삼만 버즈(Musamman Burj)는 8각형의 커다란 탑으로 샤자한이 말년에 아들 아우랑제브에 의해 유폐되어 살았던 곳으로 유명하다. 이곳의 테라스에 서면 샤자한이 아내 뭄타즈 마할(Mumtax Mahal)을 애도하며 만들었다는 '지상에서 가장 아름다운 무덤' 타지마할이 아련히 보인다. 샤자한은 날씨가 맑은 날이면 이곳에서 타지마할을 보며 죽은 아내를 그리워했다고 한다. 아그라성 안에는 여러 개의 아름다운 모스크가 있다. 가장 유명한 것은 역시 샤자한이 만든 모티 마스지드(Moti Masjid)다. 대리석으로 만든 사원으로 '진주 모스크'라고도 불리는데 완벽한 조형미를 자랑하고 있다. 이외에도 궁녀들을 위한 사원인 나기나 모스지드(Nagina Masjid), 황제의 개인 예배실로 규모가 작은 미나 모스지드(Mina Masjid) 등이 있다.

2. 아잔타석굴 [Ajanta Caves] / 문화유산 / 1983년

뭄바이 동쪽 334km에 소재하는 아우랑가바드에 있는 서기 3세기 유적지로 거대한 하나의 석굴에 주로 힌두교, 불교 및 자이나교 등 3개 종교의 벽화, 조각 등이 잘 보존되어 있으며 유네스코가 지정한 세계 유적지이다. 인도의 마하라슈트라(Maharashtra)주의 북동부에 위치한 도시 아잔타 인근에 있는 30개의 불교 석굴이다. 기원전 2세기부터 5세기에 걸쳐 지어진 석굴들로 보존 상태가 뛰어난 것으로 유명하다. 석굴들의 내부에는 인도의 불교 예술 발달상을 보여주는 벽화와 부조들이 남아 있다. 인도의 정부 기관 고고학 조사부서에서 보호하고 있으며 1983년 12월에 유네스코 세계문화유산으로 지정되었다. 30개의 석굴은 U자 모양으로 굽이쳐 흐르는 와고라 강(Waghora River)변의 절벽에 나란히 자리하고 있다. 약 100킬로미터 떨어진 곳에 불교와 힌두교, 자이나교 석굴 단지이자 유네스코 세계문화유산인 엘로라 석굴(Ellora Caves)이 있다. 기원전 2세기부터 기원후 100년 사이, 사타바하나(Satavahana) 왕조 시대에 만들어진 다섯 개의 전기 석굴과 바카타카(Vakataka) 왕조 시기인 5세기에 만들어진 스물 다섯 개의 후기 석굴로 이루어져 있다. 고고학자들은 이곳의 석굴 하나를 제작하는데 약 30년의 시간이 소요되있을 것으로 추정한다. 5세기에 들어서면서 인도에서 불교가 쇠퇴하자 불교 승려들은 지형적 요건으로 사회와 단절이 가능한 이곳에 석굴 사원을 만들고 생활하였다. 후에 불교 승려들이 모두 이곳을 떠나자 시간이 지나면서 이곳 석굴은 자연스럽게 잊혀졌다. 1819년 영국 군인인 존 스미스가 호랑이 사냥을 하려던 중 우연히 10번 석굴의 입구를 찾아내면서 발굴되었다. 이곳의 석굴들은 편의를 위해 동쪽에서부터 서쪽으로 번호가 매겨져 있다. 오늘날 모든 석굴들은 테라스 구조로 입구가 서로 연결되어 있지만 본래는 각각의 석굴에 와고라 강을 마주하는 독립된 하나의 입구만 있었다. 석굴들은 대부분 깊이에 비해 폭이 넓다. 좁은 틈을 통해 석굴 안으로 들어가면 바위 벽면에 조각된 굽타양식의 불상이나 벽화를 볼 수 있는데 모두 보존 상태가 뛰어나다. 전기 석굴들의 내부에는 초기 소승불교의 전통에 따라 부처를 상징적으로만 표현한 부조나 벽화 등이 남아 있다. 대승불교가 발달하였던 시기의 석굴들에서는 다양한 색으로 칠해진 벽화와 부처와 보살들의 삶을 구체적으로 묘사한 부조, 불상 등을 볼 수 있다. 특히 대승 불교 시기에 기도원으로 사용되던 26번 석굴에 있는 부처의 와상이 유명하며 17번 석굴의 벽면에는 부처와 선녀, 천상의 악사 등을 표현한 화려한 벽화들이 놀라울 정도로 잘 보존되어 있다. 이곳에서 가장 오래 전에 지어진 석굴은 10번 석굴로 2세기에 만들어진 소승불교 시기의 기도원이었던 것으로 알려져 있다. 4번 석굴은 완공되지는 못하였으나 이곳의 석굴들 가운데 규모가 가장 큰 석굴로 유명하다.

3. 엘로라 석굴 [Ellora Caves] / 문화유산 / 1983년

엘로라 석굴사원 (Ellora Kailasa natha Temple)은 아잔타와 비슷한 지역에 위치하나 건축 연도가 더 늦고 보존이 잘 되지 않은 점을 제외하면 아잔타 동굴과 비슷하다. 인도 중서부에 위치한 마하슈트라 주(州)의 엘로라(Ellora)에 있는 34개의 석굴이다. 아우랑가바드의 북서 20km 지점에 있는 바위산 서쪽 사면(斜面)에 석굴 34개가 2km에 걸쳐 파여져 있다. 라슈트라쿠타(Rashtrakuta) 왕조시기에 만들어진 이 석굴들은 1983년에 유네스코 세계문화유산으로 지정되었다. 바위산인 차라난드리 언덕을 깎고 뚫어서 만들어진 이 석굴들은 당시 인도의 건축 기술을 보여주는 좋은 예이다. 석굴들은 약 5세기에서 10세기에 걸쳐 완성되었으며 이 가운데 12곳은 불교 사원, 17곳은 힌두교 사원, 5곳은 자이나교 사원으로 지어졌다. 각각의 석굴 사원들은 서로 인접해 있어서 당시 인도에서 일반적으로 여겨졌던 여러 종교의 조화를 엿볼 수 있다. 5세기에서 8세기에 걸쳐 만들어진 불교 석굴 사원 가운데 다섯 곳은 약 400년에서 600년 사이에, 나머지 일곱 곳은 7세기부터 8세기 사이에 건축되었다. 대부분의 불교 석굴 사원은 승방으로 만들어진 것으로 규모가 크고 여러 층으로 이루어져 있으며 내부에는 거실과 침실, 부엌 등이 있다. 또한 몇몇 석굴에는 돌로 조각된 석가모니 상이 세워져 있다. 불교 석굴 사원들 중 가장 유명한 것은 10번 석굴로 2층 규모이며 내부에는 높이 약 3.3미터의 불상이 자리 잡고 있다. 힌두교 석굴 사원은 6세기 중반부터 8세기 말까지 만들어졌다. 여러 왕조에 걸쳐 지어진 17개의 사원은 모두 다양한 스타일로 건축되어 있다. 이 가운데 가장 유명한 사원은 16번 사원으로 카일라사(Kailasa) 사원이라고도 불린다. 시바 신을 모시는 이 사원은 높이 90m, 너비 60m의 하나의 큰 자연석을 조각하여 만든 대규모 석굴 사원으로 그리스 아테네의 판테온 신전보다 그 규모가 약 두 배 정도 큰 것으로 알려져 있다. 라슈트라쿠타 왕조의 왕인 크리슈나 1세의 지시로 765년경에 지어지기 시작하였으며 약 100년의 건축 기간이 소요된 것으로 추정된다. 고고학자들은 건축 당시 바위를 조각하고 남은 파편이 약 20만 톤 정도였을 것으로 추측하고 있다. 사원의 내·외부는 다양하고 정교한 조각품들로 장식되어 있다. 자이나교 사원 5곳은 약 9세기에서 10세기 사이에 지어졌다. 자이나교의 철저한 금욕주의를 반영하였기 때문에 다른 종교 사원들만큼 규모가 크지는 않지만 매우 정교하게 건축되어 있다. 특히 다른 석굴들과 약 500미터 정도 떨어진 곳에 자리 잡고 있는 32번 석굴 '인드라 사바'(Indra Sabha)의 천장에 있는 매우 정교하고 세밀한 연꽃 부조가 유명하다.

4. 타지마할 [Taj Mahal] / 문화유산 / 1983년

아내의 죽음을 애도하며 22년 동안이나 그 무덤을 지었다는 한 남자의 시공을 초월한 사랑이 깃 들었기 때문일까? 인도 이슬람 예술의 걸작 타지마할은 그야말로 시공을 초월한 절대적인 아름다움을 보여준다. 순백의 대리석은 태양의 각도에 따라 하루에도 몇 번씩 빛깔을 달리하며 보는 사람의 넋을 빼놓고, 웅장한 건물은 중압감은 커녕 오히려 공중에 떠있는 듯 신비롭고, 건물과 입구의 수로 및 정원의 완벽한 좌우대칭은 균형미와 정갈함을 느끼게 한다. 타지마할은 무굴제국의 수도였던 아그라(Agra) 남쪽, 자무나(Jamuna) 강가에 자리 잡은 궁전 형식의 묘지다. 무굴 제국의 황제였던 샤자한(Shah Jahan, 재위 1592~1666)이 끔찍이 사랑했던 왕비 뭄타즈 마할(Mumtaz Mahal)을 추모하여 만든 것이다. 무굴제국은 물론 이탈리아, 이란, 프랑스를 비롯한 외국의 건축가와 전문기술자들이 불려오고, 기능공 2만 명이 동원되어 22년간 대공사를 한 결과물이다. 최고급 대리석과 붉은 사암은 인도 현지에서 조달되었지만, 궁전 내·외부를 장식한 보석과 준보석들은 터키, 티베트, 미얀마, 이집트, 중국 등 세계 각지에서 수입되었다. 국가 재정에 영향을 줄 정도의 거액이 투자되었다고 한다. 왕의 사랑과 쏟은 정성에 보답이라도 하듯 '찬란한 무덤'이라 불리는 타지마할은 아름답기 그지없다. 사랑의 금자탑이라 부르기에 손색이 없는 모습이다. 붉은 사암으로 된 아치형 정문을 통과하면 넓은 뜰에 수로가 있는 무굴양식의 정원이 펼쳐진다. 길이가 약 300미터에 이르는 일직선의 수로 중앙에는 연꽃 모양의 수조가 있고, 분수가 물을 뿜어내고 있다. 수로에 비친 타지마할의 모습 또한 환상적이어서 수많은 사진가들이 이곳에서 시간을 보낸다. 긴 수로의 끝에는 눈부신 순백의 대리석으로 지어진 본건물이 서 있다. 네 모퉁이에 배치한 첨탑을 비롯해 좌우가 정확한 대칭을 이룬 건물은 육중한 몸체에도 불구하고 공중에 떠 있는 것 같은 착각을 준다. 내부와 외부의 벽면은 보석과 준보석으로 정교하게 장식되어 있다. 여기에는 대리석에 무늬를 박아 넣는 피에트라 듀라(Pietra-dura) 모자이크 기법이 활용되었다. 건물 내부 1층에는 대리석으로 만든 왕과 왕비의 관이 있지만 유골이 없는 빈 관이다. 샤자한과 뭄타즈 마할의 육신은 지하 묘에 안장되어 있다. 샤자한 왕은 애초 타지마할과 마주보는 자무나강 건너편에 검은 대리석으로 자신의 묘를 짓고, 구름다리로 연결하려 했다는 이야기가 전한다. 자무나강 건너편에서 건물의 기단을 조성한 흔적이 발견되기도 했지만 진위 여부는 확실치 않다. 샤자한은 타지마할이 완공된 후 10년 뒤인 1658년 막내아들 아우랑제브(Aurangzeb)의 반란으로 왕위를 박탈당하고 아그라 요새(Agra Fort)의 무삼만 버즈(Musamman Burj) 탑에 갇혀 말년을 보냈다. 다행히도 아그라 요새에서는 2km 떨어진 타지마할의 모습을 볼 수 있었고, 1666년 죽은 뒤에는 그토록 사랑하던 부인 옆에 묻혔으니 마냥 불행하기만 한 말년은 아니었던 듯싶다.

5. 마하발리푸람 기념물 군 [Group of Monuments at Mahabalipuram] / 문화유산 / 1984년

인도 남동부 타밀나두 주(州) 칸치푸람 지구에 있는 팔라바왕조 때의 힌두교 유적이다. 7~8세기 무렵 코로만델해안을 따라 바위를 파서 만든 사원들이 줄지어 있다. 이들 중 '라타(Rathas)'라 부르는 전차 모양의 사원과 '만다파(Mandapas)'라 부르는 동굴 신전, 높이 9m, 길이 27m의 바위에 새긴 '아르주나의 고행', 또는 '갠지스의 하강'이라는 이름의 거대한 마애조각이 유명하다. 이외에 시바(Shiva) 신의 영광을 나타내는 수천 개의 조각이 있는 8세기 무렵의 해안 사원이 있다. 라타 사원들은 7세기에 만들어졌으며, 모두 7개였다고 하는데 지금은 5개가 남았다. 이 전차 사원들은 큰 바위 하나를 통째로 파서 만든 것이 특징이다. 고대 서사시 《마하바라타》의 다섯 주인공들의 이름을 따서 각각 드라우파디 · 아르주나 · 비마 · 다르마라자 · 사하데바라고 부른다. 모두 초기 드라비다형의 대표적인 건축물이다. 1984년 유네스코(UNESCO:국제연합교육과학문화기

구)에 세계문화유산으로 등재되었다

6. 코나라크의 태양신 사원 [Sun Temple, Konarak] / 문화유산 / 1984년

인도 오리사 주(州)에 있는 힌두교의 유적이다. 벵골 만(灣) 연안에 있으며 태양신 수르야를 모신 사원이다. 13세기 강가 왕조의 나라심하데바 1세가 건설한 것으로 브라만 사원 가운데 가장 유명하다. 검은 화강암을 재료로 하여 '검은 탑'이라고 불렸다. 현재 남아있는 부분은 본전의 기단 부분과 전전(前殿)이다. 사원은 33m 높이의 피라미드 모양으로, 하단부에는 지름 약 3m의 돌바퀴 12개를 조각하여 전차 모양을 형상화하였다. 또한 돌로 조각된 말 7마리가 전차를 끄는 형태이다. 건물 벽에는 무희·악대·병사·여인 등 당시 풍경을 조각하였다. 사원 내부는 기둥이 천장을 지지하고 있는 구조이다. 외부는 성적인 표현이 대담한 미투나 상(像)으로 장식되어 있다. 남인도의 중세기 힌두교 사원 건축·조각의 전형이며, 사원 건축상 오리사 양식의 결정이다. 1984년 유네스코(UNESCO:국제연합교육과학문화기구)에서 세계문화유산으로 지정하였다.

7. 마나스 야생동물 보호지역 [Manas Wildlife Sanctuary] / 자연유산 / 1985년

히말라야산맥의 동부 산기슭 마나스강 유역에 있으며 면적 360㎢이다. 1907년 산림보호구역으로 지정되었고 1927년 야생동물보호구역으로 지정되었다. 저지대의 충적토와 평지의 풀숲, 북부의 산림지대로 이루어져 있으며 다양한 생물종이 서식한다. 곳곳에 아삼지방에만 서식하는 아시아물소와 아시아코끼리 · 골든랑구르원숭이 · 아삼토끼 등 멸종의 위기에 처한 포유류들이 살고 있다. 이 밖에도 세계에서 가장 작은 돼지인 피그미멧돼지 무리와 인도코뿔소 · 벵갈호랑이 · 나무늘보 · 눈표범 등이 서식한다. 조류로는 벵골작은느시 등의 희귀종과 바람까마귀류 7종, 아프리카머리황새 · 인도머리황새 등 모두 450종이 분포하고 있다. 이와 함께 양서류 3종과 인도가비알 · 큰키거북 등의 파충류 35종, 갠지스강돌고래 등도 살고 있는 것으로 확인되었다. 식물은 난초를 비롯한 500여 종의 고등식물이 다양하게 분포하고 있다. 1985년 유네스코(UNESCO:국제연합교육과학문화기구)에서 세계자연유산으로 지정하였다.

8. 카지란가 국립공원 [Kaziranga National Park] / 자연유산 / 1985년

북인도 아삼지방을 흐르는 인도 제2의 큰 강 브라마푸트라강의 범람원(氾濫原)인 남쪽 연안에 자리잡고 있다. 전체면적 430㎢의 자연공원으로, 66%가 초원, 28%가 숲, 나머지가 강이나 호수로 이루어져 있다. 1969년 국립공원으로 지정되었다. 이 지역은 원래 1908년 자연보존림으로 지정되었다가 1916년 수렵금지구역으로, 다시 1950년 야생동물 보호구역으로 지정되었던 곳이다. 1985년에는 UNESCO(United Nations Educational Scientific and Cultural Organization:국제연합교육과학문화기구) 세계유산 목록 가운데 국립공원으로 등록되었다. 공원의 해발고도는 40~80m이지만, 미킬고원 지역은 대략 1,200m에 이른다. 남아시아에서 가장 아름다운 야생동물 서식지 가운데 하나로 알려져 있으며, 지구상에 2,000마리밖에 남아 있지 않은, 절멸 직전의 인도코뿔소(외뿔코뿔소)가 1,200여 마리나 서식하고 있는 곳으로도 유명하다. 인도에서는 물소는 흔한 것이지만, 여기서도 야생의 물소를 볼 수 있다. 또한 이 공원 안에는 킹코브라와 보통 코브라 등의 독사도 서식한다. 우기에 일어나는 브라마푸트라강의 범람은 이 지역의 4분의 3을 휩쓰는데, 이 범람은 한편으로 인도코뿔소의 생존을 위하여 절대 필요한 소택지를 만들어낸다. 그러나 범람에 의한 침식으로 1908년 이후 공원 면적의 50㎢가 소실되었으며, 그 결과 1986년 현재 공식 통계에 따르면 공원 전체면적이 378.22㎢로 줄어든 것으로 나타났다. 이에 따라 북쪽의 브라마푸트라강 유역과 남쪽의 미킬 고원 일부가 포함된 454.5㎢를 국립공원에 포함시키자는 제안이 나오고 있다.

기후는 여름, 계절풍 계절, 겨울의 3계절의 구분이 뚜렷하게 나타난다. 2월 중순부터 5월에 걸친 여름철은 메마르고, 바람이 강하게 부는 계절이다. 기온차가 심하여 최저 7℃에서 최고 37℃까지 기온이 상승한다. 따뜻하고 습기 찬 계절풍 계절은 5월부터 시작하여 9월까지 계속되는데, 2,220㎜에 이르는 연강수량은 대부분 이 시기에 내린다. 11월에서부터 2월 중순까지 계속되는 겨울은 최저 5℃에서 최고 25℃의 온화하고 메마른 날씨가 이어진다. 주로 코끼리를 타고 이동하는 국립공원 안에는 10곳에 관광객을 위한 숙소가 마련되어 있다. 국립공원 안에는 사람이 사는 마을은 없지만, 공원과의 경계를 이루는 3개 지역에 39개 마을과 차(茶)농원이 있다.

9. 케오라데오 국립공원 [Keoladeo National Park] / 자연유산 / 1985년

인도의 수도 뉴델리에서 남쪽으로 약 160㎞ 떨어져 있다. 넓이는 29㎢이다. 150여 년 전 인공으로 만든 늪지대로 1985년에 유네스코 세계문화유산으로 지정되었다. 영국의 식민지였을 때 인도에는 영국으로부터 반독립(半獨立)을 인정받았던 토후를 번왕(藩王)이라고 불렀다. 북인도의 바랏푸르라는 번왕은 사람을 초대하여 놀라게 하는 것을 매우 좋아하였다. 그는 영국인들이 사냥을 즐긴다는 것을 알고 자신의 저택 앞에 사냥터를 만들어서 영국 손님들을 초대하였다고 한다. 2m 높이의 사암이 30㎞나 둘러싼 이 사냥터가 오늘날에는 인도 최고의 자연보호구역으로 자리 잡았다. 케오라데오라는 명칭은 힌두교도들이 신을 모시기 위해 만든 신전에서 유래한다. 갠지스강 근처에 댐과 수로·제방을 인공으로 만들었는데, 이는 사냥용 물새를 불러 모으기 위한 것이었다. 당시 얼마나 많은 새들이 모여 들었는지 하루에 오리를 4,000 마리나 잡았다는 기록도 전해진다. 그러나 인도가 영국으로부터 독립한 후 1956년에는 케오라데오 가나 조류보호지역으로 지정되었고, 1964년에는 사냥이 완전히 금지되었다. 그리고 1980년대에 들어와서는 물새서식지를 보호하는 람사조약에 의해 특별보호지역으로 선정되었다. 공원의 열대우림에는 약 350종의 새들이 서식하고 그중 3분의 1은 산란에서부터 새끼가 둥지를 떠날 때까지의 모습도 관찰할 수가 있다. 특히 이곳은 두루미가 겨울을 보내는 곳으로 유명하다. 매년 12월이면 시베리아에서 두루미들이 날아와 3월까지 월동을 한다. 그러나 주변의 습지가 농토로 개발되어 1994년 이후로는 개체수가 급격히 줄어들었다. 하지만 늪지대와 숲에는 여전히 먹이가 풍부하여 해오라기와 따오기 · 오리 · 흰눈썹뜸부기 · 민물가마우지 · 독수리 등 각종 새 20만 마리가 서식하고 있다. 새 뿐만 아니라 인도에서 가장 큰 사슴인 물사슴과 영양·몽구스·수달·하이에나·여우 등 많은 동물이 서식한다. 가끔 돌 위에서 자고 있는 거대한 비단뱀도 목격된다. 수중생물은 50종의 담수어와 4종의 거북이 확인되었으며 개구리와 물뱀·두꺼비 등 습지대에 사는 파충류도 많다

10. 고아의 성당과 수도원 [Churches and Convents of Goa] / 문화유산 / 1986년

고아는 16세기 초 포르투갈군에 점령되어 리스본을 본뜬 새로운 식민시로 재건되었다. 16세기 말에는 무역도시와 그리스도교 선교기지로서 번영을 누렸으며, 60여 개에 이르는 성당·수도원·궁전 등이 세워졌으나 지금은 10여 개 정도의 유적만이 남아 있다.
대성당은 1562~1619년에 걸쳐 완성되었다. 파사드는 르네상스 시기의 토스카나양식으로 되어 있으며 종탑에는 고아에서 가장 크고 소리가 화려한 종이 매달려 있다. 건물 내부에 있는 제단 장식벽 맨 아랫부분에는 예수와 12사도가 부조로 표현되어 있다.
대성당의 동쪽에는 프란체스코회에서 1517년 창건하였다가 1661년 재건한 성 프란체스코 수도원과 성당이 있다. 성당은 외벽이 흰 토스카나양식으로 되어 있고 오른편에 있는 수도원은 현재 그리스도교의 성상과 현지의 발굴품을 전시하는 박물관으로 사용되고 있다. 봄 지저스 바실리카는 1594년 르네상스와 바로크양식으로 건설되었다. 성당 벽면과 종탑은 라테라이트로 만들어졌고 내부에는 마루가 깔려 있으며 중심부에는 나뭇조각에 금박을 입혀 장식한 제단 장식벽이 있다. 1986년 유네스코(UNESCO:국제연합교육과학문화기구)에서 세계문화유산으로 지정하였다

11. 카주라호 기념물 군 [Khajuraho Group of Monuments] / 문화유산 / 1986년

카주라호는 인도의 중북부 마디아 프라데시(Madhya Pradesh)주에 있는 도시로 이 도시와 인근에 있는 약 20여 곳의 힌두교와 자이나교 사원들이 유네스코 세계문화유산으

로 지정되어 있다. 이 사원들은 나가라(Nagara) 건축양식과 에로틱한 조각작품들로 유명하다. 대부분의 사원들은 찬델라 왕조 시기인 950년에서 1050년 사이에 지어졌다. 역사적 기록에 따르면 이곳에는 12세기까지 약 85개의 사원들이 있었으나 그 가운데 오늘날까지 보존되어 있는 사원은 20여 곳 뿐이다. 대부분의 사원은 야소바르만(Yashovarman)왕과 당가(Dhanga)왕의 제위 기간에 건축되었는데 야소바르만 시기에 지어진 가장 뛰어난 사원은 락시마나(Lakshmana) 사원이며 당가왕 시기의 최고의 사원은 비스바나타(Vishvanatha) 사원이다. 오늘날 가장 유명하며 규모가 큰 사원은 간다(Ganda)왕 시기에 지어진 칸다리야 마하데바(Kandariya Mahadeva) 사원이다. 당가데바(Dhangadeva)왕이 1030년에 건축한 이 사원의 전체적인 모습은 히말라야 산맥의 일부인 카일라스(Kailash)산을 묘사한 것으로 중앙탑인 시키라의 높이가 약 31미터에 이르며 84개의 작은 첨탑들이 시키라를 둘러싸고 있다. 사원 내부에는 시바를 표현한 대리석상이 세워져 있다. 대부분의 사원들은 힌두교의 상징인 원형 또는 사각의 만다라를 설계 원칙으로 삼아 건축되었으며 풍부하고 정교한 조각 예술품들로 장식되어 있다. 특히 성적인 장면을 묘사하는 조각품들이 전체의 약 10퍼센트를 차지하는데 이 같은 조각품들은 외설적인 의미 보다는 힌두교의 사상을 표현하기 위한 수단인 것으로 알려져 있다. 12세기에 찬델라 왕조가 쇠퇴하면서 이곳의 사원들은 더 이상 사용되지 않았는데, 이후 종교, 정치, 사회적으로 아무런 의미를 지니지 않게 되었기 때문에 오히려 이슬람의 공격을 피해 보존될 수 있었다. 19세기에 영국인들이 이곳의 사원들을 발굴하기 시작하였으며 20세기에 들어서면서 본격적인 재건 작업이 이루어졌다. 사원들 근처에는 라니 두르가바띠 박물관(Rani Durgavati-Museum)이라고 하는 고고학 박물관이 있다. 이 박물관에서는 파괴된 사원들의 터에서 발굴된 아름다운 조각 작품들과 종교 예술품들을 소장, 전시하고 있다.

12. 파테푸르 시크리 [Fatehpur Sikri] / 문화유산 / 1986년

무굴제국의 왕 악바르(Akbar) 1세가 세운 도시로 1571년부터 1585년까지 무굴제국의 수도였으며 인도 북부의 우타르프라데시(Uttar Pradesh)주 서쪽 끝에 위치하고 있다. 성벽으로 둘러싸인 도시 건설은 악바르 1세의 지시에 따라 1569년에 시작되어 1574년경에 마무리 되었으며 당시에 왕궁과 법정, 모스크, 전통적 이슬람 가옥 등 다양한 건물들이 새롭게 지어졌다. 악바르 1세는 1571년에 자신의 거처를 이 도시로 옮겼고 도시 명을 페르시아어로 승리라는 뜻의 단어 파테(Fateh)에서 유래한 파테바드(Fatehba--d)라 명명 하였다. 훗날 이 도시의 명칭은 오늘날과 같이 '파테푸르 시크리'로 변경되었다. 급수가 원활하지 못해 약 30년 후에 수도가 다시 인근의 아그라(Agra)로 옮겨진 이후 사람의 발길이 닿지 않은 채 오랜 시간이 흘렀기 때문에 건축물들이 당시의 모습을 고스란히 간직하고 있다. 인도에서 무굴제국의 건축물이 가장 잘 보존되어 있는 장소 가운데 한 곳으로 평가되며 유네스코 세계문화유산으로 지정되어 보호받고 있다. 역사학자들에 따르면 악바르 1세는 건축에 관심이 많았기 때문에 이 도시의 건물들을 건설할 당시 건축 양식을 직접 지시했던 것으로 추정된다. 그는 부계 조상인 티무르와 티무르 제국의 영광을 되찾기 위해 철저하게 페르시아 식으로 이 도시를 계획하였으며 여기에 인도의 전통 건축 양식과 장식이 가미되었다. 특히 왕궁은 아랍과 중앙 아시아의 천막 주거 형식에서 파생된 건축 양식이 적용되어 여러 채의 독립된 파빌리온이 기하학적 조화를 이루고 있는 형태로 지어졌다. 파테푸르 시크리의 여러 건축물들은 처럼 다양한 지역과 시대의 건축 양식이 융합되어 있어 독특한 분위기를 자아낸다. 높이 약 54미터의 '승리의 문'(Buland Darwaza)은 악바르 1세의 전승을 기념하기 위해 1576년에 건축되었으며 파테푸르 시크리 궁으로 들어가기 위한 중앙 문이다. 무굴제국 당시 건축의 좋은 예인 이 문은 전 세계에서 높이가 가장 높은 성문으로 알려져 있다. 궁전의 남서쪽에는 자마 마스지드(Jama Masjid)라고 하는 1575년에 완공된 모스크가 있다. 붉은 사암과 대리석으로 지어진 직사각 형태의 건물 위에는 여러 개의 돔 장식 지붕이 얹혀 있으며 페르시아와 이슬람의 건축 요소가 조화롭게 섞여 있는 모습이 흥미롭다. 1581년에 지어진 성자 살림 치슈티(Salim Chishti)의 묘 역시 건축적 기술과 아름다움이 빼어난 무굴제국 당시의 건축물로 꼽힌다. 남쪽으로 '승리의 문'과 면하고 있다. 악바르 1세 아들의 탄생을 예언했던 이슬람 신비주의인 수피교 성자 살림 치슈티에 대한 존경을 표시하기 위하여 건축되었다. 왕이 백성들을 만나는 공간의 역할을 맡았던 디완이암(Diwan-i-Am)은 궁 내부의 넓고 개방된 공간에 파빌리온 형태로 지어졌다. 디완이암의 북서쪽으로는 왕이 사적인 접견을 했던 장소인 디완이카스(Diwan-i-Khas)가 있다. 디완이카스는 아름다운 조각으로 장식된 건물 내부의 중앙 기둥으로 유명하다. 이곳은 악바르 1세가 여러 종교의 대표자들과 함께 자신의 신념과 신앙에 대해 토론하는 장소로 사용되기도 했다. 궁 안에는 또한 판치마할(Panch Mahal)이라고 하는 5층 규모의 건물이 있는데 이 건물은 파테푸르 시크리에서 가장 잘 알려진 건축물이기도 하다. 피라미드와 비슷한 형태로 위층으로 올라갈수록 면적이 줄어드는 이 건물은 176개의 다양한 모양의 기둥이 받치고 있으며 5층 위에는 돔 형태의 작은 지붕이 얹혀있다. 건물 1층에는 힌두 점성술에서 중요한 의미를 지닌 숫자인 84개의 교각이 설치되어 있다.

13. 함피 기념물 군 [Group of Monuments at Hampi] / 문화유산 / 1986년

함피는 6세기 무렵부터 성지로 여겨지던 곳이다. 1336년 비자야나가라 왕국의 수도로 건설되었으며 16세기 중반 이슬람세력에게 점령되기까지 면화·향신료 등의 무역으로 번영을 누렸다. 광대한 도시 곳곳에 남인도 드라비다양식을 보여주는 12개의 주요 사원, 다양한 신전과 왕궁, 주랑과 목욕탕 등이 세워져 있다. 헤마쿠타 언덕에 있는 작은 사원들은 비자야나가라 왕국이 성립하기 전인 10세기 무렵부터 세워졌으며 지금은 7개의 사원이 남아 있다. 모두 머리 부분이 층을 이룬 피라미드식 지붕으로 되어 있으며 사당 3개가 만다파(예배당) 1개를 공유하는 형식으로 되어 있다. 중간 규모의 사원으로는 15

세기에 궁정지역에 세워진 라마찬드라 사원이 대표적이다. 이곳은 하자라라마사원으로도 불리는데, 두꺼운 담장이 사원을 둘러싸고 있으며 동쪽과 서쪽에 출입문을 두었다. 건물 안팎이 뛰어난 조각으로 뒤덮여 있는데, 특히 담장에는 악사·동물·병사 등을 뛰어난 부조로 묘사해 놓았다. 이곳에서 가장 큰 규모인 비탈라사원은 비자야나가라 양식의 전성기인 16세기 전반에 건설되었다. 넓은 경내에는 세 방향에 고푸라(사원문)가 배치되어 있고 본당 건물을 비롯하여 사당 여러 개와 돌로 만든 라타(수레)들이 늘어서 있다. 크고 개방적인 구조의 만다파에는 방향을 다르게 한 기둥의 묶음들이 여러 개 늘어서 있는데, 각각의 기둥에는 동물의 모습이 조각되어 있다. 궁정지역에는 왕의 기단과 왕비의 목욕탕, 로투스마할 등의 유적이 남아 있다. 왕의 기단 벽면에는 사냥 장면과 악사 행렬, 소·코끼리·낙타 등의 동물들이 부조로 묘사되어 있다. 왕비의 목욕탕은 외관이 단순 소박하나 건물 내부는 장식이 풍부하고 로투스마할의 복도 천장은 아치 모양으로 되어 있는 것이 특색이다. 1986년 유네스코(UNESCO:국제연합교육과학문화기구)에서 세계문화유산으로 지정하였다.

14. 순다르반스 국립공원 [Sundarbans National Park] / 자연유산 / 1987년

인도 동부 캘커타에서 남동쪽으로 약 60㎞ 떨어진 곳에 위치한다. 넓이는 1,330㎢이다. 순다르반스(Sundarbans)라는 말은 벵골어로 '아름다운 숲'이라는 뜻이다. 1983년 인도 국립공원으로 지정되었고 1987년 유네스코 세계문화유산으로 지정되었다. 갠지스강의 하류 지역에 있는 세계 최대의 삼각주를 중심으로 한다. 강물에 의해 수백만 년간 쌓인 토사가 퇴적층을 이룬 곳으로 특히 연안의 맹그로브 숲지대가 유명하다. 조수의 흐름에 따라 늘 새로운 경관을 보여준다. 또한 이 숲은 사이클론의 위력을 완화시키는 방파제 역할을 하며 수많은 습지생물의 터전으로 독특한 생태계를 만들어낸다. 내륙에서는 접근이 불가능하고 바다 쪽에서 배를 타고 접근해야 한다. 늪과 습지가 내륙 쪽으로 넓게 전개되어 있기 때문이다. 바다 쪽에서 수많은 갈래의 강 안쪽으로 들어가면 인간의 손이 미치지 않은 자연이 펼쳐진다. 강 연안에 펼쳐져 있는 나무 군락이 맹그로브이며 그 숲 속에는 벵골호랑이가 서식한다. 인도 정부가 1973년부터 호랑이프로젝트를 시행하며 이 일대에서 호랑이 수렵을 금지시킨 결과 현재 약 250마리가 서식한다. 인도 전역에는 모두 23개의 호랑이보호구역이 있으며 이들 지역에 모두 3,700여 마리의 호랑이가 생존하고 있다. 호랑이 이외에도 코뿔소와 같은 대형 포유류가 서식하였으나 오늘날에는 자취를 감추었다. 또한 바다거북과 나일악어 등도 점차 개체수가 줄어들고 있다. 조류는 인도 큰부리황새와 큰부리도요 · 물총새 등 다양하게 분포하고 돌고래 등 바다 동물도 많은 편이다. 한편 식물군은 염습지대와 해안가 특유의 식물 상을 보여준다. 독특한 종만도 300가지가 넘는다

15. 엘레판타 석굴 [Elephanta Caves] / 문화유산 / 1987년

8세기 전반에 조성된 것으로 보이는데, 주목되는 굴은 하나이지만 건축·조각 등 모든 면에서 힌두교 미술의 대표적인 작품이다. 굴은 엘로라 석굴 제29굴과 같이 3면에 전랑(前廊)이 있고 입구가 있는 힌두교 특유의 희귀한 형식으로 되어 있다. 굵은 기둥이 촘촘히 들어서 있는 넓은 실내에 사당(祠堂)이 독립한 형태로 세워져 있고, 본존(本尊)으로서 링거(시바 신의 상징물인 남성성기)가 모셔져 있다. 그 넓은 방의 벽과 정면 입구 좌우 벽에 다육 부조(多肉浮彫)로 대규모적인 상이 있는데, 그 가운데서도 일품은 '3면(面)의 시바 신' 흉상으로, 높이 약 5.5m나 되며, 바위산과 같이 당당하다. 다른 8면의 부조도 모두 신들과 관련된 신화의 군상인데, '시바 무용상(武勇像)', '양성(兩性)의 시바신' 외에 6면이 있다. 세계유산목록에 등록되어 있다

16. 파타다칼 기념물 군 [Group of Monuments at Pattadakal] / 문화유산 / 1987년

6세기 무렵 성립한 찰루키아왕조의 도시로서 8세기까지 도시 곳곳에 수많은 사원이 세워졌다. 이 사원들은 찰루키아왕조의 종교 건축 최전성기를 이루는 것으로서 인도 동부와 중부의 사원 건축에 큰 영향을 미쳤다. 또한 남방형과 북방형 건축물이 섞여 있어 중세 인도의 다양한 건축양식을 보여 준다. 사원이 모여 있는 곳에는 크고 작은 힌두교 사원 8개와 작은 사당들이 늘어서 있다. 비루파크샤 · 말리카르주나 · 상가메슈와라 등의 남방형 대 사원과 갈라가나타 · 카시비슈와나타 · 잔브링가 · 카다싯데슈와라 · 파파나타 등의 북방형의 탑이 있는 사원들로서 모두 시바 신을 모시고 있다. 가장 대표적인 비루파크샤사원은 8세기에 팔라바왕조와의 전쟁에서 승리하고 돌아온 왕을 위하여 세웠다. 3단으로 된 비마나(본당)가 중심 부분에 솟아 있는데, 지붕 형태는 계단 모양으로 층을 쌓아 올린 드라비다양식(남방형)으로 되어 있다. 기둥·벽면·천장 등에는 《마하바라타》《라마야나》 등에서 따온 다양한 장면이 조각되어 있다. 비마나 앞에 있는 만다파(예배당)의 세 방향에 있는 입구는 화려한 조각으로 장식해 놓았고 잘 구획된 벽면에는 니치와 창이 번갈아 설치되어 있다. 1987년 유네스코(UNESCO:국제연합교육과학문화기구)에서 세계문화유산으로 지정하였다.

17. 대 촐라 사원 [Great Living Chola Temples] / 문화유산 / 1987년 (2004년 확장 지정)

9세기부터 13세기까지 인도의 남부 지역을 다스렸던 촐라 왕국의 왕들이 11세기에서 12세기에 걸쳐 건축한 세 곳의 사원들이며, 탄자부르(Thanjavur)의 부리하디스바라(Brihadisvara)사원, 강가이콘다촐라푸람(Gangaikondacholisvaram) 부리하디스바라 사원, 다라수람(Darasuram)의 에라바테스와라(Airavatesvara) 사원으로 이루어져 있다.

탄자부르의 부리하디스바라 사원은 촐라 왕국의 왕인 라자라자 촐라 1세의 지시로 기원 전 1010년에 완공된 힌두교 사원이다. 왕의 절대적인 권력을 나타내기 위해 지어진 이 사원은 촐라 왕국 시대의 가장 중요한 건축물 가운데 하나이며 인도에서 가장 큰 사원 중 한 곳이다. 탄자부르 시(市) 외곽에 위치하고 있으며 가로 241미터, 세로 121미터의 직사각형 모양의 부지 위에 세워져 있다. 이 부지는 힌두교의 신 시바를 상징하는 남근(男根)상으로 장식된 벽으로 둘러져 있으며, 벽의 동쪽에는 사원으로 통하는 유일한 문이 나 있다. 이 문은 약 30미터 높이의 고푸람으로 되어 있다. 사원 부지 내에는 인도에서 세 번째로 높은 난디(시바의 수소) 조각상이 세워져 있다. 부리하디스바라 사원은 인도의 건축 양식인 드라비다 양식으로 건축되었으며 피라미드 식으로 건물의 윗부분이 좁아지며 꼭대기에는 둥근 지붕이 얹혀있다. 사원은 전체적으로 완벽한 대칭을 이루고 있다. 사원이 완공된 이후 라자라자 촐라 1세는 약 600여 명의 힌두교 승려와 음악가, 무용가, 가수, 천문학자, 재봉사, 하인과 정원사 등을 배치하였다. 17세기 나야크(Nayak)왕조 때에 증축되었으며 18세기 마라타 왕조 때에는 보수 공사가 시행되었다. 1987년에 유네스코 세계문화유산으로 지정되었다. 강가이콘다촐라푸람 부리하디스바라 사원은 탄자부르의 부리하디스바라 사원을 모델로 지어졌으며 사원의 명칭 역시 같다. 이곳 사원은 탄자부르의 사원에 비해 낮은 55미터 높이이다. 외관은 비슷하나 규모가 작고 피라미드 형태로 쌓아 올린 외벽도 탄자부르 사원에 비해 덜 가파르기 때문에 탄자부르 부리하디스바라 사원의 여성형으로 묘사되기도 한다. 사원을 장식하고 있는 다양한 석상과 조각 작품들은 촐라 왕조 당시의 조각 예술 발달상을 보여주는 좋은 예이다. 2004년에 유네스코 세계문화유산에 등재되었다. 에라바테스와라 사원은 12세기에 라자라자 촐라 2세(Rajaraja Chola II)의 지시에 따라 지어졌으며 탄자부르의 부리하디스바라 사원과 강가이콘다촐라푸람 부리하디스바라 사원에 이어 유네스코 세계문화유산에 이름을 올렸다. 인도 종교 예술과 건축 기술의 보고라 평가되는 사원이다. 높이 24미터로 규모는 다른 두 사원보다 작지만 사원을 장식하고 있는 석상과 부조 작품들은 뛰어난 정교함과 아름다움을 자랑 한다

18. 난다데비 국립공원 [Nanda Devi and Valley of Flowers National Parks] / 자연유산 / 1988년(2005년 확장 지정)

중국과의 국경지대에 위치하고 있다. 공원의 중심을 이루고 있는 난다데비 산의 주변 산지는 1939년 히말라야 최초의 조수(鳥獸) 보호구역으로 지정된 지역이다. 이 가운데 해발 3,500m 이상의 넓이 약 630㎢에 이르는 빙원이 1982년 국립공원으로 지정되었다. 서쪽을 제외한 삼면이 높은 산맥과 70개가 넘는 높은 봉우리로 둘러싸인 이 지역은 국립공원으로 지정되면서 출입이 전면적으로 금지되었다. 험준한 지형 때문에 처음부터 진입로가 거의 없어 사람들의 출입을 제한하는 것은 쉬운 일이었다. 난다데비산은 '여신 난다의 성스러운 집'으로 불리는 해발 7,816m의 인도 제2의 고봉이다. 1936년 영국인 헤럴드 틸먼이 처음으로 등정하였다. 공원 안에는 사람의 손이 거의 닿지 않은 생태계

가 수없이 존재한다. 그러나 아쉽게도 아직 이들 생태계의 동·식물에 관한 조사·연구는 충분히 이루어지지 않고 있는 실정이다. 현재 여기 서식하고 있는 것으로 알려진 동물로는 유제류인 산사향 사슴, 염소의 일종인 히말라야타르사슴과 바랄, 수마트라산양 등의 산양이 있다. 그 밖에 반달가슴곰이나 불곰 같은 잡식동물도 있으며, 인도에서 신성시하는 긴꼬리원숭이의 일종인 하누만랑구르 원숭이의 존재도 확인되었다. 히말라야전나무 등 침엽수와 석남이 무성한 공원의 삼림 속에 사는 가장 대표적인 동물은 눈표범으로, 1992년 현재 약 400마리가 이 공원 안에 서식하고 있는 것으로 조사되었다. 이 중 아시아에 널리 분포하는 산사향사슴은 수컷의 배설물에서 사향을 채취할 수 있어 옛날부터 사냥의 대상이 되어 왔다. 또, 검은 반점이 있는 회백색의 화려한 색깔의 모피를 얻기 위하여 눈표범도 사람들의 사냥감이 되어 왔다. 눈표범은 1952년 인도의 보호동물로 지정되고, 워싱턴조약에 의하여 그 모피의 거래가 전 세계적으로 금지되었다. 이들 고산에 서식하는 초식동물은 몸 전체에 두터운 털이 나 있어 혹독한 추위로부터 몸을 보호할 수 있다. 또한, 산소가 희박한 고산에서의 생활에 적응하여 폐 기능이 매우 발달되어 있어서 소량의 산소를 몸 전체에 골고루 전달하기 위한 적혈구를 많이 가지고 있다. 조류로는 유럽울새 종류와 솔새 및 낫부리새 종류 등 약 57종이 발견되었다. 해발 2,100m 높이에서 흐르는 리시 강가(Rishi Ganga)강의 하류 지역에 펼쳐지는 아우터 보호구에는 초지가 곳곳에 있어 1980년대까지는 주위의 주민들이 이를 방목지로 이용하였다. 그러나 우타르프라데시 주(州)에 삼림 관리기구가 설치되고, 난다데비가 국립공원으로 지정된 뒤에는 방목이 금지되었다.

19. 산치의 불교기념물 군 [Buddhist Monuments at Sanchi] / 문화유산 / 1989년

인도 중부 보팔에서 40㎞ 떨어진 곳에 있는 불교기념물 군이다. 각 시대에 걸친 많은 당탑(堂塔)이 보존되어 있고, 또 이것을 장식하는 조각과 아울러 미술사상 중요한 위치를 차지한다. 유적은 높이 약 90m의 고립된 언덕 위에 있고, 대탑(大塔:제1스투파)을 중심으로 여러 건조물 및 유지(遺址)가 군재(群在)하고 서쪽 중복(中腹)에는 제2탑이 있다. 최초로 이곳에 불탑을 세운 것은 아소카 왕(王)으로, 왕이 건립한 석주(石柱)의 사자주두(獅子柱頭)가 남아 있다. 이 고탑은 다음 슝가 왕조 시대(BC 2세기)에 돌을 쌓아 증광(增廣)되었다. 오늘날 볼 수 있는 대탑이 그것으로 높이 16.5m, 기부(基部) 지름 37m이다. 2중 난순(欄楯)을 둘렀고 4개의 탑문이 있으며 정상에는 산개(傘蓋)를 세웠는데, 인도에 현존하는 복발탑(覆鉢塔) 중 가장 오래되고 완전한 탑이다. 이 대탑의 4개의 문은 이 지방이 남쪽 안드라왕조의 세력 하에 있던 BC 50~AD 50년경에 이 왕조의 관계자가 건조한 것이다. 이 대탑의 문의 높이는 10m, 앞뒤 전면에 많은 불전도(佛傳圖)·본생도(本生圖), 숭배의 대상도(對象圖)·문양도(文樣圖) 등이 돋을새김[浮彫]되어 있다. 대탑의 남문이 가장 오래되고 훌륭한데, 북·동·서, 제3탑문의 순으로 완성된 듯하다. 또, 대탑 부근에는 당시의 차이토야 당(堂) 유지(遺址)도 있다. 제3탑은 제1탑의 북동쪽 약 45m 지점에 위치하고 있는 것으로 바깥 둘레의 난순은 없어졌고, 원형의 기단(基壇)과 복발(覆鉢)·평두(平頭)·산개·기단 위의 옥원(玉垣), 요도(繞道)에 이어지는 남쪽의 계단, 남문 1기(基)가 현존한다. 복발부의 널방[玄室] 안에서 불제자(佛弟子)의 사리용기(舍利容器)가 발견되었고 기단의 지름은 15.2m, 복발의 지름은 10m, 총높이 8.2m이다. 남문은 1세기경의 제작으로 높이 약 5m이고 제1탑의 탑문(塔門)과 같은 형식을 나타낸다. 산치는 그 후에도 쿠샨왕조에서 굽타왕조에 걸쳐 번영하여 마투라에서 운반 봉헌된 불상과 보살상도 있고, 굽타왕조 시대에는 다시 더 많이 조영(造營)된 듯하다. 5세기 초기의 제17호 사당은 간소하고 작으나 온전히 남아 있는 굽타 건축의 대표적 작품이다. 승원지(僧院址)로서 가장 큰 제45호 승원은 11세기에 재건된 것인데, 무너지기는 하였으나 승방의 벽·불당 등이 남아 있다. 1818년 발견되어, 20세기에 이르러 과학적 발굴과 보존공사가 완료되고 소박물관도 세워져 유품이 수장되고 도록(圖錄)도 간행되었다. 1989년 유네스코 세계문화유산으로 지정되었다

20. 쿠트브 미나르 유적 [Qutb Minar and its Monuments, Delhi] / 문화유산 / 1993년

터키계의 이슬람교도로서 노예왕조를 창시한 쿠트브 웃 딘 아이바크가 인도 북부를 점령한 뒤 13세기에 건설하였다. 이 탑은 아프가니스탄에 있는 잠무 탑을 본뜬 것으로서 이슬람의 승리를 기념하기 위하여 세운 인도에서 가장 높은 석조 탑이다. 높이 72.5m의 5층탑인데, 기단 부분의 지름은 약 15m이고 가장 높은 부분의 지름은 약 3m이다. 붉은 갈색의 사암으로 만들어졌으며, 1층 벽면은 반원 모양과 삼각 모양의 볼트가 세로로 되풀이되고, 2층은 반원 모양, 3층은 삼각 모양만 굴곡을 이루어 되풀이된다. 탑 여러 곳에 《코란》의 글귀를 새긴 수평층이 둘러져 있고, 발코니에는 입체적인 종유석 무늬를 새긴 띠를 둘러놓았다. 내부에는 379단의 나선 모양 계단을 설치하여 각 발코니로 통하도록 하였다.

21. 후마윤 무덤 [Humayun's Tomb, Delhi] / 문화유산 / 1993년

페르시아양식을 토대로 한 무굴 건축의 초기 대표작으로서 야무나강 근처에 있다. 1565년 무굴제국의 왕비였던 하지 베굼이 남편인 제2대 황제 후마윤을 기리기 위하여 건설하였다. 묘는 넓고 큰 차하르바그(정사각 모양의 정원) 중앙에 있는데, 1변이 90m인 기단 위에 4개의 정사각형 모양의 묘실이 중앙 묘실을 대각선 모양으로 둘러싸고 있다. 중앙 묘실에는 후마윤 황제의 돌널이 안치되어 있다. 건물의 4면은 같은 형태로 되어 있으며 면마다 3개의 커다란 아치가 있다. 가운데의 아치가 가장 크고 그 안쪽에는 반(半) 돔으로 덮인 반 외부 공간인 이완을 두었다. 이완 안쪽에는 아치 모양의 창 3개가 2단으로 배치되어 있다. 중앙 돔은 높이 38m로 속이 비어 있고 바깥쪽은 흰 대리

암으로 이루어져 있다. 돔 주위에는 기둥이 세워져 있는 우산 모양의 차토리(작은 탑)가 있다. 묘에는 황제를 비롯하여 하지 베굼 왕비, 다라 시코 왕자, 고위 관리 등 150여 명의 돌널이 안치되어 있는데, 돌널의 옆면에는 아랍문자를 조각하여 장식해 놓았다. 묘실 창에는 두께가 3~5cm인 돌로 된 망사 모양의 격자가 끼워져 있다. 차하르바그는 물길을 따라 완전한 좌우대칭인 사각 모양으로 구획되어 있으며 4개의 사각 모양은 다시 작은 정사각 모양으로 나누어져 있다

22. 인도 산악철도 [Mountain Railways of India] / 문화유산 / 1999년(2005년, 2008년 확장지정)

아시아 남부에 위치한 국가 인도(India)의 세계유산이다. 인도의 산악 지형들을 관통하는 세 개의 주요한 철도인 '다르질링 히말라야 철도(Darjeeling Himalayan Railway)', '닐기리 산악 철도(Nilgiri Mountain Railway)', '칼카-심라 철도(Kalka-Shimla Railway)'를 통합해 인도 산악 철도(Mountain Railways of India)로 지칭하고 있다.
1999년 다르질링 히말라야 철도(Darjeeling Himalayan Railway)가 가장 먼저 유네스코(UNESCO)에 의해 세계유산으로 선정되었다. 이후 2005년 닐기리 산악 철도(Nilgiri Mountain Railway)가 새롭게 포함되었다. 2008년에는 칼카-심라 철도(Kalka-Shimla Railway)까지 그 지정 범위가 넓어졌다. 현재 선로를 포함한 총 76.06ha에 이르는 지역이 주요 보존 지역으로 선정되어 보호 받고 있다. 다르질링 히말라야 철도 공사는 1879년에서 1881년 사이에 이루어졌다. 총 길이 86km 선로는 고도 100m의 도시 실리구리(Siliguri)를 고도 2200m에 이르는 히말라야 산맥의 다르질링(Darjeeling)과 연결시켰다. 칼카-심라 철도는 1898년 준비를 시작하여 지어진 것으로 처음 예상의 두 배가 넘는 공사비용이 들어갔다. 96km에 이르는 이 철도는 칼카(Kalka)와 심라(Shimla)를 연결했다. 닐기리 산악 철도는 1854년 이미 가장 먼저 건설 계획이 수립되었으나 울퉁불퉁하고 높은 산악 지형의 특성상 대규모의 철도 건설은 어렵다고 여겨졌기 때문에 오랫동안 계획인 채로 만 남아 있었다. 불가능하다고 여겨졌던 철도 건설 계획은 대담하고 독창적인 건설 기술의 도움으로 1890년경 드디어 실행에 옮겨지게 되었고 이십년 가까이 진행된 공사 끝에 1908년 가까스로 완공되었다. 이 방대한 규모의 공사들로 인해 고도 100m에서 2,203m에 이르는 인도의 거친 산악 지형들이 철도로 새롭게 연결되었다. 철도의 완공으로 사람과 물자의 이동이 편리해지기 시작했으며 사회와 경제의 발전 속도가 이전에 비해 매우 빨라졌다. 하지만 이 산악 철도는 영국의 인도 식민 지배를 용이하게 하기 위한 수단으로 쓰이기도 했다. 일부 노선이 폐쇄되기도 했지만 현대적 수리를 거쳐 많은 노선들이 오늘날에도 그대로 운행되며 인도의 산악 지형들을 연결하고 있다.
(소재지 States of West Bengal and Tamil Nadu. 좌표 N11 30 37.0 E76 56 09.0)

23. 부다가야의 마하보디 사원 복합단지 [Mahabodhi Temple Complex at Bodh Gaya] / 문화유산 / 2002년

부다가야는 인도 북동부 비하르 주(州)에 있는 마을이다. 이곳에 있는 보리수나무 아래서 부처가 깨달음을 얻었으며, 그 자리에 사원을 세운 것이 마하보디 사원이다. 마하보디사원은 BC 3세기 아소카왕이 세웠고, 5~6세기 굽타왕조 때 현재의 모습을 갖추었다. 높이 52m, 9층의 피라미드형이며, 내부에 좌불이 있다. BC 1세기에 만든 석조 난간의 일부가 아직 남아있다. 난간 기둥에는 인드라 신(神)과 수리아 신(神) 등이 새겨져 있다. 이후 여러 차례 복구가 되었다. 마하보디사원은 현존하는 초기 불교사원 가운데 하나로 드물게 건물 전체가 벽돌로 이루어졌다

(소재지 State of Bihar, Eastern India 좌표 N24 41 43 E84 59 38)

24. 바위 은신처 빔베트카 [Rock Shelters of Bhimbetka] / 문화유산 / 2003년

인도 보팔에서 남쪽으로 40㎞ 떨어져 있다. 중앙 인도 고원의 남쪽 빈디얀 산자락에 있는 유적이다. 거대한 사암층이 노출된 지형이 특이하다. 해발 600m의 숲에 500여 개의 동굴이 있는데 이곳에는 석기시대 이후 그려진 벽화가 있다. 약 2만~50만년 전의 그림이며, 동물·새·기하학적 문양 등이 소재로 사용되었다. 또한 이곳과 인접한 마을에서 발견되는 문화 양식이 바위그림과 유사한 특징을 나타낸다. 이는 오랜 기간 동안 인간과 환경의 상호작용을 보여주는 예가 되고 있다. 또한 벽화가 시대별로 연속적으로 그려졌다는 점이 특징이다. 빔베트카라는 이름은 비마(Bhima)와 관련된 가공의 장소에서 유래한다. 비마는 인도의 마하브라타(Mahabharata) 서사시에 나오는 판두(Pandu)왕과 쿤티(Kunti) 왕비 및 마드리(Madri) 왕비 사이에서 태어난 다섯 왕자 판다바스(Pandavas) 가운데 하나이다.

(소재지 Madhya Pradesh 좌표 N22 55 40.0 E77 35 00.0)

25. 짬빠네르-빠우거드 고고학 공원 [Champaner-Pavagadh Archaeological Park] / 문화유산 / 2004년

인도 구자라트(Gujarat) 주(州)의 판흐마할(Panchmahal) 지역에 위치한 역사지구로 2004년 유네스코 세계문화유산에 등재되었다. 술탄 마흐무드 베가다(Sultan Mahmud Begada)가 설립한 역사적 도시인 짬빠네르(Champaner)와 인접하여 있다. 공원은 빠우거드(Pavagadh)의 언덕에 있는 성체의 요새에서 시작하여 짬빠네르 시(市)로 이어진다. 석기시대에서 청동기시대로 넘어가는 과도기의 유적지와 초기 힌두교 중심지의 언덕 요새, 짬빠네르가 구자라트의 주도(州都)였던 16세기의 유적 등을 포함한 고고학적, 역사적 생활·문화유산이 남아 있다. 8세기에서 14세기에 세워진 궁전과 왕족만 사용할

수 있었던 전용 도로, 도시 성벽의 출입문과 아치, 성벽 밖에 세워진 모스크, 무덤, 사원, 주거지역, 농경지, 수로 등이 보존되어 있다. 특히 초기 이슬람 도시와 무굴 제국 당시의 모습은 거의 변하지 않은 상태로 보존되어 있다. 또한 15세기 후반에서 16세기 초반 힌두교에서 무슬림으로 문화와 건축 양식이 변경되는 모습을 이곳 고고학 공원에서 확인해 볼 수 있다. 당시의 도시 계획을 살펴보면 도로들이 모두 시의 중심부를 향하도록 정돈되어 있는 모습을 발견할 수 있다. 주거지역은 부유층과 서민 주거 지역으로 나뉘어 있었는데, 부유층의 저택에는 대부분 경치가 아름다운 정원과 수로가 설치되어 있었다. 공공 공원과 파빌리온이 주거지역을 에워 싸고 있는 형태였으며 사원과 모스크는 빠우거드 언덕 위에 지어졌다. 특히 빠우거드 언덕의 해발 고도 800미터 지점에 위치한 칼리카 마타(Kalika Mata) 사원은 오늘날까지도 해마다 수 많은 순례자들이 찾아오는 이 지역의 중요한 힌두교 사원이다. 이곳 역사 지구는 과거에 빗물을 모아 생활용수로 사용하기 위해 만들어 진 우물과 연못이 셀 수 없이 많아 '천 개 우물의 도시'라는 별칭으로 불리기도 한다. 1803년에 영국인들이 이곳을 발견했을 당시에는 약 500여 명의 사람들 만이 폐허가 된 역사적 도시에 정착하여 살고 있었다. 이들은 이곳을 생사(raw silk) 생산, 수출 도시로 발전시켰으나 1812년 콜레라로 인해 인구가 크게 감소하였다. 1800년대 후반부터 이곳에 남겨진 역사적 유적과 유물들이 고고학계와 문화유산 신탁으로부터 관심을 받기 시작하였다. 이후 바로다 문화유산 신탁(Baroda Heritage Trust)의 지원으로 이 지역을 문화유산 보호구역으로 지정하고 고고학 공원으로 조성하는 계획이 세워졌으며 유네스코 세계문화유산 지정을 위한 제안서가 제출되어 2004년에 등재되었다. 바로다 문화유산 신탁에 따르면 이곳 고고학 공원에는 모두 114 곳의 역사 유적이 있으나 재정문제로 인해 이 가운데 39 곳의 유적에서만 고고학적 발굴 작업이 진행되고 있다

(소재지 Gujarat state, district of Panchmahal 좌표 N22 29 00 E73 32 00)

26. 차트라바띠 시와지 역 [Chhatrapati Shivaji Terminus (formerly Victoria Terminus)] / 문화유산 / 2004년

옛 명칭은 빅토리아 역(Victoria Terminus)이었으며 1996년 철도청장이었던 수레쉬 깔마디(Suresh Kalmadi)는 이 역의 명칭을 마라타 왕국을 세운 시바지(Chhatrapati Shivaji)왕을 기념하는 의미에서 차트라바띠 시와지 역으로 공식적으로 변경한 이후 차트라바띠 시와지 역 또는 뭄바이 CST(Mumbai CST)라고 불린다. 세계에서 가장 규모가 크고 붐비는 기차역사 중 한 곳으로 꼽히며 뭄바이의 남쪽에 위치한다.

인도가 영국의 식민지배를 받던 1878년에 빅토리아 여왕의 즉위 50주년을 기념하기 위하여 영국의 건축가인 프레데릭 윌리엄 스티븐스(Frederick William Stevens)의 설계로 뭄바이의 보리 분데르(Bori Bunder)지역에 지어지기 시작하였으며 1887년에 완공되었다. 스티븐스는 영국 런던의 세인트 판크라스 역(St.-Pancras-Station)에서 영감을 얻어 차트라바띠 시와지 역사를 건축했다. 완공 이후 영국령이었던 당시 인도 제국에서

가장 규모가 크고 상징적인 의미를 가지는 건축물 중 하나가 되었다. 빅토리안 이탈리아 고딕 리바이벌 양식으로 지어졌으며 건물의 스카이라인과 작은 탑, 아치 등은 전통적인 인도 궁전 건축 양식에서 영향을 받아 지어졌다. 건물의 나무 조각 장식과 타일, 철로 된 장식, 황동 난간, 매표소의 창살 등은 인도의 유서 깊은 미술학교인 Sir J.J 미술학교(Sir Jamsetjee Jeejebhoy School of Art) 학생들이 직접 제작했던 작품들이다. 정문 위에는 리브 구조로 지어진 약 100미터 높이의 팔각 돔이 있으며 건물 내부는 수많은 돌 조각 작품과 부조로 장식되어 있다. 1920년대 말에 신관이 덧붙여 지어 졌으며 이때부터 주요 광역노선은 신관을 통과하게 되었고 본래 역사는 오늘날까지 근교 노선을 맡고 있다. 하루에 약 1천 여 대의 기차가 이 역을 통과하며 약 3백만 여 명의 승객들이 역사를 사용하고 있다. 인도 중앙철도의 행정본부가 이 건물에 위치하고 있다. 이 역사는 2008년에 아카데미 감독상을 수상한 영화 '슬럼독 밀리어네어'(Slumdog Millionaire)의 배경으로 등장하기도 했다.

(소재지 City of Mumbai, Maharashtra State 좌표 N18 56 24.44 E72 50 10.33)

27. 붉은 요새 복합건물 [Red Fort Complex] / 문화유산 / 2007년

인도의 델리에 있다. 인도에서는 '랄 킬라'(Lal Quila)라고 한다. '랄'은 '붉다', '킬라'는 '성'이라는 의미이다. 무굴제국의 다섯 번째 황제 샤자한(Shah Jahan)이 수도를 아그라에서 샤자하나바드로 옮기고 이곳에 건설한 왕궁이다. 1638년에 시작하여 1648년에 완공하였다. 성채가 붉은 색으로 보이는 것은 건물을 둘러싼 벽이 붉은 사암으로 되어 있기 때문이다. 전투 목적을 고려하여 벽을 높이고, 깊은 해자를 만들었다. 야무나 강(江)을 따라 서있으며, 벽은 2.5km, 높이는 강 쪽이 16m, 도시 쪽은 33m이다. 설계와 디자인은 무굴제국의 건축수준이 상당했음을 보여준다. 무굴제국의 독창적인 건축기술에 이슬람·티무르·페르시아·힌두의 요소가 더해져 장식이 화려하고 아름답다. 이러한 독보적인 건축기술은 후에 라자스탄·델리·아그라의 건축에도 영향을 주었다. 그러나 1857~1859년에 일어난 세포이 항쟁 때 많은 부분이 파손되었다. 영국 식민지 시대에 일부 복구되었다. 붉은 요새는 무굴제국의 황제 샤자한의 영욕의 세월, 세포이 항젱, 영국의 통치, 인도의 독립선포 등 인도의 중요한 역사적 순간을 함께 하였다

28. 자이푸르 잔다르 만타르 [The Jantar Mantar, Jaipur] / 문화유산 / 2010년

1728부터 1734년 사이에 번왕국(藩王國)의 마하라자이자 수학자·천문학자였던 자이싱 2세(Jai Singh II)가 새로운 수도인 자이푸르에 세운 석조 천문 관측소이다.

잔타르 만타르(Jantar Mantar)는 산스크리트어(語)로 '마법의 장치(Magical Device)'라는 의미이다. 자이싱 2세는 과학자들을 외국에 보내 잔타르 만타르를 짓기 위한 연구를 수행하게 하였고 이후 델리, 우자인, 바라나시, 마투라, 자이푸르에 잔타르 만타르를 세

웠다. 그중 가장 규모가 큰 자이푸르의 잔타르 만타르는 1940년대까지도 천문대로 이용되었다. 1948년 국가기념물로 지정되었다. 이곳에 있는 20개의 주요 천문계기는 건축물처럼 땅에 고정하여 설치하였으며 맨눈으로 천문학적 위치를 관찰할 수 있게 설계하였다. 이 계기들을 사용해 시각을 계산하고, 천체 높이, 일식·월식, 행성의 기울기를 예측·계산하거나 별자리, 행성들의 위치를 보는 등 다양한 천체 관측과 연구가 가능하다. 지역에서 나는 석재와 대리석로 계기들을 제작했으며 가장 큰 계기인 삼라트 얀트라(Samrat Yantra)의 경우 높이가 27m에 이른다. 인도에서 가장 중요하고 포괄적이며 가장 잘 보존된 유서 깊은 천문 관측소이며, 무굴제국 말기에 학문적 소양이 깊은 군주의 궁정이 보유했던 천문학적 기술과 우주 철학적 개념을 잘 보여준다.

(소재지 인도 라자스탄주 자이푸르 좌표 N26 55 29 E75 49 30)

29. 서 고츠 산맥 [Western Ghats] / 자연유산 / 2012년

인도 북쪽으로 타프티강 하구에서 남쪽으로 코모린 곶(串)까지, 북쪽의 구자라트 주(州) · 마하라슈트라 주(州) · 고아 주(州)와 남쪽의 카르나타카 주(州) · 케랄라 주(州) · 타밀나두 주(州) 등 6개 주(州)에 걸쳐 약 1600㎞ 길이로 뻗어 있으며, 데칸고원의 서쪽 둘레를 이루는 산맥이다. 평균 해발고도는 900~1600m이며, 최고봉은 아나이말라이 구릉(丘陵) 지대에 있는 해발 2695m의 아나무디 산(山)이다. 아라비아 해(海)에 면하여 장대한 벽처럼 솟아 있으며, 해안과의 사이에 평균 너비 50~60㎞의 평지를 안고 있다. 아라비아 해(海)에서 불어오는 여름의 남서계절풍이 정면으로 산맥에 와 부딪치기 때문에 서쪽 비탈면과 해안평야는 인도에서도 손꼽는 다우(多雨) 지역을 이루고, 바람을 등지는 비탈면은 한발이 심하다. 서쪽 비탈면에는 열대림이 무성하고, 고지는 아열대림을 이루어 인도코끼리·호랑이 등의 야수가 많다. 예로부터 티크·백단·흑단 등의 경재류(硬材類)와 후추 · 카르다몸(cardamom) 등의 향신료가 생산되며, 중부에는 망간·철, 남부에는 운모·석면 등의 지하자원도 풍부하다. 히말라야산맥보다 오래된 이 산맥은 독특한 생물학적·물리학적·생태학적 과정으로 매우 중요한 지형적 특징을 보여주는 곳으로, 2012년 4월 세계자연보전연맹(IUCN)이 실사 평가 보고서를 승인하는 과정을 거쳐 같은 해 6월 러시아 상트페테르부르크에서 열린 제36차 유네스코 세계유산위원회(WHC) 회의에서 인도의 29번째 세계유산(자연)으로 등재되었다. 이 지역의 지형은 초기 쥐라기시대에 곤드와나대륙의 육지 균열에 관한 분화를 보여준다. 높은 산악 삼림생태계는 인도 몬순기후에 영향을 주며, 지구상에서 몬순기후의 체계를 가장 잘 보여주는 지역으로 알려져 있다. 이 지역의 숲은 적도가 아닌 열대상록수림의 가장 전형적인 모습을 나타내며, 전 세계적으로 생물다양성이 뛰어난 8곳 가운데 하나로 알려져 있다. 세계자연보존연맹의 목록에 오른 멸종위기에 처한 동식물 325종 이상(229종의 식물과 포유류 31종, 조류 15종, 양서류 43종, 파충류 5종, 어류 1종 등 포함) 등이 이 지역에서 서식한다.

30. 라자스탄 구릉요새 [Hill Forts of Rajasthan] / 문화유산 / 2013년

인도 라자스탄 주(州)의 치토르가르(Chittorgarh) · 라자만드(Rajsamand) · 사와이마도푸르(Sawai Madhopur) · 잘라와르(Jhalawar) · 자이푸르(Jaipur) · 자이살메르(Jaisalmer) 등 6개 도시에 있는 요새 유적을 말한다. 다채로운 구릉 지형을 이용하여 축조된 이 요새들은 8~18세기에 걸쳐 번성하였던 라지푸트 번왕국의 통치기반과 상대적인 정치적 독립성을 반영한다. 2010년 유네스코 세계유산 잠정목록에 포함되었고, 2013년 3월 국제기념물유적협의회(ICOMOS)가 실사 평가 보고서를 승인하는 과정을 거쳐 같은 해 6월 캄보디아 프놈펜에서 열린 제37차 유네스코 세계유산위원회(WHC) 회의에서 인도의 30번째 세계유산(문화)으로 등재되었다. 등재된 유산은 치토르가르의 치토르가르 요새(Chittorgarh Fort), 라자만드의 쿰발가르 요새(Kumbhalgarh Fort), 사와이마도푸르의 란탐보르 요새(Ranthambore Fort), 잘라와르의 가그론 요새(Gagron Fort), 자이푸르의 암베르 요새(Amber Fort), 자이살메르의 자이살메르 요새(Jaisalmer Fort) 등이다. 이 요새들은 6개 지구에 떨어져 있지만 연속성을 지닌 일관된 유산군을 구성한다. 이 가운데 가장 규모가 큰 치토르가르 요새는 8~16세기에 걸쳐 건축되어 유적의 수와 다양성 면에서 다른 요새들보다 특출하다. 해발고도 1100m에 자리 잡은 쿰발가르 요새는 성곽의 길이가 20㎞에 달하는데, 인도에서 가장 길고 세계에서 세 번째로 길다. 란탐보르 국립공원(Ranthambore National Park) 안에 있는 란탐보르 요새는 6개의 요새 중 유일하게 숲을 이용한 요새이며, 인도의 궁전 건축물 중 가장 오랜 기간 존속한 궁전의 하나로 꼽히는 함미르(Hammir) 궁전 유적이 있다. 가르곤 요새는 강을 이용한 대표적인 사례이며, 교역로를 통제하기 위한 전략적 위치에 배치되었다. 붉은 사암과 대리석을 이용하여 축조된 암베르 요새는 라지푸트-무굴 궁정양식(Rajput-Mughal court style)의 17세기 핵심적 발전단계를 대표하며, 요새 아래에는 마호타 호수(Lake Maota)를 이용한 인공정원이 조성되어 있다. 자이살메르 요새는 사막 지형을 이용한 사례이며, 성곽 안에 발달하였던 도시 촌락에는 오늘날에도 주민들이 거주하고 있다. 치토르가르 · 쿰발가르 · 란탐보르 · 자이살메르 요새는 인도의 국가중요기념물로, 가그론·암베르 요새는 라자스탄 주(州) 보호 기념물로 지정되기도 하였다.

6개의 요새는 개별적이지만 일관된 유산 군(群)을 구성하여 중세 초기에서 후기에 이르기까지 라자스탄의 다양한 지형과 문화 구역 내에서 요새 계획, 예술 및 건축 분야에서 이루어진 라지푸트 번왕국의 중요한 이념적 교류를 보여준다. 또한 강과 산림, 사막 등 다채로운 지형을 이용한 이 요새들에 표현된 절충주의 건축양식(eclectic architecture)은 이후 마라타(Maratha) 왕국의 건축과 같은 이 지역의 건축 양식에 큰 영향을 미쳤다. 요새의 성곽 안에는 왕족과 경비병의 거주 공간뿐 아니라 도시 촌락이 발달하였고, 사원이나 종교 건축물 등이 자리 잡고 있다. 요새보다 더 오래된 역사를 지닌 사원들은 교육·음악·미술 등을 후원하는 궁정문화의 요람 역할을 하였으며, 라지푸트 왕국이 몰락한 뒤에도 잘 보존되었다. 또한 요새 안에는 라지푸트의 부를 축적하는 토대가 되었던 생산과 분배, 교역의 중심지로서 상업지역이 형성되었으며, 당시에 구축된 대규모 집수(集水) 시설들은 오늘날에도 이용되고 있다.

(소재지 인도 라자스탄 주(州)   좌표 N24 52 60, E74 38 46)

31. 구자라트 파탄의 라니키바브 [Rani-ki-Vav (the Queen's Stepwell) at Patan, Gujarat] / 문화유산 / 2014년

인도 서부 구자라트주의 파탄에 있는 우물 유적으로 공식 명칭은 '구자라트 파탄의 라니키바브(여왕의 계단우물) ; Rani-ki-Vav (the Queen's Stepwell) at Patan, Gujarat'이다. 인도 계단우물 전통의 예술적·기술적 정점을 보여주는 사례로서 1998년 유네스코 세계유산 잠정목록에 포함되었다. 이후 2011년 3월 국제기념물유적협의회(ICOMOS)가 실사 평가 보고서를 승인하는 과정을 거쳐 같은 해 6월 프랑스 파리에서 열린 제35차 세계유산위원회(WHC) 회의에서 히말라야 국립 대공원과 함께 인도의 31~32번째 세계유산으로 등재되었다. 등재된 문화유산의 지정 면적은 4.68ha, 주변의 완충지역(Buffer zone) 면적은 125ha이다. 라니키바브는 '여왕의 계단우물'이라는 뜻으로, 11세기 말 솔랑키(Solanki) 왕조의 우다야마티(Udayamati) 왕비가 먼저 세상을 떠난 남편 빔데브(Bhimdev) 1세의 명복을 빌기 위하여 건축한 것으로 알려져 있다. 이 유적은 13세기에 인근의 사라스와티강(Saraswati river)이 홍수로 범람하여 쓸려온 흙으로 수세기 동안 뒤덮여 있다가 1937년에 복구 작업이 시작되었다. 이후 1980년이 되어서야 엄청난 양의 침니(沈泥)를 대부분 제거하고 인도 고고학 조사국(Archaeological Survey of India)의 주도하에 본격적인 복원 작업에 착수하여 2008년에 완료하였다. 우물 구조는 동서 방향으로 직사각형과 원형이 결합된 형태로 전체 길이는 64m, 너비는 20m이다. 동쪽의 입구를 통하여 계단을 내려가면 가로 9.5m, 세로 9.4m, 깊이 23m인 직사각형의 저수조가 있다. 서쪽 끝에는 지름 10m인 원형 우물이 30m 깊이의 수직굴 형태로 조성되어 있다. 내부는 7개 층으로 이루어지고 각 층마다 종교와 신화를 상징하는 조각품들이 정교하게 장식되어 있으며, 주요 조각품의 수만 500점이 넘고 규모가 작은 조각품도 1000점이 넘는다. 계단복도에는 원래 292개의 조각 기둥이 있었으나 지금은 226개만 보존되어 있다. 계단우물은 BC 3000년경부터 인도 아대륙(亞大陸)에서 만들어진 독특한 건축 형태이다. 계단우물은 모래 토양에서 물을 원활하게 공급하고 저장하기 위한 수단으로 만들어지기 시작하였는데, 지하수는 물론 빗물과 강물도 저장하는 일종의 저수지 역할을 하였기 때문에 일반 우물과는 달리 규모가 매우 크다. 이러한 유형의 건축물이 발달하게 된 데에는 물에 몸을 담금으로써 몸과 마음을 정화하는 인도 사람들의 종교적 행위와도 관련이 있다. 당시 지도자들은 종교적·도덕적 의무를 실천함과 아울러 자신의 세력을 과시하는 용도로 계단우물을 건설하였으며, 처음에는 단순한 형태였으나 시간이 지나면서 실용성보다는 장식성에 주안점을 둔 예술 작품으로 변모하였다. 라니키바브 역시 평범한 우물이 아니라 신성한 물을 경배하는 일종의 사원 역할을 했다. 뿐만 아니라 마루-구르자라(Maru-Gurjara) 양식을 반영한 예술적 건축물로서 우물의 전체적 비율과 화려하고 정교한 조각 기술이 돋보이며, 인도의 계단우물 건축기술이 최고조에 이른 시기의 결정체라는 평가를 받는다.
(소재지 인도 구자라트 주(州) 좌표 N23 51 32 E72 6 6 면적 4.68ha / 완충지역 125ha)

32, 히말라야 국립대공원 [Great Himalayan National Park Conservation] / 문화유산 / 2014년

인도 북서부 히마찰프라데시 주(州)에 속한 쿨루(Kullu) 지구에 걸쳐 있는 히말라야산맥의 서쪽 지역으로, 공식 등재 명칭은 '히말라야 국립대공원 보전지역(Great Himalayan National Park Conservation Area)'이다. 이 지역은 1972년부터 야생동물보호법에 따라 보호받았으며, 1984년에 공원화되었다. 1994년 공원 서쪽 경계로부터 5㎞ 지역이 완충지역(Buffer zone)으로 확장되었고, 1999년에 국립공원으로 지정되었다. 2010년에는 이웃한 사인즈 야생동물보호구역(Sainj Wildlife Sanctuary)과 티르탄 야생동물보호구역(Tirthan Wildlife Sanctuary)이 국립공원에 포함되었으며, 2014년 라니키바브(Rani-ki-Vav)와 함께 인도의 31~32번째 세계유산(자연)으로 등재되었다. 등재된 문화유산의 지정 면적은 9만 540ha, 주변의 완충지역 면적은 2만 6560ha이다. 지정 면적은 세계의 주요 생물지리 권(biogeographic realm)인 구북구권(Palaearctic realm)과 인도네시아권(Indomalayan realm)의 접점에 해당한다. 이 지역은 생태학적으로 뚜렷이 구별되는 서(西)히말라야산맥 지역에 속하며, 해발 고도 6000m 이상의 고산 봉우리들과 해발 고도 2000m 이하의 강변 산림지대를 아우른다. 고산 봉우리들을 덮은 빙하와 눈이 녹은 물이 흘러 서쪽으로 지와 날(Jiwa Nal) 강(江)과 사인즈(Sainj) 강(江) 그리고 티르탄(Tirthan) 강(江), 남서쪽으로는 파르바티(Parvati) 강(江)의 수원이 되고 이 강들은 베아스강에 합쳐진 뒤 인더스강으로 유입된다. 히말라야 국립대공원 보전지역은 서 히말라야 온대림의 생태지역에 위치하여 생물다양성이 풍부하다. 고도에 민감한 생태계로 구성된 독특한 생물상을 유지하고 있으며, 보사이크 같은 25개의 산림형(山林型)에 디양한 동식물이 서식한다. 식물로는 805종의 관다발식물과 192종의 지의류(地衣類), 12종의 우산이끼, 25종의 선류(蘚類), 794종의 속씨식물과 11종의 겉씨식물, 27종의 양치식물 등이 서식한다. 동물로는 멸종위기종인 검은머리 트라고판 · 눈표범 · 히말라야흑곰 · 히말라야산양 · 히말라야고랄 · 히말라야사향노루 등을 포함한 31종의 포유류와 209종의 조류, 9종의 양서류, 12종의 파충류, 125종의 곤충 등이 서식한다. 이 보전지역은 또한 국제보존협회(Conservation International)의 '생물 다양성 과열 점(biodiversity hot spot)'으로 보호받고 있으며, 버드라이프 인터내셔널(Bird Life International)이 지정한 서(西) 히말라야 고유조류 서식지역(Western Himalaya Ende--mic Bird Area)의 일부이기도 하다. (소재 인도 히마찰프라데시 주(州) 좌표 N31 49 60 E77 34 60 면적 9만 540 ha / 완충지역 2만 6560 ha)

에필로그

인도에서 자연은 항상 사람들과 가까이 있다. 그들은 모든 자연현상의 오묘한 질서와 힘 속에서 신적인 요소를 발견함으로써, 그것은 신들의 구체적인 표상이라고 생각하였다. 따라서 인도인에게 있어서 하얀 만년설을 간직한 채 변함없이 솟아 있는 히말라야의 준엄한 봉우리들이야말로 끊임없이 흐르는 강과 더불어 성스러운 존재였다. 한 나라의 지형적 조건은 그 나라의 역사와 문화의 특성을 결정하는데 지대한 영향을 미친다.

인도 문화의 한 가지 독특한 특성은 다양성 속의 통일성이다. 이 같은 특성은 주로 인도의 지형적 원인에서 비롯된다. 인도는 높은 산과 깊은 숲 그리고 바다에 의해 다른 나라들과 분리되어 있다. 그렇기 때문에 인도 땅에 처음 발을 들여놓은 이민족들도 얼마간의 시간이 흐르면 자연스럽게 인도의 생활풍습에 동화되어 버렸다. 이러한 지형적 조건은 인도만의 독특한 정치, 문화적 통일체를 구성하는데 결정적인 역할을 하였다. 그러한 인도문화의 다양성은 인도 땅에 들어와 동화된 여러 민족들의 문화적 다양성에서 비롯된 것이다. 역사적으로 인도는 정치적으로 그리고 지리적으로 완전한 통일국가를 이룬 적이 없다.

오늘날 우리가 사용하고 있는 인디아라는 말은 그리스인들이 처음 사용했던 용어로 페르시아인들이 사용했던 힌두라는 말과 일치한다. 힌두 또한 인디아라는 용어는 인도인들에게 원래 신두 라고 불리는 인더스강을 가리킨다. 이처럼 신두라는 단어가 페르시아를 거쳐 그리스로 흘러들어가는 과정에서 각기 힌두 그리고 인도로 바뀌었다. 그러므로 오늘날 우리가 인도의 종교를 가리키는 말로 쓰고 있는 힌두이즘이라는 말은 원래 인더스강 유역에 살고 있던 사람들의 생활풍습을 가리키는 말인 것이다. 인도의 대륙에는 아마도 세계의 거의 모든 기후가 다 존재할 것이다. 건기와 우기가 뚜렷이 구분되어 있어 가뭄과 홍수의 피해가 극심하며 섭씨 45도에 달하는 건조기의 폭염에도 불구하고 히말라야의 높은 봉우리들은 언제나 만년설을 간직하고 있다. 자연이 갖고 있는 초인간적인 힘을 다 나타냄으로써 인간의 힘으로 다스리기 힘든 것임을 느끼게 한다. 이모든 극단적인 자연현상은 인도인들로 하여금 자연에 대하여 두려움과 경외감을 자아내게 하였다. 이러한 놀라움과 두려움 그리고 경탄 속에서 그들은 이러한 초인간적인 자연현상이 우주적 신의 조화임을 믿게 되었다. 그러면서 그러한 우주적 신이란 과연 어떠한 존재인가에 대해 알아보려고 노력하였다. 결과적으로 인도인들은 인종적, 염세적, 사색적 특성을 갖게 되었다.

결국 이러한 인도의 자연 환경적 특성이 인도문화의 형성에 적지 않은 영향을 미쳤음을 알 수가 있다. 열대 몬순 기후의 특성에 따라 많은 강우량에 의해 생긴 여러 강들도 또한 인도문화의 형성에 영향을 미치고 있다. 인도의 강들은 곡물생산과 상업 및 교통의 역할이라는 일반적 구실뿐만 아니라, 역사적으로 힌두문화를 형성하는 데 많은 영향을 끼치고 있다. 인도의 신화나 전설에서 물과 관련된 모든 것이 성스럽게 여겨지는 것은 그들의 삶에 있어서 특히 강이 얼마나 귀중한 것이었는지를 입증하는 것이다. 인도인들이 믿는 신들 중에 인도의 강이나 산과 관련된 것이 많다는 것이 많다는 점은 인도의 독특한 자연 지리적 환경이 인도인들의 생활과 사고에 깊이 작용하고 있다는 증거이다.

세계에서 인도만큼 자연이 그렇게 변덕스럽고 무서운 영향을 끼치는 나라는 흔치 않다. 예측불가한 자연의 거친 힘에 의해 인간은 한없이 무력해지고 왜소해 진다. 재앙에 가까운 큰 지진과 예측을 뛰어 넘는 수량의 집중 호우와 그로 인한 엄청난 규모의 홍수, 그리고 반대로 끔찍한 가뭄 등으로 인해 지역마다 차이는 있으나 인도는 매년 반복적 빈도로 재난과 기근에 허덕인다. 이 때문에 일상의 생업에 종사하는 보통 사람들은 언제부터 인지는 모르나 거의 무의식적으로 통제할 수 없는 어떤 힘의 존재를 의식하고 살고 있는 듯하다. "인간은 자연의 지배자가 아니라, 그것의 대수롭지 않은 극히 미미한 일부분에 지나지 않는다."는 생각은 모든 시기의 역사와 생활 속에서 반영되어 나타날 수밖에 없는데, 특히 인도라는 거대한 대륙에서는 태곳적부터 역사와 사회적 관습을 결정지어 왔던 물리적 특징들의 한 부분들이 된 것이다. 역사가 도드웰 (Dodwell, H. H.)이 가졌던 “왜 힌두이즘이 수많은 다른 고대 문명이 그랬던 것처럼 사라지지 않았던 것인가 ? ”에 대한 적절한 대답은 없는 것 같다. 정복자의 억압 하에서도 그 영역과 추종자들의 대다수가 보호되어 왔다는 점을 제외하고는 이 부분에 관한한 인도 개발은 지리적 조건으로 인해 많은 제약이 따랐다. 즉 인도는 너무나도 광활한 지역이어서, 수많은 정복자들이 있었지만 아무도 인도인들의 생활 방식을 바꾸거나 사고방식을 번화시킬 수 없었고, 인도는 모든 대양 국가가 그렇듯이 무한한 흡인력을 지닌 나라이다 보니, 회교도들이 들어오기 전까지만 해도 인도에는 흉폭하고 호전적인 종족들이 북부 평원을 끊임없이 침범하여 왕정을 뒤엎거나 도시들을 폐허로 만드는 일이 빈번했지만, 그리고 그 자리에다 새로운 국가를 세우고 수도를 건설하기도 했었으나 이들은 휴머니티라고 하는 거대한 물결 속으로 곧 빨려 들어가 버렸고, 자신들의 후손들에게 남긴 외국인의 피는 얼마 안 가서 사라져 버리고, 게다가 단편적인 낯선 관습들도 곧 주위 환경과 동화되어 버렸다. 결국 애초부터 인도인들은 거친 자연 환경 속에 놓여 진 인간 존재를 자각하였을 뿐, 인간이 자연을 지배한다는 등의 발상은 전혀 가져본 적도 없는 듯하다.

〈그림 257〉 2015 여름, 그녀는 예뻤다. 가능할까 싶었던 22일 간의 남인도와 북인도를 아우르는 인도여행. 맨처음 델리에서 시작하여 뭄바이를 거쳐 남인도의 코친. 알레피. 문나르. 마두라이. 첸나이에서 델리로, 또다시 델리를 출발하여 북인도의 우다이푸르. 조드푸르. 자이푸르. 아그라. 잔시. 카주라호. 바라나시를 거쳐, 마지막 델리로 돌아오는 숨가쁜 일정을 소화해 준 그녀는 정말 예뻤다. (뭄바이 타지마할 호텔에서)

참고문헌

『인도(印度) 그 사회와 문화』(서경수, 동국대학교 역경원, 1978)
『인도종교철학사(印度宗教哲學史)』(정태혁, 김영사, 1985)
『인도철학사상사(印度哲學思想史)』(정병조, 경서원, 1987)
『각국편람』(외무부, 1988)
『세계각국편람』(외교통상부, 1996)
『외교통상부자료』(외교통상부, 1998)
『한국민족문화대백과』(한국학중앙연구원)
『인도 주요 국가정보 일람 India , 印度』(kotra. 대한무역투자진흥공사. 2013)
『인도 주요 국가정보 일람 India , 印度』(코트라, 뉴델리 무역관. 2013)
『두산세계대백과사전』(㈜두산, 1996)
『종교학대사전』(한국사전연구사, 1998) 인도의 유대교
『한국의 기후』(이현영, 법문사, 2000)
『기후학개론』(김연옥, 정익사, 1987),
『한국의 기후와 문화』(김연옥, 이화여자대학교출판부, 1985)
『고려이전 한국식생활사연구』(이성우, 향문사, 1978)
『한국식품문화사』(이성우, 교문사, 1984)
『유네스코 세계유산 목록』(유네스코한국위원회, 2015)
『세계의 금기음식 이야기』(살림출판사, 2008)
『식품과학기술대사전』(한국식품과학회, 2008)
『차 이름의 두 가지 갈래』(장정현, 차 연구가)
『세계미술용어사전』(월간미술, 1999) 만다파 인도 미술
『인도의 건축』(윤장섭, 2002, 서울대학교출판부)

도록인용

『그림 257. 간디의 비폭력 무저항주의의 상징인 소금의 행진』

관련사이트

『인도관광청 www.incredibleindia.org 』
『케랄라관광개발공사 www.ktdc.com 』

부록

이번 2015년 여름 인도 여행 중 찍은 사진을 모아 ㈜ 대우건설에서 제공한 푸르지오 밸리 갤러리에서 2016년 1월 인도여행 사진전시회를 열었다. 아울러 전시 마지막 날 클로징 콘서트라는 이름을 붙여 필자가 재직 중인 경복대학교의 교수합창단 (KBU Harmony) 과 대한건축학회 중창단(Archi - Ensemble) 의 축하공연도 기획하였다.

〈그림 258〉 여행 중 찍은 사진을 모아 ㈜ 대우건설에서 제공한 푸르지오 갤러리에서 인도여행 사진전시회를 열었다. 아울러 전시 마지막 날 클로징 콘서트라는 이름을 붙여 필자가 재직 중인 경복대학교의 교수합창단 (KBU Harmony) 과 대한건축학회 중창단(Archi - Ensemble) 의 축하공연도 기획하였다.

경복대학교 교수 합창단은 2014년 창단하여 매주 1회 연습을 하고 있으며, 합창단 창단의 계기는 몇 해 전 졸업하는 제자들에게 학위수여식에서 축하 공연을 하게 된 것을 시작으로 하여 이후 지속적인 합창활동을 통해 교직원들의 정서함양과 우의를 돈독히 하고 지역사회의 문화 활동에도 적극 참여하고 있다.

또한. 대한건축학회 아키앙상블 중창단(Archi - Ensemble) 은 2013년 창단된 남성 중창단으로서 대한건축학회 소속의 회원들로 구성 되어 있으며 현재 사회에서 현역으로 왕성히 활동 중인 대학교수, 건설기업인, 건축가 등 건축 관련 전문가들이 평소 바쁜 시간을 쪼개 퇴근 후 함께 모여 월 2회 대한건축학회 건축센타 대강당에서 연습을 하고 있으며, 창단 연주회를 비롯 크고 작은 공연에 초대 되어 수준 높은 화음을 들려주고 있다.

陳永瑞 教授 2016 Design Studio 展 Closing Concert

Archi Ensemble

한계령 - 하덕규 곡

그대 눈속의 바다 - 우덕상 곡

홍동일

SOLIDÃO - A. C. Jobim

Asturias - I. Albëniz

경복대학교 교수합창단

행복을 주는 사람 - 이주호 곡

외갓길 - 이수인 곡

붉은 노을 외 - 이영훈 곡

Archi Ensemble

도라지꽃 - 박지훈 곡

일어나 - 김광석 곡

축복의 길 - 이현철 곡

■ KBU Harmony
경복대학교 교수합창단

장철유 지휘
김래은 반주

Soprano
홍혜선 실용음악과
김민정 뮤지컬과
최미선 국제관광과
박성연 산업디자인과
홍선희 세무회계과
유주희 복지행정과
오하나 복지행정과

Alto
전경란 의료복지과
채경주 물리치료과
윤혜자 실용음악과
이상미 복지행정과
김남희 복지행정과

Tenor
진영서 공간디자인과
박충훈 실용음악과
최민욱 실용음악과
김대은 임상병리과

Base
이준수 뮤지컬과
김호재 실용음악과
안철훈 컴퓨터정보과
김 웅 실용음악과

■ Archi Ensemble
대한건축학회 남성중창단

이병훈 지휘
김보람 반주

Tenor (1)
김민성 Sun & Light 대표
이현호 중앙대학교 명예교수
김웅수 KD ENG. 본부장
이시완 명우실업 회장

Tenor (2)
진영서 경복대학교 교수
윤상우 대한건축학회
이해욱 가람건축 대표

Bariton
성병민 삼연건축 대표
정진원 경기대학교 교수

Base
고광호 (주)포스코
오성근 세진 ENG. 상무
박창현 행림건축

▶ 홍동일 삼육대
Classic Guitar 전공

▶ 이혜림 반주 객원

▶ 민정춘 Wine Sommelier

〈표 30〉 경복대학교의 교수합창단 (KBU Harmony) 과 대한건축학회 중창단(Archi – Ensemble) 의 축하공연 팜플렛

陳永瑞 教授 Design studio 展 (연보)

제14회 2015 사진전시회 - 동행 (PRUGIO valley-대치동)
제13회 2015 사진전시회 - 동행 (PRUGIO valley-대치동)
제12회 2014 사진전시회 - Bon Voyage (PRUGIO valley-대치동)
제11회 2013 미술전시회 - Botanical illustration (PRUGIO valley-대치동)
제10회 2012 건축전시회 - 공동주택계획 (PRUGIO valley-역삼동)
제09회 2011 건축전시회 - Office project (PRUGIO valley-역삼동)
제08회 2010 건축전시회 - Gallery project (대림주택문화관-압구정동)
제07회 2009 건축전시회 - Museum project (PRUGIO valley-역삼동)
제06회 2008 사진전시회 - 한국전통건축물 (PRUGIO valley-역삼동)
제05회 2007 건축전시회 - 한국산업대전 (코엑스 인도양홀)
제04회 2006 건축전시회 - 인사동 미술관계획(대림주택문화관-압구정동)
제03회 2006 건축전시회 - 국전초대작가전 (코엑스 인도양홀)
제02회 2006 건축전시회 - 북촌 주거단지계획(한글라스관-압구정동)
제01회 2005 건축전시회 - 건축기행반 동인전(Beppu univ. in japan)

〈그림 259〉 여행 중 찍은 사진을 모아 ㈜ 대우건설에서 제공한 푸르지오 갤러리에서 인도여행 사진전시회를 열었다. 아울러 전시 마지막 날 클로징 콘서트라는 이름을 붙여 필자가 재직 중인 경복대학교의 교수합창단 (KBU Harmony) 과 대한건축학회 중창단(Archi - Ensemble)의 축하공연도 기획하였다. 사진은 대한건축학회 중창단(Archi - Ensemble) 의 축하공연 모습

〈아키앙상블 연혁〉

지휘_ 이병훈 반주_ 김보람
1st 테너_ 이현호 이시완 김응수 김민성 2nd 테너_ 진영서 이해욱 조춘식 윤상우
1st 베이스_ 정진원 이병훈 성병민 2nd 베이스_ 오성근 고광호 박창현

2016.05.28(토) 19:00 소천재 잔디마당.
제14회 소천재 사랑방 음악회 초청공연
발표곡 : 도라지꽃 일어나 우리는 하나

2016.04.30(토) 17:30 숭실대 한경직 기념관.
정기총회 및 춘계학술발표대회 축하공연
발표곡 : 도라지꽃, 일어나

〈그림 260〉 여행 중 찍은 사진을 모아 ㈜ 대우건설에서 제공한 푸르지오 갤러리에서 인도여행 사진전시회를 열었다. 아울러 전시 마지막 날 클로징 콘서트라는 이름을 붙여 필자가 재직 중인 경복대학교의 교수합창단 (KBU Harmony) 과 대한건축학회 중창단(Archi - Ensemble) 의 축하공연도 기획하였다. 사진은 대한건축학회 중창단(Archi - Ensemble) 단원의 프로필 사진

2016.02.19(금) 18:30 리베라호텔
국제 로타리 3640지구 클럽지도부 월례회 초청공연
발표곡 : 한계령, 도라지꽃, 일어나

2016.01.23(토) 15:00 대우푸르지오 밸리 갤러리.
진영서 교수 '디자인 스튜디오 전' 초청공연
발표곡 : 한계령, 그대 눈속의 바다, 도라지꽃, 일어나, 축복의길

2015.12.11(금) 17:00　대한건축학회 건축센터
한국건축단체연합 대표회장 이 취임식 및 송년회,　축하공연
발표곡 : 도라지꽃, 우리는 하나, 일어나

2015.11.27.(금) 20:00　세라믹 팔레스 홀
아키콰이어 제2회 정기연주회,　찬조출연
발표곡 : 도라지꽃, 일어나, 우리는 하나

2015.09.22(화) 20:00　역삼1동 문화센터 대공연장
제1회 정기연주회
발표곡 : (1부) 도라지꽃, 사공의 그리움　(2부) 한계령, 그대 눈속의 바다, 일어나
(3부) 사랑의 눈동자, 사랑이여, 우리는 하나　(앙콜) 축복의길, 사랑으로

2014.09.18(금) 20:00　광릉수목원 빈어스가든
2015 수목원 가는 길　초청공연
발표곡 : 도라지꽃, 일어나, 우리는하나

2015.05.30(토) 14:00　디아봉웨딩 그랜드볼룸
김보람 반주자 결혼식 축가
발표곡 : 가우데아무스이지투르(입장) 축복의길(축가) 승전가(퇴장)

2015.04.24(금) 17:00　명지대학교 명진당
대한건축학회 정기총회 및 춘계학술발표대회 축하공연
발표곡 : 한계령, 일어나, 우리는 하나

2015.04.18(토) 16:00　바움아트 갤러리
윤희철 교수　' 음악이 있는　건축 드로잉 전 '　초청 공연
발표곡: 한계령, 일어나, 우리는 하나

2015.01.24.(토) 16:00　대우푸르지오갤러리
진영서 교수 '디자인 스튜디오 전'　초청 공연
발표곡 : 사공의 그리움, 그대 눈속의 바다, 한계령, 사랑이여, 우리는 하나, 축복의길

2015.01.09(금) 11:00　대한건축학회 건축센터
2015 대한건축학회 신년회 축하공연
발표곡 : 한계령,　그대 눈속의 바다,　우리는 하나

2014.09.13(토) 16:00 옛뜰애
2014 수목원 가는 길 초청 공연
발표곡 : 그대 눈속의 바다, 우리는 하나

2014.09.13(토) 12:00 오금동성당
진영서 교수 가족 결혼축가
발표곡 : 우리는 하나(축가) 가우데아무스이지투르(입장)

2014.01.10(금) 11:00 대한건축학회 건축센터
2014 대한건축학회 신년회 축하공연
발표곡 : 사랑의 눈동자, 사공의 그리움

2013.11.08(금) 19:00 장천아트홀
아키콰이어 제1회 정기연주회 찬조공연
발표곡 : 사랑의 눈동자, 사공의 그리움

2013.09.07(토) 16:00 세라믹가든 2013 수목원 가는 길 초청공연
발표곡 : 사랑의 눈동자, 사공의 그리움

2013.08.09(금) 19:00 대한건축학회 건축센터
대한건축학회 아키앙상블 중창단(Archi - Ensemble) 창단 및 첫 연습

2015 인도여행 전일정 6. 15부

Seoul | Hong Kong | Deli | Mumbai | Chennai | Cochin | 알레피 | 문나르 | 마두라이 | Chennai | 마말라뿌람 | Chennai | Deli | 우다이푸르 | 조드푸르 | 자이푸르 | 아그라 | 잔시 | 카주라호 | 바라나시 | Deli | Hong Kong | Seoul

날자 Date	요일 d/w	출발 Depature	도착 Arrival		출발지 Departure	도착지 Arrival	교통편 Trans.	숙박 Hotel	조 식 Break.	중 식 Lunch	석 식 Dinner	비고 reservation waiting / voucher / confirm etc.
6/21	일	14:15	-		인천	홍콩	국제선	-	-	-	기내식	AI 317 Flighttime 10H 25M Incheon airport Terminal No. : to : Mumbai airport
		-	21:10	10h 25m	홍콩	델리						
		23:00	01:10	02h 10m	델리	뭄바이		KOHINOOR CONTIENETAL				
6/22	월	10:00	전일		뭄바이	뭄바이	전용밴	KOHINOOR CONTIENETAL	호텔식	현지식	호텔식	
6/23	화	05:30	07:20	01h 50m	뭄바이	코친	국내선	TRAVANCORECOURT	호텔식	현지식	호텔식	AI 054 Flighttime 01H 50M Mumbai airport Terminal No. : to : cochin airport
6/24	수	09:00	10:30	01h 30m	코친	알레피	전용밴	ABAD WHISPERING PALM	호텔식	호텔식	호텔식	
		13:00	오후		알레피							하우스 보트
6/25	목	09:00	14:00	05h 00m	알레피	문나르	전용밴	MOUNTAIN TRAIL	호텔식	현지식	호텔식	
		15:00			문나르							
6/26	금	10:00	전일		문나르	문나르	전용밴	MOUNTAIN TRAIL	호텔식	호텔식	호텔식	
6/27	토	09:00	13:00	04h 00m	문나르	마두라이	전용밴	ASTORIA BY SPARSA	호텔식	현지식	호텔식	
		14:00	오후		마두라이							
6/28	일	11:35	12:50	01h 15m	마두라이	첸나이	국내선	CLARION	호텔식	현지식	호텔식	9W 2344 Flighttime 01H 15M Madurai airport Terminal No. : to : Chennai airport
		13:00	오후		첸나이		전용밴					
6/29	월	09:00	11:00	02h 00m	첸나이	마말라뿌람	전용밴	CLARION	호텔식	현지식	호텔식	
					마말라뿌람		전용밴					
		17:00	19:00	02h 00m	마말라뿌람	첸나이	전용밴					
6/30	화	10:45	13:30	01h 45m	첸나이	델리	국내선	AVALON COURTYARD	호텔식	현지식	호텔식	AI 430 Flighttime 02H 45M Chennai airport Terminal No. : to : Deli airport
		14:00	오후		델리		전용밴					
7/01	수	10:00	오전		델리		전용밴	RADISSON BLU	호텔식	현지식	호텔식	
		14:10	15:10	01h 00m	델리	우다이푸르	국내선					AI 471 Flighttime 01H 00M Deli airport Terminal No. : to : Udaipur airport
7/02	목	10:00	전일		우다이푸르		전용밴	RADISSON BLU	호텔식	호텔식	호텔식	
7/03	금	09:00	12:00	?	우다이푸르	조드푸르	전용밴	AJIT BHAWAN	호텔식	현지식	호텔식	
		12:00	오후		조드푸르		전용밴					
7/04	토	07:00	13:00	06h 00m	조드푸르	자이푸르	전용밴	SHIV VILAS	호텔식	호텔식	호텔식	
		12:00	오후		자이푸르		전용밴					
7/05	일	10:00	전일		자이푸르		전용밴	SHIV VILAS	호텔식	호텔식	호텔식	
7/06	월	07:00	12:00	05h 00m	자이푸르	아그라	전용밴	UTKARSH VILAS	호텔식	호텔식	호텔식	
7/07	화	08:11	10:45	02h 34m	아그라	카주라호	특급열차	CLARKS	호텔식	현지식	호텔식	
		11:00	전일		카주라호		전용밴					
7/08	수	10:00	오전		카주라호		전용밴	IDEAL TOWERS	호텔식	현지식	호텔식	
		15:20	16:10	00h 50m	카주라호	바라나시	국내선					AI 405 Flighttime 00H 50M 카주라 airport Terminal No. : to : 바라나시 airport
7/09	목	10:00	전일		바라나시		전용밴	IDEAL TOWERS	호텔식	호텔식	호텔식	
7/10	금	10:00	오전		바라나시		전용밴	AVALON COURTYARD	호텔식	호텔식	현지식	
		15:50	17:20		바라나시	델리						AI 405 Flighttime 01H 30M 바라나시 airport Terminal No. : to : Deli airport
7/11	토	10:00	전일		델리		전용밴	-	호텔식	현지식	현지식	
		23:15	-		델리	홍콩	국제선					

7/12	월	12:05	홍콩	인천	국제선	기내	기내	AI 310 Flighttime 10H 30M Deli airport Terminal No.: to: Incheon airport

2015 인도여행	Seoul	Hong Kong	Deli	Mumbai	Chennai	Cochin	알래피	문나르	마두라이	Chennai	마말라뿌람	Chennai	Deli	우다이푸르	조드푸르	자이푸르	아그라	잔시	카주라호	바라나시	Deli	Hong Kong	Seoul
(전일정 6. 15부																							

2015 인도여행 세부일정 및 계획

Date	day of week	Departure time	Arrival time			Departure	Arrival	Trans - portation		price			Hotel /	etc.
날자	요일	출발	도착		투어 도시	출발지	도착지	교통편		단가	합계금액	소요시간	항목	비고
6/24	화	06:30	09:30			집	인천	리무진						Incheon airport meeting
6/25	수	01:30	05:25			인천	도하	Qatar air						QR859Flighttime 09H55M Incheon airport Terminal No.:- to:Doha airport
		08:20	13:35			도하	코펜하겐	Qatar air			-			AY783Flighttime 06H15M Doha airport Terminal No.: to: 코펜하겐 airport
					입국수속									
					● 코펜하겐 시청사 (copenhagen city hall) & 안데르센 동상 									: 도시 중심이 되는 거대한 광장 시청 앞 광장
					● 인어공주 동상 									: 안데르센 동화 인어공주 에서 모티브를 얻어 제작된 동상으로 코펜하겐의 상징물로 수많은 관광객들이 찾고 있다.
					●아말리엔보그 성 [외관]									: 마르그레테 여왕이 사는 곳이자 매우 검소한 궁전으로 위병들이 서 있지 않다면 궁전임을 알 수 없는 소박한 궁전

					● 뉘하운 									: 운하를 따라 이어지는 형형색색의 아기자기하고 아름다운 건물 감상
		19:45	20:45		호텔이동									

날자	요일	출발	도착		투어 도시	출발지	도착지	교통편		단가	합계금액	소요시간	항목	비고
6/26	목				**코펜하RPS**									
		07:00			기상 / 조식									코펜하겐 호텔 조식 후
					● 게피온의 분수 									:북유럽 신화에 나오는 황소 4마리와 그것을 몰고 있는 덴마크의 수호신 게피온 여신의 역동적 조각상 분수
					● 크리스티안보르 궁전 [외관] 									: 현재 여왕의 알현실로 사용되고 있는 성으로 국회의사당, 박물관으로 사용되고 있다.
					중식 후 헬싱괴르 이동 헬싱괴르 헬싱괴르 도착									◈이동소요시간◈【코펜하겐- 헬싱괴르 : 약 1시간 소요】
					●크론보그 성 [외관] 									: 셰익스피어 작품 햄릿의 배경이 된 곳으로 햄릿성이라고도 불린다.
					헬싱괴르-헬싱보리 선편을 이용									◈이동소요시간◈

					헬싱보리 헬싱보리 경유하여 예테보리 예테보리 도착									【헬싱보리-예테보리 : 약 3시간 30분 소요】
														호텔 체크 인 및 투숙 [HOTEL] 스캔틱 바크달 호텔 (46-31-7515000) [HOTEL] 현지숙박

날자	요일	출발	도착		트어 도시	출발지	도착지	교통편		단가	합계금액	소요시간	항목	비고
6/27	금				**예테보리 / 오슬로 / 게일로**									
					기상 / 호텔조식					€	₩			숙박에 포함
														예테보리 호텔 조식 후 노르웨이 수도 오슬로 이동 오슬로 오슬로 도착 후 시내관광 ◈이동소요시간◈ 【예테보리- 오슬로 : 약 4시간 30분 소요】
					 ● 오슬로 ㅅ청사 [외관] 									: 오슬로시 창립 900주년 기념하여 만든 시청사로 노벨평화상 시상식이 열리는 곳
					● 카를 요한스 거리 [차장] 									:오슬로의 대표적인 번화가. 오슬로 중앙역에서 왕궁까지 이어지는 오슬로의 명동
					● 바이킹 박물관 [내부]									: 피오르드에서 발굴한 실물 바이킹을 전시해 놓은

날자	요일	출발	도착		투어 도시	출발지	도착지	교통편		단가	합계금액	소요시간	항목	비고
														선박 박물관
					● 비겔란 조각공원 									: 세계적인 조각가 구스타브 비겔란의 작품으로 꾸며진 아름다운 공원
					게일로 이동									◈이동소요시간◈ 오슬로-게일로 약 4시간 소요】 ※ 공지사항 1. 노르웨이 피요르드 구간은 현지 가이드 아닌 동행하는 북유럽 전문 인솔자의 안내로 진행됩니다. 2. 노르웨이 피요르드 구간에 갑작스런 교통 사정 및 도로 문제로 인해 일정이 현지에서 갑작스럽게 변경될 수 있으며 이는 천재지변으로 별도의 보상은 없습니다.
					게일로 게일로 도착하여 호텔 체크 인 및 투숙									※ 참고사항! ① 현지 사정에 따라 게일로 아닌 다른 곳에서 숙박하실 수 있습니다.
														[HOTEL] 유스트달렌 호텔 (+47-3209-6700) [HOTEL] 바르돌라 호텔 (+47-32-094100)
6/28	토				게일로 / 보스 / 플롬 / 래르달									
					기상 / 호텔조식									
					베르겐 이동									게일로 호텔 조식 후 하당에르 피요르드 바라보며 베르겐 이동하여 시내관광
					● 브뤼겐 									: 노르웨이의 제 2의 도시로 중세모습을 그대로 보존하고 있는 아름다운 도시
					● 어시장 									: 아름다운 베르겐 항구 앞 광장에 펼쳐진 어시장
					보스로 이동									
					보스									보스 도착하여 플롬열차 탑승

					로맨틱 열차 (flamsbana) 에 탑승 									보스-뮈르달-플롬 구간의 로맨틱 열차 (flamsbana)에 탑승하여 폭포 및 대자연을 감상 (열차운행시간 및 예약 상황에 따라 로맨틱열차 탑승 구간과 시간이 변경될 수 있습니다.)
					● 효스 폭포 (kjos fossen)									- 열차가 해발 670m 에 위치한 전망대에 정차하면 굉음과 함께 쏟아져 내리는 폭포의 웅장함과 관광객을 위해 노르웨이 전통의상을 입은 요정차림의 무희가 나와 짧은 공연을 감상할 수 있다. (현지 사정 및 기후에 의해 무희가 나오지 않을 수 있습니다)
					플롬 도착하여 래르달 이동									
					래르달 도착 호텔 체크 인									HOTEL] 래르달 호텔 (+47 57 66 77 00) [HOTEL] 린드스트롬 호텔 (+47-57-66-69-00)

날자	요일	출발	도착		투어 도시	출발지	도착지	교통편		단가	합계금액	소요시간	항목	비고
6/29	일				**래르달 / 피얼란드**									
					기상 / 호텔조식 / 체크아웃					€	₩			래르달 호텔 조식 후 송네피요르드(만힐러-포드네스) 페리 이동
					● 뵈이야 빙하 (boya breen) 									- 세계에서 가장 크고 오래된 빙원을 자랑하는 푸른 빙하라 불리는 요스테달 빙원의 한 자락인 빙하 관광
					● 빙하 박물관 (.) 관람 									- 빙하의 생성과정을 전시하고 있으며 거대하고 광할한 빙하의 전경 촬영한 영화 관람
					아름다운 피요르드 마을인 헬레쉴트 이동									헬레쉴트 게이랑에르 피요르드 (geiranger fjord) 페리 탑승
					헬레쉴트 게이랑에르 피요르드 (geiranger fjord) 페리 탑승									
					게이랑에르									
					● **게이랑에르 피요르드**									유람선 (게이랑에르-헬레쉬트 구간) 탑승하여 피요르드 유람 **【약 40분 소요】** ※ 참고사항! ① 기상관계로 도로 사정상 게이랑에르 유람선 구간 변경 및 일정 제외가 될 수 있습니다.

날자	요일	출발	도착	투어 도시	출발지	도착지	교통편	단가	합계금액	소요시간	항목	비고
												② 게이랑에르 피요르드는 5월 중순 이후 open, 8월 중순 closed 예정이며 이 또한 현지 상황 (교통사고, 도로 유실)에 따라 변경될 수 있습니다. 출발시까지 오픈이 안 될 경우 게이랑에르 피요르드 페리가 아닌 송네 피요르드 페리 (구드방겐-플롬)으로 대체됩니다.
				● 게이랑에르의 자매 폭포								신부의 면사포와 같다는 게이랑에르의 하이라이트인 칠자매 폭포 관광
												오따 이동 오따 오따 도착하여 호텔 체크 인 및 투숙
				오따								[HOTEL] 페포르 호텔 (29-33-00) [HOTEL] 론다네 스파 호텔 (+45-61-20-9090

날자	요일	출발	도착	투어 도시	출발지	도착지	교통편	단가	합계금액	소요시간	항목	비고
6/30	**월**			**오따 / 릴레함메르 / 칼스타드**								
				기상 / 호텔조식 / 체크아웃								
				오따 호텔 조식 후 1994년 동계올림픽 개최지인 릴레함메르 이동								◈이동소요시간◈【오따-릴레함메르 약 2시간 소요】
				● 올림픽 시설								(스키 점프대) - 1994년 동계 올림픽 개최지로 개막식을 했던 경기장 조망
				칼스타드 이동 칼스타드 칼스타드 도착 호텔 체크 및 투숙								◈이동소요시간◈【릴레함메르-칼스타드 약 5시간 소요】
												HOTEL] 스칸딕 클라랄벤 호텔 (+46 54 776 45 00) [HOTEL] 베스트 웨스턴 구스타프 프뢰딩 (+46-546-700-00)

날자	요일	출발	도착	투어 도시	출발지	도착지	교통편	단가	합계금액	소요시간	항목	비고
7/01	화			**칼스타드 / 스톡홀름**								
				기상 / 호텔조식 / 체크아웃								
				● 스톡홀름 시청사 [외부]이  다.								: 중앙역 근처의 아름다운 호반에 접해있는 시청사는 스톡홀름을 대표하는 건축물로 1911년에 착공하여 1923년에 완공되었으며 공공기관이라기 보다는 궁전같은 느낌을 주는 우아한 건물

				● 감라스탄 								: 오래된 건물이 즐비한 구시가지로 많은 사람들이 가장 인상 깊은 곳으로 꼽는 곳이다. 구불구불 이어진 골목 사이를 돌아다니다 보면 마치 16세기 유럽의 어느 마을 속으로 들어간 듯하다
				● 대성당								: 스톡홀름에서 가장 오래된 유서깊은 교회
				● 바사호 박물관 [내부] 								: 스웨덴에서 가장 오래된 구스타프 2세 시대의 전함 바사호가 전시되어 잇는 바사호 박물관
				선착장으로 이동 호화 유람선 실자라인 탑승하여 헬싱키 향발								이동소요시간◆【칼스타드-스톡홀름: 약 4시간 소요】◆ 실자라인[silja-line] 이란? 스웨덴과 핀란드를 연결하는 대표적인 유람선인 세레나데호와 심포니호는 총 길이가 200m 이상이며 너비는 31.5m이고 2,700개의 침대를 갖춰 2800여명의 승객을 태울수 있다. 배안에는 작은 마을을 옮겨 놓은 듯하며, 5.6.9.11 층은 객실이고 지하를 비롯하여 면세점, 카지노등 각종 식당 및 상가가 즐비하게 들어서 있다. 12층과 13층에는 핀란드식 사우나를 비롯해 나이트 클럽과 넓은 갑판이 있다.
												[HOTEL] 실자라인 ()

날자	요일	출발	도착	투어 도시	출발지	도착지	교통편	단가	합계금액	소요시간	항목	비고
7/02	수			**투르쿠 선상 조식 후 하선하여 헬싱키 이동 헬싱키 (helsinki)**								◆이동소요시간◆【투르크-헬싱키 약 2시간 소요】
				기상 / 호텔조식								
				● 시벨리우스 공원 								: 핀란드를 대표하는 작곡가로 유명한 시벨리우스의 기념비가 있는 공원
				● 헬싱키 대성당 및 원로원 광장 (senate square) 								: 헬싱키의 상징이라고 할수있는 건물이며, 핀란드 루터파 교회의 총본산

				● 암석교회 								:천연 바위산 안으로 파고 들어가 만든 독특한 형태의 교회로 지금은 가장 아름다운 교회지만 건설 당시엔 예산부족을 해결하기 위한 대안으로 등장한 것이 바로 이 암석교회이다. [※공사중 또는 내부행사가 있을 경우 내부입장이 어려울 수 있습니다.]
				● 마켓광장 								과일과 채소를 판매하는 노점상들을 볼 수 있는 시장 [※ 현지 사정으로 마켓광장이 열리지 않을 수 있습니다]
				러시아의 상트페테르부르크 이동								◈이동소요시간◈ 【헬싱키-상트페테르부르크 약 7~8시간 소요】
												HOTEL] 폴루스트로보 호텔 (+7 (812) 540-3096) [HOTEL] 발티야 호텔 (+7-812-292-0440)

날자	요일	출발	도착	투어 도시	출발지	도착지	교통편	단가	합계금액	소요시간	항목	비고
7/03	목			**상트 페테르부르크**								
				기상 / 호텔조식 / 체크아웃				€	₩			
				호텔 조식 후 외각도시로 이동 (약 1시간 30분 소요								
				● 여름궁전 [외부] 및 분수정원 : 								피터대제의 별궁인 여름 궁전 및 화려하고 아름다운 분수정원 관람 ※ 참고사항! ① 여름궁전 분수는 5월 중순~9월 말까지만 가동되며 이 기간과 그 외의 갑작스러운 정기점검시 다른 관광지로 대체될 수 있습니다
				● 에르미타쥐 국립 박물관 (hermitage museum) : 								세계 3개 박물관 중 하나인 에르미타쥐 박물관 (겨울궁전) ▶ 에르미타쥐 박물관 [hermitage] - 세계적으로 귀중한 가치를 지닌 역사적, 예술적 전시품들을 모아놓은 러시아 최고의 박물관으로 루브르 박물관, 대영박물관과 더불어 세계 3대 박물관으로 꼽힌다. 1764년 예카테리나 2세가 미술품을 수집한 것이 에르미타쥐의 기원이 되었으며 미술품 수집을 상당히 좋아했던 그녀는 자신이 수집한 미술품들을 따로 보관하기 위해 겨울 궁전 옆에 별관을 세웠으며 이 건물의 에르미타쥐라고 명명하였다. 이 곳에 소장된 300만점 이상의 작품 중에는 레오나르도 다빈치, 라파엘로, 미켈란젤로, 렘브란트, 루벤스, 피카소 등 세계적으로 유명한 예술가들의 작품들이 포함되어 있다.
												폴루스트로보 호텔 (+7 (812) 540-3096) [HOTEL] 바르돌라 호텔 (+47-32-094100)

날자	요일	출발 시각	도착 시각		투어 도시	출발지	도착지	교통편		단가	합계금액	소요시간	항목	비고
7/04	금				**상트페테르부르크**									
					기상 / 호텔조식									호텔 조식 후 상트페테르부르크 시내관광
					● 페트로파블로프스키 요새 									: 표트르 대제가 러시아를 지키기 위해 건설한 요새
					● 피의 사원 [외관] 									: 19세기 말 알렉산드르 2세 황제가 암살당한 곳에 세워진 피의 구원을 얻고자 세워진 사원
					● 카잔 성당 [외관] 									: 바티칸의 성 베드로 성당을 모델로 10여년간 건설한 성당
					● 넵스키 대로 (nevskii prospekt)									: 도로의 길이가 4.5km의 상트페테르부르크의 최대 번화가
					● 성 이삭 성당 [외관] 									: 세계에서 세번째로 큰 러시아 최고의 성당
					● 청동기마상									: 데카브리스트 광장에 있는 예카쩨리나 여제가 자신이 표트르 대제의 적통임을 알리기 위해 세운 상
					● 구(舊) 해군성									: 러시아 해군의 관리본부로 70미터 이상의 화려한 첨탑을 볼 수 있다
														러시아항공 : LED(상트페테르부르크 출발)-SVO(셰레메티예보 도착)
														[HOTEL] 이즈마일로보 알파 호텔 (095-166-0163) [HOTEL] 이즈마일로보 감마 호텔 (095-166-0163)
7/05	토				**모스크바**									
					기상 / 호텔조식					€	₩			
					●크레믈린궁 (kremlin) [내부]					€	₩			- 모스크바의 상징으로 대통령 관저가 있는 궁 (12사도 사원 (twelve apostles catedral) , 황제의 대포 (cannon of emperor) , 이반 대제의 종루 (tower of ivan), 황제의 종 (bell of emperor) , 우스펜스키 사원 (uspenskin katedraali) 등)
					우스펜스키 사원 (uspenskin katedraali)									

날자	요일	출발 시각	도착 시각		투어 도시	출발지	도착지	교통편		단가	합계금액	소요시간	항목	비고

					● 붉은 광장 (krasnaya ploshchad) 					€	₩			- 구소련 시절 각종 기념일 식전이 열렸던 곳
					● 성 바실리 성당 (st.basil cathedral) [외관] 					€	₩			- 모스크바의 화려하고 웅장한 러시아 교회 건축의 백미로 알려진 곳
					● 굼 백화점 (gosudarstvenny univermag in moscow) 					€	₩			- 러시아의 국영 백화점
					● 무명용사의 묘 (unknown soldiers tombs) 					€	₩			
														공항으로 이동
		19:55	00:05		Moskva airport Terminal No.:	모스크바	도하	항공			-			QR 230 Flighttime 05H15M Moskva airport Terminal No.:- to:Doha airport
7/6	일	01:15	16:00		Doha airport Terminal No.:	도하	인천	항공			-			QR 858 Flighttime 09H00M Doha airport Terminal No.:- to: Incheon airport